예수님의 팔복해설

마태복음 5 : 1~12 해석

토마스 왓슨 著
라 형 택 譯

기독교 문서 선교회

The Beatitudes

An exposition of Matthew 5:1–12

by
THOMAS WATSON

Translated by
Hyong–Tak Ra,

1990
Christian Literature Crusade
Seoul, Korea

편집자 서문

사도들의 시대 이래로 지금보다 더 성경에 대한 지식이 많고 정통적이고 강력한 목회는 결코 없었던 것으로 믿는다고 저자는 기록하고 있다. 이 말은 런던 월브룩구 성 스테판 교회의 교구목사로 15년간의 목회생활을 마감하면서, 그리고 1660년 이 책의 초판을 발간하기 전에 한 말이다. 그 날 이래로 청교도적 저술들이 거의 끊임없이 거듭 출판된 사실은 17세기야말로 스펄젼의 표현대로 참으로 "복음적 문학의 어거스틴적 시대"이었던 것을 입증한다.

모든 그리스도의 설교들 가운데서 가장 잘 알려진 산상수훈을 여는 이 성구들을 많은 청교도들이 다룬 까닭은 이 팔복이야말로 그들의 설교를 특징지워주는 바, 건전한 교리와 실제적 지혜 및 마음 속부터 반성케 하는 적용, 이 세 가지의 결합에 충분한 여지를 제공해 주기 때문이다. 이 일반적인 청교도적 특징 위에 왓슨은 그 자신의 어떤 것을 추가하였는데, 극도의 간결함과 힘찬 문체, 그리고 아름다운 표현이 그것으로서, 그는 사람들의 이해를 얻도록 말할 수 있었을 뿐만 아니라 그들의 기억 속에 진리가 들어 앉을 자리를 확보하도록 말할 수 있었다. 그는 일상생활 가운데서 모든 설명할 자료들을 채택함으로써 그와 동시대의 대부분의 사람들보다 더 그리스도의 가르치신 예를 따랐고, 간단하고 매력적인 말로써 쉽게 잊어버리지 않도록 말하였다. 토마스 왓슨이 죽은지 200년 후에 벳스의 윌리암 제이는 말하기를 그의 어느 책을 읽어 보아도 그것은 언제나 신선하고 정곡을 찌르며 교훈적이라고 하였다.

팔복은 왓슨의 저서 가운데서도 가장 귀한 책 중의 하나이다. 이번 판에서는 지면배정을 전면 개정하였고 편집주를 추가하였다.

독자에게

그리스도를 믿는 독자에게

여기에 나는 여러가지 향기로 가득찬 주제를 가지고 여러분께 선사하고자 한다. 이 그리스도의 산상 설교는 여러가지 색깔로 수 놓은 영적인 수예품으로서 유용성과 아름다움 두 가지를 다 갖춘 것이다. 이 성경 부분에서 여러분은 신앙생활의 일과지침(breviary)과 발췌한 성경을 볼 수 있다. 여기에는 기묘한 매듭으로 얽어 놓은 기쁨의 정원이 있는데 거기서 여러분은 여러분의 마음 속에 숨어있는 사람을 꾸며줄 꽃들을 꺾을 수도 있다. 여기에는 낙원의 문을 열 황금열쇠가 있다. 여기에는 심령이 가난한 자라든가 마음이 청결한 자 등을 소중히 여겨 생수를 흘려 보내주는 복음의 파이프가 있다. 여기에는 행복의 진주가 간직되어 있는 부요한 금고가 있다. 여기에는 영혼이 영원한 생명에 이르기까지 길러주고 소생시켜 주는 만나가 담겨 있는 황금항아리가 있다. 여기에는 지성소로 향하도록 개요를 설명한 길이 있다.

독자여, 다른 사람들은 쓰면 쓸수록 멸망할 수밖에 없는 세속적인 일에 그들의 시간과 생각을 빼앗기고 있는 동안에 여러분들은 영원을 생각하고, 축복을 주는 환상으로 여러분을 인도하는 이 성경적 안내표지에 의해서 인도되고 있다면 이 얼마나 행복한 일이겠는가. 만일에 하나님께서 여러분 앞에 생명을 두셨는데 여러분이 여러분의 육적인 욕망에 빠져 여전히 여러분의 정욕에 비위를 맞춘다면 여러분의 게으름이 얼마나 변명할 여지도 없는 것이 되겠으며 여러분의 비참함이 얼마나 말로 표현할 수 없는 것이 되겠는가!

　주님은 여러분이 여러분에게 기회가 있는 동안에, 그리고 바람이 여러분에게 유리하게 부는 동안에 게으르게 닻을 내리고, 정박하고 있지는 않더라도 너무 늦게 천국을 향한 돛을 올리기 시작할 수도 있다는 것을 아신다. 아! 그리스도인이여, 지금 여러분의 허리에 띠를 띠고 등불을 밝혀 찬미받으실 신랑되신 주 예수님이 문 두드리실 때 혼인잔치에 그와 함께 들어가도록 예비하자.

**　　참으로 여러분을 위하여 온갖 애정과 헌신으로 기도하는,**
**　　　　　　　　　　　　　　　　　　　토마스 왓슨**

목 차

편집자 서문
독자에게

1. 서론 ··· 9
2. 회심에는 복이 따른다 ·· 25
3. 믿음이 깊은 것은 어떤 의미에서 벌써 복을 받은 것이다 ········ 41
4. 심령이 가난한 자는 복이 있나니 ································· 49
5. 심령이 가난한 자는 왕국으로 부유하게 된다 ············ 67
6. 애통하는 자는 복이 있나니 ·· 83
7. 몇 가지 날카로운 책망 ·· 105
8. 거룩한 애통의 동기 ··· 109
9. 애통하는데 방해가 되는 것들 ···································· 117
10. 애통하는데 몇 가지 도움말 ······································ 127
11. 애통하는 자에게 따르는 위로 ·································· 129

12. 그리스도인들의 온유함 ································· 153
13. 영적 주림의 본질 ····································· 179
14. 영적 주림은 만족을 얻는다 ························· 199
15. 긍휼히 여김 ·· 207
16. 마음 청결 해설 ······································· 249
17. 하나님을 보는 복된 특권 해설 ····················· 285
18. 화평케 함에 대하여 ································· 297
19. 저희가 하나님의 아들이라 일컬음을 받을 것임이요 ············ 319
20. 하나님의 자녀된 그리스도인들에게 주는 권면 ·················· 373
21. 핍박에 관하여 ······································· 379
22. 큰 고난 뒤에는 영광스런 보상이 따른다.
　　　　　　　　천국이 저희 것임이요 ········· 431
23. 팔복강해 부록 ······································· 435

1
서 론

"예수께서 무리를 보시고 산에 올라가 앉으시니 제자들이 나아 온지라 입을 열어 가르쳐 가라사대"(마 5 : 1, 2).

 이 신성한 역사적 기록의 작가인 복받은 복음전도자 마태는 처음에는 세금 거둬들이는 세리가 그의 직업이었으나 그리스도께서 그를 세관에서 불러내어 영혼을 거둬들이는 사람으로 만드셨다. 이 거룩한 사람이 첫번째 장에서는 그리스도의 탄생과 족보를 적고, 둘째 장에서는 그분의 위엄을 썼는데 즉 별들이 박사들을 인도하여 왕이신 그분에게 황금과 유향과 몰약을 드린 일이며(9~11절), 세번째 장에서 이 복음전도자는 그분의 세례에 관하여 기록하였고, 네번째 장에서는 그분의 시험받으심을, 그리고 다섯번째 장에서 그는 풍부한 광맥과도 같은 그분의 설교를 기록하였다. 매 광맥마다 금이 들어있다.
 이 장에서는 네 가지 사실을 우리가 관찰할 수 있다.

1. 설교자
2. 설교단
3. 상황
4. 설교 내용

1. 설교자 : 그리스도 그리고 그의 자격

설교자. 예수 그리스도. 가장 훌륭하신 설교자. "그는 올라가 앉으셨다."

그분 안에는 덕과 온갖 아름다움이 조화를 이루고 있다. 그분의 입술은 꿀벌집과 같이 달 뿐만 아니라 꿀벌집과 같이 단 것을 우리에게 떨어뜨려 주신다. 그의 말씀은 하나님의 계명이요, 그의 하신 일은 이적이요, 그의 생활은 우리의 모범이 되며, 그의 죽으심은 우리를 위한 희생이다. "산에 올라가 가르쳐 가라사대." 예수 그리스도는 어느모로 보아도 그분의 사역에 적합하게 고상하시고 모든 자격을 다 갖추셨다.

(1) 그리스도는 **지성적인** 설교자이셨다. 그분은 "한량없는 성령"(요 3 : 34)을 가지셨고 필요할 때 무슨 말씀을 하실 것인가, 언제 겸손하실 것인가, 언제 위로하실 것인가를 아신다. 우리는 우리 이야기를 듣는 사람들의 얼굴들을 다 알 수도 없다. 그리스도는 그분의 말씀을 듣는 사람들의 마음까지 아셨다. 마치 농부가 이러이러한 땅에는 어떤 종류의 곡식이 가장 알맞는지를 말할 수 있는 것처럼 그분은 어떤 교리가 그들에게 가장 적합한가를 아신다.

(2) 그리스도는 **권능있는** 설교자이셨다. "이는 그 가르치시는 것이 권세있는 자와 같고"(마 7 : 29). 그분은 사람들의 죄를 그들 앞에 드러내고, 그들의 마음까지도 그들에게 보여주실 수가 있다. "나의 행한 모든 일을 내게 말한 사람을 와 보라"(요 4 : 29). 그 설교는 진주로 잔뜩 장식한 것이 아니라 가장 진실된 얼굴을 보여주는 제일 좋은 거울이다. 그리스도는 양심에다 호소하는 설교자이셨다. 그분은 웅변과 같은 열심으로 활기를 불어 넣으셨다. 그분은 자주 심금을 울리는 말씀을 하셨다. 루터가 말한 것이 그리스도께 더 잘 적용될 것이다. 그는 말하기를 "마치 그분은 사람 속에 들어가 계신 것같다"고 했다.

그분은 그분의 교리의 쐐기를 가장 곤란한 부분에도 잘 박으실 수가 있다. 그분은 그분의 두 날 가진 검으로 돌같은 마음도 찔러 쪼개실 수가 있다. "그 사람의 말하는 것처럼 말한 사람은 이때까지 없었나이다"(요 7 : 46).

 (3) 그리스도는 **성공적인** 설교자이셨다. 그분은 영혼들을 회개시키는 기술을 가지셨다. "많은 사람이 예수를 믿으니라"(요 10 : 42). 그렇다. 지위나 수준이 높은 사람들도 많이 믿었다. "관원 중에도 저를 믿는 자가 많되"(요 12 : 42). "은혜를 입술에 머금은"(시 45 : 2). 그분은 은혜를 그의 청중의 마음에 부어 넣으실 수 있었다. 그분은 다윗의 열쇠를 가지고 그분이 기뻐하실 때 사람들의 마음을 열고 그 자신과 그분의 교리가 들어가도록 만드셨다. 만일 그분이 나팔을 부시면 바로 그분의 원수들이 그분의 깃발 아래로 모여들 것이다. 그분이 부르시면 아무도 감히 순종치 않을 자 없다.

 (4) 그리스도는 **합법적인** 설교자이셨다. 그분이 그분의 아버지로부터 기름부음 받은 것처럼 그분의 사명도 그분의 아버지로부터 받았다. "나를 보내신 아버지도 나를 위하여 증거하시느니라"(요 8 : 18). 그리스도는 모든 완전함이 그분에게 집중되어 있지만은 그분의 중보적 역할과 모든 성직을 수행함에 있어서 엄숙하게 인침받은 후에 시작하셨다. 예수 그리스도가 위임없이는 그의 사역에 들어가시지 않았다면, 정당한 근거도 없이 감히 이 거룩한 기능을 침해하는 사람들은 얼마나 터무니 없이 뻔뻔스러운가! 사람이 사명의 자리에 들어서려면 합법적인 승인이 있어야 한다. "이 존귀는 아무나 스스로 취하지 못하고 오직 아론과 같이 하나님의 부르심을 입은 자라야 할 것이니라"(히 5 : 4). 우리 주 그리스도께서 특별한 사명자로 선지자와 사도들을 보내셨고, 또한 정상적인 방법으로 시작하고, 세워진 목사와 교사들을 주셨는데(엡 4 : 11), 이 사명은 썩지 않을 것이다. "볼찌어다 내가 세상 끝날까지 너희와 항상 함께 있으리라 하시니라"(마 28 :

20). 확실히 그리스도께서 세상에 계실 때와 사도시대와 마찬가지로 지금도 많은 주의 종을 기름부어 세울 필요가 있으며, 교회에 특별한 은사가 필요하다.

목회사역은 아무나 하는 것이 아니다.

그렇다면 왜 목회사역이 누구나 하는 것이 되어서는 안되는가? "여호와께서 모세와만 말씀하셨느냐?"(민 12:2) 왜 아무나 다른 사람과 같이 설교를 해서는 안되는가? 내가 답변하겠다. 그것은 질서를 중시하시는 하나님이 목회사역을 다른 사람에 대하여 비밀스럽고 구별된 직무의 일로 만드셨기 때문이다. 우리 몸에 있어서 각 기관들은 자연스럽게 구분된 맡은 일이 있어서 눈은 보고, 손은 일하는 등의 일을 맡고 있는데, 여러분이 왜 손도 눈과 마찬가지로 볼 수 없느냐고 말할 수 없는 것과 같다. 하나님께서 구분을 지어 주셨다. 그분은 보는 역할을 어떤 기관에는 주시고 다른 기관에는 주시지 않았다. 마찬가지로 하나님은 목사의 일을 다른 일과 구분하셨다.

이 구분이 어디에 있는가? 우리는 성경에서 목사와 평신도의 구분을 찾게 된다. "너희중 장로들(목사들)에게 권하노니…너희 중에 있는 하나님의 양 무리를 치되"(벧전 5:2). 만일 아무나 설교할 수 있다면 같은 원리가 어디나 적용될텐데 그러면 사도직의 구별은 어떻게 되겠는가? 모두가 다 목회자이면 하나님의 양무리는 어디에 있는가?

하나님은 목사에게만 적합하고 다른 사람에게 속하지 아니한 목사의 일을 잘라내셨다. "읽는 것과 권하는 것과 가르치는 것에 착념하라…이 모든 일에 전심전력하여"(딤전 4:13, 15). 이 책임은 목사에게만 특유한 것이요, 다른 사람을 두고 한 말이 아니다. 장사를 하는 사람에게 전심전력으로 가르치는 것과 권면하는 일을 해야 한다고 말씀하고 있지 않다. 오히려 그는 가게를 잘 돌보게 해야 한다. 농부에게 전심전력으로 설교하는 일에 착념해야 한다고 말씀하지 않는다. 오히려 그는 쟁기질 하는 일에 전력하게 해야 한다. 설교는 목사의 책임이다. 바울 사도는 디모데에게 말하면서 나머지 장로회에서 안수한 사람들에게도 말하고 있는 것이다. "네가 진리의 말씀을 옳게 분변하며 부끄러울 것이 없는 일꾼으로 인정된 자로 자신을 하나님 앞에 드리기를 힘쓰라"(딤후 2 : 15). 이 말씀은 목사에게 특별히 해당하는 말씀이다. 말씀을 올바르게 읽을 수 있는 사람이라고 해서 다 말씀을 올바르게 분변할 수 있는 것은 아니다. 그래서 목회사역은 아무나 할 수 있는 것이 아니고, 그것은 비밀스럽고 특수한 일이다. 법궤는 제사장만 옮길 수 있었듯이 이 성전 직무는 그를 위하여 부르심을 입은 자만 수행할 수 있다.

그러나 어떤 사람이 은사(gift)를 받았으면 이것으로 충분하지 않는가? 내가 대답하겠다. 천만에! 은혜(grace)만으로써 목사를 만들기에 충분하지 않는 것처럼 은사로도 충분하지 않다. 성경말씀은 은사와 보내심을 받은 것에 차이를 두고 있다. "보내심을 받지 아니하였으면 어찌 전파하리요"(롬 10 : 15). 만일 은사가 목사로 세우는데 충분한 조건이 된다면 사도 바울은 "은사를 받지 않고 어떻게 설교하리요"하였을텐데 그는 "보내심을 받지 않았으면"이라고 말하였다. 다른 직업에 있어서 은사가 장관을 만들어 내지 못하는 것과 같다. 변호인석에서 변호를 하는 변호사는 그가 판사 만큼이나 훌륭한 은사를 받아 재판석에 앉을 수 있을 만하여도 그는 재판관 앞에서 변호나 해야 하는 것이다. 만일 세상 일이 이와 같다면 교회일, 거룩한 일에 있어서야 더하지 않겠는가?

종교개혁 당시 독일의 신학자 부서(Bucer)란 사람은 교회의 일은 세상 일 중 가장 중요한 일이라고 말하였다. 그러므로 특별한 임명이나 지시하심 없이 목회사역을 침해하는 일은 열심에서라기보다는 교만에서 나온 것이다. 그들은 자기들의 영역 밖에서 행동하는 것이며 도둑으로 범죄하고 있는 것이다. 그들은 신도들을 훔치고 있는 것이며, 부르심을 받지 않고 왔기 때문에 축복받지 못한다. "내가 그들을 보내지 아니하였으며 명하지 아니하였나니 그들이 이 백성에게 아무 유익이 없느니라"(렘 23 : 32). 그러니 이 말씀은 무엇보다도 설교하는 사람에게 더욱 해당되는 말씀이다.

2. 설교단

그리스도께서 설교하신 **설교단.** "산에 올라가 앉으시니."

먼저는 율법을 산에서 받았고, 여기서는 그리스도께서 산에서 그것을 해설하신다. 이 산은 제롬과 그밖의 연구가들의 연구에 의하면 다볼산이었다고 한다. 이 산은 사람들의 윗쪽에 앉아 말씀하기가 편리한 장소였고, 많은 청중이 모이기에도 적합하였다.

3. 상황

그리스도께서 산에 올라가셨을 때의 상황. "무리를 보시고."

백성들이 그리스도의 말씀을 듣기 위하여 모여들었는데, 그분은 이 회중들을 설교 한 번없이 해산시키기를 원치 않으시고, "무리를 보시고 올라"가셨다. 예수 그리스도는 영혼을 구원할 사명을 받고 하늘에서 오셨다. 이 땅에 잠시 머무시면서 설교하는 것이 그분의 일이었다. 그분이 설교하려고 하셨을 때 사람들은 너무나 말씀을 듣기를 원하는 상태이었다. 연약한 육체를 동정하신 분은(마 15 : 32) 죽어가는 영혼들을 훨씬 더 불쌍히 여기셨다. 아버지의 뜻을 행하는 것이 그분의 "양식과 음료"이었다(요 4 : 34). 그래서 "무리를 보시고" 산에 올라가 설교하신 것이다. 이것은 단지 그분이 그분의 청중을 위안하시기 위한 것 뿐만 아니고, 그분의 종 목사들이 그분을 본받게 하기 위한 것이었다.

사역자들은 봉사할 수 있는 기회를 잘 포착하여야 한다.

그리스도의 사역자들은 그리스도의 모범에 따라 영혼들을 위하여 좋은 일을 할 수 있는 모든 기회를 포착하여야 한다는 것을 이로부터 깨닫자. 기도하고 성경연구하고 말씀 전파하는 것이 우리의 사명이다. "때를 얻든지 못 얻든지 너는 말씀을 전파하라"(딤후 4 : 2). 베드로는 무리를 보고 그물을 던져서 한 그물에 삼천명의 영혼들을 잡았다(행 2 : 41). 앞서간 시대의 하나님의 투사들이 그들의 사명을 완수하기 위하여 얼마나 열심을 다하여 부지런히 일하였는가? 우리가 크리소스톰, 어거스틴, 대 바질(Basil the Great), 칼빈, 부서(Bucer)등에 관하여 읽을 때 그들이 그리스도의 일을 위하여 죽음에까지 가까이 나아간 것을 볼 수 있다. 그리스도의 사역자들이 그분의 모범에 따라 의욕적으로 영혼구원을 위한 모든 기회들을 잡으려고 애써야 하는 이유를 든다면 다음과 같다 :

(1) 그들의 위임 : 하나님은 그들에게 대사의 자격으로 일을 맡기셨다(고후 5 : 20). 여러분도 아시다시피 대사는 접견할 날을 기다리다가 접견일이 허락되면 그 즉시 충실하면서도 치우치지 않게 그 군주의 마음을 전달한다. 그와 같이 그리스도의 사역자들도 영혼을 위하여 중재할, 그들에게 주어진 사명을 수행하기 위하여, 접견할 날이 올 때 기뻐하며 사람들에게 그리스도의 마음과 뜻을 나누어주게 된다.

(2) 그들의 칭호 : 사역자들을 하나님의 씨 뿌리는 자로 부른다(고전 9 : 11). 그러므로 그들은 어느 경우에나 복된 하나님의 말씀의 씨를 뿌려야 한다. 씨뿌리는 자는 씨를 뿌려야 한다. 그렇다. 비록 그 씨가 보통 그렇지만, 돌짝 위에 떨어져도 우리는 말씀의 씨앗을 돌같은 마음 위에 흩어 뿌려야 하는데, 왜냐하면 이 돌들로도 하나님은 그분의 자녀들을 일으킬 수가 있으시기 때문이다.

사역자들을 별들이라 부른다. 그러므로 그들은 말씀과 교리의 빛을 교회의 궁창에 비춰야 한다. 그래서 우리 주 그리스도께서 그것을 성경말씀에다가 하나의 모범으로써 넣으신 것이다. "무리를 보시고 산에 올라가 앉으시니." 여기에 주위의 모든 것을 비추는 아침별인 한 빛이 언덕 위에 놓인 것을 볼 수 있다. 그리스도는 그분의 사역자들을 "세상의 빛"이라고 부르셨다(마 5 : 14). 그러므로 그들은 언제나 그들의 광채를 발하여야 한다. 그들의 빛은 그들의 목숨이 소켙에 꽂혀있는 한, 또 거친 죽음이 그것을 깨뜨려 버릴 때까지는 꺼져서는 안된다.

(3) 그리스도의 사역자들은 다른 사람에게 선을 행할 수 있는 모든 경우를 붙잡아야 한다. 그 일은 그들이 해야 하는 것인데, 즉 영혼들을 구원하는 일이다. 영혼이야말로 얼마나 귀한 것인가! 말하자면 그리스도께서 그 손에 저울을 가지시고 한 쪽에 세상을 놓으시고 다른 쪽에 한 영혼을 놓으셨을 때 영혼이 더 무게가 나갔다(마 16 : 26). 영혼은 고귀한 근원을 가졌으며, 영원의 꽃인데 여기서는 봉오리로 있지만 하늘에서는 완전히 부풀어 활짝 피게 된다. 영혼은 하나님이 만드신 모든 것 중에서 가장 부요한 작품 중의 하나이요, 지성이 빛으로 번쩍거리는 것이요, 자유를 부여받은 의지이며, 성령의 손가락으로 음을 맞춘 악기와 같은 감정을 갖춘 것이다. 영혼은 그리스도의 동료이며 천사들의 친구이다. 사람들의 영혼이 그렇게 고귀한 정수이고, 영광을 돌릴 수 있도록 만들어진 것이라면, 그리스도의 사역자들이 이 영혼들을 구하기 위하여 얼마나 뜨거운 열심을 가지고 부지런히 힘써야 하겠는가! 그리스도께서 영혼들을 위하여 피를 흘리셨으니 우리는 우리의 땀을 흘리는 것이 마땅하다. 어거스틴은 그리스도께서 오실 때 기도하고 있든지 말씀 전파하고 있는 그를 주께서 발견하시게 되기를 기도하였다. 수많은 진주와 금강석과 같은 귀한 영혼들이 지옥의 죽음의 바다에 던져지는 것을 보는 것은 얼마나 슬픈 광경인가!

(4) 그리스도의 사역자들은 "무리를 보면", "산에 올라가"야 하는데, 그것은 영혼을 파괴하려고 잡으려는 수많은 사단의 사자들이 깔려있기 때문이다. 옛 뱀이 여자의 뒤에서 그 입으로 물을 강같이 토하여 내어 여자를 물에 떠내려 가게 하려 하는 것을 보라!(계 12 : 15) 이단의 홍수가 도시와 시골에 쏟아 부어져서, 교회생활의 둑 뿐만 아니라 사회생활의 둑까지도 넘쳐 흐른다. 익나시우스는 이러한 죄를 "마귀의 발명품"이라고 불렀고, 버나드는 그것을 "달콤한 독약"이라고 불렀다. 스폰지와 같은 사람의 귀는 이 독약을 흡수한다. 지금과 같이 마귀의 상품이 잘 팔리는 때가 결코 없었다. 교묘한 말로 나쁜 상

품을 얼렁뚱땅 얼버무릴 수가 있다. 이단들은 그들의 거짓에 은도금을 할 수가 있으며 죄악에다가 진리의 코트를 입힐 수가 있다. 연약한 두뇌들은 쉽사리 도취된다. 단순한 사람에게 아첨떨고 교묘한 말을 하면 그들은 쉽게 먹이가 되어 버린다. 로마의 매춘부들은 많은 사람들이 그들의 우상숭배와 음행의 그 독약을 "금잔"(계 17:4)에 담아주어 마시도록 유혹하였다. 만일 두뇌에 질병을 가진 사람이 다 죽어야 한다면 사망율은 지금보다 훨씬 증가할 것이다. 그런데 만일 이단으로 개종시키고자 애쓰는 사단의 사자들이 그렇게 많이 퍼져 있다면 하나님께서 사명을 맡겨 사람들을 격려하고 모든 기회를 잡아 일하도록 하신 사람들을 어떻게 권면하여 그들의 영적 해독제로 "죄인을 미혹한 길에서 돌아서게 하고, 그 영혼을 사망에서 구원하도록"(약 5:20) 하겠는가? 사역자들은 "목회자"가 될 뿐만 아니라 "전사"가 되어야 한다. 한 손에는 생명의 떡을 가지고 "하나님의 양무리를 먹여야 하고" 다른 손에는 성령의 검을 가지고 그들 앞에 저주를 가져올 죄악에 대항하여 싸워야 한다.

(5) 그리스도의 사역자들은 영혼구원을 위한 모든 기회를 기다려야 한다. 왜냐하면 하나님의 말씀을 전파할 때에는 그 진행과 성공을 방해하는 수많은 반대세력에 부딪히게 되기 때문이다. 조종사들이 비행할 때에 많은 난기류를 만나게 되지만 하나님의 교회의 영적 조종사들이 영혼들을 하늘로 실어 나를 때에 만나는 난기류와는 비할 바 못된다.

말씀을 듣는 자 중 어떤 사람들은 기억력이 나쁘다(약 1:25). 그들의 기억력은 새는 그릇과 같다. 온갖 귀하고 거룩한 교리의 포도주를 붓기만 하면 즉시 빠져나가 버린다. 목회자가 아무리 연구하여 빨리 한 진리를 발견한다 하여도 다른 사람이 그것을 잃어버리는 속도를 따라갈 수가 없다. 고기가 위에 머물러 소화되지 않으면 그것이 결코 좋은 피를 만들어 낼 수가 없다. 만일 어떤 전달된 진리가 기억 속에 머물지 않으면 사도 바울이 말씀한 바와 같이 우리는 결코 "믿음의 말씀으로 양육"받을 수가 없다(딤전 4:6). 공중의 새인 마귀가 얼마나 자주 뿌려진 좋은 씨를 집어 먹어버리는가! 사람들이 도둑을 맞아 어려움을 당할 때에는 그들이 도둑맞은 것을 모든 사람에게 말하고 불평을 털어 놓지만은 그들이 알지 못하는 더 나쁜 도둑이 있다! 마귀가 얼마나 많은 설교를 그들에게서 훔쳐 갔는가! 죽음의 자리에서 강심제가 될 진리들을 그들이 얼마나 많이 도둑 맞았는가! 그런데 설교한 말씀이 그렇게도 빨리 기억에서 미끄러져 빠져 나간다면 목회자들은 더 자주 설교하러 산에 올라갈 필요가 있으며 그렇게 하여 최소한 몇몇 진리라도 머물러있게 해야 하고 좋은 목수가 잘 박은 못과 같이 만들 필요가 있다.

　우리 청중 중 많은 사람들의 귀가 흙으로 꽉 막혀 있다. 그 말은 세상의 염려 때문에 설교말씀이 귀에 들어오지 않아서 비유의 말씀과 같이 "들어도 듣지 못하는"(마 13 : 13) 것이라는 의미이다. 우리가 바울되기 이전의 사울에 관하여 읽어보면 그는 눈은 떴으나 아무것도 보지 못하였다(행 9 : 8). 이상하게 앞뒤가 맞지 않는 말이 아닌가! 사람들의 귀가 열려 있음에도 불구하고 들어도 듣지 못하는 것은 이상한 일이 아닌가? 그들은 "백성이 모이는 것같이 네게 나아오며 내 백성처럼 네 앞에 앉아서 내 말을 들으나 그대로 행치 아니하니 이는 그 입으로는 사랑을 나타내어도 마음은 이욕을 좇음이라"(겔 33 : 31) 하는 말씀을 염두에 두지 않는다. 많은 사람들이 앉아서 목회자의 얼굴을 뚫어지게 쳐다보지만 그가 말하는 말씀은 거의 모른다. 그들은 그들의 물건들과 약품들을 생각하고 있고 가끔 교회에 앉아서 돈 계산을 하고 있다. 여러분이 공장 안에 있으면 여러분이 고래고래 고함을 질러도 공장의 소음 때문에 다른 사람들이 알아듣지 못한다. 우리가 사람들에게 구원 사건에 대하여 설교하여도 세상 일의 공장이 너무 큰 소음을 내어서 그들이 들을 수 없어 "들어도 듣지 못하게"된다. 일이 이렇게 되기 때문에 "우뢰의 아들"이라 불리우는 목회자들은 가끔 산에 올라가 그들의 목소리를 나팔처럼 높일 필요가 있으며(사 58 : 1) 그리하여 귀머거리의 귀가 뚫려 "성령께서 교회들을 향하여 하시는 말씀"을 들을 수 있게 할 필요가 있는 것이다(계 2 : 7).

또다른 사람들은 흙이 그들의 귀에 가득한 것처럼 그들의 마음에 돌이 들어앉아 있다. 그들은 "그 마음을 금강석같게 하여 율법을 듣지 않으려"한다(슥 7 : 12). 그러므로 그리스도의 사역자들은 자주 성령의 검을 휘둘러서 사람들의 죄를 치고 가능하다면 결국에는 돌같은 마음을 찔러야 한다. 흙이 태양열로 구워지면 딱딱하게 서로 엉겨붙어서 소나기가 와도 부드러워지지 않는다. 그러므로 땅이 축축해지고 비옥하여지기 위하여서는 연속적으로 비를 퍼부어야 한다. 사람의 마음은 자연상태에 있어서는 그렇게도 딱딱하여진 흙 조각이다. 그것이 욕심으로 구워져서 그렇게도 굳어져 있기 때문에 "교훈에 교훈"을 더하여야 한다(사 28 : 10). 우리의 교훈은 "내리는 비요 맺히는 이슬이요 연한 풀 위에 가는 비요 채소 위에 단비"이어야 한다(신 32 : 2).

(6) 그리스도의 사역자들은 그들의 주시요, 주인이신 분의 모범을 따라 선을 행할 수 있는 모든 경우를 다 붙잡아야 하는데 하나님의 영광을 위하여서 뿐만 아니라 그들 자신의 위로를 위하여서도 그렇다. 사역자가 죽는 자리에서 "주님, 당신께서 내게 행하라고 주신 일을 다 행하였습니다. 나는 영혼을 구하는 이(利)를 남겼습니다!"하고 말할 수 있다면 이 얼마나 놀라운 승리이며 기쁨의 근원이 되겠는가! 사역자들이 영광의 산, 하늘의 산에 올랐을 때 그가 말씀 전파하는 산에 그렇게 자주 올라왔던 것이 그에게 큰 위안이 될 것이다. 확실히 하늘에 있는 천사들이 한 죄인의 회개하는 것을 기뻐한다면(눅 15 : 7, 10) 사역자가 하늘에서 자기가 도구가 되어 회개시킨 모든 영혼들을 볼 때 얼마나 기쁘겠는가! 그들이 그리스도의 몸의 한 지체로 보태어지는 것처럼 보석이 사역자의 면류관에 덧붙여질 것이다. "지혜있는 자는 궁창의 빛과 같이 빛날 것이요 많은 사람을 옳은 데로 돌아오게 한 자는 별과 같이 영원토록 비취리라"(단 12 : 3). 행성과 같은 것이 아니라 궁창의 항성과 같이 영원히 영광스럽게 비추일 것이다.

그리고 비록 "이스라엘이 다 모이지 않아도" 하나님의 사역자들은 "여호와의 보시기에 존귀한 자"가 될 것이다(사 49 : 5). 하나님은 그들의 성공여부에 따라 상 주시는 것이 아니라 그들의 부지런함에 따라 상급을 주실 것이다. 그들이 사람들에게 "죽음의 향기"일지라도 하나님께는 "향기로운 향내"가 된다. 과수원에서는 나무를 베어 넘어뜨리는 일꾼도 나무를 심는 일꾼과 마찬가지로 품삯을 받는다. 외과 의사의 청구서는 환자가 죽어도 지불된다.

4. 사역자들에 대한 권면

먼저, 나는 목회할 때 늘 존경하는 **엘리사를 생각하라**고 말하고 싶다. 여러분은 영광스러운 직무에 종사하고 있다. 하나님께서 여러분께 큰 영예를 주셨다. 그분은 여러분께 두 가지 가장 귀한 보석을 맡기셨는데 즉 그분의 진리와 사람들의 영혼들이다. 영혼들을 회개시키는 이 놀라운 영예가 천사들에게는 결코 주어지지 않았다. 어떤 왕과 같은 위엄이 이것에 비할 수 있겠는가? 강단은 왕좌보다 높다. 그것은 참되게 세워진 사역자가 하나님 자신을 대표하기 때문이다. "이러므로 우리가 그리스도를 대신하여 사신이 되어 하나님이 우리로 너희를 권면하시는 것같이 그리스도를 대신하여 간구하노니 너희는 하나님과 화목하라"(고후 5 : 20). "내가 내 직분을 영광스럽게"여긴다고 한 사도의 말씀과 같이 나도 말하고 싶다(롬 11 : 13). 우리의 인간됨이 어떠하든지 그 직무는 신성하다. 목회는 세상에서 가장 명예로운 일이다. 예수 그리스도께서는 스스로가 그 일을 하심으로 이 부르심을 영광스럽게 하셨다. 다른 사람들은 그들의 사업 속에서 일하지만 사역자들은 하나님과 더불어 일한다. "우리는 하나님의 동역자들이요"(고전 3 ; 9). 얼마나 높은 영광인가! 하나님과 그 사역자들은 하나의 동일한 일을 한다. 그것은 영혼을 구하는 일이다. 선지자들의 후계자가 된 사람들은 이 일로 자기들의 왕관을 삼도록 하자.

내가 여러분의 위엄에 대해 이야기하고 있지만 그러나 여러분은 여러분의 의무도 잊지 말아야 한다. 성경 말씀에 "주 예수께서 무리를 보시고 올라가 가르치신" 이 복된 모범을 모방하라. 그분은 전파할 수 있는 모든 경우를 다 잡으셨다. 때로는 성전에서 가르치셨고(막 14 : 49), 때로는 배에서 가르치셨고(막 4 : 1), 여기서는 산에서 가르치셨다. 그분의 입술은 많은 사람을 먹이는 생명나무였다. 다른 사람에게 그분의 교리의 잔치를 베푸시느라고 그분은 얼마나 자주 음식을 걸르셨던가! 그리스도의 모든 사역자들아 그분의 발자취를 따라가자! 그리스도를 여러분의 구세주로만 여기지 말고 여러분의 귀감으로 삼으라. 다른 사람들의 영혼을 위하여 도움이 되는 어떠한 기회도 빠져나가지 않도록 하라. 여러분 자신이 천국에 들어가는 것으로 만족하지 말고 다른 사람 구원의 원동력이 되라. 그래서 다른 사람을 궤도에 오르도록 유도하라. 여러분이 비춰는 등불이 되어 다른 사람이 그 빛으로 천국에 가도록 하라. 사도의 말씀으로 결론을 맺고자 한다. "그러므로 내 사랑하는 형제들아 견고하며 흔들리지 말며 항상 주의 일에 더욱 힘쓰는 자들이 되라 이는 너희 수고가 주 안에서 헛되지 않은 줄을 앎이니라"(고전 15 : 58).

5. 하나님의 양무리들에 대한 권면

다음으로, 하나님의 양무리들에게 권하고자 한다. 만일 사역자들이 말씀 전파할 모든 기회를 잡아야 한다면, 여러분들은 **말씀을 들을 모든 기회를 붙잡아야 한다.** 만일 일주일에 두 번이나 세 번 일정한 액수의 금액을 오는 모든 사람에게 나누어 준다면 사람들이 그리로 몰려올 것이다. 그렇다면 "천천 금은보다" 더 귀한 생명의 떡, 하나님의 말씀이 전파되고 나누어질 때 여러분 자신은 어떻게 하는가 생각하여 보라(시 119 : 72). 말씀이 설교될 때 하늘과 구원이 여러분에게 제공된다. 이 밭에 값진 진주가 감추어져 있다. 여러분은 비둘기같이 성소의 창문에 모여 들어야 하지 않겠는가! (사 60 : 8) 우리는 성전문을 "미문"(아름다움의 문)이라고 부르는 것을 읽었다(행 3 : 2). 하나님의 집의 문은 아름다운 문이다. 이 지혜의 문설주 옆에 있으라(잠 8 : 34).

(1) 전파되는 말씀을 들을 뿐만 아니고, **전파하는 사역자에게 폭넓은 지원을 보내줌으로써 그들을 격려하여 주라**. 비록 내가 하나님의 우림과 둠밈을 가진 모든 사람들이 사도 바울이 말한 것처럼 "나의 구하는 것은 너희 재물이 아니요 오직 너희니라"(고후 12 : 14)고 말할 수 있기를 바라지만, 그 성경이 또한 말씀하시기를 "이와 같이 주께서도 복음전하는 자들이 복음으로 말미암아 살리라 명하셨느니라"(고전 9 : 14)고 하였다. 포도원의 일꾼들이 그들의 수고한 댓가로 유지해 나가지 않는가? 그리고 사도 바울은 질문을 던졌다. "누가 포도를 심고 그 실과를 먹지 않겠느냐"(고전 9 : 7). 위선자들은 값싼 종교를 사랑한다. 그들은 그들에게 아무런 부담도 주지 않는 복음을 좋아한다. 그들은 황금 주머니를 가지고 멍청한 성직자를 모시는 것으로 만족해 한다. 그들의 지갑을 아낌으로써 그들에게 부탁한 얼마나 많은 영혼들을 잃어버렸는가! 배교자 율리안은 양심적인 척하여서 사역자들을 도적질하였다. 얼마나 무서운 벌이 그를 따랐는가 하는 것은 내가 말할 필요도 없다. 적은 기름을 붓지 않아서 하나님의 제단 불이 꺼진다면 애석한 일이 아닌가? 다윗은 값없이는 하나님께 번제를 드리지 않았었다(삼하 24 : 24).

(2) 여러분의 사역자들이 애쓸 때 **여러분이 열매를 맺어 그들에게 용기를 주라**. 사역자들이 산 위에 올라갔을 때 그들이 바위 위에까지 기어올라가도록 만들지는 말라. 이 도시를 위하여 하나님이 어떤 값을 치르셨는가! 내가 믿기로는 사도시대 이후로 지금보다 더 학식많고 정통적이고 강력한 목회를 한 때는 결코 없었다. 하나님은 목회자들을 별들이라 부르셨다(계 1 : 20). 이 도시에 매일 아침 별이 나타나고 그 밖에도 주일에는 찬란한 별자리가 펼쳐진다. 아, 말씀의 푸른 농장에서 꿀을 먹는 여러분, 살찌고 풍성히 열매를 맺으라. 하나님의 정원에 심겨진 여러분이여, 하나님의 정원에서 번성하라(시 92 : 13). 복음의 축복을 받고서도 지옥으로 떨어져 가는 사람들과 함께 있는 것은 얼마나 슬픈 일인가! 여러분의 사역자들에게 용기를 주는 가장

좋은 방법은 여러분이 새로 태어나는 영혼의 전통을 그들에게 보여주는 것이다. 사역자가 영혼들을 설득할 뿐만 아니고 영혼들을 얻게될 때 그것이 큰 위로가 된다. "지혜로운 자는 사람을 얻느니라"(잠 11 : 30). 이것은 사역자의 영광이다. "우리의 소망이나 기쁨이나 자랑의 면류관이 무엇이냐 그의 강림하실 때 우리 주 예수 앞에 너희가 아니냐"(살전 2 : 19). 성공적인 설교자는 두 관을 쓰게 되는데 하나는 하늘의 의의 면류관이요, 또 하나는 여기 이 땅 위에서의 기쁨의 면류관이다. "너희가 우리의 면류관이 아니냐."

(3) 여러분의 **사역자들을 위해 기도함으로써 용기를 주라.** 그들의 일은 큰 일이다. 그것은 그들의 머리와 마음을 통째로 빼앗는 일이다. 그리고 그보다 큰 일이 없다. 그것은 사람이 하기보다는 천사에게 더 어울리는 일이다. "누가 이것을 감당하리요"(고후 2 : 16). 아! 그들을 위하여 기도하라. 그리스도는 산에 올라가 설교하실 때 그분을 위한 사람들의 기도가 필요가 없었다. 그분은 그분 자신으로 충분하고 하나님의 본성이 그분에게 있었으나, 그분의 사역자들은 모두 목회에 있어서 기도가 필요하다. 성령의 은혜가 충만하고 초자연적인 계시를 받은 사도 바울도 기도를 요청하였다면(살전 5 : 25), 그러한 계시는 감히 생각도 못하는 다른 목회자들이야 기도가 필요한 것은 분명하지 않은가.

그리고 여러분의 사역자들을 위하여 기도하되, 하나님이 그들에게 무엇을 설교할 것인가를 지시하시고, 그래서 그들이 그것을 위해서 그들의 일을 집중할 수 있도록 기도하라. "일어나 저 큰 성읍 니느웨로 가서 내가 네게 명한 바를 그들에게 선포하라"(욘 3 : 2). 적절한 진리를 설교하는 것은 큰 일거리인데, "아름다운 말"이 따로 있다(전 12 : 10).

하나님이 그들의 수고와 함께 하시기를 기도하라. 그렇지 않으면 "그들이 애쓰지만 아무것도 잡을 수 없게 된다." 하나님의 성령이 우리 사역의 돛에 가득하여야 한다. 자라나게 하는 것은 씨 뿌린 손이 아니라 이슬과 하늘의 힘이다. 그러므로 사람들의 마음에 은혜가 자라게 하는 것은 우리들의 설교가 아니라 성령님의 신성한 힘이다. 우리는 다만 피리요 풍금일 뿐이다. 말씀의 설교를 통하여 영혼들을 그리스도께로 인도하도록 만들어 주는 것은 우리 안에 계시는 하나님의 성령님이 하시는 것이다. 목회자들은 여러분에게 그리스도를 비춰주는 별들일 뿐이다. 성령님은 여러분을 이끄시는 천연자석이다. 우리의 사역으로 행하는 모든 좋은 것은 다 "주님의 탁월하고 효과적인 일 하심으로 말미암은 것이다!" 아, 하나님께서 우리 손을 통하여 그분의 일을 번성케 하시도록 우리를 위하여 기도하기 바란다. 설교 말씀이 더 많은 유익을 끼치지 못하는 이유는 사람들이 기도를 더 많이 하지 않기 때문이다. 아마도 여러분은 연장이 무디다고, 목회자가 죽었고 차다고 불평하기도 할 것이다. 여러분의 기도로 그를 갈아서 날카롭게 하여야 한다. 만일 여러분이 우리의 사역을 통하여 열릴 축복의 문 앞까지 왔으면 여러분은 기도의 열쇠로 그 자물쇠를 열어야 한다.

2
회심에는 복이 따른다.

"심령이 가난한 자는 복이 있나니"(마 5 : 3).

 서론격인 상황설명을 마치고 이제 나는 산상설교 자체에 도달하였다. "심령이 가난한 자는 복이 있나니." 그리스도께서는 모세 당시 율법을 주실 때 명령과 위압으로 나팔이 울리고 불이 타오르고 땅이 흔들려 이스라엘 백성들의 마음이 두려운 가운데 받은 것과 같이 산상설교를 시작하시지 않고 "입술에서 꿀이 떨어지는 것"같은 약속과 축복으로 우리 구세주께서는 시작하셨다. 이 하늘의 음악같은 교리가 그렇게도 달콤하고 매혹적이었기 때문에 대부분의 미개한 인간성들을 매혹시키실 수가 있었다. 그렇다. 돌같은 마음들을 그분에게로 이끄실 수가 있었다.
 그러면 이 "복이 있나니"하는 말씀부터 시작하자. 만일 지식을 가지는 것이 복되다면 먼저 복에 관한 지식부터 가지는 것이 필요하다. 이것을 설명하기 위하여 두 개의 격언 또는 결론을 내려 놓겠다.

 1. 회심에는 복이 따른다.
 2. 믿음이 깊은 것은 어떤 의미에서는 이미 복받은 것이다.

 회심에는 복이 따른다. 하나님의 사람들은 신앙생활을 하는데 있어서 많은 해결하기 곤란한 어려움과 맥빠지는 실망을 만나게 된다. 그들의 행군은 지루할 뿐만 아니라 위험하기도 하고 그들의 마음은 낙담하기가 쉽다. 그러나 그것은 빛나가는 법이 없기 때문에 축복의 관을 쓸 때까지 그들의 용기를 북돋워주고 그들의 열심을 불붙여준다. 얼마나 많은 성경 말씀이 이 믿는 자에게 복된 소식인 감람나무 가지를 그들의 입에 가져다 주는가! "주인이 올 때에 그 종의 이렇게 하는 것을 보면 그 종이 복이 있으리로다"(마 24 : 46). "내 아버지께 복받을 자들이여 나아와 창세로부터 너희를 위하여 예비된 나라를 상속하라"(마 25 : 34). 복은 이성적 피조물의 이상적 상태를 말한다. 그것은 그리스도인들을 부지런하게 해주고 그의 뜻을 높이 가지게 하며 기쁜 마음을 가지도록 자극하는 것이다. 복은 모든 사람들이 바라는 것이다. 아퀴나스는 그것을 "궁극적인 목표"라고 불렀다. 이것은 모든 사람들이 쏘아 맞히려고 하는 과녁의 중심이며 이 중심으로 모든 선이 집중되어 있다.

어디에 복이 있는가? 수많은 사람들이 복의 본질과 그것을 향한 길을 둘 다 오해하고 있다. 많은 학식있는 사람들이 복에 대해서 별의별 의견들을 다 내어 놓았지만 모두가 다 과녁의 변두리만 맞혔을 뿐이다. 내가 그것이 있지 않는 곳을 보인 다음 그것이 있는 곳을 보이겠다.

1. 복이 존재하지 않는 곳

복이 존재하지 않는 곳. 그것은 세상 재물을 얻는 것에 있지 않다. 행복은 어떤 화학 기술로도 여기에 뽑아놓을 수가 없다. 그리스도께서 "부유한 자는 복이 있나니"라든가 "고상한 자는 복이 있나니"라고 말씀하지 않으셨는데, 너무나 많은 사람들이 이 두 가지를 우상화하고 있다. 타락으로 인하여 사람은 그 면류관만 잃어버린 것이 아니라 그 두뇌까지도 잃어버렸다. 얼마나 쉽게 바깥의 것 때문에 그의 행복을 막아버리는가! 어떤 이교 철학자들이 복에 대하여 정의를 내린 것이 생각나는데 복이란 생계수단을 넉넉히 가지는 것과 이 세상에서 성공하는 것이라고 하였다. 그런데 그리스도인으로 통하는 사람 가운데서도 이 철학적 의견에 동의하는 사람이 많지 않은가? 만일 그들이 세상적인 편의시설을 갖추었다면 그들의 영혼에게 진혼곡을 불러 복음서에 나오는 짐승같은 바보가 말한 것처럼 "영혼아 여러 해 쓸 물건을 많이 쌓아 두었으니 평안히 쉬고 먹고 마시고 즐거워 하자"(눅 12 : 19)고 말하려고 할 것이다. 세네카는 말하기를 "그것은 이성적 영혼이 생각하는 선과 비이성적 영혼이 생각하는 선을 동일시 하는 것보다 더 부끄러운 것이다"라고 하였다. 아! 복의 나무는 땅의 낙원에서는 자라나지 않는다. 하나님께서 죄 때문에 "땅을 저주하셨다"(창 3 : 17)고 하지 않았는가? 그런데도 많은 사람들이 마치 저주에서 복을 끌어내려고 하듯이 여기에서 복을 찾으려고 파고 있다. 이 지구의 것에서 복을 얻어내려고 하는 것보다 차라리 부싯돌에서 석유를 뽑아내려고 하거나 물에서 불을 얻으려고 생각하는 것이 낫겠다.

솔로몬 왕은 다른 사람이 성취한 것보다 더 많이 이루었다. 그는 제왕의 홀을 쥔 사람 중에서 가장 화려한 왕이었다.

그의 혈통 : 그는 왕가에서 태어났는데 많은 왕들이 나온 가계일 뿐만 아니라 그리스도 자신이 태어나신 가계이다. 예수 그리스도께서 솔로몬의 지파와 가계 출신이시기 때문에 가문에 있어서 이보다 더 훌륭한 가문은 없다.

그의 궁전의 위치 : 그것은 당의 왕자요 모범인 예루살렘에 있었다. 예루살렘은 명성도 드높게 "하나님의 도성"으로 불리웠다. 그것은 세상에서 가장 유명한 수도였다. "지파들, 곧 여호와의 지파들이 여호와의 이름에 감사하려고 이스라엘의 전례대로 그리로 올라가는도다"(시 122 : 4).

그의 부 : 그의 왕관은 보석들이 가득 매달려 있었다. 그는 금과 진주의 보배들을 가졌고 "은을 돌같이 흔하게 만들었다"(왕상 10 : 27).

세상적인 기쁨 : 그는 모든 기쁨의 극치와 진수를 다 가지고 있었는데, 호사스런 음식, 장엄한 건물, 포도원, 물고기 연못, 기쁨의 감각

을 매혹시키고 황홀하게 해주는 모든 종류의 음악들이 있었다. 만일 어떤 진품이 있으면 그것은 솔로몬 왕의 궁정에 바치는 예물이 되었다. 그래서 그는 기쁨의 향수를 친 물에 목욕을 한 것이다.

지혜 : 그는 그의 시대의 하나님의 사자였다. 스바의 여왕이 어려운 문제로 그를 쩔쩔 매게하려고 그에게 왔을 때 그는 모든 그녀의 의문에 대한 해답을 주었다(왕상 10 : 3). 그는 자연의 어두운 밀실을 여는 지식의 열쇠를 가졌기 때문에 지혜를 잃으면 여기서 찾을 수 있었고 온 세상이 솔로몬의 등불로 그들의 이해를 비출 수 있었다. 그는 땅의 천사이었기 때문에 그의 영광을 살펴본 육적인 눈은 솔로몬이 아담이 쫓겨난 낙원으로 들어가거나 그 만큼 좋은 다른 것을 창설할 것이라 생각하기가 쉬었다. 이와 같이 세상에서 아무에게도 그 이상의 환한 형상을 던져준 일이 없었지만은, 그러나 그가 올바른 판단을 내리게 되었을 때 그는 이 세상은 헛된 것뿐이라고 그의 저작 서두에 기록하였고 그가 즐긴 황금과 같은 모든 즐거움은 한낱 그림의 복이었을 뿐이며 빛만 나는 비참한 것뿐이었다고 우리에게 고백한다. "헛되고 헛되도다 모든 것이 헛되도다"(전 12 : 8). 복은 너무 고상하고 섬세하여 자연의 토양에서는 살 수 있는 식물이 아니다.

2. 복은 겉모양에 달려있는 것이 아니다.

복은 겉모양에 달려 있는 것이 아니다. 나는 다섯 가지 논증으로써 증명하겠다.

(1) 영혼의 소망과 부합하지 않는 것은 결코 사람을 복되게 할 수 없는데, 덧없는 것들은 영혼의 소망과 부합하지 않는다. 그러므로 그것들은 영혼을 복받게 할 수 없다. 땅 위의 것들은 덧없는 것이므로 만족을 줄 수가 없다. "은을 사랑하는 자는 은으로 만족함이 없고"(전 5 : 10). 부가 만족을 줄 수는 없다.

그것들은 참이 아니기 때문이다. 세상은 "형적"이라 불리운다(고전 7

: 31). 그 헬라원어는 수학적 숫자를 나타내는데 때로는 구경거리나 환상을 나타내기도 한다. 부라는 것은 주석도금을 입힌 것이다. 부는 마치 연금술과 같아서 우리 눈에 잠시 동안은 금처럼 번쩍거리지만 종국에는 이 모든 연금술은 사라지고 만다. 부는 한 껍질의 참된 위로도 그 속에 없는 도금한 덮개와 같은 사탕발림한 거짓이요 즐거운 사기극이다.

그것들은 영에 어울리지 않기 때문이다. 영혼은 영적 존재이고 부는 땅에서 뽑아낸 것인데 어떻게 이것들이 영적인 실체를 채울 수 있겠는가? 사람이 그의 마음을 금으로 채우는 것보다 그의 보물금고를 은혜로 채우는 것이 나을 것이다. 비록 사람이 세상의 모든 기쁨으로 관을 써도 아니, 비록 하나님이 그에게 별들 사이에다 집을 지어주신다 해도 그의 만족을 모르는 마음과 쉴줄 모르는 눈은 여전히 더높은 곳을 바라보고 있을 것이다. 그는 그가 아직도 얻지 못했다고 생각하는 어떤 감추어진 진품을 찾아 하늘 너머로 엿볼 것인데, 그리하여 영혼의 목마름은 생명강에 목욕하고 참된 복에 도달할 때까지 억제할 수가 없는 것이다.

(2) 폭풍 속의 마음을 잠잠케 할 수 없는 것은 사람에게 복을 줄 자격이 없는데, 땅에서 모은 것들로는 괴로움을 당하는 마음을 가라앉혀 잠잠케 할 수가 없다. 그러므로 그것들은 사람에게 복 줄 수가 없다. 만일 영이 다치면 피조물이 이 상처에 포도주와 기름을 부을 수 있겠는가? 만일 하나님이 양심을 움직여 그것이 어떤 사람의 얼굴에 날아들면 세상의 위로가 이 맹렬한 노여움을 걷어낼 수 있겠는가? "악령"을 몰아낼 수금이 있는가? 비단 양말이 통풍에 걸린 다리를 치료할 수 없듯이 외형적인 것들은 양심의 번민을 치료할 수가 없다. 사울이 괴로운 상처를 가지고 있을 때(삼상 28 : 15) 그의 왕관의 모든 보석들이 그를 위로할 수 있었는가? 하나님이 진노하시어 "그 진노를 쏟으시고 그를 인하여 바위들이 깨어"(나 1 : 6)진다면 금 방패인들이 이 불을 막을 막이 되겠는가? "그들이 그 은을 거리에 던지며 그

금을 오예물같이 여기리니 이는 여호와 내가 진노를 베푸는 날에 그 은과 금이 능히 그들을 건지지 못하며"(겔 7 : 19). 벨사살 왕이 술을 진탕 마시며 떠들어대고 있었다. "이에 예루살렘 하나님의 전 성소 중에서 취하여 은 금 기명을 가져오매 왕이 그 귀인들과 왕후들과 빈 궁들로 더불어 그것으로 마시고"(단 5 : 3). 그러나 사람의 손가락이 나타났을 때 "그의 안색이 변하고"(6절), 그의 술이 써지고, 연회석이 엉망이 되어 버렸다. 종의 방패가 총알을 막을 수 없듯이 세상의 것들은 영혼의 괴로움으로부터 지켜줄 수가 없다.

(3) 잠시 동안 뿐인 것은 사람을 복되게 만들 수 없는데 해 아래의 모든 것들은 잠시 동안일 뿐이다. 그러므로 그것들은 복으로 부유하게 할 수가 없다. 이 세상의 기쁨은 말하자면 잠시 동안밖에 보관할 수 없는 고기와 같아서 이내 상하게 되어 찾는 사람이 없게 된다. "이 세상도 그 정욕도 지나가되"(요일 2 : 17). 세상의 기쁨은 날개를 달았다. 그것들은 정원에 내려앉아 있는 참새떼에 비유할 수 있는데 그것들은 잠시 동안 머물다가 여러분이 가까이 다가가면 그것들은 후루룩 날아서 사라져 버린다. 그래서 "재물은 날개를 내어 하늘에 나는 독수리처럼 날아가리라"(잠 23 : 5)고 말씀하셨다. 그것들은 획 빛을 내는 유성과 같아서 하늘에서 금새 타서 사라져 버린다. 그것들은 뜨거운 태양 아래 눈으로 만들어 놓은 성과 같은 것이다. 어거스틴은 그 자신에 관하여 말하기를 좋은 승진의 기회가 미소를 지으며 그에게 오면 갑자기 미끄러질까봐 그것을 받아들이기가 겁이 난다고 하였다. 외형적인 위로는 플라톤이 말한 것처럼 한 쪽에서 다른 쪽으로 튀어서 왔다갔다 하는 테니스 공과 같다. 우리가 세상적인 위로를 아무리 긴 기간 동안 차용한다 해도 그 기간은 금새 지나가 버린다. 부와 명예는 끊임없이 날아다니기 때문에 그들은 빠른 여울물과 같이, 또는 돛을 잔뜩 부풀린 배와 같이 지나가 버린다. 그것들이 우리와 함께 있는 동안에 그것들은 우리로부터 떠나가고 있다. 그것들은 우리가 향내를 맡는 동안에 시들어져 가는 꽃다발과 같고 여러분의 손에 있는

동안에 녹아 없어지는 얼음과 같다. 버나드가 말한 것처럼 세상은 "나는 너를 떠나겠다"하고 고함지르고는 가버린다. 그것이 물러갈 때에는 한꺼번에 인사하고 작별한다.

(4) 위로하기 보다는 괴롭히는 것이 더 많은 것은 사람을 복되게 만들 수 없다. 그러나 해 아래의 모든 일이 다 그런 것 뿐이니 그것들은 사람들에게 복을 붙여줄 수가 없다. 부를 허무한 것을 나타내 보이기 위하여 바람에 비유하는 것같이(호 12:1) 그 괴롭히는 것을 나타내 보이기 위하여 가시로 비유한다(마 13:22). 그러나 부가 우리의 마음을 찢는 것보다는 가시가 우리의 옷을 찢는 경향이 차라리 더 적다. 부는 모을 때도 가시가 되어 근심으로 찌르며, 부를 얻고자 하는 걱정으로 머리를 찌르는 것처럼 잃을까 하는 두려움 때문에 마음을 다친다. 하나님은 우리의 가장 맛있는 음료수를 찌꺼기가 되게 만드시고 또한 곰팡내 나는 맛으로 변하게 하신다. 그것은 우리가 이 음료수를 낙원의 음료수로 생각지 않도록 하시기 위해서이다.

(5) 우리가 저주받도록 만드는 것은 우리를 복받도록 만들 수가 없다. 그러나 세상적인 모든 즐거움은 우리를 저주받도록 만든다. 그러므로 그것은 우리를 복받게 만드는 것과는 거리가 멀다. "내가 해 아래서 큰 폐단 되는 것을 보았나니 곧 소유주가 재물을 자기에게 해 되도록 지키는 것이라"(전 5:13). 악인에게 재물은 교만을 부채질하는 것이다. "그 재물로 인하여 네 마음이 교만하였도다"(겔 28:5). 그리고 또한 정욕을 부채질한다. "내가 그들을 배불리 먹인즉 그들이 행음하며"(렘 5:7). 부는 올가미이다. "부하려하는 자들은 시험과 올무와 여러가지 어리석고 해로운 정욕에 떨어지나니 곧 사람으로 침륜과 멸망에 빠지게 하는 것이라"(딤전 6:9).

재산을 쌓아 모으려고 하다가 얼마나 많은 사람들이 그들의 영혼을 무너뜨리는가! 배가 금을 너무 잔뜩 실으면 그것이 가라앉게 되고 많은 사람들의 황금이 그들을 지옥으로 가라앉게 한다. 부유한 죄인이 그의 주머니에 돈을 채워 잠그면 하나님은 그것과 함께 저주를 채워 잠그신다. "화 있을진저 자기 소유 아닌 것을 모으는 자여"(합 2 : 6). 어거스틴은 말하기를 유다는 돈을 받고 그의 구원을 팔아버렸고 바리새인들은 그 돈으로 저주를 샀다고 하였다. 행복은 땅으로부터 나오는 것이 아니다. 복을 받으려고 피조물에게로 가는 자들은 헛다리 짚는 것이다.

복이 겉모양에 달려있는 것이 아니라면 우리의 복을 이 땅에다 집착시키지 말자. 이것은 죽은 자 가운데서 산 것을 찾는 격이다. 천사가 마리아에게 그리스도에 관하여 이야기할 때 "그가 여기 계시지 않고 그의 말씀하시던 대로 살아나셨느니라"(마 28 : 6) 한 것처럼 나는 복에 대해서도 그것은 여기에 있지 않고 일어나서 더 높은 곳에 자리잡고 있다고 말하고 싶다. 사람들이 마치 복의 진주가 땅의 왕관에 달려 있기나 한 것처럼 얼마나 세상 것에 목말라 하는지! 어떤 사람은 말하기를 "내게 그런 재산이 있다면 난 행복할꺼야. 그에게 그런 위로를 받으면 나는 만족해서 앉아 있을꺼야" 등등의 말을 한다. 자, 이런 사람에게 그 위로를 주고 그 단물을 다 빨아먹게 하여 보라. 아뿔사, 그것이 그의 기대에는 턱없이 못미친다는 것이 드러날 것이다. 그것이 마치 걸신들린 사람처럼 "다고 다고"(잠 30 : 15)하며 계속 부르짖는 그의 영혼의 틈바구니를 메꿀 수 없고 갈증을 채울 수가 없는 것이다. 만약 그 사람이 말하기를 "그러한 고기가 있기만 하면 먹을 수 있는데"라고 해도 막상 그것을 받았을 때 그의 위장이 나쁘면 그것이 먹고 싶어 견디기 어려워도 어쩔 수 없는 것이다.

하나님은 피조물에게 텅비게도 하시고 때로는 쓴 맛도 보게 하시어서 오히려 그로 인해 우리가 이 땅에서는 완전한 것이 없는 것을 알아 우리의 생각을 더 고상하고 후한 기쁨이 있는 더 높은 곳으로 끌어 올리도록 유익을 주신다. 우리가 이 세상 것을 증류해서 그 정수를 뽑아 가진다 하여도 우리는 한때 로마 황제였던 세베루스의 말과 같은 말을 할 수밖에 없을 것이다. 그는 비천한 신분에서 세계 최대 제국의 우두머리가 된 사람인데 그가 말하기를 "내가 모든 조건 속을 다 지나

보았지만 아직도 나는 완전한 만족을 찾지 못하였다"고 하였다.

생활에 여유가 없고 눈물로 밖에는 그들의 잔을 넘치도록 채울 것이 없는 사람들에게 말하지만, 너무 근심하지 말기 바란다. 이 외형적 위로가 여러분을 복되게 하여 줄 수는 없다는 것을 기억하라. 여러분이 부유하게 살다가 간혹 저주 속에 죽을 수도 있다. 여러분이 재산을 쌓아 모을 때에 하나님께서 간혹 여러분을 위하여 진노를 쌓으실 수도 있다.

좀 모자라도 여러분을 비참하게 만들지 못하는 것이나, 또는 여러분에게 복을 가져다 주지 못하는 향락 때문에 당황해 하거나 흥분하지 말기를 바란다.

3. 복이 있는 곳

복이 존재하지 않는 곳을 보였고 다음으로는 복이 있는 곳을 보이겠다. 복은 최고의 선이 열매맺어 이루는 곳에 있다.

(1) 그것은 열매 맺는 데에 있다. 가지고 있는 것뿐만 아니고 그것으로 무언가 이루어야 한다. 사람이 재산을 가지고 있어도 그것을 누리지 않을 수 있다. 사람이 그것을 지배는 하고 있어도 그가 무감각하거나 혹은 우울증에 걸린 때처럼 그것에서 위로를 받지 못하는 경우도 있다. 그러나 참된 축복 속에 있으면 그 영혼이 소유한 것을 의미 있게 즐길 수 있다.

(2) 복은 최고의 선을 열매맺는 데에 있다. 사람을 복되게 만드는 것이 선의 전부는 아니지만 최고의 선이어야 하는데 곧 하나님인 것이다. "여호와를 자기 하나님으로 삼는 백성은 복이 있도다"(시 144 : 15). 하나님은 우리 영혼의 평안이 되신다(시 116 : 7). 영혼이 묵묵히 따르고 편히 쉴 수 있는 것이어야 영혼을 복되게 만들 수 있다. 지구 또는 원은 수학에서 관찰할 수 있는 바와 같이 어떤 다른 모양보다도

가장 완전한 모양이다. 왜냐하면 모양을 만드는 마지막 점이 시작한 처음 점에 와서 마치기 때문이다. 그와 같이 영혼이 그 원천이 되는 하나님을 만나면 그것은 완전한 복이 되는 것이다. 사람을 복되게 만드는 것은 확고한 자격 또는 필수요소가 그 안에 있어야 하는데 이것이 최고의 선이신 하나님 안에서만 발견되는 것이다.

참된 복에는 "점점 더 나아진다"는 특성이 있어야 한다. 축복으로 가득찬 것은 적어도 인간 자신의 선보다는 더 나은 선이어야 한다. 만약 여러분이 은 한 조각을 더 고상하게 만들려면 적어도 은보다는 더 나은 것, 예컨대 금이나 진주 등을 거기다 덧붙여야 한다. 그와 같이 영혼을 고상하게 하고 그것을 복으로 풍요롭게 하려면 거기에 영혼보다 훨씬 탁월한 그 무엇을 덧입히지 않으면 안되는데 그것이 바로 하나님인 것이다. 이 세상은 영혼보다 아래에 있고, 영혼의 발등상에 불과하기 때문에 그것은 영혼을 행복으로 관 씌워줄 수가 없다.

또 한 가지는 "즐거움"이다. 복을 가져다 주는 것은 영혼을 말할 수 없이 기쁘게 하여줄 향긋한 맛이 그 안에 있어야 한다. 그 안에는 기쁨의 알맹이와 즐거움의 정수가 있어야 하는데, 하나님에게서 말고 어디에서 영혼을 기이함으로 놀라게 하고 기쁨으로 관 씌울 순수한 위로를 흡수할 수 있을 것인가? 어거스틴은 말하기를 "하나님 안에서 영혼이 도취될 만한 즐거움으로 기뻐한다"고 하였다. 하나님의 사랑은 영혼에 무한한 즐거움과 만족을 떨어뜨려 주는 꿀통과 같아서 "말할 수 없는 영광스러운 즐거움으로 기뻐하게"(벧전 1:8)한다. 하나님의 입으로 입맞춰 주실 때 영혼은 너무나 거룩한 황홀경에 들어가서 "여기 있는 것이 좋사오니"하고 외치게 된다.

복의 세번째 요소는 "풍성함"이다. 사람을 복되게 하는 것이 빈약한 것이어서는 안된다. 영혼의 갈증을 해소하려면 한 그릇 가득 마셔야 하는데 하나님 말고 어디에서 그와 같이 넉넉한 물을 찾을 수 있겠는가? "주께서 주의 복락의 강수로 마시우시리이다"(시 36:8). 물 몇 방울이 아니고 강물이라니! 영혼은 그 물에 목욕을 하고 거기에 몸을 담그는데 말하자면 생명의 물에 뿌리를 담그는 것이다. 낙원의 강은 넘쳐 흘러서 그 은빛 물줄기를 복받은 영혼에게 쏟아 붓는다.
  참된 복에는 "다양성"이 있어야 한다. 다양함이 없는 풍성함은 싫증이 나기 쉽다. 하나님께는 "모든 충만"(골 1 : 19)이 있다. 영혼이 최고의 선에서 얻을 수 있는 것말고 무엇을 원할 수 있겠는가? 하나님은 모든 선한 것들 중에서도 선한 존재가 되신다. 그분은 태양이시고, 방패시며, 분복이시고, 샘물이시며, 능력의 바위시요, 구원의 뿔이시다. 하나님 안에는 모든 탁월한 것의 복합체가 있다. 하나님으로부터는 매 순간마다 신선한 아름다움과 기쁨이 샘솟아 오른다.
  복을 완성하기 위하여서는 "완전함"이 있어야 한다. 기쁨도 완전한 것이어야 하고 영광도 완전한 것이어야 한다. "온전케 된 의인의 영들"(히 12 : 23). 복은 처음부터 끝까지 복이어야 한다. 만일 조그마한 결함이라도 있으면 마치 질병의 조그마한 증세가 건강을 빼앗아가고 몸의 적당한 체온을 흐트러 놓는 것처럼 결국 복의 본질 자체를 파괴해 버리고 만다.
  참된 복은 그 위에 "영원성"을 도장찍어야 한다. 복은 고정적인 것이고 어떠한 변경이나 수정도 용납하지 않는다. 하나님은 모든 그분의 자녀에게 말씀하시기를 "내가 그에게 복주었으니 그가 복을 받을 것이라"고 하셨다. 복의 햇빛은 "구름 한 점 없는 것이기 때문에" 약하여지는 법이 없다. "내가 저희에게 영생을 주노니"(요 10 : 28). "그리하여 우리가 항상 주와 함께 있으리라"(살전 4 : 17). 영원은 복의 제일 높은 연결고리이다. 그래서 우리는 이 복의 금강석은 단지 영원의 바위에서만 찾을 수 있다는 것을 알았다. "여호와를 자기 하나님으로 삼는 백성은 복이 있도다"(시 33 : 12).

4. 복의 실체

  회심에 이러한 복이 있으니, 이 진리를 확신하고 그것을 여러분의 믿음의 한 항목으로 정하기 바란다. 우리는 많은 무신론자들이 성장한 시대에 살고 있다. 그들은 여러가지 잡다한 의견들에 감염되었고,

신앙은 고백하면서도 쾌락주의자로 바뀌었으며, 잘못된 독약을 그렇게도 많이 마셨기 때문에 그들은 완전히 정신이 몽롱하거나 잠에 골아 떨어져 이생 뒤에는 그러한 복된 상태가 없다는 꿈을 꾸기 시작하였고 이 의견이 그들에게는 성경보다 위에 있는 것이다. 사람들이 영적으로 비틀거릴 때는 슬프게도 그것은 그들이 죽을 전조가 된다. 아! 근본교리에 대해서 받아들이기를 주저하거나 망설이는 것은, 예컨대 피타고라스가 하나님이 계신가 아니계신가 의심했던 것처럼 복이 있는 것인가 아닌가 의심하는 것인데, 이것은 위험하다. 교리를 의심하는 것은 교리를 부정하는 것의 전단계이다. 회심에는 복이 따른다는 것을 모든 선한 그리스도인들이 격언으로 삼도록 하자. "그런즉 안식할 때가 하나님의 백성에게 남아 있도다"(히 4:9).

  이 진리를 자주 여러분의 마음에 되풀이하여 새기도록 하라. 많은 진리들이 머리 속에서 헤엄을 치는데 마음으로는 내려가지 않아서 우리에게 유익을 주지 못한다. 곰곰이 생각해 보라. 그리스도인들은 만일 내가 나 자신의 행복에 장애물을 놓거나 방해만 하지 않는다면 내게 알맞은 복이 있고 내가 또 그것을 즐길 수 있다는 사실을 진지하게 스스로 생각하도록 하자. 비록 안으로는 죄밖에 보이지 않고 밖으로는 저주밖에 보이지 않을지라도 복은 여전히 있으며 하나님이 내게 주실 복도 있는 것이다.

  이것을 진지하게 명상해보면 죄인이 회개로써 자신의 죄를 끊고 복의 황금 광맥을 발견할 때까지 열심히 땀을 흘릴 강력한 근거를 찾게 된다. 다시 말하거니와 그것은 죄의 목을 부러뜨리는 것이다. 사람들은 자신에게는 금욕으로, 하늘에는 탄원으로 공격을 가하여 결국에는 복의 상태에 도달한다. 내 머리에 쓸 복의 면류관이 있는가? 그것은 영예와 기쁨과 장엄의 보석이 달린 면류관인가? 하나님이 직접 내미시는 관인가? 그런데 내가 죄로 말미암아 이것을 놓칠 위험이 있는가? 죄의 쾌락이 복을 잃는 것과 상쇄할 수가 있는가? 회개를 위하여 이보다 더 강력한 동기는 무엇이겠는가? 죄는 복에 관해서 나를 속일 것이다. 만약 어떤 사람이 왕이 몇년 후에 틀림없이 면류관으로 그에게 보상하여 줄 것을 안다면 그가 왕의 위엄을 손상시키고 왕의 뜻을 거스리거나 수정하려고 하겠는가? 경건한 모든 사람에게는 약속된 복이 있다. "그가 우리에게 약속하신 약속이 이것이니 곧 영원한 생명이니라"(요일 2:25). 우리는 제외되지 않았고 그의 자녀의 자리에 들어갈 수가 있다. 그런데 우리가 죄 가운데 살아 하나님을 노엽게 하고 이 복을 상실하겠는가? 아! 이 얼마나 정신없는 짓인가! 사도 바울은 그것들을 "어리석고 해로운 정욕"(딤전 6:9)이라고 불렀는데 그것은 모든 정욕에는 그 속에 자비의 상속을 끊어버리고 행복의 길을 막아버리는 것이 들어있기 때문이다. 모든 죄는 하늘의 낙원에 죄인이 들어가지 못하도록 지키는 "화염검"에 비유할 수 있을 것이다.

그러므로 다른 사람들에게 우리가 우리에게 임할 복을 확실히 믿으며 그것은 하나님에 대해 관심을 계속 보임으로써 얻는다고 표현할 수 있도록 스스로가 처신하자. 복의 빛은 오직 그분의 얼굴로부터만 비취기 때문이다. 우리를 복되게 만들어 주는 것은 최고의 선이신 하나님과 우리가 연합하는 것이다. 아! 우리가 "이 하나님은 영영히 우리의 하나님이시라"(시 48:14)고 말할 수 있게 될 때까지 결코 쉬지 말자. 대부분의 사람들은 하나님이 그들에게 재산을 주셨기 때문에 그들이 복받았다고 생각한다. 아뿔사, 하나님은 때로는 이것들을 노여움으로 주시기도 한다. 하나님이 이것들을 그대로 두시는 것은 하나님이 주시고자 하지 않는 것을 노여움 때문에 허락하신 것이기 때문이다(롬 1:24, 26, 28). 풀루타크의 이야기를 들어보자. 신에게 바쳐진 처녀인 타르피아가 배반하여 적에게 로마의 쥬피터 신전을 넘겨주기로 흥정을 하였는데 그 댓가로 그들은 그들의 왼손의 황금 팔찌를 그녀에게 주기로 약속하였다. 그런데 그들이·신전에 들어갈 때에 그들의 황금 팔찌만 던진 것이 아니고 그들의 방패 역시 그 여자 위에 던져서 그 무게 때문에 그녀는 눌려 죽어버렸다. 이와 같이 하나님은 원수에게 금과 은을 잔뜩 실어주신다. 하나님은 종종 사람들이 황금팔찌를 가져 그 무게 때문에 지옥으로 가라앉도록 내버려 두신다. 아! 하늘의 것을 열망하고 우리의 눈을 그곳에 고정시키며 우리의 마음이 최고의 선이신 하나님과 연합하도록 하자. 이것은 사냥을 하듯이 복을 따라가는 것이다.

우리가 복된 삶을 살 때 임할 복을 확실히 믿으며 복의 상속자가 되어 걷는다는 것을 세상에다가 선포하자. 복된 면류관과 저주받은 인생과는 결코 만날 수가 없다. 많은 사람들이 그들이 하늘을 향하고 있다고 말하지만 사뭇 반대방향의 코스로 조종하고 있다. 마귀가 그들의 조종사이며 마치 동쪽으로 항해한다고 말하면서 아주 서쪽으로 항해하는 것처럼 그들은 지옥을 향하여 항해하고 있다. 술주정뱅이가 자기도 복을 바란다고 말할지라도 그는 다른 방향으로 항해하고 있다. 여러분은 하늘을 향하여 비틀거릴 것이 아니라 울면서 가야 한다. 깨끗지 못한 사람이 복에 대하여 이야기할지라도 그는 "깊은 구렁"(잠 23 : 27)으로 떨어지고 있으며 거기서 그는 천국보다는 곧 지옥을 발견하게 될 것이다. 짐승이 천사가 되는 것이 차라리 깨끗지 못한 사람이 문둥병에 걸린 채 하나님의 낙원에 들어가는 것보다 쉬울 것이다. 탐욕스러운 사람은 "벌레요 사람이 아니다"라고 말할 수 있는데 그것은 그가 땅에 집착하여 기고 있기 때문이다. 그가 복을 요구한다면 땅이 위로 올라갈 수 있다는 말인가? 한 덩어리의 흙이 영광의 궁창에서 밝은 별이 될 수 있는가? 죄 가운데서 그들 스스로 축복한 사람들은 결코 복받을 수 없다는 사실을 명심하라.

하나님께서 말씀하시기를 "이 저주의 말을 듣고도 심중에 스스로 위로하여 이르기를 내가 내 마음을 강퍅케 하여 젖은 것과 마른 것을 멸할찌라도 평안하리라 할까 염려함이라 여호와는 이런 자를 사하지 않으실 뿐 아니라 여호와의 분노와 질투의 불로 그의 위에 붓게 하시며 또 이 책에 기록된 모든 저주로 그에게 더하실 것이라 여호와께서 필경은 그의 이름을 천하에서 도말"(신 29 : 19~20)하신다고 하셨다. 사람이 독약에서 건강을 마실 수 없듯이 죄에서 복을 뽑아낼 수가 없다. 아! 복된 삶을 살아서 "본향을 찾는 것을 나타내"(히 11 : 14)도록 하자.

은혜를 통하여 복이라는 것을 갖고자 하는 선한 소망을 가진 분들에게 나는 레위 사람이 그 백성들에게 말한 것처럼 말하고 싶다. "너희 무리는 마땅히 일어나 영원부터 영원까지 계신 너희 하나님 여호와를 송축할찌어다"(느 9:5). 값없이 주시는 은혜가 여러분 위에 쏟아 부어지니 이 얼마나 무한한 감사의 조건이 되는가! 비록 여러분이 모든 것을 다 잃는다해도 하나님께서 행복의 항구를 준비하시고 그리스도의 피의 바다 위로 여러분을 그곳으로 옮기고 계시며 성령의 강풍을 여러분의 돛에 불어주신다. 여러분은 결백의 옷을 입고 있을 때보다도 그리스도를 통하여 더 좋은 조건 가운데 있게 된다. 하나님은 여러분이 쓰러질 때 한 단계 더 높이 여러분을 올려주신다. 얼마나 많이 하나님께서 여러분 곁을 지나가시며 여러분을 바라보고 계시는가! 수많은 사람들이 하나님의 저주의 쓴 대접 아래 놓여 있지만 그분은 여러분을 그분의 잔치집으로 인도하시고 천국의 온갖 좋은 것으로 영원히 즐길 수 있도록 하실 것이다. 아! 값없는 은혜, 이 하나님의 사랑 안에서의 승리를 동경하라. 주님을 위하여 쓰고 또 쓰임을 받으라. 여러분 자신을 포기하는 방법으로 그분에게 헌신하고, 만족하게 그분을 위하여 여러분 자신을 내어 놓으라. 머지않아 여러분을 약속의 땅에 상륙시키실 하나님을 위하여 여러분이 넉넉히 무언가를 할 수 있다고 결코 생각하지 말라.

3
믿음이 깊은 것은 어떤 의미에 서는 벌써 복을 받은 것이다.

나는 이제 "회심에는 복이 따른다"는 격언에 이어 두번째 격언 내지 결론으로써 "믿음이 깊은 것은 어떤 의미에서는 벌써 복을 받은 것이라"는 말씀에 나아가겠다.

성도들은 하나님께서 아신바 될 때에만 복받은 것이 아니고 그들이 영광을 향하여 나아가는 여행자일 동안에도 복받은 자들이다. 그들은 그들이 면류관을 쓰기 이전에도 복받은 자들이다. 이것은 혈과 육을 볼 때 하나의 역설처럼 보인다. 사람들로부터 비난받고 중상모략을 받는데도 복받았다니! 하나님의 자녀들을 육적인 눈으로 바라보며, 그들이 어떻게 괴롭힘을 받는가를, 그리고 복음서에 있는 것과 같이 "풍랑에 뒤덮인" 배의 신세처럼 된 그들을 아는 사람들은 그들이 복과는 거리가 멀다고 생각할 것이다.

사도 바울은 그가 당한 고난의 목록을 적었다. "세 번 태장으로 맞고 한 번 돌로 맞고 세 번 파선하는데 일주야를 깊음에서 지냈으며…"(고후 11:23~27). 그리고 세상이 감당못할 초대교회 그리스도인들은 "희롱과 채찍질 뿐만 아니라 결박과 옥에 갇히는 시험도 받았으며 돌로 치는 것과 톱으로 키는 것과 시험과 칼에 죽는 것을 당하였다"(히 11:36~38). 뭐라고? 그들이 이 모든 고통을 당하는 동안도 복받은 것이라고? 육적인 사람은 만일 이것이 복받는 것이라면 하나님이 그를 거기서 구해냈어야 한다고 생각할 것이다.

그러나 어떤 의미나 이유를 대고 그들의 정당성을 주장한다 할지라도, 우리 구주 그리스도께서는 믿음이 깊은 사람은 복받은 사람이라고 단언하신다. 비록 슬픔을 당해도, 비록 순교를 당해도 역시 복받은 사람이라고. 거름더미 위에 앉은 욥은 복받은 욥이었다. 성도들은 그들이 저주를 받을 때에도 복받은 성도들이다. 시므이가 다윗을 저주하였다. "저가 나오면서 연하여 저주하고"(삼하 16:5). 그러나 저주를 받은 다윗이었을 때에도 그는 복받은 다윗이었다. 성도들은 매맞아 상처를 입어도 여전히 복받은 사람들이다. 그들이 장차 복받을 뿐만 아니라 벌써 복받아 있다. "행위 완전하여 여호와의 법에 행하는 자가 복이 있음이여"(시 119:1). "주의 복을 주의 백성에게 내리소서"(시 3:8).

1. 믿음이 깊은 사람들이 이미 복을 받았다는 증거들

(1) 어떻게 성도들이 벌써 복을 받았는가!

그리스도 안에서 그들은 하늘의 복으로 부유하게 되었다(엡 1:3). 그들은 "신의 성품에 참예하는 자"들인데(벧후 1:4), 신의 본질과 결합하였다는 말이 아니고 하나님을 닮아 변화함으로써 되는 것이다. 이것은 복의 시작이다. 갓 태어난 아기도 완전히 장성한 사람과 마찬가지로 그 안에 생명이 있는 것처럼 신의 성품에 참예한 자들도 비록 그들이 완전한 복에는 도달하지 못했다 할지라도 이제 막 시작한 복을 누리는 것이다. 믿는 자들은 그들 안에 거하는 하나님의 씨를 가지고 있다(요일 3:9). 그리고 이것이 복의 씨이다. 영광의 꽃은 은혜의 씨로부터 자라난다. 은혜와 영광은 종류가 다른 것이 아니고 정도가 다른 것이다. 앞의 것은 뿌리이고 뒤의 것은 열매이다. 은혜는 새벽의 영광이고 영광은 정오의 은혜이다. 그리고 이런 의미에서 어거스틴의 "믿음과 소망 중에 있는 우리는 복되다"라는 주장은 사실이다. 은혜는 복의 사슬에 있어서 첫번째 고리이다. 그래서 그가 사슬의 첫번째 고리를 잡았으니 결국은 전체 사슬을 소유한 것이 된다. 성도들은 그들 안에 하나님의 성령을 모시고 있다. "우리 안에 거하시는 성령으로 말미암아 네게 부탁한 아름다운 것을 지키라"(딤후 1:14). 축복하시는 성령이 그 사람 안에 거하시는데 어떻게 그가 복받지 않을 수 있는가? 믿음이 깊은 사람의 마음은 낙원이요, 극상품 과일 나무가 심겨져 있으며, 하나님 자신이 이 낙원 가운데 거니시는데 그 사람이 복받지 않았다고 하겠는가?

(2) 성도들은 **그들의 죄가 그들에게 돌려지지 않기 때문에** 벌써 복을 받은 것이다. "마음에 간사가 없고 여호와께 정죄를 당치 않는 자는 복이 있도다"(시 32:2). 하나님이 그들에게 죄를 돌리시지 않는다는 것은 하나님이 그들을 죄없는 것으로 치신다는 것을 나타낸다. 그것은 마치 사람이 전혀 죄를 짓지 않은 것과 같다는 말이다. 빚 장부는 그리스도의 피로 완전히 지워져서 마치 채무자가 빚진 것이 없는 것과 같이 되고, 채권자가 장부를 덮어버려서 그것은 마치 그가 처음부터 아무것도 빚진 것이 없었던 것과 같이 된 것이다. 하나님이 죄를 돌리시지 않는다는 것은 하나님이 결코 빚을 갚으라고 청구하시지 않을 것을 나타내고 청구해야 할 것도 감추어 보이지 않게 하신다는 것을 말한다. "나 여호와가 말하노라 그 날 그때에는 이스라엘의 죄악을 찾을지라도 없겠고 유다의 죄를 찾을지라도 발견치 못하리니 이는 내가 나의 남긴 자를 사할 것임이니라"(렘 50:20).

그러므로 죄가 돌려지지 아니한 사람은 복을 받은 것인데, 그 이유는 죄가 그 사람에게 돌려지지 않았으므로 저주가 제거되었기 때문이다.

(3) 성도들은 **그들이 하나님과 언약을 맺었기 때문에** 벌써 복을 받은 것이다. 이것은 두 성구를 비교하여 보아서 명백하다. "그날 후에 내가 이스라엘 집에 세울 언약은 이러하니 곧 내가 나의 법을 그들의 속에 두며 그 마음에 기록하여 나는 그들의 하나님이 되고 그들은 내 백성이 될 것이라"(렘 31:33). 그리고 "이러한 백성은 복이 있나니 여호와를 자기 하나님으로 삼는 백성은 복이 있도다"(시 144:15). 여호

와를 우리 하나님으로 모시는 것은 더할 나위없는 복이다. 하나님을 우리의 하나님으로 모시고서도 우리가 복받지 않았다고 상상하는 것은 불가능하다.

"내가 너의 하나님이 되리라"는 기분좋은 말씀은 하나님께 속한 모든 것이 우리의 것이라는 소유권의 의미를 포함한다. 그분의 사랑이 우리의 것이요 그분의 성령이 우리의 것이요 그분의 자비가 우리의 것이다. 그것은 모든 관계들을 포함하는 말씀이다. 즉 아버지의 관계에 대해서는 "너희에게 아버지가 되고 너희는 내게 자녀가 되리라"(고후 6 : 18)고 말씀하셨다. 왕의 아들들은 행복하다. 참으로 왕의 혈통이 된 성도들은 얼마나 복된가? 그것은 부부간의 의미도 함축한다. "너를 지으신 자는 네 남편이시라"(사 54 : 5). 어떤 사람을 남편으로 가진 배우자는 남편이 가진 모든 것에 대한 권리를 가지기 때문에 행복하다. 성도들은 비록 혼인예식은 하늘에서 이루어지더라도 믿음으로 언약을 맺어 놓았기 때문에 복되다. 그것은 또한 친교의 의미도 포함한다. 하나님과 언약을 맺은 사람들은 하늘에서 인기있는 사람들이다. "나의 벗 아브라함의 자손아"(사 41 : 8). 비록 궁전에서 얼마 동안 떨어져 산다고 할지라도 왕과 긴밀한 관계를 가지고 있다는 것은 신하로서 행복으로 생각할 수 있다. 하나님이 총애하시는 사람은 얼마나 행복한가!

(4) 성도들은 **하늘나라를 상속하게 되기** 때문에 벌써 복을 받은 것이다. 반면에 지옥을 상속할 사람들은 이미 정죄를 받은 것이다. "믿지 아니하는 자는 하나님의 독생자의 이름을 믿지 아니하므로 벌써 심판을 받은 것이니라"(요 3 : 18). 그는 마치 이미 정죄받은 것처럼 정죄받을 것이 확실하다. 그러므로 천국을 상속받은 사람들은 벌써 복받았다고 말할 수 있다. 어떤 사람이 집을 상속받았으면 잠시 세(稅)를 준 기간이 끝나면 그의 것이 될 것으로 지금 미리 기대한다. 그는 아직 들어가 살지는 않아도 이 집은 내 것이다라고 미리 말할 수 있다. 그와 같이 믿는 자는 잠시 동안 이 땅 위의 삶 뒤에 천국을 상속하게

되고 그래서 그는 지금 그리스도는 내 차지이다, 영광은 내 것이다 라고 말할 수가 있는 것이다. 그는 천국에 대한 자격증을 가지고 있으며 보여줄 자격증이 있다는 것은 복된 것이다. 아니, 믿음이 상속권을 실제 소유로 바꾸어준다.

(5) 성도들은 **이 곳에서 복의 첫 열매를 가졌기 때문에 벌써 복을 받은 것이다.** 우리는 성령의 보증과 인치심(고후 1 : 22), 그리고 처음 익은 열매(롬 8 : 23)에 대해서 읽었다. 천국은 벌써 믿는 자 속에서 시작되었다. "하나님의 나라는 먹는 것과 마시는 것이 아니요 오직 성령 안에서 의와 평강과 희락이라"(롬 14 : 17). 이 왕국은 믿는 자의 마음에 있다(눅 17 : 21). 하나님의 백성은 여기서 복을 시식하고 맛본다. 이스라엘 백성이 가나안 땅을 실제로 소유하기 전에 포도송이를 맛본 것처럼 하나님의 자녀들은 성령의 비밀스런 열매를 맛보는데, 그리스도의 얼굴의 미소, 사랑의 표인 그분 입술의 입맞춤이 포도송이이며, 그들은 그들 자신이 때로는 천국에 있는 것같이 생각한다. "그의 제자들이 밤에 광주리에 사울을 담아 성에서 달아내리니라"(행 9 : 25). 때때로 위안자가 예배중에 영혼에게 내려오시며 그럴 때 영혼은 새 예루살렘 근처에까지 와 있는 것이다. 그리스도인들은 천국을 믿음으로 보게 되고, 기쁨으로 맛보게 되는데 이것이 복이 아니고 무엇인가?

(6) 성도들은 **모든 것이 그들이 복받는데 도움이 되기 때문에** 이생에 있어서 복받은 것으로 말할 수 있다. "하나님을 사랑하는 자 곧 그 뜻대로 부르심을 입은 자들에게는 모든 것이 합력하여 선을 이루느니라"(롬 8 : 28). 우리는 모든 것이 최선의 방향으로 모아지는 사람을 보고 당신은 행복한 사람이라고 말한다. 성도들은 모든 것이 그들의 선에 이바지하는 경향이 있기 때문에 대단히 행복하다. 번영도 그들에게 선을 이루고 역경도 그들에게 선을 이룬다. 아니, 죄도 그들에게 선한 작용을 한다. 발걸음마다 더 조심하게 하기 때문이다. 그들

의 질병은 그들의 영혼을 치료하는 약이 된다. 부는 바람에 올바른 항구로 인도되는 사람이 행복한 사람이 아닌가?

(7) 성도들은 그의 한 부분이 벌써 복받았기 때문에 복받은 자라고 말할 수 있다. 그는 그의 머리되시는 그리스도께서 영광 중에 계시기 때문에 그의 머리가 복받은 것이다. 그리스도와 믿는 자는 신비스럽게 한 몸을 이루었는데 그 머리는 천국에 계신 것이다.

2. 실제적인 문제

악한 사람과 믿음이 깊은 사람 사이의 차이점을 보라. 악인이 많은 위로를 받지 않게 하라. 어쨌든 그는 저주받은 자이다. 믿음이 깊은 사람에게 너무 많은 십자가를 지게 하지 말라. 어쨌든 그는 복받은 사람이다. 악인 위에 하나님의 등불이 비춰게 하고(욥 29:3), 아무런 마찰도 만나지 않도록 그의 길을 매끄럽게 해주고, 성공을 하도록 해주어도 여전히 악인 위에는 저주가 따라 다닌다. 여러분들은 죄인들의 저주목록을 읽었을 것이다(신 28:16~19). 그에 대한 저주가 그의 죄보다 더 가득히 그에게 퍼붓는다. 그가 그의 악 중에 그 자신에게 축복한다 해도 여전히 그는 하나님의 저주의 상속자이다. 성경에 적힌 모든 저주가 그의 것이고 죽는 날에 그의 몫이 틀림없이 치러질 것이다. 그러나 믿음이 깊은 사람은 아무리 그가 비참한 가운데 있어도 그는 복받은 자이다. 그는 십자가 아래 있지 저주 아래 있지 않다.

그것이 믿는 자들의 특권을 보여준다. 그는 장차 복을 받도록 되어 있을 뿐만 아니라 이미 복을 받았다. 복이 그의 안에서 시작된 것이다. "너희는 천지를 지으신 여호와께 복을 받는 자로다"(시 115:15). 의인의 상태가 더할 나위없이 슬픈 지경이 되어도 여전히 그는 복받은 자요, 그는 괴로움 중에도 복받은 자인 것이다. "여호와여 주의 징벌을 당하며 주의 법으로 교훈하심을 받는 자가 복이 있나니"(시 94:12). 가난한 중에도 복받은 자니, "세상에 대하여는 가난한 자를 택하사 믿음에 부요하게 하시고"(약 2 : 5)라고 하셨고, 치욕 중에도 복받은 자니, "너희가 그리스도의 이름으로 욕을 받으면 복이 있는 자로다 영광의 영 곧 하나님의 영이 너희 위에 계심이라"(벧전 4 : 14)고 하셨다. 이것이 약한 그리스도인들에게 강심제가 될 수 있는데, 그는 삶과 죽음을 통하여 복받은 자이기 때문이다. 사단이 복에 있어서 하나님을 대신할 수가 없다.

어떻게 이것이 하나님의 자녀로부터 불평과 우울을 걷어낼 수 있는가? 여러분은 복받았을 때에 푸념하고 슬퍼하는가? 에서는 복을 원했기 때문에 울었다. "내 아버지여 내게 축복하소서 내게도 그리하소서 하고 소리를 높여 우니"(창 27 : 38). 그러나 하나님의 자녀가 복을 받아 놓고도 지나치게 낙담해서야 될 것인가? 아담은 낙원 가운데서 범죄하였다. 복을 받아 놓고도 여전히 투덜거리는 것은 얼마나 악한 짓인가!

이것은 좋은 믿음을 위해서 얼마나 용기를 주는 것인가! 우리는 모두 복받기를 갈망하고 있으니 신앙생활을 잘 하도록 하자. "여호와를 경외하며 그 계명을 크게 즐거워하는 자는 복이 있도다"(시 112 : 1). 그러나 여러분은 이 길은 어디서나 반대를 받는다고 말할 것이다. 그러나 바로 이 길이 복을 받는 유일한 길이란 것을 알기 때문에 상관없다. 어떤 부자가 다른 사람을 양자로 삼았다고 가정할 때 양자삼은 것을 트집잡아 딴 사람들이 비난하더라고 그가 그 재산의 상속자이면 상관할 필요가 없다. 그와 같이 다른 사람들이 여러분의 신앙 생활에 대해서 비난하더라도 그것이 여러분에게 주실 복을 따라가는 것이라면 여러분이 믿음을 가지게 되는 바로 같은 날에 여러분은 복을 받게 된다.

4
심령이 가난한 자는 복이 있나니

복의 일반적인 개념에 대하여 이야기했고, 이제 낱낱이 복의 내용들을 살펴 보겠는데 이것들은 우리 주님께서 심령이 가난한 자, 애통하는 자 등에 있으리라고 설명하신 것이다. 그러나 이것에 손대기 전에 나는 이 팔복 설교에 대한 작은 서문 내지 해설을 시도해 보고자 한다.

1. 여러가지 관찰

(1) 이 설교에 있어서 모든 철학을 뛰어넘은 신성을 관찰하라. 철학자들은 하나의 반대명제는 다른 것을 축출한다고 보통 말하지만 여기에서는 하나의 반대명제는 다른 것을 낳는다. 가난이라는 것은 부를 축출할 때 생기는 것이 상례이지만 여기서는 가난이 부를 낳는다. 왕국을 가진 자가 얼마나 부유한가! 애통은 기쁨을 쫓아내는 것이 예사이지만, 여기서는 애통이 기쁨을 낳는다. "저희가 위로를 받을 것임이요." 물이 불꽃을 끄는 것은 상식이지만 눈물은 기쁨의 불꽃을 불붙인다. 핍박은 행복을 축출하는 것이 보통이지만 여기서는 핍박이 행복을 만들어낸다. "핍박을 받는 자는 복이 있나니." 이러한 것이 우리 주님의 설교에 들어있는 신성한 역설이다.

(2) 그리스도의 가르치심과 육적인 인간들의 의견이 어떻게 다른가

관찰하라. 그들은 "부유한 자는 복이 있다"고 생각한다. 세상은 손을 대는 것마다 황금으로 바뀌는 마이다스의 재주를 가진 사람을 복이 있다고 말할 것이다. 그러나 그리스도께서는 "심령이 가난한 자는 복이 있나니"라고 말씀하신다. 세상은 산꼭대기에 있는 사람이 복이 있다고 생각할 것이다. 그러나 그리스도께서는 골짜기에 있는 사람이 복이 있다고 공언하신다. 그리스도의 계산서와 세상의 계산서는 일치하지 않는다.

(3) 참된 신앙생활의 본질을 관찰하라. 가난이 선봉을 이끌고 핍박이 후미를 마감한다. 루터가 말하기를 모든 참된 성도는 십자가의 상속자들이라고 했다. 어떤 사람들은 훌륭한 신앙고백으로 그리스도의 색깔을 나타내면서 이런 것이 신앙적이라고 생각하기도 하지만 심령이 가난하게 되고 핍박을 받게 되면 그들은 이 쓴 약을 삼킬 수가 없다. 그들은 그리스도의 보석들을 갖기를 좋아하지만 그분의 십자가는 거절한다. 이들은 경건한 신앙생활과는 거리가 먼 사람들이다.

(4) 은혜와 그 보상 사이의 확실한 연관성을 관찰하라. "심령이 가난한 사람"들은 하나님의 나라를 차지하게 될 것이다. 그들은 마치 그들이 벌써 천국에 가 있는 것처럼 천국에 갈 것을 확신한다. 우리 주님께서는 약속으로 향기롭게 만든 계명으로 사람들이 신앙생활을 잘 하도록 격려하신다. 그분은 의무와 보상을 함께 묶어 놓으셨다. 몸에서 정맥이 피를 모아와서 동맥이 원기를 날라다 주는 것처럼 이 성경구절들의 앞 부분은 의무를 말하고 뒷 부분은 보상을 가져다 준다. 우리 주 그리스도께서는 심령가난, 마음청결 등 몇 가지 그리스도인들의 자격조건을 정하여 놓으시고는 이 하늘의 덕목들을 복이라는 멋있는 색깔로 그림을 그리시고 그 위에 놀라운 보상의 면류관을 지정해 놓으셨다. 그래서 이 화려한 보상으로 비할 수 없는 아름다움을 보여주시어서 거룩한 사랑을 이끌어 내신다.

(5) 은혜의 연속성을 여기에서 관찰하라. 심령가난, 온유, 자비 등. 한 은혜가 있으면 모든 은혜가 있게 된다. 육적인 덕목들을 이야기할 때 그것들은 서로 긴밀한 관계가 있는데 영적인 은혜를 말할 때는 그것들은 서로 연결되어 있고 묶어져 있다고 말할 수 있다. 심령이 가난한 자는 애통하는 자이며, 애통하는 자는 온유한 자이며, 온유한 자는 긍휼히 여기는 자이다 등등. 하나님의 성령께서는 마음에다 모든 은혜의 습관들을 심어주셨다. 새로운 피조물은 그 모든 부분과 모습들을 갖추고 있다. 마치 몸에 모든 요소들이 조합되어 있고 모든 기질들이 섞여 있는 것과 같다. 성령의 은혜들은 한 줄의 진주와 같이 신앙생활의 줄에 같이 매달려 있어 그리스도의 신부를 장식해준다. 여기서 내가 특기하고 싶은 것은 위선자와 참된 하나님의 자녀와의 차이를 보여주고 싶다는 것이다. 위선자들은 은혜가 있는 것처럼 가장하여 의기양양하여 뽐내는데 그러는 동안에도 그는 모든 은혜의 습성들을 가지고 있지 않다. 그는 심령이 가난하지도 않고 마음이 청결하지도 않은데 반면에 하나님의 자녀들은 그 마음에 모든 은혜를 가지고 있다. 이런 것들을 전제로 해서 나는 그리스도께서 복을 약속하신 거룩한 영혼들에 대한 세부적인 강해를 하기로 한다. 그 첫번째가 심령가난이다. "심령이 가난한 자는 복이 있나니."

2. "심령가난"의 의미

크리소스톰과 데오필락트는 이것이 그리스도께서 하신 설교 중 첫번째 설교이기 때문에 우리가 최선의 주의를 기울여야 한다고 의견을 내세웠다. "심령이 가난한 자는 복이 있나니." 우리 주 그리스도께서는 높고 위엄있는 복의 구조를 설명하시면서 그 기초는 낮게 심령가난에다 두셨다. 그러나 모든 가난이 다 복받는 것은 아니다. 나는 네 가지의 구별을 하겠다.

(1) 나는 "재산이 가난한 것"과 "심령이 가난한 것"을 구별하겠다.

마귀의 가난이 있는데 초라하고 악하여 차라리 그들의 옷이 그들의 양심보다는 덜 찢어졌다. 그들의 가난이 그들의 과실 때문인 사람들도 있는데 몰지각과 지나친 행동으로 말미암아 그들 스스로를 결핍으로 몰아간다. 이러한 사람들은 재산에 있어서는 가난하지만 심령은 가난하지 않다.

(2) 나는 "영적으로 가난한 것"과 "심령이 가난한 것"을 구별하겠다. 은혜가 없는 사람은 영적으로 가난한 것이지 심령이 가난한 것은 아니다. 그는 그 자신의 거지 상태를 모르는 것이다. "네가 말하기를 나는 부자라 부요하여 부족한 것이 없다 하나 네 곤고한 것과 가련한 것과 가난한 것과 눈 먼 것과 벌거벗은 것을 알지 못하도다"(계 3 : 17). 그가 가난한 것을 모르는 사람이 가장 나쁜 의미에서 가난한 사람이다.

(3) 나는 "가난한 심령을 가진 것"과 "심령이 가난한 것"을 구별하겠다. 천박하고 낮은 심령을 가지고 수준이하의 행동을 하는 사람을 가난한 심령을 가졌다고 말한다. 그들은 엄청난 재산을 가지고 있으면서 자기 먹기도 벌벌 떠는 구두쇠로서 소심하게 살며 자연적인 욕구를 만족케 하려고 무엇을 소비하라는 압력을 받으니 차라리 자기 목구멍을 찌를 각오가 되어 있는 사람들이다. 솔로몬은 이것을 일컬어서 해 아래서 폐단이라고 불렀다. "내가 해 아래서 한 가지 폐단있는 것을 보았나니 이는 사람에게 중한 것이라 어떤 사람은 그 심령의 모든 소원에 부족함이 없어 재물과 부요와 존귀를 하나님께 받았으나 능히 누리게 하심을 얻지 못하였으므로 다른 사람이 누리나니"(전 6 : 1, 2). 참된 신앙생활을 하면 아무도 인색하게 되지 않는다. 물론 그것이 검소함을 가르치고 있기는 하지만 치사함을 가르치고 있는 것은 아니다.

그러나 그리스도인이면서도 수준이하의 행동을 하는 사람들이 있어서, 다른 사람이 표가 나도록 천한 기질을 가지고 있을 때 그 성질에 덩달아서 죄스럽게 따라 가는 것이다. 그들은 양심의 흉내만 내고 있다. 그들은 겉모양만 번드르르한 신앙생활을 하고 있다. 그들은 그들의 윗 사람이 명하기만 하면 마귀의 피리소리에도 맞추어 춤을 출 것이다. 그들은 가난한 심령을 가진 것이지 심령이 가난한 것이 아니다.

(4) 나는 복음적 의미에서의 가난과 가톨릭적 의미에서의 가난을 구별하겠다. 가톨릭교에서는 본문에 잘못된 주석을 하고 있다. "심령이 가난"하다는 것을 그들은 그들의 재산을 포기하고 자발적인 가난을 맹세하고 그들의 수도원에 들어가 숨어서 살아야 하는 것으로 이해하고 있다. 그러나 그리스도께서는 결코 이런 것을 의미하지 않으셨다. 그분은 스스로 가난하게 만들고 재산과 직업을 떠난 사람을 복이 있다고 하신 것이 아니라 복음적으로 가난한 자를 복이 있다고 하신 것이다.

그렇다면 "심령이 가난"하다는 것을 어떻게 이해해야 하겠는가? 헬라어로 "가난하다"는 말은 꼭 구제금이나 받아먹고 사는 사람만을 두고 이야기하는 것이 아니라 더 넓은 의미로 외적인 위로 뿐만 아니라 내적인 위로가 결핍되어 있는 상태의 사람을 말한다. "심령이 가난한 자"는 그들의 죄를 깨닫고 그들 자신 안에 아무런 선함이 없는 것을 발견하고 절망에 빠져서 전폭적으로 그리스도 안에 있는 하나님의 자비하심만 탄원하는 사람을 나타낸다. 심령의 가난함은 일종의 자기부정이다. 그와 같은 표현을 나는 칼빈에게서 찾을 수 있다. 그는 말하기를 "심령이 가난한 자는 그 자신 안에서는 아무것도 발견할 수 없어 자비를 구하기 위하여 성소로 달려가는 사람을 말한다"고 하였다. 그러한 사람 중에 세리가 있다. "하나님이여 불쌍히 여기옵소서 나는 죄인이로소이다"(눅 18 : 13). 사도 바울도 이와 같은 말을 하였다. "그리스도를 얻고 그 안에서 발견되려 함이니 내가 가진 의는 율법에서 난 것이 아니요 오직 그리스도를 믿음으로 말미암은 것이니 곧 믿음으로 하나님께로서 난 의라"(빌 3 : 8, 9). 이러한 것이 지혜의 잔치에 손님으로 초대받은 참된 가난이다.

3. 몇 가지 질문들

여기에 몇 가지 질문을 내놓을 수가 있을 것이다.

(1) 왜 그리스도께서 여기에 **심령가난**을 가지고 시작하셨을까? 왜 이것을 맨 앞에 두셨을까? 그 대답은 그리스도께서는 심령가난이 그 뒤에 오는 모든 다른 은혜들의 초보요 기초가 된다는 사실을 보여주시려고 그렇게 하셨다는 것이다. 여러분은 이것없이 다른 은혜를 기대하느니보다는 차라리 뿌리없이 열매가 자라나기를 기대하는 편이 낫다. 사람이 심령이 가난해지지 않고서는 애통해 할 수가 없다. 심령가난은 마치 증류기 아래의 불과 같아서 눈으로부터 물이 떨어지게 만든다. 사람이 자신의 결점들과 추악한 모습을 보고 자신이 파멸되게 된 것을 바라보게 될 때 그는 그리스도를 찾아서 애통하게 된다. "여호와께서 샘으로 골짜기에서 솟아나게 하시고"(시 104:10). 마음이 골짜기가 되고 심령가난으로 낮추어지면 거룩한 슬픔의 샘물이 거기에 흐르게 된다. 사람의 심령이 가난해질 때까지는 "의에 주리고 목마르게"될 수가 없다. 그는 주리기 전에 먼저 모자라는 것에 대한 느낌이 있어야 한다. 그래서 그리스도께서는 이것이 다른 모든 나머지를 안내하기 때문에 심령가난으로 시작하신 것이다.

(2) 두번째 질문은 **심령가난과 겸손**의 차이가 무엇이냐 하는 것이다. 이들은 너무나 비슷하기 때문에 혼동되기가 쉽다. 크리소스톰은 "심령가난"을 겸손으로 이해하였다. 그러나 나는 거기에는 약간의 차이가 있다고 생각한다. 그것들은 동기와 결과의 면에서 다르다. 터툴리안은 말하기를 겸손하지 않은 자 치고 심령이 가난한 자는 없다고 하였다. 그는 겸손을 심령가난의 동기로 만들려고 하는 것같다. 나는 오히려 심령가난이 겸손의 동기가 된다고 생각하는데 왜냐하면 사람

이 그가 그리스도가 필요한 것을 알고 그가 어떻게 값없는 은혜의 자비 때문에 살고 있는가를 알게 될 때 이것이 그를 겸손하게 만들기 때문이다. 그 자신의 공허함과 빈궁을 느끼는 사람은 그의 머리를 겸손으로 조아린다. 겸손은 심령가난으로부터 스며나오는 향기로운 향료이다.

(3) **심령가난과 자기부정**과의 차이는 무엇인가? 대답은 어떤 점에서는 일치하고 어떤 점에서는 다르다는 것이다. 어떤 점에서는 그것들은 일치하는데, 심령이 가난한 자는 절대적으로 자기를 부정하는 자이기 때문이다. 그는 그 자신의 의견은 모두 포기한다. 그는 그가 그리스도와 그 값없으신 은혜에 의지해야 한다는 사실을 인정한다. 그러나 어떤 점에서는 그들은 다르다. 자기를 부정하는 사람은 그리스도를 위하여 세상을 떠나지만 심령이 가난한 사람은 그리스도를 위하여 자기 자신, 즉 자기 자신의 의를 떠난다. 심령이 가난한 자는 그리스도 없이는 그가 아무것도 아니라는 것을 알지만, 자기부정자는 그리스도에게 자기 자신의 아무것도 맡기지 않는다. 이렇게 하여 나는 심령가난이 무엇인가를 설명하였다.

4. 왜 그리스도인들은 심령이 가난해야만 하는가?

팔복을 시작하는 말씀은 그리스도인들은 심령이 가난해야 한다, 또 다른 말로는 심령가난은 그리스도인들이 지니고 있어야 할 보석이라는 진리를 우리에게 제공하여 준다. 최상의 피조물, 곧 빛은 무에서 만들어졌다. 그러므로 사람이 자신이 아무것도 아닌 것을 알 때 이 무로부터 하나님은 가장 아름다운 피조물을 만들어 내신다. 사람의 심령을 가난하게 만드신 다음 성령의 은혜로 채워주시는 것이 하나님이 보통 쓰시는 방법이다. 우리가 시계를 다룰 때 먼저 그것을 분해한 후에 다음으로 모든 톱니와 핀들을 순서에 따라 끼워 넣듯이, 주님도 먼저 사람을 조각조각 분해하신 후에 그에게 그의 미완성의 상태를 보여주시고 그를 다시 짜맞추시는 것이다.
 그 이유는 다음과 같다 :

 (1) 우리가 심령이 가난해질 때까지는 은혜를 받을 능력이 없다. 스스로 탁월하고 스스로 충분하다고 하는 의견으로 부풀어 있는 사람은 그리스도에게 적합하지 않다. 손에 자갈을 잔뜩 쥐고 있으면 황금을 받을 수가 없다. 유리잔에 사이다를 부으려면 먼저 그것을 비워야 한다. 하나님은 값진 그분의 은혜의 생수를 사람에게 부으시기 전에 그 사람을 비우신다. 심령이 가난한 자만이 그리스도의 사명을 감당할 수 있다. "주 여호와의 신이 내게 임하셨으니 이는…나를 보내사 마음 상한 자를 고치며"(사 61 : 1). 이 말씀은 자기의 무가치함을 깨닫고 마음 상한 자를 고쳐주신다는 말씀이다.

 (2) 심령이 가난해질 때까지는 우리에게 그리스도가 결코 귀중하게 느껴지지 않는다. 우리 자신의 부족함을 보기 전에는 결코 그리스도의 가치를 볼 수가 없다. 심령가난은 그리스도를 우리 영혼에 맛있게 하여주는 소금이요 양념이요 간장이다. 심령이 가난한 자에게 가장 환영받는 것은 자비이다. 더러운 옷을 입고 있는 자신을 바라본 사람은(슥 3 : 4, 5) 그리스도의 의의 새옷과 바꾸기 위하여 무엇을 그 댓가로 드려야 하겠는가? 구원의 관을 그의 머리에 쓰기 위하여 그가 무엇을 주어야 하겠는가? 사람이 자신이 거의 죽을 만큼 다친 것을 알았을 때 그리스도의 보혈로 된 치료약이 있다면 얼마나 귀하게 여기겠는가! 그가 하나님께 엄청나게 빚졌고 그 빚이 너무 많아 계산조차 다 못할 때 누가 보증을 서 준다면 얼마나 기쁘겠는가! "좋은 진주"(마 13 : 45)는 심령이 가난한 자에게만 귀중한 것이다. 음식이 없어 굶게 된 사람은 그 값이 얼마든지 간에 음식을 얻으려고 할 것이다. 그의 옷을 저당잡히고라도 음식을 구하지 않으면 쓰러질 것이다. 그러므로 심령이 가난하여 그에게 그리스도가 필요한 것을 안 사람에게는 구세주가 얼마나 귀하겠는가! 그때에야 비로소 그에게 그리스

도가 그리스도로 보이고 은혜가 은혜로 보일 것이다! 그는 생명의 떡을 위해서는 무엇이라도 할 것이다. 그러므로 하나님께서는 그분의 시장에서 값을 올리시기 위하여, 그리고 주 예수님의 가치와 평가를 높이시기 위하여 영혼을 그와 같이 가난하게 만드시는 것이다.

(3) 심령이 가난할 때까지는 우리는 천국에 들어갈 수가 없다. "천국이 저희 것임이요." 심령가난은 우리가 천국에 들어가도록 조정해 주고 준비해준다. 원래 사람은 자신감이 너무 큰데 천국문은 그것에 비해 너무 좁아 들어갈 수가 없다. 이제 심령가난이 영혼을 작게 하고 그 불필요한 부분을 깎아내기 때문에 그 좁은 문으로 들어가기에 알맞게 되는 것이다. 굵은 밧줄은 바늘귀로 들어갈 수가 없지만 그것을 풀어서 가는 실로 만들면 바늘귀에 꿸 수 있는 것이다. 심령가난은 굵은 밧줄의 꼬인 것을 풀어준다. 그것은 사람으로 하여금 그 자신의 눈에 보잘것 없게 만들어 이제 작아진 그를 천국문에 들어갈 수 있도록 만들어준다. "영원한 나라에 들어감을 넉넉히 주시리라"(벧후 1:11). 가난의 성전을 통하여 영광의 성전으로 들어가야 한다.

5. 심령이 가난한 것이 진정으로 부유한 것이다.

그것은 그리스도인의 부요함이 어디에 있는가를 보여준다. 즉 심령의 가난에 있다는 것을 보여준다. 어떤 사람들은 그들의 가방에다 금을 가득 채울 수 있으면 그것으로 부유하다고 생각할 것이다. 그러나 심령이 가난한 사람이 부유한 사람이다. 그들은 가난하기 때문에 부유하다. 이 가난이 왕국에 들어갈 자격을 주기 때문이다. 스스로가 부유하다고 생각하는 사람이 얼마나 가난한가! 자신이 가난한 것을 발견한 사람은 얼마나 부요한가! 나는 그것을 "가난의 보석"이라고 부른다. 신앙생활에는 세상 사람이 이해할 수 없는 몇 가지 역설들이 있는데 지혜롭고자 하는 자는 미련한 자가 되어야 하고(고전 3:18) 자기 목숨을 잃음으로써 생명을 구원하게 되며(마 16:25) 가난함으로써 부요하게 된다는 것 등이다. 이성은 그것을 비웃지만 그래도 "심령이 가난한 자가 복이 있나니 천국이 저희 것이다." 그래서 이 가난을 얻기 위해서는 어떤 다른 부를 얻기 위한 것보다 더 노력하여야 한다. 이 누더기 옷 속에 황금의 옷이 감추어져 있다. 이 시체로부터 꿀이 나온다(삿 14 : 8, 9).

심령이 가난한 자가 복이 있다면 그 역의 원리로 심령이 교만한 자에게는 저주가 있다(잠 16 : 5). 자기 자신을 우상화하는 죄를 범하는 세대가 있는데 자신보다 더 나쁜 우상이 어디 있는가! 그들은 그들 자신의 이모저모나 도덕성, 스스로 의롭다고 하는 생각에 감탄하고 있으며 이 말뚝에다가 그들의 구원의 소망을 붙잡아 매고 있다. 세상에는 너무 선해서 천국에 못들어갈 사람이 많다. 그들은 그들 스스로가 만들어 낸 물건들이 넉넉하여, 꾸어서 사는 생활 그리스도에게 은혜를 입고 사는 것을 경멸한다. 이 허풍쟁이를 마귀가 교만으로 잔뜩 부풀려 놓아서 그들은 자기 교만에 부풀어 있지만 그것은 커질수록 점점 더 병이 깊어지는 악성종기를 부풀리는 것과 같다. 그것은 교만한 바리새인 비유와 같다. "바리새인은 서서 따로 기도하여 가로되 하나님이여 나는 다른 사람들 곧 토색, 불의, 간음을 하는 자들과 같지 아니하고 이 세리와도 같지 아니함을 감사하나이다 나는 이레에 두번씩 금식하고 또 소득의 십일조를 드리나이다"(눅 18 : 11). 이 사람은 교만의 돛을 잔뜩 부풀려 가지고 있는 사람이다. 그러나 심령이 가난한 세리는 멀리서서 감히 눈을 들어 하늘을 우러러 보지도 못하고 다만 가슴을 치며 가로되 "하나님이여 불쌍히 여기옵소서 나는 죄인이로소이다"하였다. 이 사람이 화환을 가져갔다. "내가(그리스도께서) 너희에게 이르노니 이 사람이 저보다 의롭다하심을 받고 집에 내려 갔느니라"(눅 18 : 14).

사도 바울은 그가 회개하기 전에는 자신이 대단히 좋은 상태에 있다고 생각하였다. "율법의 의로는 흠이 없는 자로라"(빌 3 : 6). 그는 그 자신의 의의 탑을 높이 세워 그 꼭대기가 하늘에 닿도록 해야겠다고 생각하였다. 그러나 마침내 하나님께서 그에게 탑의 기초에 금이

간 것을 보여주셨고 그래서 그는 영원한 반석으로 들어갔다. "그 안에서 발견되려 함이니"(빌 3 : 9). 독선보다 더 위태로운 낭떠러지는 없다. 이것이 라오디게아 교회의 성격이다. "나는 부자라 부요하여 부족한 것이 없다 하나…"(계 3 : 17). 그 교회는 사실은 아무것도 가진 것이 없는 때에 부족한 것이 없는 것으로 생각하였다. 얼마나 많은 사람들이 이런 어리석은 생각들을 하는가! 어떤 배가 바위들은 피하였으나 모래톱 위에 얹히는 것을 보듯이 어떤 사람들은 큰 죄의 바위는 피하였는데 독선의 모래톱 위에 얹혀 버리는 것을 보게 된다. 이런 사람들에게 그들의 위험을 깨닫게 해주는 것이 얼마나 어려운가! 그들은 그들이 이 썩은 넝마를 입고 앉아 있는 지하감옥에서 나오는데 도움이 필요하다는 것을 믿지를 않는다. 그들은 다른 사람들이 망하는 것을 보면서도 그들도 같은 경우라고 해도 설득당하지 않는다. 그리스도께서 그들이 장님이라고 말씀하셨어도 그들은 세네카의 계집종이 장님으로 태어났으면서도 그 사실을 도무지 믿으려고 하지 않았던 것처럼 믿지를 않는다. 그 계집종은 집이 원래 어두운 것이지 자기는 장님이 아니라고 말하였다. 그리스도께서는 그들이 벌거벗었으므로 그분의 흰 옷을 제공하여 그들에게 입히려고 하시지만 그들은 다른 신념이 있으며 또한 그들이 눈이 멀었기 때문에 그들 자신이 벌거벗은 사실조차 볼 수 없다. 그들 스스로가 구원자가 되어 망한 사람이 얼마나 많은가!

아! 이 이야기가 교만한 죄인을 자신으로부터 빠져나오도록 몰아갔으면! 사람은 자신으로부터 나오기 전에는 결코 자기 자신에게로 올 수가 없다. 그리고 그리스도께서 먼저 우리 속에 들어오시기 전에는 아무도 자신으로부터 나올 수가 없다.

6. 우리가 심령이 가난한지 아닌지 어떻게 알 수 있는가?

심령의 가난이 그렇게도 필요한 것이라면 내가 심령이 가난하다는 것을 어떻게 알 수 있는가! 이 가난의 복된 결과를 보아서 알 수 있는데 그것은 아래와 같은 것이다.

(1) 심령이 가난한 사람은 자신으로부터 젖 뗀 상태에 있다. "내 중심이 젖 뗀 아이와 같도다"(시 131 : 2). 사람이 자신으로부터 젖 뗀 상태에 있기란 힘든 것이다. 포도가지는 자신을 지탱하기 위해서는 가까이에 있는 아무것이나 휘어감는다. 사람도 기대기 위하여 붙잡으려고 하는 큰 가지 따위가 있게 마련이다. 자신으로부터 완전히 떨어지기가 얼마나 어려운가! 심령이 가난한 자는 자신과는 이혼한 사람이며, 그들은 그리스도 없이는 지옥으로 가야만 한다는 것을 잘 안다. "내 중심이 젖 뗀 아이와 같도다."

(2) 심령이 가난한 사람은 그리스도 예찬론자이다. 그는 그리스도를 존귀히 여긴다. 그는 그 자신이 벌거벗은 것을 보고는 그리스도께로 나아가는데, 그 이유는 그분의 옷을 입어야 축복을 얻을 수 있기 때문이다. 그는 자신이 다친 것을 보고는 다친 사슴이 물로 달려가듯이 생명수인 그리스도의 보혈을 갈급해 한다. 그는 "주님, 저에게 그리스도를 주십시오, 아니면 저는 죽습니다"라고 말한다. 양심이 맹렬한 뱀으로 변하여 그를 찌르고, 이제는 온 세상이 그 뻔뻔스런 뱀의 편이라니! 그가 그 자신이 죽은 상태라는 것을 보게 될 때 양식도 되고 약도 되는 생명나무 잎사귀 하나가 얼마나 귀하게 느껴지겠는가! 심령이 가난한 자는 모든 그의 부와 지혜와 의와 성결이 그리스도에게 달려 있다는 것을 안다. 그는 위급할 때마다 이 피난처로 날아간다. 그는 그리스도 안에서의 모든 충만함을 숭모한다.

그들은 계속적으로 자꾸만 바닥이 나도록 써도 결코 떨어지는 법이 없는 라임의 기름에 대해서 말한다. 그런데 그리스도의 피가 바로 그러한 것이어서 그것은 결코 고갈되어 버릴 수가 없다. 심령이 가난한 사람은 언제나 이 샘을 의지한다. 그는 그리스도를 소중히 여기며 고마워 하는 마음을 갖는다. 그는 그리스도가 입으신 상처 뒤에 자신을 숨긴다. 그는 그분의 피에 자신을 씻는다. 그는 그분의 겉옷으로 자신을 감싼다. 그는 늘 영적인 결핍과 기근을 느끼지만 그리스도를 통하여 그것을 해결한다. 그는 "내게 주님을 보여주십시오. 그러면 만족하겠습니다"하고 말한다.

(3) 심령이 가난한 사람은 그의 영적인 상태에 대해서 언제나 불만이다. 그는 그의 부족한 것을 늘 말하는 가난한 사람과 흡사한데, 가난한 사람은 스스로 도울 수 있는 방법은 전혀 없고 그대로 두면 굶어 죽을 수밖에 없다. 심령이 가난한 자가 그와 같은 상태에 있는 것이다. 그는 언제나 그의 부족함에 대해 불평하며 말하기를, 나는 상한 심령이 없고, 감사하는 마음이 없다고 하소연 한다. 그는 자신을 가장 결핍이 많은 사람으로 여긴다. 그는 감히 은혜의 사역을 부정하지는 않지만(그렇게 하는 것은 성령에 대해서 그릇 증거하는 것이다) 그는 더 많은 은혜가 없는 것을 슬퍼한다. 이것이 위선자와 하나님의 자녀와의 차이이다. 위선자는 언제나 그가 받은 은혜를 이야기한다. 하나님의 자녀는 그가 부족한 점에 대하여 불만스러워 한다. 전자는 그가 그렇게도 선한 것을 기뻐하지만 후자는 그가 그렇게도 악한 것을 슬퍼한다. 심령이 가난한 자는 그의 부족한 것을 채우기 위하여 말씀에서 말씀으로 다니며 그가 받는 은혜가 늘어나는 것을 기뻐한다. 이것으로 여러분이 심령이 가난한 자인가 시험하여 보라. 다른 사람들이 자녀가 부족하여, 혹은 재산이 부족하여 불평할 동안 여러분은 은혜가 부족하다고 불평하는가? 이것이 표이다. "스스로 가난한 체 하여도 재물이 많은 자가 있느니라"(잠 13 : 7). 어떤 거지들은 부유하게 죽었다. 모든 그들의 삶을 자비의 문에 두고, 값없이 주시는 은혜로 살아온 심령이 가난한 자는 믿음에 있어서 부요하게 죽어 천국을 상속받았다.

(4) 심령이 가난한 자는 마음이 겸손하다. 부유한 사람은 대개 교만하고 남을 업신 여기지만 가난한 자는 유순하다. 심령이 가난한 사람은 그들의 무가치함을 깨달아 자신들을 티끌 속에 굴린다. "그러므로

내가 스스로 한하고 티끌과 재 가운데서 회개하나이다"(욥 42:6). 심령이 가난한 자는 다른 사람의 탁월함과 자기 자신의 연약함을 바라본다. 그는 그의 죄들을 거절할 뿐만 아니고 그에 대한 존경도 거절한다. 그가 은혜를 더 받을수록 더 겸손해지는데 그것은 자신이 하나님께 점점더 크게 빚진 자가 되는 것을 알기 때문이다. 만일 그가 무슨 일을 할 수 있다면 그것은 자신의 힘보다 그리스도의 힘 때문이란 것을 인정한다(빌 4:13). 배가 돛의 힘보다 바람 덕분에 항구에 도달하게 되는 것처럼, 그리스도인들이 빠른 진척을 보인다면 그것은 자신의 노력의 돛 때문인 것보다는 성령의 바람 덕분인 것이다. 심령이 가난한 자가 가장 성도답게 행동할 때에는 스스로가 "죄인 중의 괴수"라고 고백하게 된다. 그는 다른 사람들이 그들의 죄가 넘쳐서 부끄러워 하는 것보다 더 그의 은혜가 부족한 것에 대하여 낯을 붉힌다. 그는 그가 기도했고 눈물을 흘렸다고 감히 말하지 않는다. 그가 살아도 그것은 그가 사는 것이 아니요 그 안에 계시는 그리스도께서 사시는 것이다(갈 2:20). 그가 수고하여도 그가 아니요 하나님의 은혜가 역사하는 것이다(고전 15:10).

(5) 심령이 가난한 자는 기도를 많이 한다. 그는 그가 거룩의 표준에 얼마나 미달인가를 알기 때문에 더 많은 은혜를 애걸하고, "주님, 믿음을 더 주시옵소서, 그리스도를 더 따르게 하옵소서"하고 간구한다. 가난한 사람은 언제나 애걸한다. 이것을 보아서 그가 심령이 가난한 자인 것을 알 수 있다. 그는 언제나 영적인 자비를 갈구한다. 그는 천국 문을 두르리고 한숨을 지으며 눈물을 흘리고 그가 원하는 것을 가지기 전에는 그 문을 떠나지 않는다. 하나님은 기도할 때의 겸손한 대담성을 사랑하시는데 그러한 것은 취소당하지 않는다.

(6) 심령이 가난한 사람은 그리스도와 친밀한 교제를 나누는 것으로 만족해 한다. 교만한 죄인은 그리스도를 부리려 하고 그리스도와 딴 것을 동시에 취하려 한다. 그는 그리스도와 자신의 쾌락, 그리스도와

자신의 탐욕을 동시에 취하려고 한다. 그러나 심령이 가난한 사람은 그 자신이 그리스도 없이 버려진 자인 것을 보고는 구주이심과 동시에 왕이신 그분과 친근한 교제를 갖기를 소원하여 "내 주 그리스도 예수"로 부른다(빌 3:8). 오랫동안 포위되어 함락되기 직전인 성은 그들의 목숨을 구하기 위해서는 어떠한 조건이라도 수락할 것이다. 마음이 마귀의 요새가 되어왔고 오랫동안 그리스도에 대한 반대를 해온 사람은 한번 하나님께서 그를 심령이 가난하도록 만드시고 그가 그리스도 없이 저주받은 자신을 발견하게 되면 이제는 하나님께서 어떠한 조건을 제시하시더라도 그것에 기꺼이 복종할 것이다. "주님, 내가 무엇을 하기를 원하십니까", "행할 것을 네게 이를 자가 있느니라"(행 9:6). 심령이 가난한 자는 그리스도를 모실 수만 있다면 무엇이든지 하려고 할 것이다. 그는 즐기던 죄를 목잘라 버릴 것이다. 그는 베드로처럼 그리스도에게로 나아가기 위하여 자신을 던져 물에 뛰어들 것이다.

(7) 심령이 가난한 사람은 값없이 주시는 은혜를 높이 올리는 사람이다. 심령이 가난한 자 만큼 하나님의 자비를 크게 찬미하는 자는 없다. 가난한 사람은 무엇에나 몹시 고마워한다. 바울이 자비를 맛보았을 때 그가 얼마나 값없이 주시는 은혜를 고마워하여 숭모하였는가! "우리 주의 은혜가 그리스도 예수 안에 있는 믿음과 사랑과 함께 넘치도록 풍성하였도다"(딤전 1:14). 은혜는 넘쳐 흐른다. 그분은 그분의 구원의 면류관을 값없이 주시는 은혜의 머리 위에 씌우신다. 저주 아래 놓였다가 용서함 받은 사람이면 얼마나 크게 그 왕의 선하심과 인자하심을 선포하겠는가! 그래서 사도 바울은 값없이 주시는 은혜를 그 원래 색깔대로 나타내었다. 그는 그의 모든 편지 사이사이에 값없이 주시는 은혜로 수를 놓았다. 향료를 담았던 그릇은 거기에 다른 음식을 담아도 그 맛이 나게 하는 것처럼 사도 바울은 자비의 향기를 담은 그릇이 되어 모든 그의 편지에 이 값없이 주시는 은혜의 향기가 나게 만들었다. 심령이 가난한 사람들은 값없이 주시는 은혜의 식탁에

서 떨어지는 조그마한 부스러기에도 하나님께 감사를 드린다. 심령이 가난하여지도록 애쓰자. 그리스도께서 이 말씀으로 시작하셨으니, 우리가 구원받았으면 우리도 여기서부터 시작하자. 심령가난은 하나님께서 영광의 건축물을 그 위에 세우시는 기초석이다.

7. "심령이 가난하게 되기 위한" 네 가지 신조

그리스도인들의 심령이 가난하게 되도록 설득하는 네 가지 신조가 있다.

(1) 이 가난은 여러분의 부유함이 된다. 여러분이 세상의 부를 다 가진다 해도 여전히 가난할 수가 있다. 그런데 여러분이 이 가난을 가지면 부유해지지 않을 수 없다. 심령가난은 여러분에게 그리스도의 모든 부요함을 가질 자격을 준다.

(2) 이 가난은 여러분의 고귀함이 된다. 하나님은 여러분을 영예로운 인격체로 보신다. 그 자신의 눈에 비천하게 보이는 사람은 하나님의 눈에는 귀하게 보인다. 올라가는 길은 낮아지는 길이다. 하나님은 골짝을 가장 높게 보신다.

(3) 심령가난은 영혼을 부드럽게 달래준다. 사람이 자신을 그리스도 안에서 쉬기 위하여 맡길 때 마음에 얼마나 복된 안정이 깃들게 되는가! 나는 가난하지만 "나의 하나님이 그리스도 예수 안에서 영광 가운데 그 풍성한대로 너희 모든 쓸 것을 채우시리라"(빌 4:19). 나는 무가치하지만 그리스도는 경배받아 마땅한 분이시다. 나는 모자라지만 그리스도는 무한히 풍성하시다. "나보다 높은 바위에 나를 인도하소서"(시 61:2). 사람이 바위 위에 있을 때는 안전하다. 영혼이 자신을 떠나서 바위되신 그리스도에 중심을 둘 때 그것은 튼튼한 기초 위에 서게 되는 것이다. 이것이 위안을 얻는 길이다. 여러분이 심령이

가난하게 될 때까지는 여러분의 영혼은 상처를 입게 마련이다.

(4) 심령가난은 축복의 길을 포장해준다. "심령이 가난한 자는 복이 있나니." 여러분은 심령이 가난한가? 그러면 여러분은 복된 사람이다. 당신은 새로 태어난 것처럼 행복할 것이다! 만일 당신이 이 축복이 어디에 나타나는가라고 물으신다면, 다음 말씀을 읽으라. "천국이 저희 것임이요."

5
심령이 가난한 자는 왕국으로 부유하게 된다.

"천국이 저희 것임이요"(마 5 : 3).

 여기에 성도들을 위한 높은 승진이 있다. 그들은 왕국에까지 올라가게 된다. 성도들이 영광스러운 자세로 통치하게 되는 것은 확실하다. "천국이 저희 것임이요." 그 나라는 이 세상의 모든 복의 극치이며, 모든 성도들이 이 영예를 갖게 된다고 주님이 말씀하셨다. "천국이 저희 것임이요." 모든 그리스도의 신하들은 왕들이 된다. 천국이라는 말은 성도들이 하나님과 천사와 더불어 영원히 통치할 때 누리는 영광스러운 상태를 의미하며 죄와 지옥과 죽음은 완전히 정복된다. 이것을 설명하기 위하여 나는 먼저 어떤 점에서 하늘에서의 성도들이 왕들과 같은가를 보여주겠다.

1. 영광스럽게 된 성도들은 왕들로 비유될 수 있다.

 왕들은 그들의 왕위와 위엄의 표 또는 상징들을 가지고 있다.

 (1) 왕들은 그들의 **왕관**을 가지고 있다. 마찬가지로 죽은 후의 성도들도 그들의 왕관을 가지게 된다. "네가 죽도록 충성하라 그리하면 내가 생명의 면류관을 네게 주리라"(계 2 : 10). 믿는 자는 용서함 받

을 뿐 아니고 면류관까지 받는다. 왕관은 영예의 표이다. 왕관은 아무에게나 주는 것이 아니다. 그것은 아무 머리에나 맞는 것이 아니다. 그것은 단지 왕들이나, 그것을 쓸 만큼 명성이 있는 사람들만을 위한 것이다(시 21 : 3). 심령이 가난한 자가 천국에서 쓸 왕관은 영예로운 왕관이다. 하나님 스스로가 그들을 영예롭게 앉히시고 왕관을 직접 그들의 머리 위에 씌워주신다. 그리고 그 성도들이 쓰게될, 하나님이 준비하신 화려한 왕관은 다른 모든 것들보다도 뛰어나다.

① 그것은 더 순수하다. 다른 왕관들은 비록 그것들을 순금으로 만든다고 하더라도 그것은 그들의 근심을 섞어 만든 합금이다. 황금의 왕관은 가시없이 만들어질 수가 없다. 왕관을 쓰려면 그렇게도 많은 고민거리가 따르기 마련이어서 두통을 일으키기가 십상이다. 그래서 고레스왕이 말하기를 그가 제국의 왕관을 쓰고 겪은 근심을 아는 사람이라면 그것을 쓰려고 굴종하지는 않을 것이라고 하였다. 그러나 성도들의 왕관은 십자가 없이 만들어졌다. 그것은 지키려고 하는 근심이나 잃을까 하는 두려움을 섞어넣지 않았다. 다른 각도에서 솔로몬의 말로 영광의 왕관에 대해서 말할 수 있겠다. "근심을 겸하여 주지 아니하시느니라"(잠 10 : 22). 이 왕관은 다윗의 수금과 같이 슬픔과 불안의 악령을 몰아낸다. 지옥에서 기쁨이 있을 수 없는 것 이상으로 천국에서는 슬픔이란 있을 수 없다.

② 이 영광의 왕관은 시기심을 일으키지 않는다. 다윗의 친아들이 그를 시기하며 그의 왕관을 자기 머리에다 쓰려고 했었다. 세상 왕들의 왕관은 시기의 표적이 되고 탈취하려는 야망을 불러 일으키기도 하지만 성도들이 받아 쓸 왕관은 시기심을 받지 않는다. 한 성도가 다른 사람의 것을 시기하지 않을 것은 그들 모두가 관을 쓰고 있기 때문이며, 한 왕관이 다른 것보다 크더라도 모든 사람은 자기가 쓰고 다닐 수 있을 만큼 큰 왕관을 가지게 될 것이다.

③ 이것은 결코 쇠하지 않는 왕관이다. 터툴리안은 이 왕관은 장미나 보석으로 만들어진 것이 아니라고 말하였다. 다른 왕관들은 빨리 낡고 달아서 쓰레기 속으로 던져버리게 된다. "면류관이 어찌 대대에

있으랴"(잠 27 : 24). 영국 왕 헨리 6세는 두 왕국의 왕관을 쓰는 명예를 가졌는데, 하나는 그의 귀족들의 파벌다툼 때문에 잃었고, 다른 것은 두 번이나 그의 머리에서 빼앗겼었다. 왕관을 탐내는 많은 상속자와 후계자가 있다. 왕관은 시드는 것이다. 죽음이 그 안에서 자라나는 벌레이다. 그러나 영광의 면류관은 시들지 않는 것이다. "그리하면 목자장이 나타나실 때에 시들지 아니하는 영광의 면류관을 얻으리라"(벧전 5 : 4). 그것은 윤기와 아름다움을 잃은 장미와 같지 않다. 이 왕관은 시들게 만들 수가 없고 우리가 영원초라고 부르는 꽃과 같아서 언제나 신선함과 찬란함을 유지한다. 영원은 성도들의 왕관의 하나의 보석이다.

(2) 왕들은 그들의 **왕복**을 가지고 있다. 왕복은 왕이 치장을 하는 옷이다. "이스라엘 왕과 유다 왕 여호사밧이 왕복을 입고 사마리아 성문 어귀 광장에서 각기 보좌에 앉았고…"(대하 18 : 9). 왕복은 보통 주홍색이며 흰 담비 털가죽을 단 우단으로 되어 있고, "홍포"라고 부를 때는 때로는 자주빛이기도 하며, 때로는 밝은 하늘색인 것도 있다. 성도들은 이와 같은 자기들의 왕복을 입게 된다. "이 일 후에 내가 보니 각 나라와 족속과 백성과 방언에서 아무라도 능히 셀 수 없는 큰 무리가 흰 옷을 입고"(계 7 : 9). 성도들의 옷은 그들의 영광과 찬란함을 나타내고 흰 옷은 그들의 성결을 뜻한다. 그들은 그들의 옷을 얼룩지게 하거나 더럽힐 죄가 없는 것이다. 이 옷을 입으면 그들은 천사들처럼 빛나게 될 것이다.

(3) 왕들은 통치와 위대함의 표로서 **왕홀**을 가지고 있다. 아하수에로 왕은 에스더에게 금홀을 내밀었었다(에 5 : 2). 그처럼 성도들은 영광 중에 그들의 왕홀, 즉 "손에 종려가지"(계 7 : 9)를 가지게 된다. 위대한 정복자들은 승리의 표로서 그들의 손에 종려가지를 가지는 것이 습관이었다. 그래서 성도들은 그러한 왕으로서 승리와 개선의 상징으로 종려가지를 가지는 것이다. 그들은 죄와 지옥을 이긴 승리자

들이다. "또 여러 형제가 어린양의 피와 자기의 증거하는 말을 인하여 저를 이기었으니"(계 12 : 11).

(4) 왕들은 그들의 **보좌**를 가지고 있다. 시저가 적들을 정복하고 돌아왔을 때 명예의 표로 네 가지 개선식을 베풀었는데 특별히 원로원에서는 그를 위하여 상아의자를 마련했고 극장에도 보좌를 베풀었었다. 이와 같이 성도들도 죄를 이기고 천국으로 들어오면 나라를 다스릴 의자를 가지게 되는데, 그것은 상아나 진주보다 더 부요한 영광의 보좌이다(계 3 : 21).

① 이 보좌는 높은 보좌이다. 땅 위의 모든 왕들보다 높은 자리에 앉는다. 아니, 모든 하늘보다 훨씬 높다(엡 4장). 하늘에는 지구와 달 사이의 공간인 공중의 하늘이 있고, 별들이 있고 철학자들이 "위대한 행성"이라고 부르는 높이 평가를 받는 토성, 목성, 화성 등이 있는 별들의 하늘이 있고, 3층천이라고 부르는 최고천이 있다(고후 12 : 2). 이 영광스럽고 장엄한 장소에 성도들의 보좌가 있게 된다.

② 그것은 안전한 보좌이다. 다른 보좌들은 안전하지 못하고 비틀거린다. "주께서 참으로 저희를 미끄러운 곳에 두시며 파멸에 던지시니"(시 73 : 18). 그러나 성도들의 보좌는 확실하다. "이기는 그에게는 내가 내 보좌에 함께 앉게 하여주기를 내가 이기고 아버지 보좌에 함께 앉은 것과 같이 하리라"(계 3 : 21). 성도들은 그리스도와 함께 앉는다. 그분이 그들을 안전하게 지켜주시기 때문에 어떤 난폭한 손이라도 그들을 그들의 보좌에서 끌어내릴 수가 없다. 오! 하나님의 사람들이여, 이것을 생각하라. 비록 지금은 여러분이 인간의 심판대 앞에 설지라도 잠시 후면 여러분은 보좌에 앉게 된다.

2. 하늘의 왕국은 다른 왕국보다 뛰어나다.

영광 중의 성도들이 왕들과 같다는 것을 보여주었으니, 이제는 어떤 점에서 하늘의 왕국이 다른 왕국들보다 뛰어난지 보도록 하자.

(1) 그것은 그 **창건자, 만든 자**가 뛰어나다. 다른 왕국들은 사람이 그 세운 자가 되지만 이 왕국은 하나님이 그 세운 자가 되신다(히 11 : 10). 천국은 "손으로 지은 것이 아니"라고 말하며(고후 5 : 1) 그 탁월함을 보여준다. 사람도 천사도 이 건물에 돌 하나도 놓을 수가 없다. 하나님이 이 왕국을 세우신다. 그 "건축자와 만드는 자가 하나님이시다."

(2) 이 왕국은 그 **부요함**에 있어서 뛰어나다. 금이 쇠보다 훨씬 나은 금속이지만 이 왕국이 다른 모든 부보다 더 부요하다는 사실에는 미치지 못한다. "그 열 두 문은 열 두 진주니"(계 21 : 21). "그 성의 성곽의 기초석은 각색 보석으로 꾸몄는데"(계 21 : 19). 금고에 진주를 넣어 둔다는 말만으로도 좋은데, "진주 문들"이란 말을 전에 들어본 적이 있는가? "자기의 면류관을 보좌 앞에 던지며"라고 말씀하였는데 그것은 그들의 모든 영광과 부를 여기에 비해보니 한낱 티끌밖에 안된다는 것을 생각하였기 때문이다. 이 왕국은 하나님 자신이 부요하게 하신 것으로서, 이 부는 저울로 달 수 없는 것이고, 사람의 마음이 다 깨달을 수도 없는 것이며, 천사의 말로도 표현할 수 없는 것이다.

(3) 이 왕국은 그 **완전함**에 있어서도 뛰어나다. 다른 왕국들은 결점이 많다. 그들은 무엇이든 다 갖추고 있는 것도 아니고, 그들의 성장을 위한 모든 것들을 다 가지고 있는 것도 아니어서 자기 나라에서 부족한 것을 공급받기 위하여서는 외국으로부터 날라다 쓰지 않으면 안되는 것이다. 솔로몬 왕은 오빌로 금을 가지러 보냈다(대하 8 : 18). 그러나 하늘의 왕국에는 부족함이 없고 여기에는 기쁨과 진품으로 가득차 있다. "이기는 자는 이것들을 유업으로 얻으리라 나는 저의 하나님이 되고 그는 내 아들이 되리라"(계 21 : 7). 여기에는 아름다움과 지혜, 영광, 장엄함이 있다. 여기 이 낙원 한 가운데 생명나무가 있다. 죄와 슬픔말고는 여기에서 모든 것을 찾을 수 있고 부족한 것은

이 왕국의 충만함으로 다 채워진다.

　(4) 그것은 **안전성**에 있어서도 뛰어나다. 다른 왕국들은 외국의 침략이나 내부의 분열을 두려워한다. 솔로몬의 왕국은 얼마 동안은 평화스러웠으나 결국은 그도 적으로부터 경고를 받았다(왕상 11 : 11, 14). 그러나 하늘의 왕국은 절대로 공략할 수 없는 것이기 때문에 적으로부터의 공격이나 침입을 두려워할 필요가 없다. 마귀는 결박으로 가두셨다고 하셨다(유 1 : 6). 도둑이 사슬로 꽁꽁 묶여 있으면 사람이 강도당할 염려를 할 필요가 없듯이 천국에 있는 성도들은 마귀들을 더 이상 겁낼 필요가 없다. 이 천상의 왕국의 문은 "낮에 도무지 닫지 아니"한다(계 21 : 25). 우리는 위험할 때에는 성문을 닫지만, 하늘의 왕국의 문은 적이 접근할 염려가 전혀 없다는 것을 보이려고 언제나 열어둔 채로 둔다. 왕국은 그 웅장함을 위하여 문을 달기는 하였으나 성이 안전하기 때문에 닫지 아니하는 것이다.

　(5) 이 왕국은 **견고성**에 있어서도 뛰어나다. 다른 왕국들은 허무라고 그 위에 써붙여 놓았다. 그들은 비록 금머리를 가졌을지라도 그 발은 진흙이며, 끝날 때가 있고 변한다. "이스라엘 족속의 나라를 폐할 것임이니라"(호 1 : 4). 왕국들은 그들의 대전환의 해가 있게 마련이다. 아테네의 영광이 지금 어디에 있는가? 트로이의 장관은 어디에 있는가? 앗수르, 헬라, 바사 제국은 어떻게 되었는가? 그러한 왕국들은 다 뒤집어 엎어져 티끌 속으로 사라졌지만, 하늘의 왕국은 그 위에 영원이라고 써붙여 놓았다. 그것은 "영원한 나라"인 것이다(벧후 1 : 11). 다른 왕국들은 오래 지속할 수는 있으나 영원한 것은 아니다. 사도는 하늘 왕국을 "진동치 못할 나라"라고 불렀다(히 12 : 28). 그것은 튼튼한 기초, 즉 하나님의 전능하심에 단단히 묶여 있다. 그것은 영원과 함께 나란히 달려간다. "저희가 세세토록 왕노릇하리로다"(계 22 : 5).

3. 하늘의 왕국은 반드시 성도들에게 상속된다.

나는 다음으로 이 왕국은 성도들이 꼭 소유하게 된다는 중요한 진리를 명확히 해두고자 한다.

(1) 하나님의 값없이 주시는 은혜에 관해서는 "너희 아버지께서 그 나라를 너희에게 주시기를 기뻐하시느니라"(눅 12 : 32)라고 하셨다. 그것은 우리에게 무슨 공로가 있어서가 아니라 하나님의 값없이 주시는 은혜이다. 로마 가톨릭교에서는 우리가 왕국을 얻을 공로가 있다고 말하지만 우리는 공로 있음을 부인한다. 천국은 거저주시는 것이다.

(2) 값은 이미 치르셨다. 예수 그리스도께서 그것을 위하여 피를 흘리셨다. 모든 성도들은 피를 통하여 왕국으로 온다. 그리스도께서 십자가에 달리심으로 우리에게 면류관을 가져다 주셨다. 하늘의 왕국이 아버지로부터는 선물이 되지만 아들은 그것을 값주고 사주셨다.

4. 위의 사실들을 종합해 본 결과와 결론

(1) 그것은 신앙생활이 불합리한 것이 아님을 보여준다. 하나님께서는 우리의 해놓은 일을 가로채고 보상을 해주지 않는 분이 아니시다. 믿음깊은 생활을 할 때 우리에게 왕관을 씌워주신다. 우리가 회개의 교훈을 듣고, 우리 영혼을 죄를 슬퍼하는 비판의 눈물에 적시며, 고행의 교훈을 듣고 마음의 오른 눈을 뽑고, 죄의 왕을 목자르게 될 때, 우리는 이 쓴 약을 삼키기가 어렵다고 생각하기 쉽지만 성경말씀에 보면 그것을 달게 해주는 것이 있다. 뒤에는 왕국이 오고 거기서 모든 것을 다 보상하여 주실 것이다. 이 영광스러운 보상은 그것이 우리의 모자람을 넘치도록 채워주시듯이 우리의 생각을 훨씬 뛰어넘는 것이다. 하나님이 굳은 주인이시라고 말하는 것은 잘못된 것이다. 하나님

은 갑절로 갚아주신다. 그분은 그분을 두려워하는 사람들에게 왕국을 주신다. 염탐꾼들이 좋은 땅에 대하여 나쁜 보고를 한 것처럼(민 13 : 32) 사단은 하나님의 방법에 대해서 헐뜯는다. 그러나 만일 여러분이 사단을 섬긴다면 사단이 여러분의 품삯을 고쳐주겠는가? 그는 왕국은 커녕 저주스런 보상, "흑암의 결박"을 줄 것이다(유 1 : 6).

(2) 여기에서 그 백성들을 위하여 왕국을 준비하신 하나님의 자비와 풍성하심을 보게 된다. 보잘것 없는 "벌레요 사람이 아닌"(시 22 : 6) 우리가 살아있는 것만도 특혜이다. 그러나 이 벌레들이 왕이 된다는 것은 하나님의 관대하심으로 말미암은 것이다. 우리를 용서하여 주심은 자비라고 하겠지만 우리에게 왕관을 씌워주시는 것은 풍성한 자비이다. 보라, 이 얼마나 놀라운 사랑이신가! 땅 위의 왕들은 그들의 신하들에게 큰 선물과 하사품들을 주기도 하지만 왕국만은 자신들이 꼭 움켜쥐고 내놓지 않는다. 바로가 요셉에게 영예를 주고 손가락에서 반지까지 빼주었지만, 왕국 만큼은 자신이 잡고 있었다. "나는 너보다 높음이 보좌 뿐이니라"(창 41 : 40).

그러나 하나님은 그 백성들에게 왕국을 주셨고 그들을 보좌 위에 앉히셨다. 하나님이 다윗에게 일시적인 왕국을 주셨을 때 그 선하심을 얼마나 찬미하였는가! "다윗이 여호와 앞에 들어가 앉아서 가로되 주 여호와여 나는 누구오며 내 집은 무엇이관대 나로 이에 이르게 하셨나이까"(삼하 7 : 18). 그는 하나님이 그를 양치는 자에서 들어다가 보좌에 앉혀주신 것이 놀라웠던 것이다. 하나님이 그의 양치는 지팡이를 왕홀로 바꾸시다니! 그러면 하나님께서 성도들에게 땅 위의 모든 왕들보다 위의 아니, 모든 하늘보다 훨씬 위의 왕국을 주시니 성도들은 그 은혜의 풍성하심에 어떠한 찬미를 드려야 하겠는가! 하나님은 그분의 자녀들을 위하여 아끼시는 것이 없다. 우리는 자주 눈물, 기도, 죄의 회개 등에 대해서는 생각하면서도, 우리에게 왕국을 주실 것에 대해서는 많이 생각하지 않는다. 성도들은 천국에서 값없이 주실 은혜와 또한 인자하심으로 그들에게 왕관을 씌워주시는 하나님을 찬미하는 나팔소리에 대해서 배워야 할 것이다.

(3) 그것은 기독교가 수치스러운 것이 아님을 보여준다. 현명한 사람들은 결과를 가지고 이들을 평가한다. 하나님을 잘 믿은 결과가 무엇인가? 그것은 왕국을 가져다 준다. 사람들의 죄는 그에게 부끄러움을 가져다 준다(잠 13 : 5). "너희가 그 때에 무슨 열매를 얻었느뇨 이제는 너희가 그 일을 부끄러워하나니 이는 그 마지막이 사망임이라"(롬 6 : 21). 그러나 신앙생활은 명예를 가져다 준다(잠 4 : 8). 그것은 사람에게 보좌와 왕관을 가져다 주고 영광으로 끝을 맺는다. 죄인들이 성도들을 비난하는 것은 어리석은 것이다. 그것은 시므이가 곧 다시 왕이 될 다윗을 비난한 것과 같다(삼하 16 : 5~8). 그러한 비난을 무시해 버리는 것이 성도의 지혜이다. 다윗이 법궤 앞에서 춤을 출 때 말한 것처럼 말하라. "내가 이보다 더 낮아져서 스스로 천하게 보일지라도 네가 말한바 계집종에게는 내가 높임을 받으리라"(삼하 6 : 22). 만일 나의 하나님께 기도하고 말씀을 듣고 봉사하는 길이 낮아지는 길이라면 "나는 이보다 더 낮아지겠다." 이것이 나의 특권이요 나의 영광이다. 지금 나는 나를 왕국으로 인도하는 행동을 하고 있다.

아! 기독교인인 것을 수치스럽게 생각하지 말라! 나는 특별히 하나님의 길로 들어서는 사람들에게 말한다. 여러분은 아마 여러분을 나무라거나 비방하는 일을 만나기도 할 것이다. 그들의 비난을 여러분의 머리 둘레에다 면류관으로 묶으라. 그들의 비난을 그들의 칭찬과 마찬가지로 경멸하라. 신앙생활 잘한 사람들에게 따르는 왕국이 있음을 기억하라. 죄는 따라가면 지옥으로 끌고 가지만 은혜는 따라가면 면류관으로 인도한다.

(4) 여기서 하나님의 백성들이 죽음을 갈망하게 만드는 것을 보라. 이를 통하여 그들은 그들의 왕국에 들어가는 것이다. 참으로 악인들은 죽음을 두려워한다. 죽음은 그들을 왕국으로 인도하는 것이 아니

라 감옥으로 인도한다. 지옥은 그들이 마귀와 그 따르는 자들과 더불어 영원토록 썩어 누워있어야 하는 감옥이다. 그리스도 없는 어느 누구에게나 죽음은 공포의 왕이지만, 경건한 사람은 죽음을 갈망한다. 그것은 그들을 왕국으로 올려 간다. 스키피오의 아버지가 그에게 썩지 않을 상태에서 영혼이 누릴 영광에 대하여 이야기하자, 그렇다면 왜 내가 이 땅 위에서 그렇게 지체하고 있어야 하느냐고 스키피오가 말하였다. 왜 내가 죽기를 서두르지 않는가? 믿는 자들은 죽을 때까지는 완전히 행복한 것이 아니다. 그리스도인은 죽을 때에 완전히 그의 영예를 세운다. 기름이 그의 머리에 부어지고 왕관이 그의 머리에 씌워진다. 트라키아 사람들은 장례식 때 음악을 울린다. 어떤 이교들은 죽은 사람은 가장 복된 곳으로 들어간다고 생각하기 때문에 아예 장례 연회를 벌인다. 이제 성도들은 "약속하신 나라를 유업으로"(약 2:5) 받을 사람들이다. 상속자가 왕관을 쓸 것을 기대하지 않겠는가?

참으로 우리 자신을 떠나고 여기서부터 기꺼이 떠날 마음을 갖는 것으로 충분하다. 성도들은 재를 떡처럼 먹는다. 그들은 여기서는 고통스러운 상태에 있다. "사람이 밭갈아 흙을 부스러뜨림 같이 우리의 해골이 음부 문에 흩어졌도다"(시 141:7). 사람들이 나무를 도끼질하여 자를 때에는 나무 부스러기들이 아래 위로 날아서 여기저기에 흩어진다. 그와 같이 성도들이 여기서 다치고 저기서 학살당하여 우리의 뼈들이 나무 부스러기들처럼 아래 위로 날아 흩어진다. "우리가 종일 주를 위하여 죽임을 당케되며"(롬 8:36). 그러나 우리에게 장차 올 왕국이 있으며 우리 육신이 묻힐 때 영혼은 면류관을 쓰게 된다. 해안에 도착하자마자 면류관을 받아 쓸 것이 확실하다면 누가 폭풍우 속에라도 기꺼이 항해하려고 하지 않겠는가? 믿는 사람이 죽음에 대해서 생각할 때 대관식보다는 차라리 형벌받기를 원한다고 할만큼 죽음을 무서워하는 일이 어떻게 있을 수 있는가? 비록 우리가 봉사하기 위하여 잠시 동안 여기에 머물기를 꺼리지 않는다 할지라도 우리는 바울처럼 "떠나서 그리스도와 함께 있을 욕망"(빌 1:23)을 가져야 한다. 믿는 자의 소멸하는 날이 그의 취임식 날이다.

5. 우리가 하늘의 왕국에 속하였는지 아닌지에 대한 정밀검사와 시험

그러나 이 영광스러운 왕국이 우리가 죽을 때 확실히 주어질지 어떻게 알 수 있는가?

(1) 하나님이 그 왕국을 우리 안에 세우셨다면 왕국을 주실 것은 확실하다. "하나님의 나라는 너희 안에 있느니라"(눅 17 : 21). 하나님의 왕국이 있을 때 마음 속에 은혜의 왕국이 있다. 은혜는 왕국에 비유될 수 있다. 은혜는 우리를 지배한다. 그것은 법칙들을 내놓는다. 거기에는 사랑의 법이 있다. 은혜는 마귀의 수비대를 쳐부순다. 그것은 그리스도에게로 온전히 순종하도록 마음을 인도한다.

이제 이 은혜의 왕국이 여러분의 마음에 세워졌는가? 여러분은 여러분의 죄들을 지배하고 있는가? 여러분이 죄의 왕들을 사슬로 묶을 수 있는가? (시 149 : 8) 여러분은 여러분의 교만, 정욕, 불신앙을 억제하는 왕인가? 하나님의 왕국이 여러분 안에 있는가? 다른 사람들이 땅 위에서 위대하게 되기를 열망하고 그들 밖의 왕국을 위하여 애쓸 동안에 여러분은 여러분 안의 왕국을 위하여 애쓰는가? 확실히 은혜의 왕국이 여러분 안에 있으면 여러분은 영광의 왕국을 소유하게 될 것이다. 하나님의 왕국이 여러분 안으로 들어오면 여러분은 그분의 왕국으로 들어가게 된다. 그러나 자신의 정욕에 노예가 되어 사는 사람들은 결코 영광 중에 다스릴 생각을 못하게 된다.

(2) 여러분이 믿는 자이면 여러분은 이 복된 왕국에 들어가게 될 것이다. "하나님이 세상에 대하여는 가난한 자를 택하사 믿음에 부요하게 하시고 또 자기를 사랑하는 자들에게 약속하신 나라를 유업으로 받게 아니하셨느냐"(약 2 : 5). 믿음은 영혼의 용사같은 행동을 말한

다. 그것은 약속을 믿고 하나님을 향하여 거룩한 모험을 하는 것이다. 이것이 면류관을 씌워주는 은혜이다. 믿음은 우리를 그리스도 안으로 들여보내주고 우리가 면류관을 쓸 자격은 그리스도로부터 온다. 믿음으로 우리가 하나님께로부터 새로 태어나게 되고 그렇게하여 우리가 왕의 혈통을 가진 자녀가 되는 것이다. 믿음으로 우리의 마음이 정결케 되고(행 15 : 9, 10) 우리를 왕국에 적합하도록 만들어준다. "믿음에 부요하게 하시고…약속하신 나라를 유업으로 받게…". 믿음은 하늘 왕국으로 가는 길을 포장하여 준다. 믿는 자는 죽어서 왕관의 상속자가 된다.

(3) 고상하고 왕다운 영을 가진 사람은 하늘의 왕국에 들어가게 된다. "위엣 것을 생각하고 땅엣 것을 생각지 말라"(골 3 : 2). 여러분은 이 세상 안에 살고 있는가, 세상 위에 살고 있는가? 독수리는 파리 따위는 잡아먹지 않고 공중 높이 날아 다닌다. 여러분은 영광과 썩지 않음을 열망하고 있는가? 여러분은 하나님의 은혜, 시온의 평화, 여러분 영혼의 구원에 마음을 쓰는가? 여러분은 용감하고 당당한 영, 거룩한 야망을 가지고 있는가? 여러분은 누추하고 여러분에 걸맞지 않는 것에 질색하는가? 알렉산더 대왕이 올림픽 경기에 참가한다고 연습하는 것은 어울리지 않는다. 여러분은 세상 것들을 짓밟아 버릴 수 있는가? 천국이 여러분의 눈에, 그리스도가 여러분의 마음에, 세상이 여러분의 발 아래 있는가? 왕관보다 더 낮은 것은 보지도 않는 그러한 왕같은 영을 가진 사람은 "높은 곳에 살게 될 것이요", 그의 보좌를 모든 하늘들 보다 훨씬 높은 곳에다 펴게 될 것이다.

6. 악인들과 그리스도인들에 대한 진지한 권면

이것이 권면하는 바는 이중적인 면을 가지고 있다.

(1) 그것은 악인을 향하는 것같이 보인다. 아름답게 장식되고 영광

으로 반짝거리는 왕국이 있는가? 그렇다면 여러분의 어리석음으로 여러분 자신이 이곳에 올라가지 못하도록 만들지 말라. 천한 정욕으로 만족하여 왕국을 빼앗기지 않도록 하라. 술로 왕국을 잃어버리지 말라. 쾌락을 핥아먹다가 생명의 면류관을 잃지 말라. 만일 사람들이 자기들이 죄를 범하기 전에 앉아서 현재의 죄로 인하여 얻는 달콤한 것이 왕국을 잃는 것과 서로 상쇄된다는 것을 생각하게 되면 내가 믿기로는 그들은 식은 땀을 흘리게 될 것이고 그들의 고삐 풀린 감정들을 다시 점검하게 될 것이다. 야곱이 태어날 때 에서의 발뒤꿈치를 잡았다. 죄의 웃는 얼굴만 쳐다보지 말고 그 발뒤꿈치를 잡아젖히라. 그 결말을 보라. 그것은 여러분에게서 왕국을 빼앗을 터인데 그 손실들을 어떻게 바로 잡을 수가 있는가?

아! 열매없는 어두움의 일 때문에(엡 5 : 11) 왕국을 잃다니 미친 짓이 아닌가? 왕관을 버리느라고 정신없이 서두를 만큼 어리석은 바보짓을 했을 때 마지막날에 마귀가 그 사람을 오히려 꾸짖고 비웃지 않겠는가! 그것은 인디언들이 그림 몇 장과 유리구슬을 얻으려고 그들의 금덩이를 버리는 것과 같다. 확실히 이것은 그들이 왕국을 잃은 것이 얼마나 어리석은가를 생각하고 속상해 할 저주받은 사람들을 위하여 큰 도움이 되는 이야기가 될 것이다.

(2) 이것이 권면하는 바는 또한 경건한 자들을 향하는 것같이도 보이는데, 그것은 두 가지 일을 권면한다.

① 상속권에 왕국이 포함되어 있는가? 그렇다면 이것으로 의무를 다하고자 하는 동기로 삼으라. 살아있는 동안에 여러분이 하나님을 위하여 할 수 있는 모든 봉사를 다하라. "쓰고 또 쓰임을 당하라."

그 보상은 영예로운 것이다. 왕국에 대하여 생각하는 것은 기도에 날개를 붙이고 열심에 불을 붙인다. 아하수에로 왕은 "이 일을 인하여 무슨 존귀와 관작을 모르드개에게 베풀었느냐"고 물었었다(에 6 : 3). 하나님을 위하여 무엇을 하였는가 물으라. 여러분이 그분의 이름에 무슨 사랑을 보였는가? 그분의 영광을 위하여 무슨 열심을 보였는가? 그분을 위하여 여러분이 죽인 골리앗 같은 정욕의 머리는 어디에 있는가? 때로는 골방으로 들어가서 우리가 하나님을 위하여 한 일이 얼마나 적은가를 생각하고 울어야 된다. 우리의 봉사와 그 보상 사이에는 얼마나 엄청난 불균형이 있는가! 우리의 모든 우는 것과 금식하는 것이 왕국에 비해보면 무엇이란 말인가! 아! 여러분의 모든 관심을 하나님 쪽으로 돌리도록 하라. 은혜받기 알맞은 환경과 봉사의 기회를 만들라.

그리고 여러분이 하나님을 위하여 더 활발하게 활동하고, 알고 확신하는 가운데, 일을 더 하면 할수록 여러분이 더 영광을 얻게 된다. 성도마다 왕국을 가지게 되지만 하나님을 위하여 더 많이 봉사한 사람일수록 그의 왕국이 더 커지게 된다. 영광에는 등급이 있는데 그것을 내가 입증하려고 한다. 첫째, 지옥의 고통에도 등급이 있다. "그 받는 판결이 더욱 중하리라"(눅 20:47). 신앙생활을 그들의 죄를 가리는 가면으로 삼는 자들은 지옥에서 더 뜨거운 자리를 차지하게 될 것이다. 이제 지옥의 고통에 등급이 있다는 것은 뒤집어 이야기하면 천국의 왕국의 영광에도 등급이 있다는 것이다. 다시 말하면 하나님께서 값없이 주시는 은혜에 있어서도 그들의 행위에 따라서 갚아주시는 것을 볼 때 그렇다면 그들이 더 큰 봉사를 하였을 때는 더 큰 상급이 주어지는 것이 당연하다. "보라 내가 속히 오리니 내가 줄 상이 내게 있어 각 사람에게 그의 일 한대로 갚아주리라"(계 22:12). 더 많이 일한 사람은 더 많이 받게 된다. 열 므나를 더 남긴 사람은 열 고을을 통치하게 된다(눅 19:16, 17). 이것이 신앙생활을 잘 하려고 하는데 큰 자극이 된다. 여러분의 은혜의 등잔이 더 많이 비칠수록 여러분은 천국의 전구를 더 밝게 비추게 된다. 여러분의 면류관이 더 빛나게, 여러분의 왕국이 더 크게, 여러분의 종려가지가 더 무성하게 되기를 원하는가? 열심있는 그리스도인이 되라. 짧은 시간에 많은 일을 하라. 여러분이 투자를 하는 동안에 하나님은 비축을 하신다. 여러분이 하나님께 더 많은 영광을 가져다 드리면 더 많은 영광을 여러분이 하나님께로부터 받을 것이다.

② 이 왕국에 어울리게 걸으라. "이는 너희를 부르사 자기 나라와 영광에 이르게 하시는 하나님께 합당히 행하게 하려 함이니라"(살전 2 : 12). 왕답게 살라. 거룩한 위엄이 여러분의 얼굴에 나타나도록 하라. 스데반을 바라본 사람들이 "그 얼굴이 천사의 얼굴과 같은"(행 6 : 15) 것을 보았다. 일종의 천사의 밝음이 그의 용모에 보인 것이다. 우리가 열심과 겸손과 진지함으로 빛날 때 이것이 다른 사람들의 눈에 우리를 아름답게 만들고 명예롭게 만들며, 우리를 분명히 면류관을 받을 상속자로 보이게 만들어 준다.

여기에 심령이 가난한 하나님의 백성에 대한 위로가 있다. 하나님이 그들에게 왕국을 마련하여 주셨다. "천국이 저희 것임이요." 하나님의 자녀가 때로는 이 세상에서 너무 낮아서 한 치의 땅도 상속받을 것이 없을 수도 있다. 그는 심령과 마찬가지로 주머니도 가난한 것이다. 그러나 여기에 위로의 샘이 열려있다. 모든 그의 황금을 잃어버린 가장 가난한 성도야말로 왕국의 상속인데 이 왕국은 땅 위의 모든 왕국과 군왕들보다 뛰어난 것이며, 청동보다 진주나 금강석이 뛰어나지만 그보다 더 큰 차이가 하늘의 왕국과 땅의 왕국들 사이에 있다. 그것은 비길데 없고 끝이 없는 것이다. 바질은 말하기를 "왕국에 대한 소망은 그리스도인들로 하여금 모든 그의 어려움 중에서도 용기와 기쁨을 가지도록 하여준다"고 하였다. 루터는 말하였다. "영적인 축복이 넘치는 하나님의 자비의 바다는 이 땅 위의 삶의 모든 괴로움이 빠져 잠기게 한다."

여러분이 지금 누더기 옷을 입고 산다고 해도 무슨 상관인가? 여러분은 여러분의 흰 왕복을 입게된다. 여러분이 다니엘과 같이 콩종류나 형편없는 음식을 먹는다고 해서 무슨 상관인가? 여러분이 왕국에 들어가면 잔치에 참여하게 될 것이 아닌가! 여기서는 여러분이 눈물을 마시지만 얼마 안있어 여러분은 낙원의 감로수를 마시게 된다. 왕국을 생각하고 위안을 받으라.

6
애통하는 자는 복이 있나니

"애통하는 자는 복이 있나니"(마 5 : 4).

　참된 축복으로 인도하는데는 여덟 가지 단계가 있다. 그것들은 야곱의 사다리로 비유될 수 있는데 그 꼭대기는 천국에 다다른다. 우리는 이미 한 단계는 올라섰고 이제 두번째 단계에 나아가도록 하자. "애통하는 자는 복이 있나니." 우리가 낙원으로 갈 때에는 눈물 골짜기를 통과해야 한다. 애통이라는 것은 비록 축복의 전제조건이 되고 뒤에는 위로가 온다고 해도, 슬프고 다루기가 즐겁지 않은 제목일 수 있다. 애통은 회개를 위하여 여기에 넣었다. 그것은 구름과 같은 슬픔과 그것에서 떨어지는 비와 같은 눈물, 둘 다를 포함하고 있는데 이 황금같은 소나기를 통하여 하나님께서 우리에게 내려오신다.
　이 말씀을 두 부분으로 나눌 수 있는데, 첫째는 주장, 즉 애통하는 자는 복이 있는 사람이라는 것과 둘째는 이유, 즉 그들이 위로를 받을 것이기 때문이라는 것이다.
　나는 그 첫째 것, 즉 애통하는 자는 복받은 사람이라는 주장에서부터 시작하겠다. "이제 우는 자는 복이 있나니"(눅 6 : 21). 비록 성도들의 눈물은 비통한 눈물이지만 그것은 복받은 눈물이다. 그러나 모든 애통이 다 사람에게 복받을 자격을 주는 것인가? 아니다. 사람을 복받게 만드는 것과는 거리가 먼 이중의 애통이 있다. 육적인 애통이 있다. 악마같은 애통이 있다.

1. 우리를 복받도록 만들어 주지 않는 이중의 애통

우리가 외적인 손실을 슬퍼할 때 그것은 육적인 애통이 된다. "라마에서 슬퍼하며 크게 통곡하는 소리가 들리니 라헬이 그 자식을 위하여 애곡하는 것이라…"(마 2 : 18). 이와 같이 눈물을 흘리는 경우가 많다. 우리는 죽은 아이 때문에 슬퍼하면서도 십자가에 못박히신 구주 때문에 애통해 하지 않는 경우가 많다. 세상적인 슬픔은 우리들의 장례식을 재촉할 뿐이다. "세상 근심은 사망을 이루는 것이니라"(고후 7 : 10).

악마같은 애통이 있는데 이것은 이중적이다. 어떤 사람이 그의 순수하지 못한 정욕을 만족시킬 수가 없어서 애통할 때가 있는데 이것은 마귀와 같은 것이며, 그의 가장 큰 고통은 그가 그 이상으로 악해질 수가 없다는 것이다. 그래서 암논은 그의 누이 다말을 더럽힐 때까지 애통해하며 앓아 누웠었다(삼하 13 : 2). 또한 아합 왕은 나봇의 포도원을 뺏지 못해 애통해 하였으며 "근심하고 답답하여 궁으로 돌아와서 침상에 누워 얼굴을 들이키고 식사를 아니"(왕상 21 : 4) 하였다. 이것이 마귀적인 애통이다.

또한 사람들은 그들이 해놓은 선한 일을 후회할 때가 있다. 바로는 그가 이스라엘 자손들을 놓아 보낸 것을 몹시 가슴아파 하였다(출 14 : 5). 많은 사람들이 너무나 마귀적이어서 그들이 기도를 너무 많이 했다고, 또 설교를 너무 많이 들었다고 괴로워한다. 그들은 그들이 회개한 것을 후회한다. 그러나 만일 우리가 과거에 행한 선을 후회한다면 하나님은 장차 올 재앙에 대해서 후회하지 않으실 것이다.

2. 거룩한 애통의 대상

거룩한 애통을 설명하기 위하여 나는 그 적절한 대상이 무엇인가를 제시하겠다. 영적인 애통에는 두 대상이 있는데 죄와 비참함이다. 죄는 이중적인데, 즉 우리 자신의 죄와 다른 사람의 죄가 그 대상이 된다.

우리 자신의 죄. 죄에는 눈물이 필요하다. 우리가 죄의 불덩어리를 지고 갈 때 그것을 끄기 위해서는 눈물을 지고 가야한다(겔 7 : 16). 크리소스톰은 말하기를 죽음을 슬퍼하는 자는 복있는 사람이 아니며 오히려 죄를 슬퍼하는 자라야 복이 있다고 하였으며 진노로 묶일 죄과를 생각하며 슬퍼한다는 것은 참으로 선한 도리가 된다. 심판대 앞에 끌려가야 할 죄인이 울지 않겠는가? 죄인은 누구나 사형선고를 받도록 되어있고, 만일 자비로 그를 위하여 적절한 변호를 해주지 않는다면 지옥불에 던져질 것이 확실하다.

죄의 더러움. 죄는 역병의 반점인데 여러분은 이 반점을 여러분의 눈물로 씻어내기 위하여 애쓰지 않겠는가? 죄는 사람을 두꺼비나 뱀보다 더 흉악하게 만든다. 뱀은 하나님께서 그 안에 넣어주시는 것만을 가질 뿐이다. 독은 약용으로도 쓸 수 있는 것이지만, 죄인들은 마귀가 그 안에 넣어준 것을 가지고 있다. "어찌하여 사단이 네 마음에 가득하여 네가 성령을 속이고 땅값 얼마를 감추었느냐?"(행 5 : 3) 죄가 얼마나 이상한 변질을 가져왔는가! 영혼이 한 때는 환한 하늘색이었으나 죄가 시커먼 색깔로 만들어 놓았다. 우리는 우리 마음 속에 용서받을 수 없는 죄의 씨앗을 가지고 있다. 우리는 저주받은 자들이 지금 시달리고 있는 모든 죄들의 씨앗을 가지고 있다. 그런데도 우리가 애통해하지 않겠는가? 애통해하지 않는 사람은 확실히 그의 이성을 잃은 사람이다. 그러나 죄 때문에 슬퍼하는 애통 모두가 사람이 복받도록 하는데 충분한 것은 아니다. 나는 무엇이 죄를 위한 바른 복음적 애통이며, 무엇이 죄를 위한 바른 복음적 애통이 아닌가 하는 것을 보여주겠다.

3. 위조된 5중적 애통

무엇이 죄를 위한 바른 복음적 애통이 아닌가? 거짓되고 위조된 5

중적 애통이 있다.

(1) **절망을 주는 애통.** 유다의 애통이 그러한 것이다. 그는 그의 죄를 알았고 슬퍼했고 고백을 했고 그리스도를 의롭다 하였으며 은 30냥도 도로 돌려주었다(마 27장). 지옥에 있는 유다는 오늘날의 많은 사람들보다 훨씬 많은 것을 하였다. 그는 고백을 하였다. 그는 불가피성이나 선한 의도 따위로 변명을 하지 않았고, 오히려 그의 죄를 공개적으로 인정하였다. "내가 죄를 지었도다." 유다는 은 30을 반환하였다. 그의 양심이 그가 돈 때문에 악하여졌다고 말하여 주었다. 그것은 "피값"이었고 "그는 은 30을 대제사장에게 도로 갔다 주었다"(마 27:3). 그러나 남의 권리와 소유를 침해하고도 갚아준다는 말 한 마디도 없는 사람들이 얼마나 많은가! 유다가 차라리 그들보다 더 정직하다. 그런데 유다의 애통이 비난받아야 할 만한 점이 어디에 있는가? 그것은 절망적인 애통이란 점이다. 그는 그의 상처가 반창고보다 더 넓은 것으로 생각하였다. 그는 눈물에 자신을 빠뜨려 버렸다. 그의 애통은 생명에 이르는 회개가 아니라(행 11:18) 죽음에 이르는 후회였다.

(2) **위선적인 애통.** 마음은 대단히 기만적이다. 그것은 입맞춤으로 배신하듯이 눈물을 흘리면서도 배신할 수 있다. 사울은 애통하는 자 같이 보였고 때때로 선지자들 사이에 있어(삼상 10:12) 그가 마치 회개자 사이에 있는 것처럼 보이기도 하였다. "사울이 사무엘에게 이르되 내가 범죄하였나이다 내가 여호와의 명령과 당신의 말씀을 어긴 것은…"(삼상 15:24). 사울은 그가 애통함에 있어 위선으로 행하였는데 그것은 그가 그 자신을 부끄러워하지 않고 오히려 자신에게 영예를 돌렸기 때문이다. "내가 범죄하였을지라도 청하옵나니 내 백성의 장로들의 앞과 이스라엘의 앞에서 나를 높이사 나와 함께 돌아가서 나로 당신의 하나님 여호와께 경배하게 하소서"(삼상 15:30). 그는 그의 죄를 깎고 잘게 썰어서 작게 보이려고 하였고, 그의 죄를 "백성

을 두려워하여" 그랬다고 평계를 대었다(삼상 15:24). 그들이 나로 하여금 전리품 위에 덤벼들어서 꼼짝 못하도록 만들었다는 것이다. 참으로 애통하는 자는 그 핏빛나는 죄에서 빠져나와 더이상 죽음으로 치닫는 것을 피하고 주님 앞에서 깊이 겸손하려고 노력한다. "이는 우리 죄악이 많아 정수리에 넘치고 우리 허물이 커서 하늘에 미침이니이다"(스 9:6). 참된 회개자는 아무리 큰 죄라도 그의 죄를 고백하기를 주저하지 않는다. 사울은 그의 죄를 작게 보이려고 애썼는데, 마치 의사가 너무 아픈 주사를 놓을까봐 환자가 그의 병을 최소로 줄여 말하는 것과 같다. 자신의 영혼을 속이는 것이 얼마나 쉬우며, 또한 위선이 그 자신을 지옥으로 휩쓸어가는 것이 얼마나 쉬운가!

(3) **억지로 하는 애통.** 하나님의 심판 때문에 눈물이 솟구쳐 오를 때는 이것은 마치 눈에 모래가 들어가서 울거나 고문대 위에 누워서 우는 것과 같다. 가인의 애통이 그러한 것이었다. "내 죄벌이 너무 중하여 견딜 수 없나이다"(창 4:13). 그의 벌이 그의 죄보다 그를 더 괴롭혔고, 단지 지옥이 두려워서 애통한다면 그것은 도둑이 그 범죄보다 벌 때문에 우는 것과 같다. 악인의 눈물은 고통의 불 때문에 억지로 우는 눈물이다.

(4) **외식적인 애통.** 슬픔이 단지 겉으로만 보일 때이다. "사람에게 보이려고 얼굴을 흉하게 하느니라"(마 6:16). 눈은 부드러운데 마음은 딱딱하다. 아합의 애통이 그러한 것이다. "그 옷을 찢고 굵은 베로 몸을 동이고 금식하고 굵은 베에 누우며 행보도 천천히 한지라"(왕상 21:27). 그의 옷은 찢어졌으나 그의 마음은 찢어지지 않았다. 그는 베옷을 입었으나 슬픔을 입지는 않았다. 그는 그의 머리를 갈대같이 숙였으나 그의 마음은 금강석같이 단단하였다. 눈물 흘리는 대리석 조각에 비유될 수 있는 사람이 많은데, 그들은 눈물은 흘리지만 몹시 완고하다.

(5) **헛된 열매없는 애통.** 어떤 사람은 약간의 눈물을 흘리지만 여전

히 나쁜 사람이 있다. 그들은 속이고 또한 더럽다. 그와 같은 애통에는 지옥이 있을 뿐이다. 저주받은 자들은 울면서도 하나님을 모독한다.

4. 바른 복음적 애통

무엇이 바른 복음적 애통인가? 복받도록 해주는 애통은 아래와 같은 성질을 가지고 있다.

그것은 자발적이고 자유스러운 것이다. 그것은 샘에서 물이 솟아나오듯이 나와야하지 부싯돌에서 불이 나오듯이 해서는 안된다. 죄 때문에 흘리는 눈물은 나무를 베거나 쥐어짜지 않고도 저절로 흘러 떨어지는 몰약과 같아야 한다. 막달라 마리아의 회개는 자발적인 것이었다. "서서 울며"(눅 7:38). 그녀는 그리스도에게로 올 때 손에는 향유를, 마음에는 사랑을, 눈에는 눈물을 가지고 왔었다. 하나님은 자유의사로 드리는 것을 기뻐하신다. 그분은 억지로 받아내는 것을 사랑하시지 않는다.

복음적 애통은 영적이다. 그것은 우리가 고통보다 죄 때문에 더 애통해 할 때이다. 바로는 질병을 거둬가라고 말하였다. 그는 결코 그의 마음의 질병을 생각하지 않았다. 죄인은 심판이 죄 뒤에 따라오기 때문에 애통해 한다. 그러나 다윗은 "내 죄가 항상 내 앞에 있나이다"(시 51:3)라고 부르짖었다. 하나님은 칼이 그의 가족 사이에 돌아다니리라고 겁을 주셨지만 다윗은 "칼이 항상 내 앞에 있나이다"라고 말하지 않고 "내 죄가 항상 내 앞에 있나이다"라고 말하였다. 하나님께 지은 죄가 그를 괴롭힌 것이다. 그는 피비린내 나는 도끼보다 배신을 더 슬퍼하였다. 그래서 회개한 탕자는 "내가 하늘과 아버지께 죄를 얻었사오니"(눅 15:18, 21)라고 말하였다. 그는 "내가 쥐엄열매도 못먹어 거진 굶어죽게 되었습니다"라고 말하지 않고 "내가 아버지를 거스렸습니다"라고 말하였다.

특별히 우리의 죄에 대한 애통이 영적이 되려면 아래의 삼중의 관념 아래 있어야 한다.

(1) 죄가 적대와 원한의 행위이기 때문에 우리는 죄를 애통해야 한다. 죄는 우리가 하나님을 싫어하도록 만들 뿐만 아니라, 하나님께 대적하도록 만든다. "자기들이 나를 대항하였으므로"(레 26 : 40). 죄는 성령님을 맞대놓고 모욕하고 저항한다(행 7 : 51). 죄는 하나님의 본성에 어긋나는 것이며, 하나님은 거룩하시나 죄는 불결하다. 죄는 그분의 의지에 반대되는 것이다. 하나님이 어떤 마음을 가지시면 죄는 다른 마음을 먹는다. 죄는 하나님께 심술부릴 수 있는 모든 것을 다한다. 히브리말로 "죄"는 "반항"을 나타낸다. 죄인은 하나님께 대항해서 싸운다(행 5 : 39). 이제 죄가 하늘에 대해서 정반대로 걷는 것이기 때문에 우리가 죄를 애통해 할 때 이것이 복음적 애통이다. 자연은 거스리는 것을 견디지 못한다.

(2) 죄는 가장 배은망덕한 것 중의 하나이기 때문에 우리는 죄를 애통해 하여야 한다. 그것은 자비의 가슴을 발길로 차는 것이다. 하나님은 그 아들을 우리를 구하기 위하여, 또 그 성령을 우리를 위로하기 위하여 보내셨다. 우리는 그리스도의 피에 대하여, 성령의 은혜에 대하여 죄를 지었는데 애통해야 하지 않겠는가? 우리가 다른 사람의 불친절에 대해서는 불평을 하면서 하나님께 대해 우리 자신이 불친절한 것에 대해서는 어찌 마음에 두지 않는가? 시저는 그의 양아들 부르터스가 몰인정하게도 그를 찔러 죽이는데 가담하자 "내 아들 너마저도"하면서 외쳤다. 주님께서 우리에게 "이는 나의 친구의 집에서 받은 상처라"(슥 13 : 6)라고 말씀하시지 않게 하자. 이스라엘은 보석과 귀걸이 등을 받아서 그들을 위하여 금송아지를 만들었다. 죄인은 하나님의 자비의 보석을 받아서 그것을 죄를 짓는데 사용한다. 배은망덕이 죄에 철저히 스며들어서 그것들을 "주홍같은 죄"(사 1 : 18)라고 부른다. 복음적 사랑에 대한 죄가 어느 의미에서는 마귀들의 죄보다 더 나쁜 이유는 그들이 결코 그들이 받은 은혜를 갚을 줄 모르기

때문이다. 이제 죄의 초점이 배은망덕에 있는 것을 알고 우리가 죄를 애통해 할 때 이것이 복음적인 애통이다.

(3) 죄는 결핍을 가져오기 때문에 우리는 죄를 애통해 해야 한다. 그것은 좋은 것들을 우리에게서 빼앗아 가고, 우리가 하나님과 친교하는 것을 방해한다. 마리아는 무덤에 그리스도가 보이지 않아 울었다. "사람이 내 주를 가져다가 어디 두었는지 내가 알지 못함이니이다"(요 20 : 13). 그런데 우리 죄가 우리 주님을 가져가 버린다. 죄들이 주님의 인자한 모습을 빼앗아 가버린다. 값진 보석을 잃어버린 사람이 슬퍼하지 않겠는가? 우리가 이러한 관념 아래서 죄에 대하여 애통할 때, 즉 의의 태양이 우리의 지평선에서 사라져 버렸음을 슬퍼할 때, 또 우리의 평화가 사라졌음을, 사업에 실패하였음을 애통하는 것이 아니라 하나님이 사라져 "내가 나의 사랑하는 자를 위하여 문을 열었으나 그가 벌써 물러갔네"(아 5 : 6)하고 애통할 때, 이것이 거룩한 애통이다. 하나님의 은혜를 잃은 것을 애통해 하는 것이 그 은혜를 다시 얻는 최선의 방법이다. 만일 여러분이 친구를 잃었으면 아무리 울어도 그 울음이 친구를 돌려주지 못하지만, 만일 여러분이 하나님을 뵐 수 없게 되었으면 여러분의 애통이 여러분의 하나님을 되돌려 줄 것이다.

5. 복음적 애통의 부수적인 것들.

복음적 애통은 영혼을 하나님께로 보낸다. 탕자가 회개하였을 때 그는 그의 아버지께로 갔다. "내가 일어나 아버지께 가서…"(눅 15 : 18). 야곱은 울면서 기도했다(호 12 : 4). 이스라엘 백성들은 울면서 희생을 드렸다(삿 2 : 4, 5). 복음적 애통은 사람에게 임무를 맡긴다. 그 이유는 참된 슬픔에는 소망이 섞여 있게 마련이고, 소망은 영혼에게 적절한 방법의 사용을 알려주기 때문이다. 화염검처럼 영혼이 하나님께 접근하는 것을 막아버리고 할 일을 다 빼앗아 버리는 애통은 죄악스러운 애통이다. 그것은 지옥에서 볼 수 있는 슬픔이다. 사울의 슬픔이 그러한 것이었는데 그래서 그는 앤돌의 무당에게 갔다(삼상 28 : 7). 복음주의적 애통은 기도에 박차를 가한다. 아버지를 화나게 해서 우는 아이는 아버지 앞에 가서 아버지의 화가 풀릴 때까지 떠나지 않을 것이다. 압살롬은 "그가 왕의 얼굴을 볼 때까지" 조용할 수가 없었다(삼하 14 : 32, 33).

(1) **복음적 애통은 개개의 죄 때문에 하는 애통이다.** 속이는 사람은 일반적인 죄를 가지고 어물어물하고 만다. 참으로 회개하는 사람은 상처가 난 사람과 같다. 그는 외과의사에게 가서 그의 모든 상처를 구체적으로 보여준다. 여기는 칼에 베었고 여기는 총알에 맞았고, 마찬가지로 참된 회개자는 그의 모든 낱낱의 죄를 슬퍼한다. "우리가 우리 하나님을 버리고 바알들을 섬김으로 주께 범죄하였나이다"(삿 10 : 10). 그들은 그들의 우상숭배를 애통하였다. 그리고 다윗은 그의 손가락을 아픈 상처에 대었고 그를 괴롭히는 바로 그 죄를 지적하였다 (시 51 : 4). "내가 바로 이 악을 저질렀습니다." 그가 피흘린 죄를 의미하는 것이다. 악인은 "그"가 죄인이라고 말하겠지만 하나님의 자녀는 "내"가 이 악을 행하였다고 말한다. 베드로는 그리스도를 부인한 그 특정한 죄 때문에 울었다. 알렉산더의 클레멘트는 그가 우느라고 닭우는 소리도 못들었을 것이라고 말하였다. 우리가 일반적인 죄에 대해 용서를 받기 전에 개개의 죄에 대한 회개가 있어야 한다.

(2) **복음적인 눈물은 믿음의 눈에서 떨어져야 한다.** "곧 그 아이의 아비가 소리를 질러 가로되 내가 믿나이다"(막 9 : 24). 우리의 병든 것을 생각하면 애통하지 않을 수 없겠으나 자신의 피로 치료용 연고를 만드신 우리의 의사 선생님을 바라볼 때 소망없는 자처럼 애통하지만은 않을 것이다. 믿음의 눈물은 값진 것이다. 슬픔의 구름이 영혼을 뒤덮을 때 믿음의 햇빛 줄기가 그것을 뚫어야 한다. 영혼이 슬픔에 삼키울 때 만일 믿음이 가라앉는 것을 막는 공기주머니 역할을 못하면

영혼은 눈물에 빠져버리고 만다. 우리의 눈물은 땅으로 떨어질지라도 우리의 믿음은 하늘에 도달하여야만 한다. 큰 비 뒤에 믿음은 구름 속의 무지개처럼 나타나야 한다. 믿음의 눈물은 귀하게 병에 담는다(시 56 : 8).

(3) **복음적 애통은 자기혐오와 결부되어 있다.** 죄인은 자화자찬한다. 회개자는 자신을 몹시 싫어한다. "거기서 너희의 길과 스스로 더럽힌 모든 행위를 기억하고 이미 행한 모든 악을 인하여 스스로 미워하리라"(겔 20 : 43). 참된 회개자는 죄의 부끄러운 결과만 가지고 괴로워할 뿐만 아니라 지긋지긋한 죄의 본성 때문에 고통을 당하며, 죄의 쏘는 것 뿐만 아니라 아예 일그러진 얼굴 때문에 괴로워한다. 문둥병자들이 자신을 얼마나 싫어하는가! (레 13 : 45) 히브리 의사들은 말하기를, 부정하다고 선언된 문둥병자들은 애통자요, 또한 부끄러움의 표로서 그의 윗 입술을 가리우라고 하였다. 참된 애통자는 아, 이 불순한 눈이여! 라고 부르짖을 것이다. 악이 감추어져 있는 이 마음이여! 그는 죄를 떠날 뿐만 아니라 죄를 증오한다. 오물 속에 떨어진 사람은 자신을 몹시 싫어한다(호 14 : 1).

(4) **복음적 애통은 정하게 만들어 주는 것이어야 한다.** 우리의 눈물은 우리를 더 거룩하게 만들어주는 것이어야 한다. 우리는 죄를 몰아내기 위하여 울어야 할 뿐 아니라 죄 자체 때문에도 울어야 한다. 우리의 눈물이 우리의 죄들을 빠뜨려 버려야 한다. 우리는 애통할 뿐만 아니라 또한 돌아서야 한다. "울며 애통하고 마음을 다하여 내게로 돌아오라"(욜 2 : 12). 눈물에 젖은 눈을 가지고서 또한 음탕한 마음을 가지는 것은 무어란 말인가? 하늘이 어두움으로 가득차 있는데 그것을 낮이라고 말하는 것은 어리석은 일이듯이, 여러분의 생활에 어두운 그림자가 드리워져 있는데 여러분이 회개했다고 말하는 것은 어리석은 일이다. 어거스틴이 훌륭한 말을 하였다. "그가 슬퍼하였던 죄를 다시 범하지 않는 사람이 그가 범하였던 죄에 대해서 진실로 슬퍼

하는 사람이다." 참된 애통은 "의심의 물"과 같다(민 5 : 12~22). 그 것은 죄의 넙적다리가 썩어 떨어지게 한다. "악어의 머리를 파쇄하시고"(시 74 : 14). 이 악어, 즉 우리의 죄의 머리는 참된 회개의 물에서는 파쇄된다. 참된 눈물은 깨끗케 한다. 그것은 우리 죄의 모든 쓰레기들을 휩쓸어가는 홍수와도 같다. 거룩한 애통의 물은 나아만 장군이 씻어서 그의 문둥병을 깨끗함 받은 요단강과도 같다. 시실리 섬에는 새까맣게 된 양이라도 가서 씻으면 하얗게 되는 강이 있다고 하는데 우리의 죄가 주홍같을지라도 이 회개의 강에 씻으면 눈과 같이 희어지게 된다. 자연과학자들은 뱀은 다른 것을 마시기 전에 그 독을 토해낸다고 말한다. 이런 점에서 "뱀처럼 지혜로우라"고 하는 것이다. 여러분이 달콤한 약속의 강장제를 마시기 전에 여러분의 마음에 깔려 있는 독을 뱉어내라. 죄 때문에 애통해 하지만 말고 죄를 깨뜨려 버리라.

(5) 복음적 애통은 죄를 미워함과 연관되어 있어야 한다. "얼마나 분하게 하며"(고후 7 : 11). 우리는 죄를 금해야 할 뿐만 아니라 죄를 소름이 끼칠 만큼 싫어해야 한다. 비둘기는 매의 조그만한 깃털이라도 증오한다. 참된 애통자는 죄의 조그마한 동작이라도 증오한다. 참된 애통자는 죄를 미워하는 사람이다. 암논은 다말을 그가 이전에 사랑한 것보다 훨씬 미워하였다(삼하 13 : 15). 죄를 미워하는 자가 된다는 것은 두 가지 의미를 내포하고 있다. 첫째는 죄를 가장 치명적인 악, 까다로운 악으로 본다는 것이다. 그것을 죽음이나 지옥보다도 더 소름끼치는 것으로 본다. 둘째로는, 그것에 대해서 달랠 수 없을 만큼 화를 낸다는 것이다. 죄를 미워하는 사람은 어떤 화해 조건도 결코 받아들이지 않는다. 그와 죄 사이의 전쟁은 르호보암과 여로보암 사이의 전쟁과도 같다. "르호보암과 여로보암 사이에 항상 전쟁이 있으니라"(왕상 14 : 30). 노여움은 풀릴 수도 있지만 미움은 쉽게 풀리지 않는다. 참된 애통은 하나님을 사랑함으로 시작하고 죄를 미워함으로 끝난다.

(6) **복음적 애통은 어떤 경우에는 되돌려 주는 것과 결합되어 있다.** 다른 사람의 순결을 더럽히는 것 만큼 그 이름을 더럽히는 것도 죄가 된다. 우리가 다른 사람들의 좋은 이름을 흐리게 하였으면 꼭 용서를 빌어야 한다. 우리가 남의 재산을 부당하게 부정하게 취급하여 손해를 입혔으면 최선을 다하여 갚도록 노력해야 한다. 그래서 삭개오가 출애굽기 22：1의 율법에 따라서 "만일 뉘 것을 토색한 일이 있으면 4배나 갚겠나이다"(눅 19：8)라고 하였다. 야고보는 우리에게 명하기를 마음만 주의하지 말고 손도 주의하라고 하였다. "죄인들아 손을 깨끗이 하라 두 마음을 품은 자들아 마음을 성결케 하라"(약 4：8). 만일 여러분이 다른 사람의 재산을 축내었으면 되돌려 줌으로써 여러분의 손을 깨끗이 하라. 분명히 알 것은 되돌려 줌 없이는 사면이 없다.

(7) **복음적 애통은 서둘러 해야 한다.** 우리가 우리의 회개를 늦추다가 죽을 때까지 연기하게 될까 주의하여야 한다. 다윗이 "내가 여호와의 모든 백성 앞에서 나의 서원을 여호와께 갚을지라"(시 116：18)고 말한 것처럼, 그리스도인들은 "내가 내 죄를 지금 회개하노라"고 말하여야 한다. "이제 우는 자는 복이 있나니"(눅 6：21). 로마의 사절이었던 포필리우스가 안티오키스 에피파네스 왕에게 파견되었을 때 그는 왕의 둘레에 원을 그려놓고 왕이 원 밖으로 나오기 전에 답변을 하라고 명하였다. 이와 같이 하나님은 우리 둘레에 짧은 시간의 콤파스로 원을 그려놓고 우리에게 즉시 우리의 죄를 회개하라고 명하신다. "이제는 어디든지 사람을 다 명하사 회개하라 하셨으니"(행 17：30). 우리는 우리에게 다른 날이 허락되어 있는지 아닌지 알 수가 없다. 아! 우리가 하고 싶은 마음이 내킬 때까지 죄에 대한 우리의 애통을 미루지 않도록 하자. 거룩한 애통은 다만 임종시에나 하는 의무로 생각하지 말라. 여러분은 에서가 눈물로 축복을 간청했으나 때가 이미 늦었던 일을 알 것이다. "내일에?"라고 어거스틴이 말하였다. 내가 내일 회개하겠다고 언제까지 말할 것인가? 왜 이 순간에는 안 되는가? 시저는 그가 원로원에 나가기 전에 급히 그에게 보낸 밀고

의 편지를 읽는 것을 뒤로 미루었는데 원로원에 나가서 그는 죽음을 당하였다. "미루는 것은 위험하다." 야곱이 그의 형에게 미리 눈물의 희생으로 선물을 보낸 것처럼 참된 애통자는 하나님의 진노를 만나기 전에 서두른다.

(8) **죄에 대한 복음적 애통은 지속적이다.** 어떤 사람들은 설교를 들을 때만 조금 눈물을 흘리지만 이 감정이 격해서 왈칵 솟아 올라 땅에 떨어진 물은 곧 말라버린다. 위선자의 슬픔은 정맥에서 피가 나는 것같아서 곧 지혈되고 만다. 히브리말로 "눈"이란 말은 또한 "샘"을 나타내기도 하는데, 눈물이 샘과 같이 죄 때문에 계속 흘러서 그치지 않는 것을 말해준다. 그러나 그것은 리비아의 태양의 샘과 같지는 말아야 할텐데 옛사람들이 말하기를 그 물은 아침에는 뜨겁다가 한낮이 되면 식어버린다고 한다. 회개의 물은 아침, 즉 복음을 처음 들었을 때 너무 뜨거워서 넘쳐 흐르지 않아야 하며, 한낮에, 즉 건강하고 번창할 때에 차져서 얼어붙을 준비를 하는 지경이 되지 말아야 한다. 아니, 그것은 매일의 울음이 되어야 한다. 바울이 "나는 날마다 죽노라"(고전 15:31)고 말한 것처럼, 그리스도인은 "나는 날마다 애통하노라"고 말해야 한다. 그러므로 경건한 슬픔이 계속되도록 하여서 그것이 중단됨으로 사망에 이르지 않도록 해야 한다. "저희 마음이 주를 향하여 부르짖기를 처녀 시온의 성곽아 너는 밤낮으로 눈물을 강처럼 흘릴지어다 스스로 쉬지 말고 네 눈동자로 쉬게 하지 말지어다"(애 2:18). 매일 애통하는 것은 타락으로 미끄러지는데 대한 좋은 대책이 된다. 나는 어떤 간질병을 가진 사람이 바닷물에 몸을 담가서 치료를 받았다는 것을 읽은 적이 있다. 우리의 영혼을 매일 회개의 소금물에 씻는 것은 병의 재발을 막거나 치료하는 최선의 길이다.

심지어 하나님의 자녀가 된 사람은 용서받은 후에도 애통해야 하는데, 그 까닭은 하나님은 용서하심에 있어서 과거와 미래의 죄들을 한 순간에 용서하시는 것이 아니고 회개가 새로워짐에 따라서 용서도 새로워지기 때문이다. 하나님이 한 번으로 과거의 죄와 마찬가지로 미래의 죄도 다 용서하신다면 이것은 그리스도의 직무의 부분을 무효화 하는 것이다. 죄를 범하기도 전에 용서함 받는다면 그분의 중재가 무슨 필요가 있는가? 믿는 자에게도 매일 침입하여 우리가 애통하여야 할 죄들이 있다. 비록 죄를 용서함 받아도 그것이 또 반발하며, 비록 그것이 덮여진다하여도 치료함 받지 못한 것도 있다(롬 7 : 23). 가장 훌륭한 그리스도인에게도 하나님께 거스리는 것이 있다. 그의 안에 지옥으로 가야 마땅한 것이 있다면 애통해 하지 않겠는가? 언제나 새는 배는 물을 펌프로 계속해서 퍼내어야 한다. 영혼에 죄가 새는 한 우리는 회개로서 그 새는 것을 계속해서 펌프질해야 한다. 오, 그리스도인들이여, 여러분의 죄들이 그리스도의 피로써 씻겨져 나가는 것으로 생각하는데서 끝나지 말라. 물과 피로 씻겨 나간다(요일 5 : 6~8). 이스라엘 백성들이 씻는 놋물두멍(출 30 : 18)은 이 눈물과 피의 영적 물두멍의 적절한 상징이며 거룩한 애통이 그와 같이 자격을 갖추면, 이것은 "하나님의 뜻으로 하게 한 근심"(고후 7 : 11)이 되어 그리스도인이 영원히 복받도록 하여준다.

6. 우리는 다른 사람의 죄를 위해서도 애통하여야 한다.

우리가 우리 자신의 죄를 애통하는 것과 같이 다른 사람의 죄도 마음에 두어야 한다. 우리는 예레미야와 같이 우리의 눈이 눈물의 샘이 되어 이 시대의 불의를 위하여 밤낮으로 울게 되기를 소원하여야 한다. 우리의 복의 근원이신 주님께서도 유대인들의 죄를 위하여 애통해 하셨다. "저희 마음의 완악함을 근심하사…"(막 3 : 5). 그리고 다윗도 악인들의 죄를 보고 그의 마음이 샘으로 바뀌고 그의 눈이 강으로 바뀌었다. "저희가 주의 법을 지키지 아니하므로 내 눈물이 시냇물같이 흐르나이다"(시 119 : 136). 롯의 의로운 영혼도 "무법한 자의 음란한 행실을 인하여 고통"(벧후 2 : 7)당하였다. 롯은 소돔의 죄로 창을 삼아 그 자신의 영혼을 찔렀던 것이다. 3세기 칼타고의 감독이었던 시프리안은 말하기를 원시 시대에는 종교의식에 자신을 드리기로 서원한 처녀가 순결을 더럽히면 온 회중의 얼굴이 부끄러움과 슬픔으로 가득차게 되었다고 한다.

우리가 다른 사람들의 죄 때문에 애통할 마음이 생기지 않는가? 나라의 전체의 굴대축이 죄의 무게 때문에 부러지려고 한다. 우리 가운데 이 무슨 악의 범람이란 말인가? 이 시대의 위선 때문에 애통하라. 예후는 "여호와를 위한 나의 열심을 보라"(왕하 10 : 16)고 하였지만 그것은 왕위를 탐낸 열심일 뿐이었다. 이런 위선이 다른 사람들에게도 있다. 그들은 무엇을 하든지 하나님을 내세운다. 마치 도둑이 그의 도둑질에 왕의 보장이 있는 것처럼 행세하듯이 그들은 그들의 악을 행함에 하나님의 이름을 대담하게 사용한다. "그 두령은 뇌물을 위하여 재판하며 그 제사장은 삯을 위하여 교훈하며 그 선지자는 돈을 위하여 점치면서 오히려 여호와를 의뢰하여 이르기를 여호와께서 우리 중에 계시지 아니하냐 재앙이 우리에게 임하지 아니하리라 하는도다"(미 3 : 11). 많은 사람들이 거룩한 입맞춤으로 복음의 심장을 콱 찌르고 해친다. 아합왕이 나봇을 죽이고 그의 소유를 빼앗을 때 먼저 종교의식으로 안내하고는 금식을 선포하여 그의 살인행각의 전주곡으로 삼음으로써 만족해 하지 않았던가? (왕상 21 : 2) 하얀 마귀가 가장 나쁜 놈이다. 유령의 손에서 불타는 횃불이 가장 공포를 주는 것이다. 치욕스런 위선자들의 입에서 하나님의 이름을 듣는 것은 그 입에 발린 신앙고백 때문에 다른 사람을 소름끼치게 만들기에 충분하다.

나라의 잘못들과 하나님을 모독하는 것 때문에 애통하라. 지금 많은 잘못들이 횡행하고 있다. 신앙의 자유가 사람들에게 죄 짓는 특허를 내주었다. 어떤 저주받은 의견들이 오래 전에 교회에 묻혔다가 지금 무덤에서 파내어져 어떤 얼간이들에 의해서 경배를 받는가! 우리 나라가 지금 복장이 기괴하게 되어가듯이 교회가 제멋대로 되어가고 있다. 변덕쟁이들의 말 장난들이 개방되어 있고 거의 모든 사람들이 새 것 새 의견이라면 무조건 좋아한다. 사람들의 얼굴이 그들의 판단만큼 빨리 바뀌어 간다면 우리들은 그들의 얼굴을 알아볼 수 없을 것이다.

언약의 위반을 애통해 하라. 이 죄가 우리나라의 거침돌이 되고 있다. 언약의 위반은 영적인 매춘이며, 이것 때문에 하나님이 우리에게 "로암미"(내 백성이 아니라)라는 이름을 지어주셨고 우리에게 이혼장을 주신다(호 1 : 9).

나라의 교만을 애통해 하라. 우리의 상태는 낮은데 우리의 마음은 높기만 하다. 이 땅의 저속한 것을 애통해 하라. 우리나라는 복음서의 더러운 귀신들린 사람과 같다(눅 4 : 33). 지계표를 옮기는 것을 애통해 하라(신 27 : 17). 맡은 자를 경멸하는 것, 권위의 얼굴에 침뱉는 것을 애통해 하라. 애통하는 자가 거의 없는 것을 애통해 하라. 우리가 다른 사람들의 죄를 애통해 하지 않아서 우리 자신의 죄에 무감각해질까 두렵다. 하나님께서는 다른 사람의 죄를 우리가 슬퍼하지 않는 것을 죄 있는 것으로 보신다. 우리의 눈물은 하나님의 진노를 끄는 데 도움이 될 것이다.

7. 우리는 교회의 고통에 대하여 애통하여야 한다.

성도들은 행정상으로 뿐만 아니라 정신적으로도 몸된 교회의 구성원이다. 그러므로 그들은 하나님의 교회의 상처에 대해서 민감하여야 한다. "시온을 기억하며 울었도다"(시 137 : 1). 이스라엘 백성들은 공중이 모여서 예배드리는 장소에 가는 것을 금지당하고 강가에 앉아서 울었다. 그들은 모든 악기들을 옆으로 치워놓았다. "그 중의 버드나무에 우리가 우리의 수금을 걸었나니"(2절). 그들은 버드나무가 열매 맺기는 틀린 것처럼 기쁨으로부터 멀리 떨어져 있었다. "우리가 이방에 있어서 어찌 여호와의 노래를 부를꼬"(4절). 노래부르는 것보다는 우는 것이 더 걸맞다 하겠다. 노래소리는 애통하는 것에는 어울리지 않는다.

우리가 30년 전쟁 중 독일의 많은 그리스도인들이 당한 고통을 생각할 때, 사보이공국과 그밖의 다른 곳에서 그들이 개신교를 버리고 교황의 종교를 신봉하지 않는다고 해서 그들이 살던 집에서 쫓겨났고 성경 대신에 십자가상을, 기도 대신에 미사를 드리지 않는다고 해서, 교회에 가는 대신 다른 성자나 유골들을 순례하지 않아서 고통을 당하였다. 이러한 것들을 생각할 때 우리는 애통할 수밖에 없다. 하나님의 교회가 포도즙틀처럼 밟히는 것을 볼 때 애통하라. 그리스도의 신부가 피에 적신 옷을 입고 있는 것을 볼 때 애통하라.

나는 우리나라에 임종의 종소리가 들린다고 생각한다. 죽어가는 나라를 위하여 눈물을 흘리자. 우리들의 창자가 찢어지는 것을 비탄해 하자. 우리나라의 분열은 치명적이다. 남인 북인 노론 소론이 다시 들끓고 있다. 분열된 나라가 설 수 없으니 기적이나 값없이 주시는 은혜가 아니고야 우리가 어떻게 설 수 있겠는가? 진실이 땅에 떨어졌고 화평이 도망가버렸다. 우리나라의 훌륭한 평화의 겉옷은 찢어졌고 요셉의 겉옷과 같이 피에 적시어졌다. 화평이야말로 나라의 영광이다. 너도밤나무는 그 꼭대기를 잘라버리면 전체 나무가 말라 버리는 것을 아는 사람은 알 것이다. 화평은 모든 땅 위의 축복의 정점이요 꼭대기이다. 이 꼭대기가 잘라져 나가면 참으로 말하거니와 전체 나라가 빠른 속도로 말라들어가기 시작할 것이다.

우리나라의 고난을 애통하라. 이 땅의 국민들은 다만 슬픔을 사기 위하여 그들의 돈을 다 쓰고 있다.

8. 거룩한 애통의 시기

경건한 애통이 언제나 우러나오도록 해야 하겠지만 바닷물이 때때로 더 높이 올라 오듯이 우리의 눈물이 넘쳐 흐르는 어떤 시기가 있다. 영혼의 수위가 높아서 특별히 애통해 할 때가 세 번이 있다.

(1) 나라에 하나님의 진노가 쏟아 부어질 징조가 보일 때. 우리나라는 최근 몇 년 동안 하나님의 채찍 아래 있어왔다. 주님이 칼을 뽑으셨는데 여전히 거두시지 않고 계신다. 아! 우리의 눈물이 이 칼의 날을 무디게 할 수 있었으면! 밟히고 혼란한 지금은 우리 마음의 묵은 땅

을 기경할 때이다. "이러므로 내가 말하노니 돌이켜 나를 보지 말지어다 나는 슬피 통곡하겠노라 내 딸 백성이 패멸하였음을 인하여 나를 위로하려고 힘쓰지 말지니라 이상의 골짜기에 주 만군의 여호와께서 이르는 분요와 밟힘과 혼란의 날이여 성벽의 무너뜨림과 산악에 사무치는 부르짖는 소리로다"(사 22 : 4, 5). "곧 어둡고 캄캄한 날이요 빽빽한 구름이 끼인 날이라…너희는 이제라도 금식하며 울며 애통하고 마음을 다하여 내게로 돌아오라"(욜 2 : 2, 12). 천둥이 치면 비가 온다. 하나님께서 나라에 심판의 천둥을 울리실 때에는 눈물의 소나기가 쏟아져야 한다. 하나님이 우리의 등을 치실 때는 우리는 우리의 볼기를 쳐야 한다(렘 31 : 19). 하나님께서 "성전 문지방"에 서서 (겔 10 : 4) 날개를 펴고 날아가시려고 하는 것처럼 보일 때는 이때야말로 문간과 제단 사이에 주저앉아 울어야 할 때가 아니겠는가. 주님께서 그분의 복음을 보따리로 싸서 가지고 가버리실듯이 보이면 이때야말로 애통하여야 할 가장 적기이며 우리 눈물로 그분의 긍휼을 불붙게 할 수 있을 것이다(호 11 : 8).

(2) 금식이나 주님의 성찬을 받을 때처럼 하나님을 경배하는 엄숙한 직무를 수행하기 전에. 그리스도인들이여, 당신들은 무슨 비상한 방법으로 하나님을 찾으려고 하는가? 근심하여 그를 찾으라(눅 2 : 48). 여러분은 하나님 얼굴에서 미소를 얻어내었는가, 그분의 입술에서 입맞춤을 얻어내었는가? 애통의 모든 샘을 열어 놓으라. 그러면 하나님께서 예배 중에 가까이 오셔서 "내가 여기 있다"(사 58 : 9)고 말씀하실 것이다. 야곱이 울 때에 그가 "벧엘에서" 하나님을 찾았다(호 12 : 4). "야곱이 그곳 이름을 브니엘(하나님의 얼굴)이라 하였으니 그가 이르기를 내가 하나님과 대면하여 보았으나 내 생명이 보전되었다 함이더라"(창 32 : 30). 그리스도께 여러분의 눈물을 마실 음료로 드리라. 그러면 성례 때 그분은 그분의 피를 마실 음료로 여러분에게 주실 것이다.

(3) 부끄러운 타락 뒤에. 상습적인 죄나 타락에는 자비하심이 없다고

말하지는 않겠으나 심한 애통없이는 자비가 없다고 말하겠다. 부끄러운 죄는 신앙생활 위에 수치를 드러낸다(삼하 12:14). 그러므로 지금 우리의 뺨은 얼굴 붉힘으로 덮혀져야 하고 우리의 눈은 이슬이 맺혀야 한다. 베드로는 그가 그리스도를 부인한 후에 심하게 울었다. 그리스도인들이여, 하나님께서 여러분의 교만과 안일에 대한 보상으로 큼직한 벌을 주셨는가? 눈물의 골방으로 들어가라. 불의의 죄는 영혼을 다치게 하지만 수치스러운 죄는 복음을 다치게 한다. 보다 작은 죄는 성령을 슬프게 하지만 보다 큰 죄는 성령을 괴롭힌다(사 63:10). 그리고 만일 복을 주시는 비둘기 성령이 우신다면 우리가 울지 않겠는가? 하늘이 어두워지면 이슬이 내린다. 우리가 수치스러운 죄로 복음의 광채를 어둡게 할 때, 이때야말로 거룩한 눈물의 이슬이 우리의 눈에서부터 떨어질 때이다.

9. 애통의 정도

애통의 시기에 이어서 그것의 정도를 생각하여 보자. 죄를 위한 애통은 아주 큰 애통이어야 한다. 헬라 원어는 큰 슬픔을 의미하는데 예컨대 사랑하는 친구의 장례식에서 볼 수 있는 것같은 것이다. "그들이 그 찌른바 그를 바라보고 그를 위하여 애통하기를 독자를 위하여 애통하듯 하며"(슥 12:10). 독자가 죽었을 때의 슬픔은 대단히 큰 것이다. 그와 같은 것이 죄를 위한 슬픔이 되어야 한다. "그 날에 예루살렘에 큰 애통이 있으리니 므깃도 골짜기 하다드림몬에 있던 애통과 같을 것이라"(슥 12:11). 그 골짝에서 유명하고 신앙심이 깊은 왕 요시아가 때아닌 죽음을 맞았으며 그의 장례식에는 비통한 슬픔이 있었다. 그와 같은 비통함으로 우리가 슬퍼해야 하는데 죽음 때문이 아니고 우리의 죄된 생활 때문이다. 이제 그러면 슬픔의 등급을 매겨보자.

우리의 죄를 위한 애통은 다른 모든 슬픔보다 훨씬 더 큰 것이어야 한다. 엘리 선지는 법궤를 빼앗겼다는 소식을 들은 후의 애통이 그의 두 아들을 한꺼번에 잃은 애통보다 컸다. 영적인 슬픔은 다른 모든 것을 능가하여야 한다. 우리는 친구나 재산을 잃는 것보다도 죄 때문에 더 애통하여야 한다.

우리는 우리 죄가 저질러 놓은 것과 같은 높이와 비율로 우리의 슬픔을 올리도록 노력하여야 한다. 므낫세는 큰 죄인임과 동시에 큰 애통자였다. "그 열조의 하나님 앞에 크게 겸비하여"(대하 33 : 12). 므낫세는 바벨론으로 잡혀가며 피로 거리를 적셨고 눈물로 감옥을 적셨다. 베드로도 심히 통곡하였다. 참된 애통자는 그의 죄가 두드러진 만큼 그의 회개가 뚜렷하도록 애써야 한다.

10. 거룩한 애통에 반대되는 것.

애통의 본질을 설명한 후, 다음에는 무엇이 거룩한 애통에 반대가 되는 것인가를 설명하겠다. 애통에 반대되는 것은 "굳은 마음"인데 성경에서는 이것을 "돌같은 마음"이라고 불렀다(겔 36 : 26). 돌같은 마음은 애통과 뉘우치는 것과는 거리가 멀다. 이 돌같은 마음은 두 가지 징조에 의해서 알 수가 있다.

한 징조는 무감각이다. 돌은 아무런 감각도 없다. 그것은 눌러도 가루로 뽑아도 느끼지 못한다. 그것은 딱딱한 마음이다. 그것은 죄와 진노에 대해서 무감각하다. 신장에 돌이 끼면 느낄 수 있어도 마음의 돌은 느끼지 못한다. "저희가 감각없는 자 되어…"(엡 4 : 19).

돌같은 마음은 그 경직성으로 알 수 있다. 돌은 구부릴 수가 없다. 그것은 만져서 구부릴 수 없을 만큼 딱딱하다. 딱딱한 마음이 그와 같다. 그것은 하나님의 명령에 따르지 않는다. 그것은 그리스도의 왕홀에 굴복하지 않는다. 돌같은 마음은 회개에 의해 굽히는 것보다는 버티다가 조만간에 깨어질 것이다. 그것은 망치를 치면 통통 튀어 오르는 모루와 같이 하나님께 복종하는 것과는 거리가 멀다. 돌같은 마음은 성령을 거스린다(행 7 : 51).

아! 그리스도인들이여, 여러분이 영적인 애통자가 되려면 이 돌같은 마음을 주의하라. "너희 마음을 강퍅케 하지 말라"(히 3 : 7, 8). 돌같은 마음은 가장 나쁜 마음이다. 차라리 놋쇠라면 용광로에서 녹여서 복종케 할 수가 있다. 그러나 돌같은 마음은 하나님의 팔만이 그것을 깨뜨릴 수가 있고 하나님의 피만이 그것을 부드럽게 할 수가 있다. 아! 딱딱한 마음의 비참함이여! 딱딱한 마음은 모든 은혜가 결핍되어 있다. 밀납이 딱딱하면 형상을 새겨 넣을 수 없다. 마음이 딱딱한 동안에는 은혜의 표를 받지 못한다. 그것은 먼저 부드러워지고 녹아야 한다. 말씀의 쟁기는 딱딱한 마음 위로는 가지 않는다. 딱딱한 마음은 아무 짝에도 쓸모없고 다만 지옥불을 위한 연료나 만들기에 좋을 것이다. "다만 네 고집과 회개치 아니한 마음을 따라 진노의 날 곧 하나님의 의로우신 판단이 나타나는 그 날에 임할 진노를 네게 쌓는도다"(롬 2 : 5). 지옥에는 굳은 마음을 가진 자로 가득차 있고 부드러운 마음을 가진 자는 한 사람도 없다. 거기에는 우는 것은 있으나 부드러움은 없다. 우리는 "멸하기로 준비된 진노의 그릇"(롬 9 : 22)이란 말을 읽을 수 있다. 뉘우치지 않는 것이 지옥을 위하여 이 그릇에 채워지고 그들을 불태우기에 적합한 마른 나무처럼 되어버린다. 마음이 굳은 것은 사람의 상태를 그밖의 다른 모든 죄보다 더 나쁘게 만든다. 만일 누가 큰 죄를 지었어도 아직 그가 애통할 수만 있다면 아직 희망은 있다. 회개는 죄를 풀고 죄가 죄되지 않도록 만들어 준다. 그러나 마음이 굳은 것은 죄를 영혼에 단단히 묶어 버린다. 그것은 사람을 진노 아래로 인을 친다. 그것은 죄가 극악하기 때문이 아니라 마음이 굳어져서 지옥에 떨어지는 것을 말한다. 이것은 죄가 성령에 대항하여 성령이 자비를 베풀 수 없도록 만들어 버리는데, 왜냐하면, 마음이 굳어진 죄인은 회개가 불가능하기 때문이다.

7
몇 가지 날카로운 책망

1. 이 교리에서 여러 종류의 비난을 끌어낼 수 있다.

(1) 스스로 좋은 그리스도인이라고 생각하면서도 이 거룩한 애통의 기술을 배우지 못한 사람이 있다. 루터는 애통을 불러서 "희귀한 풀"이라고 했다. 사람들은 다른 것들 때문에 흘릴 눈물은 많은데 그들의 죄를 위하여 아껴둔 것은 없는 것같다. 불평자는 많은데 애통자는 많지 않다. 대부분이 습기가 부족한(눅 8:6) 돌짝밭과 같다.

우리는 곤고한 시간들 때문에 울부짖는 경우는 많지만 곤고한 마음에 대해서는 무감각하다. 뜨거우면서 메마른 것은 몸의 가장 나쁜 기질이다. 죄 때문에 뜨겁게 몸이 달아오르고 그러면서도 눈물이 없어 바싹 말라있는 것은 영혼에게 가장 나쁜 기질이다. 얼마나 많은 사람들이 기드온의 마른 양털 같으며 물 한 방울 없는 길보아산과 같은가! 그들에게는 이슬 한 방울 없다. 그리스도께서 죄 때문에 피를 흘리셨는데 여러분은 울지 않을 수 있다는 말인가? 만일 하나님의 병에 눈물이 가득차지 않으면 그분의 대접은 진노로 가득찰 것이다. 시온에는 죄인들은 많은데 애통자는 거의 없다. 대부분의 사람들은 돛대 꼭대기에 앉아 바람이 불고 파도가 쳐서 배가 파산당할 위험에 있어도 깊이 잠에 골아 떨어진 사람들과 같다. 그래서 죄의 파도가 사람들을 뒤덮고 하나님의 진노의 폭풍우가 휘몰아치려고 하며 그들을 지옥으로 불어 넣으려고 해도 그들은 태평스럽게 잠자고 있다.

(2) 이 교리는 죄 때문에 우는 대신에 환락과 흥청망청 속에 그들의 나날을 보내는 사람들을 꾸짖는다. 애통자 대신에 시끄러운 노래꾼 뿐이다. "그들이 소고와 수금으로 노래하고 피리 불어 즐기며 그 날을 형통하게 지내다가…"(욥 21 : 12, 13). "그들은 사치하고 나약한 생활을 추구한다"고 루터가 말하였다. 그들은 애통에 자신을 맡기지 않고 즐거움만 따라간다. 그들은 쾌락주의자로 살다가 무신론자로 죽는다. 야고보는 "너희 웃음을 애통으로 바꿀지어다"(약 4 : 9)라고 명하였다. 그러나 그들은 그들의 애통을 웃음으로 바꾼다. 삼손은 블레셋 사람 앞에서 재주를 부리도록 불리어 나갔다(삿 16 : 25). 유쾌한 죄인들은 마귀가 재주를 피우게 만든다. 데오필락트란 사람은 말하기를 "죄인이 웃으면서 지옥에 들어가는 것이 가장 비참한 광경 중의 하나"라고 하였다. 하나님이 칼을 잡고 계시는데 비파와 수금을 잡는다는 것은 얼마나 시기에 맞지 않는 우스꽝스러운 일인가! "칼이여 칼이여 날카롭고도 마광되었도다 그 칼이 날카로움은 살륙을 위함이요 마광됨은 번개 같이 되기 위함이니 우리가 즐거워 하겠느냐"(겔 21 : 9, 10). 하나님을 노엽게 하는 이것이 죄다. "그 날에 주 만군의 여호와께서 명하사 통곡하며 애호하며 머리털을 뜯으며 굵은 베를 띠라 하셨거늘 너희가 기뻐하며 즐거워하여 소를 잡고 양을 죽여 고기를 먹고 포도주를 마시면서 내일 죽으리니 먹고 마시자 하도다 만군의 여호와께서 친히 내 귀에 들려 가라사대 진실로 이 죄악은 너희 죽기까지 속하지 못하리라 하셨느니라"(사 22 : 12~14). 말하자면 이 너희의 죄는 어떤 속죄의 희생으로도 없이 하지 못하며 원수 갚음이 영원히 너희를 따를 것이라는 말씀이다.

(3) 이 교리는 죄를 애통해 하는 대신에 죄악 행하기를 기뻐하는 자(잠 2 : 14), 곧 불의에서 기쁨을 구하는 자(살후 2 : 12)를 꾸짖는다. 이런 의미에서의 악인들이 지옥 속에 앉아 있는 저주받은 자들보다 더 나쁜 것은 그들은 그들의 죄 가운데서 기쁨을 취하기 때문이다. 어떤 사람들은 뻔뻔스럽게도 불경스러워서 그들 자신과 다른 사람들을

그들의 죄를 가지고 즐겁게 만든다. 죄는 영혼이 병든 것이다(눅 5 : 31). 사람이 그의 질병을 가지고 즐길 수 있는가? 아! 가엾은 사람이여, 그리스도께서 죄 때문에 피를 흘리셨는데 당신은 죄를 가지고 홍겨워 하는가? 성령을 슬프게 하는 것이 당신의 환락거리란 말인가? 사람이 교수대 위에 올라가서 머리가 뎅강 잘려 나가게 되었다면 농담이나 하고 있겠는가? 지금 죄를 비웃는 사람에게는 하나님이 그들의 재앙을 비웃으실 때가 속히 올 것이다(잠 1 : 26).

(4) 이 교리는 죄를 위하여 애통하는 것을 야유하는 자들을 꾸짖는다. 그들은 우물들을 막아버린 블레셋 사람과 같다(창 26 : 15). 이러한 것은 경건한 슬픔의 우물을 막아버린다. 도덕률 폐기론자들은 이것을 법적인 교리일 뿐이라고 말하고 있으나 그리스도께서 분명히 말씀하시기를 "애통하는 자는 복이 있나니"라고 하셨다. 그리고 사도들은 그것을 설교하기를 "회개하라"고 전파하였다(막 6 : 12). 거룩한 탐구심은 우리로 하여금 죄를 위해 애통하도록 이끌 것이다. 어린 아이와 같은 마음을 가진 사람은 그가 하나님께 대해서 몹쓸 행동을 하였을 때 울지 않을 수 없을 것이다. 죄에 대한 애통이 바로 은혜의 성령의 열매요 생산물이다(슥 12 : 10). 그래서 회개를 헐뜯는 사람은 은혜의 성령을 헐뜯는 것이다. 죄에 대한 애통은 우리를 진노로부터 지켜주는 유일한 길이다. 삼손은 이 회개의 기둥을 터놓아 그 땅에 하나님의 원수갚아 주심이 쏟아부어지게 하였다. 나도 이 모든 것을 종합하여 베드로가 시몬에게 말한 것처럼 죄인들에게 "너의 이 악함을 회개하고 주께 기도하라 혹 마음에 품은 것을 사하여 주시리라"고 외치고 싶다(행 8 : 22). 여러분이 회개를 헐뜯은 것을 회개하라.

8
거룩한 애통의 동기

그리스도인들이 거룩한 애통을 하도록 나는 권면한다. 지금 내가 그러한 애통을 설득하는 이유는 그것이 영혼에게 축복을 준비시켜 주기 때문이다. 아! 우리의 마음이 거룩한 눈물을 증류해내는 영적인 증류기가 되었으면! 그리스도의 비둘기들은 운다. "도망하는 자는 산 위로 피하여 다 각기 자기 죄악 까닭에 골짜기 비둘기처럼 슬피울 것이며"(겔 7:16).

1. 거룩한 애통에 대한 열 한 가지 신성한 동기

거룩한 애통에는 여러가지 신성한 동기들이 있다.

(1) 눈물에 더이상 좋은 용도가 있을 수 없다. 만일 여러분이 외적인 손실 때문에 운다면 여러분은 여러분의 눈물을 잃게 된다. 그것은 마치 바위 위에 쏟아부은 소나기와 같아서 아무 소용이 없지만, 죄를 위한 눈물은 복된 눈물이다. "애통하는 자는 복이 있나니." 이 눈물은 소금물이 벌레를 죽이듯이 우리의 부패를 소독한다. 회개의 눈물의 짭짤한 물은 양심을 갉아먹는 죄의 벌레를 죽이는데 도움을 준다.

(2) 복음적인 애통은 은혜의 증거이다. "내가 다윗의 집과 예루살렘 거민에게 은총과 간구하는 심령을 부어주리니 그들이…애통하리라"

(슥 12 : 10). 성령이 그리스도께 비둘기처럼 내려왔다(눅 3 : 22). 비둘기는 슬피우는 새이다. 비둘기같이 우는 것이 있으면 그것은 거기에 하나님의 성령이 내려오시는 좋은 증거가 된다. 죄를 위한 울음은 새로운 출생의 표이다. 아기는 태어나자마자 운다. "열고 그 아이를 보니 그 아이가 우는지라"(출 2 : 6). 죄를 위하여 마음으로부터 우는 것은 우리가 하나님으로부터 태어난 좋은 표가 된다. 애통은 "부드러운 마음"(겔 36 : 26)을 보여준다. 돌은 녹지 않는다. 마음이 녹아지게 될 때에는 돌같은 마음이 제거되어지기 시작하는 표시이다.

(3) **눈물의 귀함.** 애통하고 회개하는 눈에서 떨어지는 눈물은 장미에서 떨어지는 물방울 같아서 하나님께 아주 달콤하고 귀한 것이다. 정원 안의 샘은 우리를 기분좋게 만들어준다. 마음 안에 흐르는 슬픔의 샘이 있으면 하나님께 대단한 기쁨이 된다. "예수의 뒤로 그 발 곁에 서서 울며"(눅 7 : 38). 그 여자의 눈물이 그 여자의 향유보다 더 향기로웠다. 향료는 깨졌을 때 가장 짙은 향기를 낸다. 마음이 죄에 대하여 깨어지면 우리의 예배는 최고의 향기를 드리게 된다. "죄인 하나가 회개하면 하늘에서는 회개할 것이 없는 의인 아흔 아홉을 인하여 기뻐하는 것보다 더하리라"(눅 15 : 7). 그래서 성 버나드는 눈물을 "천사들의 청량음료"라고 불렀다. 그리고 확실히 하나님은 눈물을 대단히 기뻐하시는데 그렇지 않으면 그것들을 병에 보관하시지 않을 것이기 때문이다(시 56 : 8). 어떤 사람은 눈물을 "살찐 제물"이라고 불렀는데 그것은 율법 아래서는 가장 바람직한 것이었다(레 3 : 3). 제롬은 애통을 파선당한 뒤의 널판지라고 불렀다. 크리소스톰은 눈물을 죄를 씻어내는 스폰지라고 불렀다. 눈물은 자비를 구하는 강력한 웅변가이다. 4세기의 가이사랴의 감독이며 "교회사의·아버지"인 유세비오는 말하기를 "아테네에는 다른 제물이 아니고 눈물만 붓는 제단이 있었는데 마치 이교도들이 울음 외에는 그들의 성난 신들을 가라앉힐 더 좋은 방법이 없는 것같이 생각한 것 같다"고 하였다. 야곱은 울어 천사를 이길 힘을 얻었다(호 12 : 4). 눈물은 하나님의 마음을 녹인다.

죄인이 울며 재판석에 나아올 때에는 이것이 그를 향한 재판관의 마음을 녹게 한다. 사람이 기도 중에 울며 가슴을 치고 "하나님이여 불쌍히 여기옵소서 나는 죄인이로소이다"(눅 18 : 13)하면서 나아오면 이것이 그를 향한 하나님의 마음을 녹인다. 제롬은 말하기를 "기도는 하나님이 자비를 베푸시도록 마음이 기울어지게 하지만 눈물은 그분에게 강요하는 것이다"라고 하였다. 하나님은 눈물로 녹아있는 마음들에게 용서를 인쳐주셨다. 눈물은 비록 조용하지만 소리를 가졌다(시 6 : 8). 눈물은 죄를 씻어 없앤다. 비는 눈덩이를 녹여서 씻어 없앤다. 회개의 눈물은 죄를 씻어 없앤다. 4세기 밀라노의 감독인 암브로우스는 말하기를 "이유를 들어 방어할 수 없는 죄는 눈물로 씻어낸다"고 하였다.

(4) **눈물의 감미로움.** 애통은 확실한 기쁨의 길이다. "가장 감미로운 음료는 눈으로부터 흘러나오는 눈물인 것이다"라고 크리소스톰이 말하였다. 영혼이 울며 흐느낄 때보다 더 부요하여질 때는 없다. 골방의 눈물이 궁중 음악보다 낫다. 마음이 슬플 때는 우는 것이 숨통을 틔어주어서 그 슬픔을 누그러뜨려 준다. 그리스도인의 영혼은 거룩한 애통으로 스스로 환기 될 때 가장 편안하게 된다. 크리소스톰은 이스라엘에서 위대한 애통자인 다윗이 이스라엘에서 훌륭한 가수이었던 것을 관찰해 내었다. "내 눈물이 주야로 내 음식이 되었도다"(시 42 : 3). 암브로우스는 이 부분을 주석하면서 "눈물보다 더 감미로운 음식은 없다"고 하였다. 버나드는 말하기를 "회개자의 눈물은 모든 세상의 기쁨보다 더 감미롭다"고 하였다. 그리스도인은 때로는 그가 울 수 있을 때 그 자신이 천국의 변두리까지 간 것으로 생각할 수 있다. 한나가 울고는 나가서 다시는 슬퍼하지 않았다. 설탕은 그것이 녹았을 때 가장 달다. 그리스도인이 눈물에 녹을 때 그는 가장 감미로운 기쁨을 차지하게 된다. 바로의 딸이 강에 내려갔을 때 갈대 사이에서 아기를 발견했듯이 우리가 회개의 눈물의 강으로 내려갔을 때 우리는 우리 눈에서 모든 눈물을 씻으실 아기 예수님을 발견하게 된다. 그러

므로 크리소스톰은 이 눈물을 씻을 대야를 주시는 하나님을 엄숙하게 찬미했던 것이다.

(5) 죄를 위한 애통자는 자신에게만 잘 하는 것이 아니라 **다른 사람을 위해서도** 잘하는 것이다. 그는 땅에 미칠 진노를 피하게 하는데 도움을 준다. 아브라함이 이삭을 내리치려고 하였을 때 천사가 만류한 것처럼(창 22 : 12) 하나님이 나라를 치시려고 하실 때 애통자가 그분의 손을 만류한다. 어린아이의 눈의 눈물은 때로는 화난 아버지가 어린아이를 용서할 마음이 생기도록 움직인다. 회개하는 눈물은 하나님의 마음을 녹이고 그분의 손을 묶어놓는다. 눈물의 선지 예레미야는 위대한 중재자였다. 하나님이 그에게 "이 백성을 위하여 기도하지 말라"(렘 7 : 16)고 하셨는데 이말은 뒤집어 말하면 주님께서 말씀하시기를 "예레미야야 너의 기도와 눈물은 너무나 강력하기 때문에 네가 기도하면 내가 거절할 수 없으니 이 패역한 백성을 위하여 네가 기도하지 말라"는 말씀이 된다. 이와 같이 애쓰는 것은 흔들어 놓는 힘이 있다. 눈물은 하나님께 강력한 영향력을 미친다. 확실히 하나님께서 많은 애통자를 이 땅에 보셨는데 그렇지 않았으면 벌써 그분이 우리를 치셨을 것이다.

(6) 거룩한 애통은 **미리 막아주는 약**이다. 이 땅에서 우리가 죄를 위하여 애통하는 것은 지옥에서 당할 애통을 미리 막아준다. 지옥은 우는 곳이다(마 8 : 12). 저주받은 사람들은 그들의 음료에다 울음을 섞어 넣는다. 하나님은 우리의 눈물을 그분의 병에다 따로 보관하신다고 말씀하셨다(시 56 : 8). 한 병 가득 눈물을 흘리지 않는 사람은 이후에는 눈물을 강처럼 흘릴 것이다. "화 있을진저 너희 이제 웃는 자여 너희가 애통하며 울리로다"(눅 6 : 25). 여러분은 때때로 축축한 곳에 물에 녹아 있는 설탕을 보게된다. 악인의 설탕처럼 단 모든 기쁨들은 마지막에는 눈물에 다 녹아 본 적도 없게 된다. 지금 흘리는 눈물이 우리에게 유익을 준다. 지금이 눈물을 흘리기 알맞은 때이다. 그

것은 봄비와 같아서 우리가 지금 울지 않으면 너무 늦게된다. 저주받은 자들의 말들을 들을 수 있는가? 그들이 즉시 애통하여 울지 않으면 지금 그들은 그들의 말로 자신을 저주하고 있는 것이다. 아! 여기서 지옥을 맛보는 것이 나중에 진짜 지옥에 들어가는 것보다 낫지 않겠는가? 회개의 눈물을 흘리는 것이 절망의 눈물을 흘리는 것보다 낫지 않겠는가? 여기서 우는 자들은 복된 애통자들이다. 지옥에서 우는 자들은 저주받은 애통자들이다. 의사는 환자의 피를 흘려 죽음을 막는 수도 있다. 경건한 슬픔의 정맥을 열어 우리 영혼의 죽음을 막을 수 있다.

(7) 복음서에 이것 말고는 복받는 다른 길을 설명한 것이 없다. "애통하는 자는 복이 있나니." 이것은 새 예루살렘으로 인도하는 길이다. 도시로 가는 길은 여럿이 있을 수 있어 어떤 사람은 이쪽 길로 어떤 사람은 다른 길로 간다. 그러나 천국으로 가는 길은 한 길 뿐이고 그것은 애통의 집을 통과하여야 한다(행 26:20). 아마 어떤 사람은 이렇게 생각할 것이다. "내가 죄 때문에 애통해 하지 않아도 무슨 다른 길로 천국에 갈 수가 있겠지, 나는 교회에 나가고 구제를 하고 예의바른 생활을 하고 있는데." 아니다. 축복으로 가는 길은 한 길 뿐이며 그것은 눈물의 골짜기를 통과하여야 한다. 만일 여러분이 이 길로 가지 않으면 여러분은 낙원을 잃게 된다. "너희도 만일 회개치 아니하면 다 이와 같이 망하리라"(눅 13:3). 원의 중심으로 인도하는 줄은 무수하지만 하늘의 중심으로 인도하는 줄은 오직 하나이고 그것은 믿음의 눈에서 떨어지는 눈물이다. 사람이 병들었을 때 스무 가지 약으로 낫게하는 수도 있지만 죄는 영혼을 죽게 만드는 병이다. 이제 영혼을 낫게 하는데는 한 가지 약밖에 없는데 그것은 회개의 약이다.

(8) 거룩한 애통에 있어서 각 그리스도인들이 **친숙해야 할 필요가 있**는 것이 무엇인가 생각하라. 때로는 사람이 필요도 없는 약을 먹는 수가 있다. 필요 없는 곳으로 가는 사람도 많다. 필요에서 보다는 호기

심에서 나오는 수도 많다. 아! 그러나 누구나 울음의 골방으로 들어가야 하는 필요성이 얼마나 심각한가! 당신이 어떤 죄인이었는가를 생각하여 보라. 여러분은 하나님의 장부책에 빚만 잔뜩 채워놓았는데 그분의 눈물병에다 여러분의 눈물을 얼마나 채워 놓았는가! 여러분은 은밀한 죄 가운데 살아왔다. 하나님은 이에 대한 참회, "죄를 위한 애통"을 명하신다. 그러나 어떤 사람들은 말할 것이다. "나는 대단히 평범한 생활을 해왔기 때문에 애통해야 할 필요가 없다." 집에 가서 당신이 다만 평범할 뿐인 것을 애통해 하라. 많은 사람들이 이 평범하다는 것에 집착하여서 자신을 저주로 몰아넣고 있다. 회개없는 사람도 슬프지만 회개할 필요를 느끼지 않는 것이 더 나쁘다(눅 15:7).

(9) 그러나 눈물은 **끝날 때**가 있다. 그것은 우리가 울 동안에만 나온다. 우리의 눈으로부터 떨어지는 얼마 동안의 소나기 후에는 우리는 영구히 햇빛을 누리게 된다. 천국에서는 눈물병을 채우는 것은 중단된다. "하나님께서 저희 눈에서 모든 눈물을 씻어 주실 것임이러라"(계 7:17). 죄가 그칠 때 눈물도 그친다. "저녁에는 울음이 기숙할지라도 아침에는 기쁨이 오리로다"(시 30:5). 그러므로 들리움 받는 아침에는 모든 눈물이 씻겨질 것이다.

(10) 거룩한 애통의 **유익**. 우리가 쓰는 물건 중 최고의 것은 물로 말미암아 나온다. 애통은 영혼이 은혜 가운데서 열매 맺도록 만들어준다. 비가 오면 초목과 채소들이 자란다. "헤스본이여, 나의 눈물로 너를 적시리니"(사 16:9). 이것을 이렇게 설명할 수 있을 것이다. 눈물은 우리의 은혜를 적시고 그것이 번성하도록 만든다. "여호와께서 샘으로 골짜기에서 솟아나게 하시고"(시 104:10). 골짜기에는 샘물이 흐르기 때문에 곡식이 번성하게 된다. 슬픔의 샘이 흐르는 곳에 마음이 풍성한 열매를 맺게 된다. 레아는 약한 눈을 가졌고 눈물젖은 눈을 가졌기 때문에 자식 열매가 많았다. 눈물많은 눈을 가진 그리스도인들이 보통 더 많은 영적인 열매를 맺는다. 우는 눈은 우리의 은혜에

물을 주는 물주전자이다.

　다시 말하거니와, 애통은 마귀의 유혹을 막기 위하여 담을 쳐준다. 유혹은 "불화살"(엡 6 : 16)이라고 불렀는데 참으로 그것은 영혼을 불태워 버리기 때문이다. 유혹은 노여움을 폭발하게 하고 정욕에 불을 지른다. 그런데 거룩한 애통의 눈물이 이 불화살을 꺼버린다. 젖은 화약에는 금방 불이 당겨지지 않는다. 마음이 젖고 슬픔으로 축축할 때 그것에는 쉽사리 유혹의 불이 붙지 않는다. 눈물은 마귀의 불을 끄기 위한 제일 좋은 소방기구이고 펌프이다. 그런데 복음적 슬픔에 이토록 많은 유익이 있다면 모든 그리스도인들이 아침마다 눈물의 대야에다 그의 얼굴을 씻도록 하자.

　(11) 그리고 끝으로, 영혼이 **녹아지고 있다**는 것은 우리가 섬길 때 **하나님이 우리와 함께하고 계시다는 큰 표적이** 된다. 우리의 언 마음이 죄에 대하여 녹아지는 것은 의의 태양이 우리에게 떠올랐다는 표이다. 버나드는 이렇게 말했다. "당신 스스로가 녹아지고 애통하는 구조를 가진 것을 발견할 때 이것으로 당신이 섬길 때 하나님을 만났는가 아닌가를 알 수 있을 것이다." 우리는 모든 것을 우리가 받은 위로로 미루어 재려고 하기 쉽다. 우리는 우리가 섬길 때 기쁨을 가지지 않으면 하나님이 우리와 함께 하시지 않는 것으로 생각한다. 이렇게 되면 우리가 도마와 똑같은 사람인 것이다. "내가 그의 손의 못자국을 보며 내 손가락을 그 못자국에 넣으며 내 손을 그 옆구리에 넣어 보지 않고는 믿지 아니하겠노라 하니라"(요 20 : 25). 그래서 우리는 위로받음이 없으면 섬기면서도 하나님을 찾았음을 믿지 못하겠노라고 말하기 쉽다. 그러나 사랑의 눈물로 부드럽게 녹을 수 있다면 위로가 없어도 이것이야말로 하나님이 우리와 함께 하신다는 참된 표시이다. 마치 야곱이 "여호와께서 과연 여기 계시거늘 내가 알지 못하였도다"(창 28 : 16)라고 말한 것과 같다. 그러므로 그리스도인들이여, 여러분의 마음이 죄 때문에 깨어지고 거룩한 눈물에 녹아질 때 비록 여러분이 알지 못하여도 하나님이 여러분과 함께하고 계신 것이다.

생각건대 지금까지 말한 모든 것이 우리를 영적인 애통자로 만들 것이라고 본다. 아마 우리가 애통하려고 애썼지만 할 수 없을 경우가 있을 것이다. 그러나 어떤 사람이 물을 얻으려고 여러 길 파도 물을 얻지 못하면 샘을 찾을 때까지 다른 곳을 또 파듯이 우리가 눈물을 얻으려고 파도 눈물을 찾지 못하면 앞에서 말한 모든 것을 다시 생각해 보고 우리의 마음이 새롭게 움직이도록 하면 마지막에는 이삭의 종들처럼 "우리가 물을 찾았다"(창 26 : 32)고 말하게 될 것이다. 풀이 눌리면 즙이 나온다. 이 열 한 가지의 진지한 동기들은 우리 눈에서 눈물을 자아낼 것이다.

2. 반대의견에 대한 답변

그러나 어떤 사람은 말할 것이다. "내 기질은 울 수 없는 체질이다. 차라리 내게서 눈물을 얻어내려고 생각하는 것보다 바위를 눌러 짜는 것이 나을 것이다."

나는 대답한다. 만일 당신이 죄 때문에 울 수 없다면 슬퍼할 수도 없는가? 지성적인 애통이 가장 좋다. 눈물이 없어도 슬픔은 있을 수 있다. 겉으로 표현되지 않아도 마음에 가득할 수가 있다. 하나님께서 중시하시는 것은 우는 눈보다 상한 마음이다. 그러나 나는 울 수 있는 사람이 눈물을 중지하는 것은 싫다. 하나님은 히스기야의 눈물을 보셨다. "내가 네 눈물을 보았노라"(사 38 : 5). 다윗의 눈물은 하나님의 귀에 음악이 되었다. "여호와께서 내 곡성을 들으셨도다"(시 6 : 8). 회개하는 사람이 흘리는 진주같은 눈물은 천사들이 주목하여 바라볼 만한 것이다.

9
애통하는데 방해되는 것들

우리의 마음이 애통하는 구조가 되려면 어떻게 해야 하는가? 두 가지 일을 하라. 이 애통의 통로를 막아버리는 것들을 주의하고, 거룩한 애통으로 나아가게 하는데 도움을 주는 모든 수단을 사용하도록 하라. 눈물의 흐름을 막는 것들을 주의하라.

1. 고려하여야 할 아홉 가지 방해들

애통에는 아홉 가지의 방해가 있다.

(1) **죄를 사랑하는 것.** 죄를 사랑하는 것은 물의 흐름을 방해하는 파이프 안의 돌과 같다. 죄에 대한 사랑은 죄가 달콤한 맛이 나도록 만들고 이 죄짓는 달콤함이 마음을 매혹시켜 버린다. 제롬은 말하기를 "죄를 사랑하는 것은 그것을 범하는 것보다 더 나쁘다"고 하였다. 사람은 죄에 감염될 수가 있다(갈 6:1). 알지 못하고 죄에 걸려 넘어진 사람은 울겠지만 죄에 대한 사랑은 마음을 완악하게 하여 마귀를 꽉 잡고 있게 한다. 참된 애통에는 죄에 대한 깊은 슬픔이 있게 마련이다. 그러나 그의 마음에 죄를 사랑하는 사람이 어떻게 죄를 슬퍼할 수 있겠는가? 아! 이 달콤한 독약을 주의하라. 죄를 사랑하는 것은 영혼이 회개하지 못하도록 마음을 얼려버린다.

(2) **절망.** 절망은 하나님을 모욕하고, 그리스도의 피를 평가절하하

고, 영혼을 저주한다. "그러나 그들이 말하기를 이는 헛된 말이라 우리는 우리의 도모대로 행하며 우리는 각기 악한 마음의 강팍한대로 행하리라 하느니라"(렘 18 : 12). 이것은 절망의 말이다. 나는 여전히 내 죄를 충실히 따르고 그것에 대한 저주는 받겠다고 하는 것이다. 절망은 영혼에게 하나님을 복수의 옷을 입은(사 59 : 17) 심판자로서만 보여준다. 유다의 절망은 어떤 의미에서는 그의 배신 죄보다도 더 나빴다. 회개의 전제 조건은 자비이기 때문에 절망은 회개를 하지 못하게 한다. "혹 네가 하나님의 인자하심이 너를 인도하여 회개케 하심을 알지 못하여 그의 인자하심과 용납하심과 길이 참으심의 풍성함을 멸시하느뇨"(롬 2 : 4). 그러나 구름이 법궤를 덮어서 못보게 하듯이 절망은 자비를 시야에서 가려 숨겨버린다. 아! 이것을 주의하라. 절망은 이치에 닿지 않는 죄이다. 그것은 아무런 이유가 없다. 주님께서 수없는 사람들에게 자비를 보여주셨다. 왜 당신은 그 수많은 사람 중의 한 사람이 될 수 없다는 것인가? 그룹들의 날개와 같이 하나님의 자비의 날개들이 겸손하게 회개하는 자에게마다 뻗친다. 당신이 큰 죄인이었을지라도 우는 죄인이기만 한다면 자비의 금홀은 내밀어진다(시 103 : 11). 절망은 영혼이 회개치 못하도록 잠궈 버린다.

(3) 이 애통은 우리를 우울하게 만든다는 독단. 우리 눈물에다 우리의 모든 기쁨을 빠뜨려 버리는 것이 아닌가. 그러나 이것은 오해다. 기쁨을 잃어버린다고? 자연적인 상태에서 무슨 기쁨이 있을 수 있는지 이야기하여 보라. 죄가 무슨 기쁨을 제공해 줄 수가 있는가? 죄는 상한 것과 터진 것으로 비유되지 않는가?(사 1 : 6) 다윗은 그의 뼈가 꺾였다고 하였다(시 51 : 8). 관절이 빠져 가지고야 무슨 위안이 있겠는가? 죄를 지을 때 가슴이 두근거리고 심장이 떨리지 않는가?(신 28 : 65, 66) "마골밋사빕"(사방으로 두려움, 렘 20 : 4)이 되어 자신에게도 공포를 가져와서야 그것이 무슨 기쁨인가? 확실히 죄인이 웃는 것은 "미친 것"(전 2 : 2)이라 말할 수 있지만 거룩한 애통은 기쁨의 양육자이다. 그것은 우리의 기쁨이 사라지게 하는 것이 아니라 정제

9. 애통하는데 방해가 되는 것들 119

하여 더 좋게 만들어준다. 탕자는 그가 회개한 시간부터 그의 기쁨이 시작하였다. "이 내 아들은 죽었다가 다시 살아났으며 내가 잃었다가 다시 얻었노라 하니 저희가 즐거워 하더라"(눅 15 : 24).

(4) **성령의 활동들을 견제하는 것.** 성령은 우리를 애통하도록 이끄신다. 성령은 우리 마음에 뜨거운 밀물을 일으키신다. 가끔 우리는 기도하고 싶고 회개하고 싶은 마음이 생기게 하는 성령의 은혜스러운 활동을 만나게 된다. 그런데 우리가 이 활동들을 숨막히게 만들 때 이것이 성령을 소멸하는 것인데(살전 5 : 19) 그러면 말하자면 우리가 들어오는 조류를 방해하는 것과 같은 것이다. 이슬이 내리면 땅이 젖는다. 하나님의 성령이 이슬과 같이 영혼에 그 영향력을 미칠 때 영혼은 슬픔으로 축축히 젖어든다. 그러나 성령이 물러가시면 영혼은 기드온의 마른 양털같이 된다. 성령없이 우리가 애통할 수 있다고 하느니 차라리 바람없이 돛배가 항해할 수 있다고 하든지 날개없이 새가 날 수 있다고 하는 것이 낫다. 성령을 슬프게 하지 않도록 주의하라. 이 좋은 비둘기를 여러분의 영혼의 방주에서 날려 보내지 말라. 성령님은 온유하고 부드러우시다. 만일 그가 슬퍼하면 그는 "내가 다시는 오지 않겠다"고 말씀하실 것이며 한번 성령이 물러가시면 우리는 애통할 수가 없다.

(5) **자비에 대해 주제넘음.** 더 값싼 댓가로도 구원을 얻을 수도 있지 않을까 생각하는 사람치고 누가 죄를 위하여 진심으로 고통을 당하려 하며 애통하겠는가? 얼마나 많은 사람들이 거미처럼 하나님의 자비의 단 꽃에서 오히려 저주를 빨아먹고 있는가? 죄인을 구하기 위하여 세상에 오신 예수 그리스도께서는 많은 사람이 멸망당할 것을 대신하셨다. 그런데 어떤 사람은 말하기를 그리스도께서 나를 위하여 죽으셨고 그분이 모든 것을 다 이루어 놓으셨는데 내가 기도하거나 애통할 필요가 어디에 있는가 하고 오해를 한다. 그래서 많은 대담한 죄인들이 생명나무에서 죽음을 따고 다른 사람들은 그리스도의 피의

사다리를 통하여 천국에 가는데, 주제넘음으로 인하여 그 사다리로 이 사람들은 지옥으로 간다. 회개로 인도하는(롬 2 : 4) 하나님의 선하심을 기화(奇貨)로 오히려 주제넘게 되는 것은 슬픈 일이다. 아! 죄인이여, 지옥에 떨어지는 길을 피하라. 오해 때문에 저주를 받지 않도록 주의하라. 당신은 하나님은 자비하시다고 말하고는 그러므로 죄를 계속 지어도 안전하다고 말한다.

그러나 누구를 위한 자비인가? 주제넘은 죄인을 위한 것인가, 애통하는 죄인을 위한 것인가? "악인은 그 길을, 불의한 자는 그 생각을 버리고 여호와께로 돌아오라 그리하면 그가 긍휼히 여기시리라"(사 55 : 7). 죄를 버리지 않고는 자비가 없고 애통이 없이는 죄를 버릴 수 없다. 만약 어떤 왕이 반역한 무리들에게 말하기를, "누구든지 와서 항복을 하면 자비를 베풀겠다"고 하는데 반역하는 자리에서 끝까지 버티는 사람은 용서의 은혜를 청할 수 없다. 하나님께서 애통하는 자에게 자비를 선포하셨으나 애통하지 않는 자는 자비와는 아무 관계가 없다. 하나님의 자비는 제사장말고는 아무도 관여할 수 없는 법궤와 같다. 이 자비의 황금 법궤는 하나님 앞에 제사장 되어서(계 1 : 6) 눈물의 제물을 드리는 자 말고는 아무도 그것을 만질 수가 없다.

(6) **죄를 과소평가하는 독단.** 마귀는 죄인들에게 투시경의 작게 보이는 끝을 쥐어 주었다. 실제보다 죄가 작아보이는 생각이 드는 것이 대단히 위험하다. 죄가 작다고 하는 의견은 우리가 대책을 세우는 것을 막아버린다. 자기의 질병이 대수롭지 않은 것이라고 생각하는 사람치고 의사에게 진지하게 말할 사람이 누가 있는가? 죄를 그저 가벼운 것이라고 생각하는 사람치고 자비를 얻으려고 회개하는 마음으로 하나님을 찾는 사람이 누가 있는가? 그러나 이 죄에 대한 잘못된 독단을 걷어 치우면 우리는 눈물에 젖은 눈으로 그것을 바라보게 될 것이고, 죄는 하늘의 위엄에 거스리는 것이기 때문에 작을 수가 없다는 것을 생각하게 될 것이다. 반역은 왕위에 도전하는 것이기 때문에 작고 크고가 없다. 죄는 작아도 죄이기 때문에 저주를 받아야 한다. 주머

니 칼이나 단검은 작은 상처 밖에 내지 않지만 그 어느 것이나 더 큰 무기와 마찬가지로 사람을 죽일 수 있다. 모든 죄에는 죽음과 지옥이 따른다(롬 6 : 23). 아담이 겨우 사과같은 것 하나를 따먹었는데 그 결과가 어떠하였는가? 그의 면류관을 잃게 하였다. 죄라는 것은 어떤 사람은 죽고 어떤 사람은 살게 되는 그런 질병과 같은 것이 아니다. 회개가 없으면 아무리 작은 죄라도 천국에 들어가지 못하도록 잠그는 자물쇠가 된다.

죄를 그리스도께서 당하신 고통의 붉은 유리를 통해서 보라. 가장 작은 죄라도 "피값"이 필요하다. 죄의 참 모습을 보고자 하는가? 골고다로 가라. 예수 그리스도께서는 가장 작은 죄를 위하여 기꺼이 그의 영광을 가리고 그의 기쁨을 잃었으며 희생제물로 그분의 영혼을 쏟아부으셨다. 당신의 죄의 크기를 그리스도의 상처의 깊이로 판독하라. 사단이 당신이 죄의 색깔을 제대로 보지 못하게 하려고 당신 눈 앞에 안개를 던지는 짓을 못하게 하라. 기억하라. 큰 강들만 바다에 떨어지는 것이 아니라 작은 개울물도 떨어진다. 큰 죄만 사람을 지옥에 떨어지게 하는 것이 아니라 작은 것들도 지옥에 떨어지게 한다.

(7) **꾸물거림.** 또는 회개의 심금을 울리기에는 너무 이르다는 의견. 등잔불이 거의 꺼져가려 할 때, 힘이 다 빠졌을 때, 늦게 되었을 때, 그때야 죄를 위한 애통이 제 철을 만날 것이다. 그러나 그것도 아직 너무 이르다고 할지 모른다. 이러한 의견이 얼마나 치명적인 것인가 하는 것을 보여주기 위하여, 그리고 샘 입구에서 이 돌을 굴려 치우기 위하여, 그래서 회개의 물이 터져 나오게 하기 위하여 이제 네 가지 심각하고도 중대한 고찰들을 제시하겠다.

첫째, 여러분은 자연상태로 있다는 것이 무엇인지 아는가? 그리고도 거기서 나오는 것이 너무 이르다고 말하겠는가? 여러분은 "하나님의 진노"아래 있고(요 3 : 36) 이 진노의 대접이 쏟아지는데 거기에서 나오는 것이 너무 이르다고 하겠는가? 여러분은 "사단의 권세"아래 있는데(행 26 : 18) 적의 소굴에서 빠져나오는 것이 너무 이르다고 하겠는가?

　둘째로, 사람들은 다른 경우에는 그와 같이 주장하지 않는다. 그들은 부자가 되기에는 너무 이르지 않은가 하고 말하지 않는다. 그들은 늙을 때까지 출세하는 것을 미루지 않는다. 아니, 오히려 기회만 있으면 차지하려고 애쓴다. 부하게 되는 것은 너무 이르지 않은데 선하게 되는 것은 너무 이른가? 회개가 가장 큰 중요성을 가진 문제가 아니겠는가? 사람이 그들의 죄를 슬퍼하는 것이 그들의 재산을 가지고 다투는 것보다 더 필요하지 않겠는가?

　셋째로, 하나님이 애통하라고 하시는 것은 지금 하라고 하시는 것이다. "오늘날 너희가 그의 음성을 듣거든 노하심을 격동하여 광야에서 시험하던 때와 같이 너희 마음을 강퍅케 하지 말라"(히 3:7, 8). 수비대를 포위하고서 항복을 권할 때는 당일에 항복을 하지 않으면 불어 날려버리겠다는 뜻이다. 하나님의 회개의 권유도 이와 같은 것이다. "오늘날 너희가 그의 음성을 듣거든…." 죄인들이여, 사단이 어떤 악을 저지르라고 유혹하였을 때 당신들은 "사단이여 아직 행하기에 너무 일러"라고 말하지 않고 즉시 그 유혹을 받아 들인다. 당신들은 마귀는 피하지 않으면서 하나님은 피할 것인가?

　넷째, 죄에 대한 애통을 연기하여 미루는 것은 어리석은 일이다. 왜냐하면 거룩한 애통을 오래 미루게 되면 여러분이 애통을 하려고 할 때 그 일이 그만큼 더 어려워지기 때문이다. 뼈가 탈골되면 오래 놓아두는 것보다 금새 맞추는 것이 더 쉽다. 병이란 것은 때 맞추어 치료하는 것이, 발작할 때까지 놓아두는 것보다 고치기 쉽다. 물이 얕을 때가, 물이 불어서 한길 넘을 때까지 기다리는 것보다 건너기가 쉽다. 아, 죄인이여, 여러분이 더 많이 배신죄를 저지를수록 여러분에 대해서 하늘이 더 화나도록 만들고 있는 것이며, 용서받기 점점 더 어렵게 만드는 것이다. 여러분이 죄 짓는 시간을 길게 끌면 끌수록 여러분은 회개를 위하여 할 일이 많아진다.

　죄에 대한 애통을 연기하여 미루는 것은 생명의 기한이 불확실한 점에서도 어리석은 일이다. 꾸물거리는 죄인이 그가 늙을 때까지 산다는 것을 어떻게 알겠는가? "너희 생명이 무엇이뇨 너희는 잠간 보이다가 없어지는 안개니라"(약 4 : 14). 얼마나 빨리 질병이 여러분을 둘러싸고 죽음이 여러분의 머리를 때릴지 아는가? 여러분의 태양이 정오에 지는 수는 없는가? 아, 그러면 죄를 위한 애통을 미루고, 죽음이 얼른 해치우려고 할 때 늑장을 부리는 것은 얼마나 건방진 일인가? 시저는 그에게 보낸 편지를 읽는 것을 늦추다가 원로원에서 칼에 찔려 죽었다.

마지막까지 모든 것을 미루는 것은 그때에도 자비를 찾을 수 있을 것같지 않기 때문에 어리석은 짓이다. 하나님께서 여러분에게 회개할 시간은 주셨지만 회개를 위한 유예기간은 주시지 않았다. 하나님께서 애통을 청하셨을 때 여러분이 귀머거리가 되면 여러분이 자비를 청할 때 하나님이 벙어리가 되실 것이다(잠 1 : 24, 28). 이것을 심각하게 생각하라. 여러분이 먼저 시간을 회개하는데 쓰지 않았기 때문에 하나님께서 나중 시간을 여러분을 심판하는데 쓰실 것이다.

하나님께로 향한 우리의 엄숙한 회심을 늙을 때까지 또는 앓을 때까지 미루는 것은 아주 뻔뻔스러운 짓이다. 왜냐하면 이 늦은 헌신은 대부분 본심을 속이는 것이고 겉치레에 불과하기 때문이다. 죄를 위한 참된 애통이 결코 너무 늦다는 법은 없지만 늦은 애통은 진실된 경우가 드물다. 백발이 성성해 가지고 하는 회개는 진심인 경우가 드물다. 이 가을의 눈물이 하나님에 대한 사랑에서라기보다 지옥의 두려움 때문에 흘리는 것이 아니냐하는 논란이 있다. 항해하던 사람이 폭풍우를 만났을 때 갑판 위의 물건들을 내버리는 경우가 있는데 이것은 그렇게 하고 싶어 하는 것이 아니라 배가 가라앉는 것이 두렵기 때문이다. 사람들이 늦게 우는 작업을 착수해서 배 밖으로 그들의 죄를 던질 때에는 대부분 단지 배가 가라앉아서 지옥에 빠질까봐 두려워서이다. 병상에서 회개하는 사람이 애통하는 것은 더 이상 자기 죄를 가지고 있을 수 없어서 하는 것인가 아닌가 하는 것은 큰 의문이다. 지금까지 생각해 본 모든 것이 천국을 위하여 그들이 해야할 모든 일을 맨 마지막 시간으로 미루는 이와 같은 절망적인 위험으로 그들의 영혼을 몰아가는 사람들에게 주의를 줄 것이다.

(8) 공의를 시행하는 것을 지체하는 것. "악한 일에 징벌이 속히 실행되지 않으므로 인생들이 악을 행하기에 마음이 담대하도다"(전 8 : 11).
하나님께서 벌 주시는 것을 참으시니까 사람들이 회개하는 것을 참는다. 그분이 징계로 등을 치시지 않으니까 그들이 부끄러움으로 볼기를 치지 않는다(렘 31 : 19). 죄인은 이렇게 생각한다. 하나님께서 여태까지 나를 살려주셨고 인내로 오래 참아 주셨으니 확실히 그는 벌을 주시지 않을 것이다. "저의 마음에 이르기를 하나님이 잊으셨고 …"(시 10 : 11). 무한히 참으시는 하나님께서 때로는 심판을 미루시고 형집행을 좀더 오래 연기하신다. 그분은 벌 주기를 원치 않으신다(벧후 3 : 9). 꿀벌은 보통 때는 꿀을 주고 다만 화가 났을 때만 침을 쏜다. 주님은 사람들이 그분과 더불어 화평하기를 원하신다(사 27 : 5). 하나님은 성급한 채주가 빚 갚기를 독촉하되 지불할 시간을 주지않는 것처럼 하시지는 않는다. 그분은 은혜로우실 뿐만 아니라 은혜를 베푸시려고 기다리신다(사 30 : 18). 또한 하나님은 그 참으심으로 죄인이 회개하도록 유도하신다. 그러나 아뿔싸, 이 오래 참으심이 얼마나 악용되는가! 하나님의 오래 참으심이 마음을 굳게 한다. 하나님이 그 진노의 대접을 쏟으시는 것을 멈추고 계시니 죄인들이 눈물 흘림을 멈춘다. 하나님이 참으신다고 우리의 부패 때문에 거룩한 애통이 막히지 않도록 하기 위하여 죄인들은 다음을 기억하라.
첫째, 하나님의 인내에는 한계가 있다(창 6 : 3). 사람들은 그들이 죄 짓는 데는 한계를 두지 않지만, 하나님은 참으시는 데 한계를 두신다. 하나님의 인내의 태양이 질 때가 있을 터인데 한 번 지면 조금이라도 결코 되돌아 오지 않는다. 인내의 임차기한은 금새 끝이 나고 만다. 하나님이 "내 성령이 더 이상 애쓰지 않겠다"고 말씀하실 때가 있다. 천사가 외치기를 "그의 심판하실 시간이 이르렀음이니…"(계 14 : 7)라고 하였다. 아마 여러분이 다음 죄를 지을 때 하나님이 "이제 네 때가 왔다"고 하실른지 모른다.

둘째, 오래 참으심 아래서 마음이 굳어지는 것은 우리의 상태를 더 나쁘게 만든다. 심히 노한 공의의 하나님이 오래 참으심을 푸대접 받은 것에 대해서 단단히 갚으실 것이다. 하나님께서 소돔에 대하여 오래 참으셨다. 그러나 그들이 회개하지 않을 때 그들의 듣지 않는 귀에 대해서 유황불로 심판하셨다. 한 때는 하나님의 오래 참으심의 놀라운 표적이었던 소돔은 지금은 하나님의 엄하심의 산 기념물이 되고 말았다. 모든 식물과 그 열매는 파괴되었고 터툴리안이 말한 것처럼 유황불 냄새가 아직도 나고 있다. 오래 참으신다는 것이 용서하신다는 말은 아니다. 하나님께서 때리시는 것을 얼마동안 보류하고 계시지만 공의가 죽은 것이 아니요 잠자고 있을 뿐이다. 하나님의 발은 납으로 되었지만 손은 철로 되어있다. 하나님의 때리시는 손바닥이 길게 돌려 후려치실수록 맞으면 더 맵다. 돌맹이가 오래 떨어질수록 마지막에 주는 충격은 더 크다. 하나님이 칼을 오래 가실수록 더 날카롭게 베실 것이다. 오래 참으심에 대한 죄는 더 깊이 물들고 그것들은 마귀의 죄들보다 더 나쁠 것이다. 타락한 천사들도 결코 하나님의 오래 참으심에 대하여 죄를 짓지는 않았다. 하나님이 오래 참으시기 때문에 죄를 짓는 사람들은 그 상태가 얼마나 무서울 것인가. 왜냐하면 인내의 조각마다에 하나님께서 진노를 한 방울씩 떨어뜨려 놓으실 것이기 때문이다. 하나님이 죄인에 대하여 더 오래 참으실수록 지옥에서 갚아주실 것이 더 많다.

(9) **환락과 음악.** "비파에 맞추어 헛된 노래를 지절거리며 다윗처럼 자기를 위하여 악기를 제조하며"(암 6:5). 애가 대신에 축가를 불러댄다. 많은 사람들이 슬픔을 노래에 실어 날려보내고 그들의 애통의 눈물을 술잔에 빠뜨린다. 달콤한 환락의 물은 애통의 쓴물을 압도한다. 사해로 즐겁게 헤엄쳐가는 물고기들처럼 얼마나 많은 사람들이 지옥으로 춤추며 내려가는가! 이 모든 거룩한 눈물의 방해들을 주의하자. "내 수금은 애곡성이 되고 내 피리는 애통성이 되었구나"(잠 30:31).

10
애통하는데 몇 가지 도움말

 방해되는 것들을 제시하였으니 마지막으로 거룩한 애통을 위하여 몇 가지 도움말을 제시하겠다.

 (1) 다윗이 바라본 것을 언제나 여러분 앞에 두라. "내 죄가 항상 내 앞에 있나이다"(시 51 : 3). 애통자이었던 다윗은 죄에 대해서 항상 눈을 크게 뜨고 있었다. 죄가 무엇인가를 보고, 만일 그 안에 눈물을 끌어내기에 부족한 것이 있다면 내게 말하라. 나는 죄에다 어떤 이름을 붙이면 속이 시원할지 모르겠다. 어떤 사람은 그것을 마귀의 배설물이라고 불렀다. 죄는 모든 악의 복합체이다. 그것은 해악이 증류된 결정체이다. 죄는 하나님을 멸시하고 하나님의 전지하심을 부인하고 그의 오래 참으심을 비웃으며, 그의 신실하심을 불신한다. 죄는 하나님의 율법을 짓밟고 그의 사랑을 가볍게 여기고 그의 성령을 슬프게 한다. 죄는 우리에게 해를 끼치고 우리를 부끄럽게 한다. "죄는 백성을 욕되게 하느니라"(잠 14 : 34). 죄는 우리를 벌거벗겨 놓는다. 그것은 우리의 왕복을 벗기고 우리의 면류관을 빼앗아 간다. 그것은 우리의 영광을 더럽힌다. 아니, 그것은 우리를 벌거벗길 뿐만 아니라 또한 더럽힌다. "내가 피투성이가 되어 발짓하는 것을 보고"(겔 16 : 6). 죄는 우리의 황금옷을 벗길 뿐만 아니라 "더러운 옷"(슥 3 : 3)을 입힌다. 하나님은 우리를 당신의 형상에 따라 지으셨으나(창 1 : 26), 죄는 우리를 "멸망하는 짐승"(시 49 : 20)과 같이 만든다. 우리는 모두 우리

의 애정이 짐승같이 되었다. 죄가 우리를 짐승같이 만들었을 뿐 아니라 마귀같이 만들었다(요 8 : 44). 죄는 사람의 마음에서 마귀의 모습을 이끌어 낸다. 죄는 우리를 찌른다. 죄인은 사도행전의 간수와 같이 자살하려고 칼을 뺀다(행 16 : 27). 그는 판단력을 빼앗겨 복음서에 나오는 사람처럼 마귀에게 사로잡혀 돌로 제 몸을 상하게 하는데(막 5 : 5), 그의 심장에 돌을 가지고 있지만은 그것을 느끼지 못하고 있다. 죄마다 영혼을 때린다. 얼마나 많은 죄가 얼마나 많은 상처를 내었는가! 나무를 칠 때마다 나무는 점점 더 넘어간다. 죄마다 영혼을 지옥의 땔감으로 쓰려고 베고 쪼아댄다. 죄에 이 모든 악이 있다면, 이 금단의 열매가 그와 같이 쓴 속을 가졌다면, 우리를 애통하게 할 만하다. 우리의 마음은 샘이 되어야 하고 우리의 눈은 강이 되어야 한다.

(2) 우리가 애통자가 되었으면 간구자가 되자. 뉘우침의 영을 간구하자. 하나님께 기도하되 우리를 애통하게 하시며, 또한 우리에게 마음이 녹아지는 체질을 주시도록 구하라. 악사가 축복을 구한 것처럼 "샘물"의 복을 구하라(수 15 : 19). 우리의 마음이 증류기가 되어 하나님의 병에 눈물을 떨어뜨릴 수 있도록 기도하자. 독사의 독을 가진 우리가 비둘기의 눈물을 가질 수 있도록 기도하자. 하나님의 성령은 애통의 영이시다. 하나님이 은혜의 영을 우리에게 부어 주시사 그로 인하여 "그 찌른 바 그를 바라보고 그를 위하여 애통"(슥 12 : 10)할 수 있도록 기도하자. 우리가 우리의 슬픔을 불어낼 수 있기 전에 하나님께서 그의 성령을 불어 넣어 주셔야 한다. 하나님의 성령은 증류기의 불과 같아서 마음에 은혜의 이슬을 보내어 눈에서 떨어지게 만드신다. 이 축복의 성령의 부드러운 숨결은 우리를 향기롭게 하며 우리의 눈물이 아름답게 흐르게 하고, 애통의 샘이 우리 마음에서 한 번 열리면 더 이상의 기쁨이 없게 된다. 눈물이 흘러 나오면 위로가 흘러 들어가 본문의 두번째 부분인 "저희가 위로를 받을 것임이요"로 인도한다.

11
애통하는 자에게 따르는 위로

지금까지 본문의 어두운 면을 보였으므로 이제 그 밝은 면, 즉 "저희가 위로를 받을 것임이요"를 살펴보겠다.

1. 위로와 애통과의 관계

(1) 치료에 앞서서 상처를 칼로 도려내듯이 애통이 위로에 앞서 온다. 도덕률 폐기론자들은 위로를 말하면서도 죄를 위한 애통은 깎아내린다. 그들은 알약을 처방해 주었는데 그 약을 입힌 것은 핥아 먹고 정작 약 부분은 뱉어버리는 어리석은 환자와 같다. 자유사상가들은 기쁨과 위로를 너무나 좋아한다. 그들 역시 약의 겉은 핥아먹고 회개의 쓴 약부분은 뱉어버리는 사람이다. 우리가 참된 위로를 받으려면 우리는 하나님의 길과 방법으로 받아야 한다. 죄를 위한 슬픔은 기쁨으로 안내한다. "그를 인도하며 그와 그의 슬퍼하는 자에게 위로를 다시 얻게 하리라"(사 57 : 18). 눈물의 소나기 뒤에 오는 것이 참된 기쁨의 햇빛이다. 우리가 복음적인 애통없이 위로를 기대하느니보다 차라리 씨 뿌리지 않고 추수를 기대하는 것이 낫다.

(2) 하나님은 마지막까지 제일 좋은 포도주는 남겨 두신다. 먼저 그분은 죄를 위한 애통을 처방하시고는 다음에 위안의 포도주의 마개를 빼신다. 마귀는 완전히 그 정반대이다. 그는 제일 좋은 것을 먼저 보

여주고는 제일 나쁜 것을 마지막까지 둔다. 먼저, 그는 술잔에서 번쩍거리는 술을 보여주는데 그 뒤에는 "뱀같이 무는 것"이 따라온다(잠 23 : 32). 사단은 그의 맛있는 요리를 사람들 앞에 차려놓는다. 그는 죄를 아름답게 꾸미고 기쁨으로 달콤하게 하며, 이득의 은을 입혀서 그들에게 주고는 그 뒤에 슬픈 계산서를 내민다. 그는 유다에게 은 미끼를 먼저 보여주고는 그를 올가미로 후리쳤다. 이것이 왜 죄를 따라가는 사람이 그렇게도 많은가 하는 이유가 되는데 왜냐하면 그것은 최고의 것을 먼저 보여주기 때문이다. 먼저는 황금 면류관이 있고 다음에는 사자의 이빨이 온다(계 9 : 7, 8).

그러나 하나님께서는 가장 나쁜 것을 맨 먼저 보여주신다. 먼저 그분은 쓴 부분을 처방해 놓으시고는 다음에는 달래는 부분, "저희가 위로를 받을 것임이요"를 가져다 주신다.

(3) 복음적 눈물은 사라지는 것이 아니라 위로의 씨가 된다.

회개자가 눈물을 밖으로 부어낼 때 하나님은 기쁨을 안으로 부어 넣어주신다. 크리소스톰은 말하기를 "만일 당신이 즐겁고자 하면 슬퍼하라"고 하였다. "눈물을 흘리며 씨를 뿌리는 자는 기쁨으로 거두리로다"(시 126 : 5). 애통하는 자를 위로하고자 하시는 것이 그리스도께서 기름부음 받으시고 이 땅에 오신 목적이다. 그리스도께서는 기쁨의 기름을 애통하는 자들에게 부으시고, 그들을 위로하신다. 그래서 사도 바울은 그것을 일컬어 "후회할 것이 없는 구원에 이르게 하는 회개"라고 불렀다(고후 7 : 10). 사람은 술 취한 것도 회개해야 하고 깨끗지 못한 것도 회개를 해야한다. 그러나 그 회개들을 후회할 필요가 없음은 그것이 기쁨으로 들어가는 입구 곧 구원에 이르게 하는 회개이기 때문이다. "애통하는 자는 복이 있나니 저희가 위로를 받을 것임이요" 여기에 쓴 줄기로부터 나온 단 열매가 있다. 그리스도께서는 돌 항아리에 물을 채우게 하시고는 물이 포도주가 되게 하셨다(요 2 : 9). 그러므로 돌 항아리 같은 눈을 눈물로 가득 채우면 그리스도께서 그 눈물을 기쁨의 포도주로 바꾸실 것이다. 바질이 말한 것처럼 거룩한 애통은 영원한 기쁨의 꽃을 피우기 위해 자라나는 씨이다.
 왜 애통하는 자가 위로를 받을 것인가?
  첫째, 애통이 이 목적을 위하여 만들어진 것이기 때문이다. 애통은 그 자체를 위하여 처방된 것이 아니고 다른 무엇으로 인도하여 주는데 그것은 위로를 위한 길잡이가 된다. 그러므로 우리가 눈물로 씨를 뿌릴 때 기쁨으로 거두게 된다. 거룩한 애통은 영적인 치료약이다. 그런데 약은 그 자체를 위하여 처방되는 것이 아니고 건강을 위하여 처방된다. 그래서 복음적 애통은 바로 이 목적, 즉 기쁨을 가져오기 위하여 지시된 것이다.
  둘째, 영적인 애통자는 위로를 받기에 가장 적합한 사람이기 때문이다. 마음이 죄로 인하여 상하였을 때가 기쁨을 얻기에 가장 적당한 때이다. 하나님은 위로의 황금기름을 깨어진 그릇에 부으신다. 애통자의 마음은 교만이 비어 있는데 하나님께서는 이 빈 곳을 그분의 축복으로 채우신다. 애통자의 눈물이 부패를 씻어내는데 도움을 주고 나쁜 것을 훑어내는 하제로 쓰인 후 하나님은 설탕물을 주신다. 애통자가 죄의 짐 아래 눌려 까무러치고 나면 알맞은 때에 강심제 병이 도착한다. 주님은 깊은 수치감 때문에 더할 나위없이 창피해 하는 사람을 "너무 많은 근심에 잠길까 두려워하여"(고후 2:7) 용서하시고 위로하시고자 한다.
  이것은 애통자의 특권이다. "그가 위로를 받을 것임이라." 눈물 골짜기는 영혼을 기쁨의 낙원으로 데려다 준다. 죄인의 기쁨은 슬픔을 낳는다. 애통자의 슬픔은 기쁨을 낳는다. "너희 근심이 도리어 기쁨이 되리라"(요 16:20). 성도들은 축축한 씨 뿌리는 철이 있으나 또한 기쁨의 추수철이 있다. "저희가 위로를 받을 것임이요."
  이제 이것을 설명하기 위하여 나는 애통자들이 가지게 될 위로가 어떤 것인가를 보여주겠다. 이 위로들은 하나님께서 불어 넣어주시는 것인데 이중적이어서 이 땅에서도 받고 나중에도 받는 것이다.

2. 이 땅 위에 살 동안 받는 위로의 본질

그것들은 "하나님의 위로"(욥 15 : 11)라고 부르는데, 말하자면 하나님 말고는 아무도 줄 수 없는 "큰 위로"이다. 그것들은 천국이 이 세상보다 우월한 그만큼 다른 모든 위로보다 우월하다. 이 위로가 자라나는 뿌리는 복 주시는 성령님이시다. 그분은 "보혜사"(요 14 : 26) 또는 "위로자"라고 부르며, 위로는 성령의 열매이다. 그리스도는 화평을 피값으로 사셨고 성령께서는 화평을 나타내 보이신다.

성령께서 어떻게 위로하시는가? 간접적인 방법과 직접적인 방법이 있다.

(1) **간접적으로**, 하나님의 약속들을 우리 자신에게 적용하도록 도와주시고, "구원의 샘"에서 물을 길어 내도록 도와주시고 가슴에 죽은 아이처럼 누워 있을 수밖에 없는 우리를 약속의 젓가슴을 빨도록 도와주시고 성령께서 이 약속을 믿도록 가르쳐 주실 때 비로소 위로가 우리 목줄로 흘러 들어온다. 아! 약속의 젖이 얼마나 단가!

(2) 성령께서는 **직접적으로** 위로해 주시기도 한다. 성령께서는 더 직접적인 행동으로써 하나님과 영혼을 화목시키신다. 성령으로 말미암아 하나님의 사랑이 우리 마음에 부은바 되고(롬 5 : 5) 그때부터 무한한 기쁨이 흐르기 시작한다. 성령께서는 은밀하게 죄에 대한 용서를 속삭여 주시고 용서를 찾을 때 마음은 기쁨으로 부풀어 오른다. "안심하라 네 죄사함을 받았느니라"(마 9 : 2).

이 점에 관하여 내가 더 자세히 이야기 한다면 하나님께서 애통자들에게 주시는 이 위로들의 질과 우수성을 보여줄 수 있겠다. 이 위로들은 참된 위로들이다. 하나님의 성령이 참되지 않은 것을 내세우실 수가 없다. 오늘날 많은 사람들이 위로를 주는척 하지만 그들의 위로는 단지 사기극일 뿐인 경우가 허다하다. 육체는 나쁜 공기로도 신선한 공기로 하는 것 만큼이나 부풀 수 있다. 사람들은 거짓된 위로로도 참된 위로를 얻는 것만큼이나 부풀 수 있다. 성도들의 위로는 확실한 것이다. 그들은 성령으로 인치심을 받았다(고후 1:22; 엡 1:13). 인치심은 확인을 위한 것이다. 어떤 증서에 인을 치면 그것은 확실하고 의심의 여지가 없다. 그리스도인들이 그 마음에 성령의 인치심을 받으면 하나님의 사랑 안에 있는 것이 확인이 된다.

3. 참된 위로와 거짓된 위로의 열 가지 차이점

이 의심할 나위없는 확실한 성령의 위로의 거짓되고 가장된 위로와 차이점이 어디에 있는가?

(1) 하나님의 성령의 위로는 깊은 깨달음 뒤에 따른다.
"그가(성령이) 와서 죄에 대하여, 의에 대하여, 심판에 대하여 세상을 책망하시리라(깨닫게 하시리라)"(요 16:8).
왜 죄에 대한 깨달음이 위로에 앞서서 오는가? 깨닫는다는 것은 위로받기에 적합한 행동이다. 성령께서는 깨달음에 의해서 부드럽게 마음이 그리스도를 찾고 그런 다음 그리스도를 영접하도록 처리하신다. 한 번 영혼이 죄와 그에 따르는 지옥을 깨닫는다면 구주를 귀한 분으로 알게된다. 성령께서 깨달음의 화살을 쏘시면 그때는 가련한 영혼이 내가 어디서 그리스도를 만날 수 있는가하고 찾게 된다. 내가 어느 계명을 지켜야 그리스도와 더불어 즐거워 할 수 있는가? "내 마음에 사랑하는 자를 너희가 보았느냐"(아 3:3). 온 세상을 다 뒤져서라도 내 구주를 한 번 뵙기를 원하노라!
다시 말하자면, 깨달음에 의해서 성령이 마음을 움직여 자신의 요구조건을 누르고 그리스도를 영접할 마음이 생기게 한다. 사람은 천성적으로 그리스도를 받아들일 때 자기 자신의 요구조건을 고집하기를 원한다. 그는 반쪽 그리스도만을 취한다. 그는 그리스도를 구주로는 받아들이지만 왕으로서는 아니다. 그는 그리스도를 "정금 머리를 가지신 분"(아 5 : 11)으로는 받아들이지만 "그 어깨에 정사가 메인 분"(사 9 : 6)으로는 받아들이지 않는다. 그러나 하나님께서 영의 굴레를 풀어놓아 주시고 그가 버려진 죄인이요 파멸의 상태에 있는 것을 깨달을 때 그는 어떤 조건으로도 그리스도를 모시기만 하면 만족하게 된다. 바울이 깨닫게 하시는 영에 의해서 땅에 엎드려졌을 때 그는 "주여 당신이 내게 무엇을 하시려나이까"하고 부르짖었다. 하나님께서 무슨 일을 그에게 제시하시더라도 그의 영혼은 다 순종할 것이다. 이제 사람이 그리스도의 조건, 즉 믿고 순종하라는 조건에 따르게 된다면 그는 자비를 얻기에 적합한 사람이 된다. 하나님의 성령은 깨달음의 영이시고 또한 위로의 영도 되신다. 율법의 쟁기가 마음을 갈아엎어 묵은 땅이 기경되면 하나님께서는 위로의 씨를 뿌리신다. 위로를 자랑하면서도 죄를 깨닫지도, 깨어지지도 않는 사람은 그들의 위로가 사단의 환상이 아닌가 의심해야 한다. 그것은 자기가 왕이라고 공상하는 미친 사람의 즐거움과 같은 것인데 이것이야말로 "내가 웃음을 논하여 미친 것이라 하였고"(전 2 : 2)하는 말씀에 맞는 말이다. 흙이 깊지 아니한 땅에 뿌려진 씨는 말라버린다(마 13 : 5). 흙이 깊지 아니한, 즉 깊은 부끄러움과 깨달음이 없는 위로는 금새 말라져서 아무것도 없게 되고 만다.

  하나님의 성령은 위로의 영이시기 이전에 성결케 하시는 영이시다. 하나님의 성령이 위로자라고 불리우듯이 또한 그분은 은총의 성령이라고 불리우기도 한다(슥 12 : 10). 은혜는 성령의 하시는 일이다. 위로는 성령의 도장이다. 성령의 일이 인치심에 앞서 온다. 성령의 은혜는 물(사 44 : 3) 또는 기름(사 61 : 3)으로 비유된다. 먼저 하나님께서 성령의 물을 부으시고는 그 다음에는 기쁨의 기름이 따라온다. 이런 의미에서의 기름이 물 위에 떠서 흐른다. 이것으로 우리가 우리의 위로가 참되고 순전한 것인가 아닌가를 알 수 있게 한다. 어떤 사람들은 성결케 하는 성령을 한 번도 만난 일이 없으면서 위로의 성령에 대해서 이야기한다. 그들은 확신한다고 자랑하지만 은혜는 결코 받은 일이 없다. 이것들은 다 겉치레의 기쁨들이다. 이 위로들은 죽을 때가 되면 그 사람을 떠난다. 그들은 공포와 절망 가운데서 끝을 맞는다. 하나님의 성령은 빈 백지에 절대로 도장을 찍지 않으신다. 먼저 마음이 성령의 손가락으로 쓰신 편지가 된 후에 약속의 성령으로 인을 치신다.

성령의 위로는 겸손하게 한다. 영혼이 말하기를 "주님, 내가 무엇이관대 하늘의 미소를 소유하게 하시며, 당신께서 당신의 사랑의 은밀한 도장을 찍어 주십니까?"라고 한다. 물통은 물이 많이 부어질수록 더 낮게 가라앉는다. 배가 향기로운 향로를 더 가득 실을수록 배는 나즈막하게 가라앉아 항해한다. 그리스도인에게 성령의 향기로운 위로가 더 많이 채워질수록 그는 겸손으로 낮게 항해한다. 나무가 열매를 많이 맺을수록 그 가지가 낮게 드리워진다. 우리가 더 많은 성령의 열매, 기쁨, 화평으로 찰수록(갈 5 : 22) 우리는 겸손으로 머리를 숙이게 된다. "택한 그릇"(행 9 : 15)인 사도 바울에게 성령의 포도주가 넘쳤을 때(고후 1 : 5) 그는 기쁨이 넘쳤지만 그보다 겸손한 마음이 더 넘쳤다. "모든 성도 중에 지극히 작은 자보다 더 작은 나에게 이 은혜를 주신 것은…"(엡 3 : 8). 사도 중에 으뜸이었던 사람이 자신을 성도들 가운데서 가장 작은 자라고 불렀다.

하나님의 위로를 가졌다고 말하면서도 교만하고 다른 사람을 업신여기는 것에 익숙하며 모든 계명 위에 기어 올라가 있는 사람은 그들의 위로가 환상에 불과하다. 마귀는 자신을 빛의 천사로 변형시킬 수 있을 뿐 아니라(고후 11 : 14) 자신을 위로자로도 변형시킬 수가 있다. 구리위에 은을 입혀 그 위에 왕의 형상을 새겨 돈을 위조하는 것은 쉽다. 마귀는 거짓된 위로에다 은을 입혀 마치 그 위에 하늘의 임금의 도장이 찍힌 것처럼 보이게 할 수 있다. 하나님의 위로는 겸손하게 하는 것이다. 비록 그가 감사로 마음을 높이 들어 올리지만 그렇다고 하여 그가 교만으로 의기양양해 하는 것은 아니다.

(2) 하나님께서 그의 애통자에게 주시는 위로는 **혼합되지 않은 것**이다. 그것은 어떤 쓴 성분과도 섞여서 반죽되어 있지 않다. 세상적인

위로는 찌꺼기가 섞인 포도주와 같다. "웃을 때에도 마음에 슬픔이 있고 즐거움의 끝에도 근심이 있느니라"(잠 14 : 13).

　죄인의 가슴을 해부하여 열어보면 그의 심장을 갉아먹는 벌레를 발견할 수 있을 것이다. 죄과는 세상적인 위로의 가슴에서 키우는 늑대이다. 죄인은 미소짓는 얼굴 모습을 가졌으나 또한 꾸짓는 양심을 가졌다. 그의 명랑은 빛으로 쫓기는 사람의 명랑과 같아서 그는 매시간 잡힐 두려움 속에 산다. 악한 사람의 위로는 쓴 것으로 양념되어 있다. 그것은 쓴 쑥으로 담근 술이다. 이런 사람들은 번개가 번쩍할 때마다 떨고 얼굴이 창백해지며, 천둥이 울리면 하늘의 첫번째 우르르 쿵쾅 소리에 공포로 반 죽음이 된다.

　그러나 영적인 위로는 순수하다. 그것은 죄과로 진흙칠 하지도 않았고 두려움이 섞이지도 않았다. 그것은 성령의 순수한 포도주이다. 애통자가 느끼는 것은 기쁨이요 기쁨말고는 아무것도 없다.

　(3) 하나님께서 그 애통자에게 주시는 위로는 **아름답다**. "빛은 실로 아름다운 것이라"(전 11 : 7). 하나님의 얼굴의 광채도 그와 같다. 위로자 보혜사가 그들과 함께 거하시도록 이끌어 주신다는 이 위로가 얼마나 향기로운가!(요 14 : 16) 그러므로 마음에 흐르는 하나님의 사랑은 "포도주보다 낫다"고 말한다(아 1 : 2). 포도주는 입천장을 즐겁게 하지만 하나님의 사랑은 양심을 기쁘게 한다. 그리스도의 입술은 "향기로운…몰약의 즙이 뚝뚝 떨어진다"(아 5 : 13). 하나님이 주시는 위로는 그리스도인들에게 아름다운 음악이다. 그것은 그리스도인들에게 황금 만나 항아리요, 맛있는 음료와 음식이다. 그것은 성도들의 잔치요, 연회석의 음식이다. 이 하나님의 위로는 너무나 달콤하기 때문에 교회는 이것이 없으면 쓰러지고 만다. "너희는 건포도로 내 힘을 돕고 사과로 나를 시원케 하라 내가 사랑하므로 병이 났음이니라"(아 2 : 5). 환유법으로는 사물을 그 의미를 가진 다른 것으로 대치한다. 여기 건포도나 사과는 성령의 위로를 의미한다. 히브리말로 건포도는 온갖 종류의 기쁨을 나타내는데 그것은 성령의 위로의 풍부한

유쾌함과 감미로움을 보여준다. "사과로 나를 시원케 하라." 낙원에서 맺히는 위로의 사과 맛은 이 땅의 사과 맛과는 비교할 수 없을 만큼 달고 향기롭다. 위에서부터 오는 이 위로는 그렇게도 달기 때문에 이것은 모든 다른 위로들, 건강, 재산, 친구관계도 달게 만들어준다. 이것은 모든 우리의 땅 위의 소유와 향락을 쓴 맛으로 만들어 멀어지게 만드는 맛있는 소스와 같다. 이 성령의 위로가 그렇게 달기 때문에 그것은 세상 일에서 가질 수 있는 우리의 기쁨을 많이 감하고 완화시킨다. 성령의 포도주를 마셔온 사람은 그다지 물을 찾아 목말라 하지 않고, 한 번 "여호와의 선하심을 맛보아 알고"(시 34 : 8) 성령의 강장제를 마신 사람은 세속적인 기쁨을 찾아서 무절제하게 목말라 하지는 않는다. 개나 새들과만 노는 사람은 그것이 그들에게 어린 아이가 없다는 표가 되듯이 피조물에 지나치게 욕망과 사랑을 가진 사람은 그들이 더 나은 위로를 한 번도 경험하지 못했다는 분명한 표시가 된다.

(4) 하나님께서 그의 애통자에게 주시는 이 위로는 **거룩한 위로**이다. 그것은 "성령의 위로"라고 부른다(행 9 : 31). 모든 것은 그 자신의 성질을 그대로 드러내기 마련이다. 태양이 어두움을 만들어내지 못하듯이 성령께서 불순한 기쁨을 만들어 내실 수 없다. 성령의 위로를 가진 사람은 자신을 하나님을 더 섬기도록 되어있는 사람으로 여긴다. 주님께서 나를 웃는 얼굴로 바라보시는가? 기도는 아무리해도 충분히 했다고 할 수 없다. 하나님을 아무리 사랑한다고 해도 충분히 사랑한다고 할 수 없다. 성령께서 주시는 위로는 마음에 죄에 대한 거룩한 반감을 일으킨다. 비둘기는 독수리에게 있는 작은 깃털이라도 미워한다. 그와 같이 악을 향한 어떤 행동이나 유혹도 미워하게 된다. 생명의 원리를 그 안에 가지고 있는 사람은 생명을 파괴하는 어떠한 것도 반대를 한다. 그는 독소를 미워한다. 그래서 자신 안에 사시는 성령님의 위로를 가진 사람은 그 위로를 죽이는 죄들에 대항한다. 하나님의 위로는 영혼이 하나님을 더 잘 알게 해준다. "우리의 사귐은 아버지와 그 아들 예수 그리스도와 함께 함이라"(요일 1 : 3).

(5) 애통자를 위하여 예비된 위로는 **채워주시는 위로**이다. "소망의 하나님이 모든 기쁨과 평강을 믿음 안에서 너희에게 충만케 하사…"(롬 15 : 13). "구하라 그리하면 받으리니 너희 기쁨이 충만하리라"(요 16 : 24). 하나님께서 천국의 기쁨을 부어주실 때는 그것이 마음을 가득 채우고 넘쳐 흐르게 하신다. "내가 우리의 모든 환난 가운데서도 위로가 가득하고 기쁨이 넘치는도다"(고후 7 : 4). 이 헬라어의 뜻은 마치 잔에 포도주를 넘칠 때까지 채워 붓듯이 내게 기쁨이 넘친다는 것이다. 삼각형으로는 원을 채울 수가 없듯이 외적인 위로는 마음을 채우지 못한다. 영적인 기쁨만이 만족케 한다. "골수와 기름진 것을 먹음과 같이 내 영혼이 만족할 것이라 내 입이 기쁜 입술로 주를 찬송하되"(시 63 : 5). 다윗의 마음은 가득찼고 그 기쁨이 입술을 터뜨리고 나온 것이다. "주께서 내 마음에 두신 기쁨은 저희의 곡식과 새 포도주의 풍성할 때보다 더하니이다"(시 4 : 7). 세상적인 즐거움은 얼굴에 기쁨을 둔다. "마음으로 하지 않고 외모로 자랑하는 자들을 대하게 하려 하는 것이라"(고후 5 : 12). 그러나 하나님의 성령께서는 마음에 기쁨을 두신다. 하나님이 주시는 기쁨은 마음의 기쁨이다(슥 10 : 7). "너희 마음이 기쁠 것이요"(요 16 : 22). 믿는 자는 하나님을 기뻐한다.

"내 마음이 하나님 내 구주를 기뻐하였음은…"(눅 1 : 47). 그리고 하늘에서 뽑아낸 이 위로가 얼마나 충만한가를 보여주기 위해서 시편 기자는 "저희의 곡식과 새 포도주의 풍성할 때보다 더 큰 기쁨을 만들어 낸다"고 말하였다(시 4 : 7). 포도주와 기름은 기쁨을 줄 수 있지만 만족케는 못한다. 그것들은 빌 때가 있고 빈곤하게 될 때가 있다. 우리가 스가랴 10 : 2의 말씀처럼 "그 위로함이 헛되므로"라고 말할 수도 있다. 외적인 위로는 기쁘게 해주기보다는 금방 물리게 하며, 충만함보다는 금새 싫증이 나게 한다. 아하수에로 왕은 새로운 기쁨을 찾으려고 큰 잔치를 베풀었으나, 오로지 성령의 위로만이 만족을 줄 수 있을 따름이다. 성령의 위로는 마음을 새롭게 채워준다. "주의 위안이 내 영혼을 즐겁게 하시나이다"(시 94 : 19). 하늘의 위로와 세상의 위로는 그 차이가 베풀어 놓은 잔치와 벽에다 그려놓은 잔치의 차이 만큼이나 크다.

(6) 금생에 있어서 하나님께서 그 애통자에게 주시는 위로는 **영광스러운 위로**이다. "말할 수 없는 영광스러운 즐거움으로 기뻐하니"(벧전 1:8). 그것은 우리가 영화롭게 되었을 때 받을 즐거움을 미리 맛보고 시식하는 것이기 때문에 영광스럽다. 이 위로들은 영광의 착수금 또는 계약금인 셈이다. 그것은 우리 때가 되기 전에 우리를 천국으로 데려다 놓는다. "약속의 성령으로 인치심을 받았으니 이는 우리의 기업의 보증이 되사"(엡 1:13, 14). 계약금은 나중에 받을 총액의 부분이다. 그러므로 성령의 위로는 계약금이요, 에스골의 포도송이이며(민 13:23), 천국은 가나안의 첫 열매이다. 성령의 기쁨은 영광스러운 것이며, 이에 비해 볼 때 다른 기쁨들은 수치스럽고 천한 것이다. 육적인 사람의 즐거움은 덧없고 한번 번쩍하고 마는 것이기 때문에 지저분한 것이다. 그는 찌꺼기밖에는 빨아먹을 것이 없다. "허무한 것을 기뻐하며…"(암 6:13). 육적인 사고는 "이 집은 내꺼야, 이 재산은 내꺼야"라고 말할 수 있기 때문에 즐거워하지만, 은혜있는 사고는 "이 하나님이 내 아버지시야"라고 말할 수 있기 때문에 즐거워한다. "이 하나님은 영영히 우리 하나님이시니 우리를 죽을 때까지 인도하시리로다"(시 48:14). 그리스도인들의 기쁨은 토대 자체가 영광스럽다. 그는 그가 약속의 상속자이기 때문에 즐거워한다. 경건한 사람들의 기쁨은 천사들의 기쁨과 같은 것으로 이루어져 있다. 그는 하나님의 얼굴 빛으로 승리한다. 그의 기쁨은 그리스도 자신의 기쁨이다. 그는 여기서 시작하여 하늘에서 완성되는 신비스러운 연합으로 기뻐한다. 그래서 성도들의 기쁨은 영광이 충만한 기쁨이다.

(7) 하나님께서 그의 애통자들에게 주시는 위로는 **한없이 황홀한 것**이다. 그것이 그렇게도 기쁘고도 놀라운 것이기 때문에 어떤 지식있는 사람이 말한 것처럼 너무나 커서 도저히 표현할 수 없는 환희를 가

져온다. 무엇보다도 이 기쁨은 판독하기가 어려운 것이다. 그것은 "말할 수 없는 영광스러운 즐거움"이라 부른다(벧전 1:8). 여러분은 그것이 얼마나 단가를 이야기하는 것보다 꿀을 맛보는 것이 더 빠를 것이다. 아무리 감상적인 말로도 성령의 위로를 설명할 수 없는 것은 아무리 신기한 연필로도 사람의 생명과 호흡을 그릴 수 없는 것과 마찬가지이다. 천사들은 그들이 느끼는 기쁨을 표현할 수가 없다. 어떤 사람들은 기쁨의 달콤한 황홀경에 억제할 수 없이 압도되어서 모세와 같이 하나님의 입으로부터 입맞춤을 받으면서 죽어갔다. 가끔 우리가 안에 있는 액체의 힘에 못이겨 유리그릇이 깨어지는 것을 볼 수 있는 것과 마찬가지이다.

(8) 이 성령의 위로는 **강력하다.** 그것은 히브리서 기자가 그것을 찬미한 것처럼(히 6:18) 강한 강장제이요, 강한 위안이다. 하나님의 위로는 의무감을 강하게 보여준다. "여호와를 기뻐하는 것이 너희의 힘이니라"(느 8:10). 기쁨은 부지런함을 돋우어주고 예리하게 해준다. 하나님의 성령의 위로로 강철같이 되고 활기있게 된 사람은 신앙생활의 시련들을 정력적으로, 민활하게 헤쳐 나간다. 그는 확고하게 믿고, 열렬히 사랑하며, 임무를 행하되 돛에 바람을 가득 채우고 끌고 나간다. 여호와를 기뻐하는 것이 그의 힘이 된 것이다. 하나님의 위로는 괴로울 때에도 뒤를 받쳐준다. "많은 환난 가운데서 성령의 기쁨으로 도를 받아…"(살전 1:6) 성령의 포도주는 "마라의 쓴 물"을 달게할 수 있다. 이 하늘의 위로를 차지한 사람들은 가시에서 포도를 모을 수 있고, 사자의 시체에서 꿀을 가져올 수도 있다. 이것은 참으로 강한 위안이어서 불같은 시험에도 견딜 수 있고, 불꽃을 장미 꽃밭으로 바꿀 수 있다. 그리스도인들을 환난 중에도 영광스럽게 만드는 이 위로는 얼마나 강력한가! (롬 5:3) 믿는 자는 지나치게 슬퍼할 수 없고 다만 즐거워 할 수 있을 따름이다. 낙원의 새는 겨울에도 노래할 수 있다. "근심하는 자 같으나 항상 기뻐하고"(고후 6:10). 병이 와도 용서의 느낌이 고통의 느낌을 없애준다. "그 거민은 내가 병들었

노라 하지 아니할 것이라"(사 33 : 24). 죽음이 와도 그리스도인들은 그 위에 있다. "오, 사망아 너의 쏘는 것이 어디 있느냐"(고전 15 : 55). 지팡이 끝으로 그리스도인들은 꿀을 맛본다. 이런 것이 강한 위로이다.

(9) 하나님의 애통자의 위로는 **마음을 달래주는 위로**이다. 그것은 영혼에 달콤한 순종과 안식을 가져다 준다. 그리스도인들의 마음은 나침반의 바늘과 같이 흔들거리고 불안정한 것이어서 위로자가 오실 때까지 흔들리고 떤다. 어떤 생물은 태양빛을 받지 않으면 죽어버리는 것도 있다. "주의 얼굴을 내게서 숨기지 마소서 내가 무덤에 내려가는 자 같을까 두려워 하나이다"(시 143 : 7). 엄마 젖가슴이라야 아기를 조용하게 할 수 있다. 위로의 가슴만이 믿는 자를 조용하게 할 수 있다.

(10) 성령의 위로는 **함께 머무는 위로**이다. 그것이 우리 속에 풍성하므로 그것은 우리와 함께 머문다. "그가 또 다른 보혜사를 너희에게 주사 영원토록 너희와 함께 있게 하시리니"(요 14 : 16). 세상 위로는 항상 날개를 가지고 있어서 날아갈 준비가 되어 있다. 그것은 산사태가 나듯이 혹은 번개가 번쩍이는 것같이 지나가고 만다. 그것은 때때로 스쳐지나기도 하고 여러분의 가장 깊은 가슴에서 미끄러져 도망가기도 한다. 여기에서의 모든 것은 일시적인 것이지만 하나님께서 그의 애통자에게 먹여주시는 위로는 불멸하는 것이다. "우리 주 예수 그리스도와 우리를 사랑하시고 영원한 위로와 좋은 소망을 은혜로 주신 하나님 우리 아버지께서 너희 마음을 위로하시고 모든 선한 일과 말에 굳게 하시기를 원하노라"(살후 2 : 16, 17). 비록 그리스도인들이 항상 완전한 위로의 햇살을 가지지는 못한다 하더라도 그의 영혼에 새벽 동트는 햇살은 가지고 있다. 그는 항상 소망의 토대와 기쁨의 뿌리를 가지고 있다. 그의 안에는 그의 마음을 받쳐주며 어떤 상황 아래서도 떠나지 않는 위로가 있다.

그렇다면 애통자의 특권을 보라. "저희가 위로를 받을 것임이요."
이스라엘의 위대한 애통자 다윗은 이스라엘의 훌륭한 찬미자였다. 우
는 비둘기는 위로의 황금날개로 덮어주실 것이다. 아, 이 위로가 얼
마나 진기하고 극상의 것인가!

4. 애통자가 충분한 위로를 받지 못하는 다섯 가지 이유

그런데 하나님의 애통자들은 이러한 위로가 부족한 경우는 없는가
하는 질문을 할 수 있을 것이다. 영적인 애통자는 이러한 위로를 받을
자격이 있지만은 때로는 이것을 모자라게 받는 수도 있다. 하나님은
임의로 행하시는 분이다. 그분은 우리를 위로하실 시기를 조정하실
수 있다. 그분은 그분이 하시고자 하는 일에 대하여 스스로 자유로우
신 분이다. 이스라엘의 거룩하신 분은 제한을 받지 않으신다. 그분은
그분 뜻대로 위로를 주시든지 연기하시든지 하실 수 있는 대권을 가
지고 계시며, 우리가 얼마 동안 위로를 받지 못하였다고 해서 그분의
하시는 일에 대해서 다툴 수는 없다. 이것은 마치 항해하는 사람이 서
풍이 불기를 원하는데 동풍이 분다고 말다툼 할 수 없는 것과 같고,
농부가 하나님께서 가물 때 하늘 물병을 꼭 닫아 두셨다고 불평할 수
없는 것과 같다. 하나님께서 달콤한 위로의 영향력을 중단하신다고
해서 아무도 하나님과 다투거나 싸울 수 없으며 다만 그분의 신성한
뜻에 오히려 묵묵히 따라야 한다. 그러나 주님께서 그분의 주권적인
힘으로 애통자에게 위로를 주실 것을 보류하시기는 해도, 애통자에게
위로가 부족한 데에는 하나님에 의해서 또는 자신 때문에 생기는 많
은 의미있는 원인이 있을 수 있다.

(1) 하나님에 의해서. 그분은 은혜의 가치를 올리기 위하여는 위로를
보류하는 것이 좋을 수도 있다고 보신다. 우리는 위로가 은혜 위에 있
는 것으로 평가하기 쉽다. 그러므로 하나님은 우리의 위로를 얼마 동
안 잠그어 두시므로 은혜의 값을 올리실 때가 있다. 돈이 너무 흔해서

가치가 떨어질 때에는 왕은 돈을 거둬들여 그 가치를 올릴 수가 있다. 하나님은 사람들이 단지 위로를 받기 위하여 그분을 섬기는 것보다는 그분 자신을 위하여 봉사하기를 원하신다. 남편 그 자신보다 남편의 돈 때문에 사랑한다면 창녀의 사랑이다. 위로만을 위해서 하나님을 섬긴다면 그것은 자기 자신을 섬기는 것이지 하나님을 섬기는 것이 아니다.

(2) 하나님의 애통자에게 위로가 부족한 것은 거의 대부분 **자기 자신 때문에** 생긴다.

① 실수 때문에 생기는데 이것이 이중적이다. 그들은 위로를 받을 바른 샘으로 찾아가지 않는다. 그들은 그리스도의 피를 따라 가야할 때에 그들의 눈물을 따라간다. 우리의 눈물을 우리의 위로의 바탕으로 삼으려고 하는 것은 일종의 우상숭배이다. 애통은 무슨 공로가 될 수 없다. 그것은 기쁨으로 가는 길이지 기쁨의 원인이 아니다. 야곱은 그의 형의 옷 덕택에 축복을 받았다. 참된 위로는 그리스도의 옆구리에서 흘러나온다. 우리의 눈물은 그리스도의 피로 씻기 전에는 오염된 상태이다. "너희로 내 안에서 평안을 누리게 하려 함이라"(요 16 : 33). 두번째 실수는 이것이다. 애통자는 특혜를 받은 사람들이므로 좀더 자유를 누릴지 모른다. 그래서 그들은 사명의 끈을 늦추는 수도 있고 죄를 억제하는 굴레를 느슨하게 할 경우도 있을 것이다. 그리스도께서 참으로 그 백성을 위하여 자유를 사셨으나 그것은 거룩한 자유이며, 죄를 짓도록 허용하는 자유가 아니라 죄로부터 해방되는 자유이다. "오직 너희는 택하신 족속이요 왕같은 제사장들이요…"(벧전 2 : 9). 여러분은 노예상태에 있는 것이 아니라 왕들이다. 그러면 어떻게 하여야 하는가? 그리스도인들의 자유를 죄를 짓는 구실로 만들지 말라. "자유하나 그 자유로 악을 가리우는데 쓰지 말고 오직 하나님의 종과 같이 하라"(벧전 2 : 16). 우리가 성결의 영을 꺼버리면 하나님께서는 위로의 영을 꺼버리실 것이다. 죄는 "구름"(사 44 : 22)에 비유된다. 이 구름이 하나님의 얼굴 빛을 가려버린다.

② 하나님의 애통자들은 때로는 **불만과 토라진 마음** 때문에 위로가 부족하게 된다. 다윗은 그의 마음의 불안이 그의 슬픔의 원인이라고 하였다. "내 영혼아 네가 어찌하여 낙망하며 어찌하여 내 속에서 불안하여 하는고"(시 43 : 5). 불안한 마음은 거친 바다와 같아서 쉽게 가라앉지 않는다. 걱정이 있는 영은 위로를 받게 하기가 어렵다. 이 불안은 여러가지 원인에 의해서 일어나는데 때로는 외적인 슬픔과 우울 때문에 생기기도 하고 때로는 시기 따위 때문에 일어나기도 한다. 하나님의 사람들, 다른 사람들은 위로를 받는데 자기에게는 그것이 부족한 것을 볼 때 속을 태우게 되고, 골이 나서 위로받기를 거절하며, 떼를 쓰는 아기처럼 젖가슴을 밀쳐버린다. "내 영혼이 위로받기를 거절하였도다"(시 77 : 2). 참으로 마음이 흐트러진 사람에게 무엇을 충고하는 것이 적당치 않듯이 불안한 영에게 위로를 주는 것은 적합지 않다. 그리고 교만말고 어디에서 애통자의 불만이 생기는가? 교만은 마치 하나님께서 위로를 주시다가 중단하심으로 그를 잘못 대우하시는 것처럼 생각하게 한다. 아, 그리스도인들이여, 하나님께서 기쁨의 황금기름을 옮겨 버리시기 전에 여러분의 영이 더 겸손하고 깨어져야 한다.

③ 애통자들이 **주의 약속에 마음을 덜 쏟기 때문에** 위로가 없다. 그는 겸손한 모습으로 죄는 바라보지만 그를 위로하시는 말씀은 바라보지 않는다. 애통자의 눈에 눈물이 너무 많이 고여서 약속을 볼 수가 없다. 약은 바르고 먹어야 효력이 생기고 낫게 된다. 약속을 믿음으로 우리에게 적용할 때 그것이 위로를 가져다 준다(호 2 : 19 ; 사 49 : 15, 16). 믿음은 약속의 가슴에서 젖이 나게 한다. 사단은 우리가 위로를 받지 못하도록 방해를 하는데, 그의 책략은 우리가 약속을 알지 못하도록 하려는 것도 있지만 우리가 그것을 우리에게 적용하지 못하도록 약속을 우리에게서 멀리 놓으려는 것도 있다. 성경상에서 애통자에게 속하지 않은 약속은 결코 없고, 그것에 매달리려고 할 때 믿음으로 해결하지 못할 것이 없다.

④ 애통자는 하늘의 위로를 잃은 것을 지나치게 세상적인 위로로 채

우려고 하는 등, 너무 세속적인 것에 마음을 쓰기 때문에 위로가 부족하게 되기도 한다. "그의 탐심의 죄악을 인하여 내가 노하여 그를 쳤으며 또 내 얼굴을 가리우고 노하였으나"(사 57 : 17). 흙은 불을 끈다. 세상적인 것은 영혼 가운데 피어오르는 거룩한 기쁨의 불꽃을 끈다. 일식은 흙덩어리인 달이 태양과 지구 사이에 들어올 때 생긴다. 달은 이 세상의 상징이다(계 12 : 1). 이 세상이 하나님과 우리 사이에 끼어 들어올 때 하나님의 얼굴 빛에 일식이 생긴다. 광산에서 굴을 파 들어가는 사람들은 말하기를 땅에서 습기가 올라오는데 그것이 등불을 끈다고 한다. 땅에서의 위로는 이와 같은 습기를 내어 영적인 기쁨의 불을 끈다.

⑤ 애통자가 위로를 얻었다가 그것을 잃을 수도 있을 것이다. 아담의 갈빗대는 그가 깊이 잠들었을 때 뽑혀졌다(창 2 : 21). 우리의 위로는 **우리가 안전하다고 깊이 잠에 떨어졌을 때 빼앗긴다.** 신부가 게으름의 침대에 누웠을 때 그의 사랑하는 자를 잃었다(아 5 : 2, 6).

이러한 이유들로 인하여 하나님의 애통자들이 위로가 부족하게 되기는 하지만, 영적인 애통자들이 너무 낙담하지 말 것은 "위로의 잔"(렘 16 : 7)을 잡게 되기도 하며 위로가 부족한 애통자에게 다음의 몇 말씀 위로의 말을 전할 수도 있기 때문이다. 예수 그리스도는 아무 위로도 못 받으셨다. 그러므로 우리가 위로를 못 받는 것은 놀랄 일이 못된다. 우리의 위로는 그분의 경우보다는 낫다. 하나님의 사랑하시는 아들이신 분이 하나님의 사랑의 느낌조차 받지 못하셨다. 애통자는 위로의 씨를 가지고 있다. "의인을 위하여 빛을 뿌리고"(시 97 : 11). 빛은 위로에 대한 은유인데 그것이 뿌려졌다. 하나님의 자녀는 비록 항상 꽃이 핀 위로를 가지지는 못해도 씨의 형태로 된 위로를 가지고 있다. 비록 그가 하나님으로부터 온 위로를 느끼지는 못한다 하더라도 분명 그는 하나님 안에서 위로를 받고 있다. 그리스도인들은 은혜에 있어서는 높고 위로에 있어서는 낮다. 높은 산에는 꽃이 적다. 금광 위에는 곡식이 거의 자라지 않는다. 그리스도인들의 마음은 비록 위로의 불모지일지라도 은혜가 풍성한 금광이다. 애통자는 위로의 상속자인데, 비록 짧은 순간 동안 하나님께서 그 백성을 버리신다 할지라도(사 54 : 7) 애통자의 모든 눈물이 씻겨지고 철철 넘치는 위로를 받을 때가 머지않아 오게 된다. 이 기쁨은 천국을 위하여 유보해 두었는데 이제 두번째 설명으로 들어가자.

5. 오는 세상에서의 위로의 성격

"저희가 위로를 받을 것임이요." 비록 이 세상에서는 하나님과 애통자 사이에 다소간의 면식과 사랑의 표가 스쳐갈 뿐이지만 장차 큰 위로가 상속으로 남아 있다. "주의 앞에는 기쁨이 충만하고…"(시 16 : 11). 샛별이 나타날 준비가 되어있고, 성도들이 생명강에서 목욕하고 그들이 하나님의 이마에서 주름살을 결코 보지 않게 되며, 그분의 얼굴이 환하게 비치고 그분의 입술에서 꿀이 떨어지며 그분의 팔이 부드럽게 그들을 감싸 안을 때가 다가오고 있다. 성도들은 기쁨의 봄철을 맞을 터인데 그것은 결코 썰물 같은 것이 아니다. 그날에 성도들은 애통을 벗고 상복을 흰 왕복으로 바꾼다. 그때는 겨울은 지나고 눈물의 비도 그칠 것이다(아 2 : 11, 12). 기쁨의 꽃이 나타나고 비둘기가 울고 난 뒤에는 새들의 노래소리가 들릴 때가 올 것이다. 이것이 "큰 위안"이며 복받은 자들의 안식년은 결코 끝이 없을 것이다. 이 세상에서는 하나님의 사람들이 기쁨을 맛만 보는 정도이지만 하늘에서는 그릇 그릇마다 기쁨이 가득찰 것이다. 하늘의 낙원의 한 가운데는 강이 있는데 그 원천이 주께 있다(시 36 : 8, 9).

우리가 지내고 있는 세월이 지금은 슬프고 암울하지만 하나님께서 하늘에 그의 애통자들을 위하여 마련하신 이 위로들을 조금만 이야기하여도 하나님의 백성들의 마음을 새롭게 불러일으키기에 부족함이 없을 것이다. "저희가 위로를 받을 것임이요."

이 천성의 위로가 큰 것에 대해서는 성경상에서 잔치의 기쁨으로 가장 적절히 표현하였다. 애통은 잔치로 바뀔 터인데 그것은 혼인잔치로서 가장 장엄하게 거행될 것이다. "어린양의 혼인 잔치에 청함을 입은 자들이 복이 있도다"(계 19 : 9). 종교개혁 시대의 스위스 신학자 불링거와 교황 그레고리는 이 어린양의 만찬은 성도들이 그리스도와 함께 천국에서 저녁을 먹는 것을 의미하는 것으로 이해하였다. 사람들은 힘써 노동한 후에 저녁을 먹으러 간다. 그러므로 성도들이 "저희의 수고를 그치고 쉴"(계 14 : 13) 때에는 그들은 그리스도와 함께 영광 중에서 저녁을 먹을 것이다. 이제 마지막 날의 큰 만찬에 대해서 몇 가지를 이야기 하겠다.

(1) 그것은 이 **잔치를 베푸시는 분이 하나님**이시기 때문에 큰 만찬이다. 그것은 왕의 만찬이기 때문에 호화롭고 웅장하다. "대저 여호와는 크신 하나님이시요 모든 신 위에 크신 왕이시로다"(시 95 : 3). 왕의 궁전말고야 어디에 그러한 장엄함과 웅대함이 있을 수 있겠는가?

(2) 그것은 **진수성찬인 점**에서 **큰** 만찬이다. 이것은 모든 과장을 뛰어넘는다. 낙원의 생명나무는 얼마나 복된 열매들을 맺는가!(계 2 : 7) 그리스도는 그의 신부를 연회장소로 인도하시고 그녀로 하여금 그 희한한 음식을 먹게 하시고, 천사와 같은 힘이 무한히 새롭게 솟아나게 하는 하늘의 음료와 불사의 음식, 향기로운 포도주를 마시게 하신다.

① 이 하늘의 만찬에서 제공되는 요리는 요리마다 우리 입맛에 맞는 것일 것이다. 여기는 우리가 좋아하지 않을 요리는 없다. 그리스도께서는 그의 신부가 좋아하는 것을 확실히 아시기 때문에 꼭 그러한 풍미있는 음식을 만드실 것이다.

② 여기서는 모자람이 없을 것이다. 잔치에는 부족함이 없다. 그리스도 안에 있는 여러가지 충만이 부족을 막아주는데, 그것은 신선한 식사 코스가 계속해서 제공되기 때문에 싫증이 안나는 충만함이 될 것이다.

③ 이 만찬을 먹는 사람은 결코 다시 주리지 않게 된다. 배고픔은

자극이 강한 양념이다. 어린양의 만찬은 배고픔을 채워줄 뿐만 아니라 그것을 막아 준다. "저희가 다시 주리지도 아니하며…"(계 7 : 16).

(3) 그것은 **초대된 무리로 보아** 큰 만찬일 것이다. 많은 사람이 잔치에 모이게 되고 그 자체가 식욕을 돋구고 자극하는 양념이 된다. 성도들, 천사들, 천사장들이 이 만찬에 참석한다. 아니, 그리스도 자신이 이 잔치를 베푸신 분이자 동시에 손님이시다. 성경은 그것을 가리켜 "셀 수 없는 큰 무리"(계 7 : 9)라고 불렀고 이 모임을 더 부드럽게 만들어 주는 것은 이 잔치에는 완전한 사랑이 있을 것이라는 것이다. 표어는 "한 마음과 한 길"일 것이다. 모든 손님들은 황금의 사랑의 사슬로 서로를 연결할 것이다.

(4) 그것은 **거룩한 환희**가 있으므로 큰 만찬이다. "잔치는 희락을 위하여 베푸는 것이요"(전 10 : 19). 이 만찬에는 기쁨이 있고 또 기쁨 밖에 없다(시 16 : 11). 잔치할 때 우는 사람은 없다. 아, 거기에 넘치는 성공의 기쁨과 환호가 얼마나 클 것인가! 이 어린양의 만찬에는 기쁨과 환희를 창출해 내는 두 가지 것이 있다.

① 성도들이 더 나쁜 만찬에 자신들이 사로잡혀 있지 않다는 것을 확신할 때인데, 마귀가 만찬을 베푼다면(그렇게 말할 수 있을지 모르지만) 그것은 캄캄한 연회이다. 거기서는 두 가지 요리가 제공되는데 슬피우는 것과 이를 가는 것이다. 그들이 먹는 한입 한입마다 그들의 심장을 아프게 한다. 이땅에서 이러한 만찬을 먹어야 하는 사람들을 누가 부러워 하겠는가?

② 어린양의 만찬에서는 잔치의 주인이 그의 모든 손님들을 환영하기 때문에 이것이 기쁨의 이유가 된다. 성도들은 하나님의 얼굴의 미소를 접하게 되고 그분의 입술의 입맞춤을 받는다. 그분은 그들을 포도주 저장고로 인도하시고 사랑의 깃발을 그들을 위하여 게양하신다. 성도들은 성결된 만큼 가득한 위로를 받는다. 환희가 없다면 잔치가 무엇이란 말인가? 세상적인 희락은 육적이며 공허하다. 그러나 천국

의 것은 무한한 기쁨과 황홀을 줄 것이다.

(5) 그것은 **좋은 음악 때문**에 큰 만찬이 될 것이다. 이것은 혼인 만찬이 될 것이며 "내 신부여, 내 정결한 자여, 내 사랑을 마음껏 취하라"라고 하는 신랑의 음성보다 더 좋은 음악이 어디 있겠는가. 거기에는 천사들의 찬양이 있고 성도들의 승리의 노래가 있을 것이다. 하늘의 나팔부는 천사들은 여호와의 탁월하심을 소리 높일 것이고 고상한 성가대원들인 성도들은 버드나무에서 그들의 수금(시 137 : 2)을 내려서 하나님을 찬미하는 천사들과 어울려 연주를 할 것이다. "또 내가 보니…짐승과 그의 우상과 그의 이름의 수를 이기고 벗어난 자들이…하나님의 거문고를 가지고 하나님의 종 모세의 노래 어린양의 노래를 불러 가로되 주 하나님 곧 전능하신 이시여 하시는 일이 크고 기이하시도다 만국의 왕이시여 주의 길이 의롭고 참되시도다"(계 15 : 2, 3). 아, 이 잔치에서의 아름다운 화음이여! 그것은 불협화음이 전혀 없는 음악이다.

(6) 이 만찬은 그 **베풀어진 장소로 보아** 큰 잔치인데 그 장소는 하나님의 낙원(계 2 : 7)이다. 그것은 위엄있는 궁전이다. 위엄있다는 것은 그 위치 때문인데, 그 곳은 대단히 높다(계 21 : 10). 또한 그 궁전이 위엄있다 함은 그 전망 때문인데, 모든 반짝거리는 아름다움이 거기에 집중되어 있으며 그 전망을 바라볼 수 있는 특권은 그 곳에서만이 누릴 수 있는 기쁨인 것이다. 사람이 자기 소유의 땅을 가장 끝까지 바라볼 수 있다는 것은 최고의 전망일 것이다. 그리고 위엄있다 함은 그 크기 때문인데 이 왕의 잔치는 가장 넓은 방에서 베풀어지고 전 궁창보다 더 큰 방이며(우리가 천문학자들의 말을 믿는다면) 거기의 별 한 개가 전 지구보다 더 크다. 비록 사람이 능히 셀 수 없는 무리가 "각 나라와 족속과 백성과 방언에서"(계 7 : 9) 모일지라도 식탁은 충분할 만큼 길고 방의 공간은 모든 손님을 위해서 넉넉하다. 최고천은 찬란한 빛으로 밝혀지고 풍성한 장식으로 치장되고 영광으로 수놓

앉으며 모든 보이는 천체 위에 자리 잡고 있는데 그곳이 혼인의 만찬 장소이다. 이 이상 어떻게 이것을 표현할 수 있겠는가? 내가 궁창을 뼘으로 잴 수 없고 지구를 천칭저울로 달아볼 수 없는 것과 같은 이치이다.

(7) 그것은 계속되는 것이기 때문에 큰 만찬이다. 그것은 끝이 없다. 식도락가는 짧은 잔치를 먹고는 오래 기다리는데 하늘의 연회에 앉은 사람들은 식탁에서 일어나지 않을 것이다. 식탁보는 결코 벗겨지는 법이 없으며 그들 앞에는 훌륭하고 정교한 잔치상이 항상 베풀어져 있을 것이다. 우리는 아하수에로 왕이 그의 방백들을 위하여 180일 동안 잔치를 베푼 것을 읽는다(에 1:4). 그러나 성도들을 위하여 예비된 이 잔치는 영원하다. "주의 우편에는 영원한 즐거움이 있나이다"(시 16:11).

6. 위로를 위한 권면

여러분의 위로에 대하여, 이것이 얼마나 하나님의 백성의 마음이 약하여지는 것을 막아주는가를 생각하라! "저희가 위로를 받을 것임이요." 그들은 그리스도와 함께 보좌에 앉을 것이며(계 3:21) 그분과 함께 식탁에 앉을 것이다. 그런 상급을 받을 것을 확실히 알 때 누가 죄를 위하여 애통해하지 않겠는가! "저희가 위로를 받을 것임이요." 혼례 만찬은 눈물 골짜기를 바꾸어 놓을 것이다.

아, 하나님의 성도여, 지금은 눈물을 뿌리고 죄를 위하여 심하게 울지만 이 마지막 큰 잔치에서는 여러분의 물이 포도주로 바뀔 것이다. 지금은 여러분의 썩은 것을 극복하고 기도와 금식으로 여러분의 몸을 쳐서 복종시키지만 조만간에 그리스도와 천사들과 더불어 만찬을 먹을 것이다. 금지된 나무에 손대기를 거절한 사람은 하나님의 낙원의 생명나무 열매를 먹게 될 것이다. 먹을 떡 한 조각도 얻기 힘든 가난한 성도여, 여러분의 위로를 기억하라. 아버지의 집에는 풍성한 떡이 있고 그분은 모든 천국의 맛있는 것을 갖춘 잔치를 여러분을 위하여 준비하고 계신다. 아, 이 혼인 잔치를 생각하고 기쁘게 살라! 여러분의 장례식에 뒤이어 여러분의 축제가 시작된다. 만찬 시간을 기대하라. 우리와 우리의 달콤한 즐거움 사이를 갈라놓은 기간이 오랫동안 지체되었다. 그리스도께서 이 만찬을 위하여 십자가 위에서 다 지불하셨으므로 계산서를 또 받게 될까 두려워 할 필요는 없다. "그러므로 이 여러 말로 서로 위로하라."

12
그리스도인들의 온유함

"온유한 자는 복이 있나니 저희가 땅을 기업으로 받을 것임이요"(마 5:5).

우리는 이제 축복으로 인도하는 길의 세번째 단계인 "그리스도인의 온유함"에 도달하였다. "온유한 자는 복이 있나니." 하나님의 성령께서 "숨은 인정있는 사람"을 얼마나 다양한 은혜로 장식하여 주시는가 보라! 성령의 솜씨는 신기할 뿐만 아니라 다양하기도 하다. 그것은 마음을 온유하게, 순결하게, 화평하게 등등으로 만든다. 그러므로 은혜들은 수놓은 것에 비유되는데, 그것은 그 꽃무늬와 색상이 각각 다르고 다양하다(시 45:14). 말씀 가운데는 임무가 있는데 그 임무를 수행하면 그 임무는 노아의 비둘기와 같이 그 입에 감람 잎사귀를 물고와, 즉 "저희가 땅을 기업으로" 받게 한다.

내가 주장하고자 하는 주제는 "온유한 사람은 복받은 사람이라"는 것이다. 이에 대한 이해를 위하여 우리는 두 가지 온유함 즉 하나님을 향한 온유와 사람을 향한 온유가 있다는 것을 알아야 한다.

1. 하나님을 향한 온유와 사람을 향한 온유

(1) 하나님을 향한 온유. 이것은 두 가지 것을 포함하는데, 하나님

의 뜻에 대한 순종과 그분의 말씀에 대한 유순함이다.

 ① **하나님의 뜻에 대한 순종** : 우리가 하나님의 섭리하심에 언성을 높이거나 투덜거리지 않고 조용한 자세를 취하는 것. "이는 여호와시니 선하신 소견대로 하실 것이니라"(삼상 3 : 18). 온유한 마음을 가진 그리스도인들은 이렇게 말할 것이다. "하나님께서 내게 어떻게 하고자 하시든지, 무슨 조건을 새기고자 하시든지 그가 기뻐하시면 나는 순종하겠다. 하나님께서는 비옥한 땅이든지 불모든지 내게 가장 좋은 것을 아신다. 그분이 기뻐하시는 대로 그분의 일을 마음대로 하시게 하자. 하나님이 그것을 하셨다는 것으로 충분하다." 선지서에 하나님과 다툰 이야기가 나오는데 이것은 온유하지 못한 마음이다. "내가 성내어 죽기까지 할지라도 합당하니이다"(욘 4 : 9).

 ② **하나님의 말씀에 대한 유순함** : 우리가 기꺼이 말씀이 우리 영혼을 지배하도록 하고, 모든 그 율법과 훈계에 유연하게 대하는 것. 하나님의 마음을 따르고 말씀의 가르침과 다투지 않고 자기 마음의 부패와 다투는 사람은 영적으로 온유한 사람이다. 고넬료가 베드로에게 한 말은 온유한 마음의 풍미가 있다. "이제 우리는 주께서 당신에게 명하신 모든 것을 듣고자 하여 다 하나님 앞에 있나이다"(행 10 : 33). 위엄있는 말씀을 온유함으로 받는다는 것은 얼마나 행복한 일인가! (약 1 : 21).

 (2) **사람을 향한 온유.** 대 바질(Basil the Great)은 이것을 은혜로운 영혼의 지울 수 없는 성격이라고 불렀다. "온유한 자는 복이 있나니." 이것을 설명하기 위하여, 이 온유함이 무엇인가를 밝히겠다. 온유는 하나님의 성령에 의해서 우리의 격정을 누그러뜨릴 수 있는 은혜이다. 그것은 은혜이다. 철학가들은 그것을 덕으로 부르지만 바울 사도는 그것을 은혜로 불러서 그 때문에 그것을 성령의 열매의 하나로 취급한다(갈 5 : 23). 그것은 그 근원이 하나님께로부터 나오는 것이다. 그것에 의해서 우리는 우리의 격정을 누그러뜨릴 수 있다. 본성적으로 우리의 마음은 거친 바다와 같아서 화와 노의 거품을 내뱉는다. 그

런데 이 온유함이 그 격정들을 가라앉힌다. 그것은 영혼에 중재자로 앉아서 병적인 행동들을 조용하게 하고 견제를 한다. 달이 태양의 열을 완화하고 가라앉히듯이 그리스도인들의 온유함은 격정의 열을 가라앉힌다. 마음의 온유함은 하나님과 사귐에 있어서도 적합할 뿐만 아니고 사람과의 세속적인 교제에 있어서도 필요해서 모든 은혜 가운데서 그것이 첫째 자리를 차지한다. 온유 그 가운데는 하나님의 아름다우심과 부드러우심이 들어있다. 그것은 신앙생활에 대한 신뢰를 가져다 주며 모든 것을 이긴다. 이 온유함은 해를 참는 것, 해를 입힌 것을 용서하는 것, 악을 선으로 갚는 것 등 세 가지로 말할 수 있다.

2. 해를 참는 온유

첫째, 온유는 해를 참는데 있다. 나는 이 은혜를 "쉽게 성내지 않는 것"이라고 말하고 싶다. 젖은 불쏘시개와 같이 온유한 마음에는 쉽게 불이 붙지 않는다. "나를 해하려는 자가 괴악한 일을 말하여 종일토록 궤계를 도모하오나 나는 귀먹은 자같이 듣지 아니하고 벙어리같이 입을 열지 아니하오니 나는 듣지 못하는 자 같아서 입에는 변박함이 없나이다"(시 38 : 12~14). 온유는 화를 내는 것에 재갈을 먹이는 것이다. 격정은 성미가 거칠고 고집이 센 데서 나오는데 온유는 이것을 억제한다. 온유는 입에 재갈을 물리고 혀를 좋은 습관으로 돌아갈 때까지 묶어 놓는다. 온유는 "참고 견디라"라는 표어를 준수한다. 온유에 반대되는 네 가지 것이 있다.

(1) **온유는 성급한 마음과 반대된다.** "급한 마음으로 노를 발하지 말라 노는 우매자의 품에 머무름이니라"(전 7 : 9). 마음이 격정으로 끓어오르고 화가 눈으로 불꽃을 튀기면 이것은 온유와는 거리가 멀다. "노는 우매자의 품에 머무름이니라." 노는 지혜로운 사람에게도 있을 수 있으나 어리석은 사람에게는 그것이 항상 머문다. 화를 잘내는 사람은 폭약과 같아서 건드리기가 무섭게 불을 뿜는다. 성 바질은 성내

는 것을 술취한 것이라고 불렀고, 제롬은 포도주로 취하는 것보다 격정으로 취하는 것이 더 심하다고 말하였다. 세네카는 성내는 것을 짧은 발광이라고 불렀다. 때때로 그것은 이성의 사용을 보류케 한다. 가장 좋은 것은 충분히 냉정을 유지하는 것이다. 경건할 때 우리는 얼음같이 차지만 말다툼을 할 때는 불같이 뜨겁다. 성급한 분노가 성도들에게 얼마나 어울리지 않는 것인가! 얼마나 보기가 흉한가!

　호머가 아가멤논에게 말하기를 그가 격정을 누그러뜨렸을 때는 신들을 닮았다고 하였다. 그는 지혜에 있어서는 희랍신화의 지혜의 여신 팔라스와 같고 용모에 있어서는 쥬피터처럼 훌륭하였으나 그가 격노할 때는 짐승 그대로였다. 쥬피터의 모습이 전연 나타나지 않은 것이다. 플라톤은 당시의 지독한 난봉꾼과 술주정뱅이들에게 그들이 술이 취해 횡설수설할 때 거울로 자신들을 들여다 보라고 충고하였다. 그러면 그들 자신이 얼마나 역겨운 모습인가 알게 될 것이라는 말인데 이와 같이 어떤 사람이 격정에 휘말려 있을 때에는 거울로 자신을 들여다 보게 하라. 그리하면 틀림없이 그런 자신을 사랑하는 마음이 사라질 것이다. 얼굴이 분노로 부풀어 오르면 핏줄의 피가 검어질 것이다. "분을 내어도 죄를 짓지 말며 해가 지도록 분을 품지 말고 마귀로 틈을 타지 못하게 하라"(엡 4 : 26, 27). 아, 어떤 사람이 말하기를 누가 자기에게 나쁜 짓을 하면 그에게 자리를 내어주지 않을 것이지만 그러나 마귀에게 자리를 내어주는 것보다는 그에게 자리를 내어주는 것이 낫다고 하였다. 성급한 마음은 온유한 마음이 아니다. 우리가 어떤 경우에나 화를 낼 수 없다는 것은 아니다. 거룩한 분노가 있다. 죄에 대한 분노는 죄가 없는 분노이다. 온유함과 열심이 함께 있을 수 있다. 신앙생활에 있어서 그리스도인들은 엘리야의 마음을 옷입고 "여호와의 분노가 내게 가득"하여야 한다(렘 6 : 11). 그리스도는 온유하셨으나(마 11 : 29), 또한 열성적이기도 하셨다(요 2 : 14, 15). 하나님의 집을 위한 열심이 그를 삼켰다.

　(2) 온유는 악의와는 반대가 된다. 악의는 마귀의 모습이다(요 8 :

44). 악의는 정신적인 살인이다(요일 3:15). 그것은 주의 사명과는 맞지 않는다. 그런 사람이 어떻게 기도할 수 있는가? 나는 악의 속에서 산 두 사람에 관해서 읽은 적이 있는데 그들에게 어떻게 주기도를 할 수 있느냐고 물었을 때 한 사람은 대답하기를 주기도문 외에도 많은 좋은 기도문이 있어 하나님께 감사한다고 하였고, 다른 사람은 대답하기를 그가 주기도 할 때는 "우리가 우리에게 죄 지은 자를 사하여 준 것같이 우리 죄를 사하여 주옵시고"라고 하는 부분을 빼고 한다고 하였다. 그러나 어거스틴은 하나님의 응답을 이렇게 인용하였다. "네가 내 기도를 사용하지 않기 때문에 내가 너를 듣지 않겠다." 사람이 먹는 것마다 독으로 바뀐다면 얼마나 슬픈 심판인가! 악의에 찬 사람에게는 하나님의 거룩한 말씀이 모두 독으로 바뀐다. 주님의 식탁이 올무가 되고 그는 자신의 저주를 먹고 마신다. 악의에 찬 마음은 온유한 마음이 아니다.

(3) **온유는 보복과 반대된다.** 악의는 분노 위에 떠있는 찌꺼기이고, 보복은 끓어 넘치는 악의이다. 악의는 피를 먹고 사는 해충이고 보복은 사단의 음료요 진찬이다. 보복은 악의에 가득찬 사람이 마귀를 위하여 조리한 맛있는 고기이다. 성경은 보복을 금하고 있다. "내 사랑하는 자들아 너희가 친히 원수를 갚지 말고 진노하심에 맡기라"(롬 12:19). 스스로 보복하는 것은 "보복의 하나님"(렘 51:56)과 "원수 갚는 하나님"(시 94:1)으로 불리우는 하나님의 손에서 그 역할을 빼앗는 것이다. 이것이 결투하려고 다른 사람에게 덤벼드는 사람에게 대해서 내가 주장하는 것이다. 참으로 영적인 결투는 합법적이다. 마귀와 싸우는 것은 좋다. "마귀를 대적하라"(약 4:7). 육적인 것에 해당하는 부분과 중생한 자신이 싸우는 것은 좋은 것이다. 자신의 정욕에 대해 보복하려고 하는 사람은 복된 사람이다. "보라 하나님의 뜻대로 하게 한 근심이…얼마나 분하게 하며"(고후 7:11). 그러나 다른 결투는 불법적이다. "친히 원수를 갚지 말라." 고대 터키 사람들은 야만인들이었지만 격투를 한 사람들에겐 옆구리에 숯불을 갖다대어 지졌다.

복수로 뜨거워진 사람은 불로 적절히 벌을 받았던 것이다.

　어떤 사람은 반대를 할지도 모르겠다. 내가 손해와 무례함을 참는데 그렇게 온유하고 유순하기만 하다면 내 명성을 잃게 되는 것이 아닌가. 그것은 내 평판에 걸림돌이 되는 것이 아닌가. 나는 대답한다. 해를 보복없이 넘어가는 것으로 명성이 떨어지는 것이 아니다. 솔로몬은 우리에게 말하기를 "허물을 용서하는 것이 자기의 영광"이라고 하였다(잠 19:11). 해를 보복하는 것보다 묻어버리는 것, 그것을 기록해 두는 것보다 무시해 버리는 것이 더 영예롭다. 가장 약한 피조물이 가장 빨리 달아올라 건드리기만 하면 쏘아댄다. 아주 위엄있는 피조물인 사자는 쉽게 화를 내지 않는다. 가시덩굴은 찢어놓지만 참나무와 삼목은 평화롭다. 격정은 약점을 드러내지만 너그러운 마음은 해입힌 것을 눈감아 준다.

　다시 말해보자. 어떤 사람의 명성이 가치없는 비난으로 손상을 입었을 때 차라리 부끄러움을 당하고 말겠는가, 아니면 그 때문에 죄를 짓겠는가, 어느 쪽이 더 나쁜가? 당신의 명성을 구하기 위하여 하나님께 죄를 짓겠는가? 명성을 다시 불러오기 위하여 그의 피를 걸고 덤비고, 용감하다는 말을 들으려고 지옥으로 달려간다는 것은 확실히 지혜롭지 못한 짓이다.

　자기 목숨이 위태로울 때 스스로를 지키기 위하여 일어설 수 없다는 것은 아니다. 재세례파 중 어떤 사람들은 어떤 경우에도 칼을 뽑는 것은 율법에 어긋난다고 주장하지만(비록 그들이 힘을 가졌을 때에 종종 그들의 강물이 피로 바뀌는데 나는 이것을 아주 싫어한다), 의심할 나위없이 사람이 자기 보호를 위해 칼을 뽑을 수 있다. 그렇지 않으면 제 6계명을 범하는 결과가 된다. 그는 자살의 죄를 짓는 것이다. 칼을 뽑는다해도 다른 사람의 죽음을 구한다기 보다는 그 자신의 생명을 보호하려고 하는 것뿐이다. 그의 의도는 다치게 하려는 것이 아니고 다치는 것을 막으려는 것이다. 자기방어는 그리스도인의 온유와 모순되지 않는다. 자연의 법과 종교의 법이 그것을 정당하다고 본다. "네 검을 도로 집에 꽂으라"(마 26:52)라고 우리에게 명하신 하나님은 우리 자신을 방어할 "방패"를 허락하실 것이며, 우리가 "비둘기처럼 순결"하여 남을 해치지 않기를 원하시는 하나님은 또한 우리가 "뱀처럼 지혜로워" 우리 자신을 잘 보존하기를 원하신다.

비록 보복이 온유에는 어긋나는 것이지만, 치안판사가 다른 사람이 싸우는 것을 벌 주지 말라는 것은 아니다. 사실 그것은 보복하는 것이 아니고 정의를 실현하는 것이다. 치안판사는 땅에서의 하나님의 보조자이다. 하나님이 그의 손에 칼을 쥐어 주셨으니 그가 "칼을 공연히 가지지 아니하였다"(롬 13 : 4). 그는 악행하는 자를 징벌하도록 세운 자임에 틀림이 없다(벧전 2 : 14). 비록 개개인이 "악을 악으로 갚도록" 놓아 두어서는 안되지만(롬 12 : 17), 치안판사는 범죄의 악을 형벌의 악으로 다스릴 수가 있다. 이와 같이 사람을 해롭게 하는 판결조치는 오히려 선한 것이다. 개개인은 그의 칼을 칼집에 꽂아 두어야 하지만 판검사가 그것을 뽑지 않는 것은 죄를 짓는 것이다. 그의 잔인함에 못이겨 그의 칼을 지나치게 휘둘러도 안되지만 편파심 때문에 그것을 녹슬게 해서도 안된다. 치안판사의 지나치고 관대한 처사는 온유한 것이 아니고 불법이다. 엘리 선지는 그의 아들들이 악에 심하게 빠졌는데도 "너희가 어찌하여 이런 일을 하느냐 내 아들아 그리 말라 내게 들리는 소문이 좋지 아니하니라"(삼상 2 : 23, 24)하고 부드럽게 꾸짖었는데 이것은 머리를 베어야 할 터인데 수염을 깎아준 정도에 불과한 것이다. 그와 같은 판사는 스스로가 범죄하는 것이다.

(4) **온유는 악한 말과 반대가 된다.** "너희는 모든 악독과 노함과 분냄과 떠드는 것과 훼방하는 것을 모든 악의와 함께 버리고"(엡 4 : 31). 우리의 말은 부드럽게 흐르는 실로암 물과 같이 온화해야 한다. 격정적인 마음은 보통 너무나 쉽게, 입버릇처럼 나쁜 욕설을 퍼붓게 된다. 많은 사람의 혀가 불 붙는데 그것은 마귀가 성냥불을 켜는 것이다. 그래서 성경에는 그것들이 지옥불에서 난다고 하였다(약 3 : 6). 사람들은 "옛 뱀"에게서 은혜스럽지 못한 욕설로 서로 독을 내뿜는 것을 배웠다. "미련한 놈이라 하는 자는 지옥불에 들어가게 되리라"

(마 5 : 22). 이 "미련한"이란 말로 우리 주님께서는 모든 헐뜯는 말을 금하셨다. 이것을 주의하자. 그것은 하나님이 미워하시는 것이다. 하나님은 이 불속에 계시는 것이 아니라 "세미한 소리" 가운데 계신다 (왕상 19 : 12).

어떤 사람들은 사도 바울이 갈라디아 사람들을 어리석은 사람들이라고 부르지 않았느냐고 말할지 모르겠다(갈 3 : 1). 나는 대답하거니와, 바울은 우리가 가지지 못한, 잘못을 저지를 수 없는 영을 그때 가지고 있었다. 그뿐만 아니고 바울이 이 말들을 한 것은 비난하는 것이 아니고 꾸짖는 것이었다. 그것은 갈라디아 사람들을 모욕하려는 것이 아니고 교정하려는 것이고, 헐뜯으려는 것이 아니라 그들을 겸손하게 만들려는 것이다. 바울은 그들이 그렇게 속히 다시 나쁜 길에 빠져들어 가는 것을 보는 것이 슬펐다. 그가 거룩한 열심으로 "어리석도다 갈라디아 사람들아"하고 말한 것이 당연한 것은 그들이 신앙생활을 유지하기 위하여 그렇게 고통을 당해 놓고 지금은 벗어나서 잘못에 빠져들어 가기 때문이다. "너희가 이같이 많은 괴로움을 헛되이 받았느냐"(갈 3 : 4). 그러나 비록 바울이 하나님의 성령의 인도함을 받아서 갈라디아인들에게 이러한 말투를 쓰기는 하였으나 그것이 우리가 우리에게 나쁜 짓을 한 사람들에게 은혜롭지 못한 말투를 쓸 수 있는 정당한 이유가 되지 못한다. 온유는 상스러운 말 속에서는 도무지 숨을 쉴 수가 없다. 온유는 욕함으로써 앙갚음하지 않는다. "천사장 미가엘이 모세의 시체에 대하여 마귀와 다투어 변론할 때에 감히 훼방하는 판결을 쓰지 못하고 다만 말하되 주께서 너를 꾸짖으시기를 원하노라 하였거늘"(유 1 : 9). 어떤 사람들은 미가엘을 그리스도라고 이해하고 있으나 더 정확히는 그것은 천사의 우두머리 중 하나를 의미한다고 볼 수밖에 없다. 천사장과 마귀 사이의 다툼은 모세의 시체에 관한 것이었다. 어떤 신학자들은 말하기를 하나님이 모세의 시체를 처리할 때 천사장을 시켜 비밀리에 그를 매장하여 그 묻은 장소가 알려지지 않게 하였다고 한다. 그의 죽은 몸이 발견되었으면 이스라엘 사람들이 턱없이 열심을 내어 그것을 경배하려고 하였을 것이다.

마귀는 천사장의 죽은 몸에 대한 조처를 반대하고 다투었으나 천사장은 감히 욕지거리 하는 고발을 할 수가 없었다. 마귀는 악한 말로써 그를 약올리고 억지로 그에게서 격정을 끌어내려고 하였겠으나 천사장은 온화하여 다만 "주님께서 너를 꾸짖으시기를 원한다"고만 말하였을 뿐이다. 천사는 마귀에 대하여 같이 욕지거리 해서는 안된다. 우리는 천사장에게서 온유함을 배울 수 있을 것이다. "악을 악으로, 욕을 욕으로 갚지 말고 도리어 복을 빌라 이를 위하여 너희가 부르심을 입었으니"(벧전 3:9).

그리스도인들이 조심스럽게 자신이 험구하는 것이 아닌 것을 밝히지 말라는 것은 아니다. 사도 바울이 그가 미쳤다고 공박받을 때 자신을 변호하여, "베스도 각하여 내가 미친 것이 아니요 참되고 정신차린 말을 하나이다"(행 26:25)라고 말하였다. 비록 그리스도인들의 응수가 상처를 주는 것이어서는 안되지만 변호를 할 수는 있다. 다른 사람을 헐뜯어서는 안되지만 자신을 위하여 변명할 수는 있다. 그리스도인의 온유함과 아울러 그리스도인의 사리분별 또한 필요하다. 우리의 고결함을 내어주는 것은 약함이지 온유함이 아니다(욥 27:6). 우리가 중상적으로 비방을 받을 때 침묵하는 것은 우리 자신을 혐의가 있는 것으로 나타내 보이는 것이다. 우리는 결백의 명예를 잃지 않을 만큼 온유해야 한다. 정당방위는 합법적이다. 잘못은 단지 여기에 있는 것이다. 즉 우리가 비난하는 말들로 해악을 끼치며 보복을 할 때, 곧 마귀의 방법으로 앙갚음을 할 때이다.

3. 해를 용서하는 온유

온유의 두번째는 해를 용서하는 것이다. "서서 기도할 때에 아무에게나 혐의가 있거든 용서하라"(막 11:25). 그리스도께서 말씀하신 것처럼 여러분이 용서하기 전에는 기도의 효과가 별로 없다. 온유한 마음은 용서하는 마음이다. 이것은 매우 어려운 일이다. 인간의 부패한 본성의 강을 건너기는 무척 힘들다. 사람들은 친절은 잊어버리지만 해를 입은 것은 기억한다. 언젠가 악 속에 살다가 임종을 맞은 어떤 여인에게 그의 이웃들이 어떤 일을 용서하라고 권하자 그 여자가 말하기를 "내가 지옥으로 갈지라도 용서하지 못한다"고 대답하였다는 것을 들었다. 이것이 하나님의 뜻을 거스르는 것이다. 어떤 사람은 자기의 욕망을 포기하는 것보다는 차라리 자기 목숨을 희생시키는 것이 낫다고 하는 무리도 있지만 우리는 용서해야 하고 용서하되 하나님이 용서하신 것처럼 용서해야 한다.

(1) **용서는 실제적이어야 한다.** 하나님은 용서하는 시늉만 하시고 우리들의 죄를 그대로 잡고 계시지는 않는다. 그분은 우리의 허물을 도말하신다(사 43 : 25). 하나님은 대 사면령을 내리신다(렘 31 : 34). 그분은 용서하시고는 잊어버리신다. 그러므로 온유한 마음은 그의 이웃을 용서하는 모양을 보일 뿐만 아니고 마음으로부터 용서한다(마 18 : 27).

(2) **용서는 완전히 하여야 한다.** 하나님은 우리의 모든 죄를 용서하셨다. 그분은 기름 백말 빚진 것을 50으로 쓰라고 하시거나 밀 백석 빚진 것을 앉아서 80이라 쓰라고 하시는 식이 아니라 전부 탕감해 주신다. "저가 네 모든 죄악을 사하시며"(시 103 : 3). 그러므로 온유한 마음을 가진 그리스도인들은 모든 해를 용서한다. 잘못된 마음은 얼마쯤의 허물은 덮어주지만 다른 것은 그대로 가슴에 품고 있다. 그러나 이것은 반 용서에 불과한 것이다. 이것이 온유함인가? 하나님이 당신에게 그렇게 해 주시기를 원하는가? 당신이 다른 사람의 허물을 용서해주듯이 하나님이 당신의 허물을 용서해 주시기를 바라는가?

(3) **하나님은 자주 용서하신다.** 우리는 죄를 자주 짓는다. 우리는 날마다 새로운 죄의 기록을 남기지만 하나님은 자주 용서하신다. 그러므로 "큰 긍휼"이라고 말씀하신다(사 55 : 7). 그러므로 온유한 마음은 한 용서 뒤에 다른 용서를 되풀이해서 보낸다. 베드로가 질문을 하였

다. "주여 형제가 내게 죄를 범하면 몇 번이나 용서하여 주리이까 일곱 번까지 하오리이까"(마 18 : 21). 그리스도는 대답하시기를 "네게 이르노니 일곱 번 뿐 아니라 일흔 번씩 일곱 번이라도 할찌니라"(22 절) 하셨다.

어떤 사람은 이렇게 반론을 펼 것이다. 심한 모욕을 받으면 혈과 육은 참지 못하는 것이 아니냐? 나는 대답한다. "혈과 육은 하나님의 나라를 유업으로 받지 못한다"(고전 15 : 50). 그리스도인들은 자신을 다스려야 하고 성령의 검으로 육체의 정욕과 맞서 싸워야 한다(갈 5 : 24).

다시 여러분은 말할 것이다. "그러나 내가 한 가지 해를 용서하면 다른 해를 불러올 것이다." 나는 대답한다. "그 주장은 마귀적인 본성은 친절을 만나면 더 나빠진다는 말이지만 그러나 우리가 그런 괴물을 만날지라도 용서할 준비를 하는 것이 우리의 의무라는 점을 생각하라"(골 3 : 13). 다른 사람이 악을 행하기를 그치지 않는다고 해서 우리가 선을 행하는 것을 그쳐야 한다는 말인가? 만일 여러분이 해를 입은 것을 더 많이 용서해 주어서 여러분이 더 많은 해를 입게 된다면 이것은 여러분의 은혜를 더 빛나게 할 것이다. 다른 사람의 악은 여러분의 덕을 더 잘 나타내게 될 것이다. 종종 용서는 죄를 더 무겁게 하고 여러분의 영광에는 더 무게를 주게된다. 이렇게 말하는 사람도 있을 것이다. "나는 다른 은혜에 있어서는 뛰어나려고 애쓴다. 그러나 이 온유의 은혜, 즉 해를 받을 때 참고 용서하는 이 은혜에 있어서 만큼은 도저히 따라 갈 수가 없다. 이것 만큼은 양해를 해주기를 바란다." 무슨 다른 은혜들을 이야기 하고 있는가? 한 은혜가 있으면 거기에는 모든 은혜가 다 있다. 만일 온유가 빠지면 다른 것은 다 은혜의 모조품이다. 당신의 믿음은 꾸며낸 것이며, 당신의 회개는 거짓이고, 당신의 겸손은 위선이다.

그리고 당신이 용서할 수 없다고 말하려면 당신의 죄를 생각해 보라. 당신의 이웃이 당신에게 범하는 과오는 당신이 그를 용서하지 않음으로써 범하는 과오 만큼 나쁜 것은 아니다. 당신의 이웃이 당신에게 과오를 범할 때에는 사람에 대하여 죄를 짓는 것이지만 당신이 그를 용서하기를 거절하면 하나님에 대하여 죄를 짓는 것이다. 또한 당신의 위험을 생각하라. 당신이 화해할 수 없고 비록 당신의 격노의 불을 재에 묻어서 누른다 하더라도 그것을 끄지 않은 채로 만일 당신이 오늘밤 죽는다면 당신은 용서받지 못한 상태에서 죽는다는 것을 알라. 내 말을 믿지 못하겠으면 그리스도의 말은 믿으라. "만일 너희가 용서하지 아니하면 하늘에 계신 너희 아버지도 너희 허물을 사하지 아니하시리라"(막 11 : 26). 온유없이 사는 사람은 자비를 받지 못하고 죽는다.

4. 악을 선으로 갚는 온유

온유의 세번째는 악을 선으로 갚는 것이다. 이것은 다른 것보다 높은 수준의 것이다. "너희 원수를 사랑하며 너희를 핍박하는 자를 위하여 기도하라"(마 5 : 44). "네 원수가 주리거든 먹이고"(롬 12 : 20). "악을 악으로, 욕을 욕으로 갚지 말고 도리어 복을 빌라"(벧전 3 : 9). 이 성경의 삼겹 줄은 쉽게 끊어지지 않는다. 악을 악으로 갚는 것은 짐승같은 짓이고, 선을 악으로 갚는 것은 마귀적이며, 악을 선으로 갚는 것이 그리스도인다운 것이다. 믿지 않는 사람들은 먼저 해를 입어 화나게 되지 않는 한 아무에게도 나쁜 짓을 하지 않는 것이 합법적이라고 생각했으나 성경의 햇빛은 이성의 등불보다 더 밝게 빛난다. "너희 원수를 사랑하라." 은혜가 마음에 들어올 때 그것은 이상한 변화를 가져온다. 가지가 원둥치에 접붙을 때 그것은 그 나무의 성질과 즙액을 받고 열매를 맺는다. 돌감람나무가 참감람나무에 접붙으면 좋은 열매를 맺는다. 그러므로 한때 신돌감람나무의 성질을 가져 앙갚음이나 하던 사람도 하늘 감람나무의 수액에 한번 참여하게 되면 그는 너그러운 열매를 맺게 된다. 그는 그의 원수에 대해 사랑이 가득하게 된다.

은혜는 격정을 가라앉히고 마음을 녹여 불쌍히 여기게 한다. 태양이 땅과 바다에서 짙고 해로운 수증기를 증발시켜 올려 그것을 시원한 소나기로 바꾸듯이 은혜스러운 마음은 그의 원수의 모든 불친절과 무례를 훌륭한 영향력과 사랑의 정수로 뒤바꾸어 놓는다. 그래서 다윗은 말하기를 "내게 선을 악으로 갚아 나의 영혼을 외롭게 하나 나는 저희가 병들었을 때에 굵은 베옷을 입으며 금식하여 내 영혼을 괴롭게 하였더니 내 기도가 내 품으로 돌아왔도다"(시 35 : 12, 13)고 하였다. 불의한 자가 기뻐할 때에 그는 울었고 불의한 자가 자색옷을 입을 때 다윗은 베옷을 입었다는 것이다. 이것은 드문 일이요, 차라리 온유의 기적이라고 말할 수 있다. 그것이 악을 선으로 갚아주는 것이다. 이로써 우리는 온유의 본질을 살펴 보았다.

5. 온유는 참 성도의 특징을 보여준다

온유는 우리에게 참 성도의 표지를 보여준다. 참 성도는 온유하고 솔직한 심령을 가진 사람이다. 그는 쉽게 성을 내지 않는다. 그는 모든 것을 선의로 해석하고 악을 부드러움으로 정복한다. 하나님께 자신이 성도라고 고백하는 모든 사람들은 이 은혜로 번쩍거려야 한다. 우리가 그리스도의 제복을 입을 때 그리스도에게 속한 자로 알려지게 된다. 성품이 너무나 온유하게 되어 편벽된 생각을 질식시켜 버릴 수 있고 불친절을 묻어버릴 수 있는 사람이 성도이다. 눈물을 잘 흘리는 사람이 노를 잘 내는 사람보다 더 빨리 그리스도인이 된다. 모든 성도는 그리스도의 신부이다(아 4 : 8). 온유하게 되는 것이 그리스도의 신부가 되는 길이다. 만약 신부에게 어떤 해가 가해지면 그녀는 그녀의 신랑에게 복수를 맡길 것이다. 그리스도의 신부가 주먹으로 치는 것은 보기에 흉하다.

6. 그리스도인들이 온유해야 하는 열 가지 이유

나는 모든 그리스도인들이 최상의 은혜인 온유가 두드러지도록 노력하기를 바란다. 온유를 구하라. 구한다는 말은 그것을 잃었다는 의미가 포함된다. 그러므로 그것을 찾기 위하여 우리는 부르짖고 외쳐야 한다. "그러므로 너희는 하나님의 택하신 거룩하고 사랑하신 자처럼 긍휼과 자비와 겸손과 온유와 오래 참음을 옷입고"(골 3 : 12). 옷처럼 그것을 입고 결코 몸에서 벗어버리지 말라. 온유는 모든 것의 필수 요소이다. 그것은 훈육에도 필요하다. "거역하는 자를 온유함으로 징계할지니"(딤후 2 : 25). 온유는 진리를 거스르는 자들을 정복한다. 온유는 마음을 녹인다. "부드러운 말"은 부드럽다. 온유는 하나님의 말씀을 듣는 데도 필요하다. "능히 너희 영혼을 구원할 바 마음에 심긴 도를 온유함으로 받으라"(약 1 : 21).

격정 또는 편견을 가지고 말씀에 접근하는 사람은 좋은 것은 아무 것도 얻지 못하고 마음만 다칠 뿐이다. 그는 음료수를 독약으로 바꾸고 성령의 검으로 스스로를 찌른다. 온유는 꾸중할 때에도 필요하다. "사람이 만일 무슨 범죄한 일이 드러나거든 신령한 너희는 온유한 심령으로 그러한 자를 바로 잡고"(갈 6 : 1). 헬라말의 뜻은 "뼈를 제 위치에 도로 집어넣는다"는 것이다. 뼈가 탈골되면 의사는 다른 뼈를 다치게 할 만큼 거칠게 다루어서는 안된다. 그는 얌전하게 뼈를 맞추어서는 그것을 부드럽게 묶어주어야 한다. 그러므로 어떤 형제가 실수로 잘못을 저질렀을지라도 우리는 그에게 분이 나서 맹렬하게 덤벼들 것이 아니라 온유한 마음으로 그를 고치려고 노력하여야 한다. 나는 사람의 마음을 온유하게 하는 동기 또는 이유들을 몇 가지 열거하고자 한다.

(1) 온유의 본보기를 제시한다.
① **예수 그리스도의 본보기.** "네 왕이 네게 임하나니 그는 겸손하여 나귀, 곧 멍에 메는 짐승의 새끼를 탔도다"(마 21 : 5). 그리스도는 온유의 견본이자 모형이셨다. "욕을 받으시되 대신 욕하지 아니하시고"(벧전 2 : 23). 그의 원수들의 말은 그들이 그에게 준 쓸개보다 더 썼지만 그리스도의 말씀은 기름보다 더 부드러웠다. 그는 원수들을 위

하여 기도하시고 우셨다. 그분은 우리에게 그분에게 배우라고 요청하신다. "나는 마음이 온유하고 겸손하니 나의 멍에를 메고 내게 배우라"(마 11:29). 어거스틴의 말을 빌리면 그리스도는 우리에게 그의 기적적인 일들, 예컨데 장님의 눈을 뜨게 하는 것, 죽은 자를 살리는 것들을 배우라고 명하시지 않고 그분의 온유를 배우라고 하셨다는 것이다. 우리가 그분의 삶을 모방하지 않으면 그분의 죽음으로 구원을 받을 수 없다.

② 이 은혜로 빛을 발한 몇몇 **성도들의 본보기**를 우리 눈 앞에 놓아 보자. 모세는 비길데 없이 온유한 사람이었다. "이 사람 모세는 온유함이 지면의 모든 사람보다 승하더라"(민 12:3). 얼마나 많은 해롭게 함을 그가 참았는가? 이스라엘 백성들이 그에게 불평을 털어놓을 때 그는 분노를 터뜨리는 대신 그들을 위하여 기도하였다(출 15:24, 25). 성경은 말씀하기를 그들이 마라의 물가에서 불평을 하였다고 하였다. 그 물은 백성들의 마음 만큼 쓴 것이 아니었는데, 그들은 그래도 그의 마음을 격노케 자극하지는 못했고, 다만 간구하도록 만들었을 뿐이다. 또 그들이 물을 원했을 때 그들은 모세를 원망하였다. "당신이 어찌하여 우리를 애굽에서 인도하여 내어서 우리와 우리 자녀와 우리 생축으로 목말라 죽게 하느냐"(출 17:3). 마치 그들이 죽는다면 그 책임을 모세가 져야 한다는 투로 말하였던 것이다. 이것이야말로 성나게 하는 일이 아니겠는가? 확실히 이것을 참으려면 천사의 온유함이 필요했지만 그러나 모세의 온유함을 보라. 그는 그들에게 점잖치 못한 말을 한 마디도 안했다! 그들은 폭풍 속에 있었으나 그는 고요 속에 있었다. 그들은 원망하였으나 그는 기도하였다. 아! 엘리야의 마음이 엘리사에게 머물렀던 것처럼, 이 온유한 사람(차라리 땅 위의 천사라고 불러야 할 사람) 모세의 마음이 우리에게 머물렀으면!

또다른 뚜렷한 온유의 귀감은 다윗이다. 시므이가 다윗을 저주했을 때 다윗의 호위병 중의 하나인 아비새가 시므이의 목을 자르려고 했는데 다윗왕이 안된다고 말렸다. "저로 저주하게 버려두라"(삼하 16

: 11). 그리고 사울이 다윗에게 잘못을 저지르고 학대하였을 때, 한 번은 사울이 낮잠 자고 있었기에 다윗이 그를 죽일 수 있게 되었는데도(삼상 26 : 7, 12) 그는 사울에게 손 대기를 싫어하고 다만 하나님께서 심판자가 되어주시기만 바랐다(23절). 여기에 온유의 거울이 있다.

③ 이교도 가운데서의 예. 그들의 온유가 믿음의 바른 줄기 위에서 자라나는 것이 아니기 때문에 은혜라고 꼭 부를 수는 없어도 성격상 대단히 아름다운 것이 있다. 어떤 사람이 주전 5세기경의 아테네 정치가 페리클레스에게 욕을 하며 밤중에 그 집 문까지 따라가면서 조소를 하였을 때, 그는 한 마디도 대답을 하지 않고 그의 종에게 명하여 횃불을 밝혀 그 비난자들을 자기 집으로 모시라고 하였다. 삭소니의 공작이며 루터의 종교개혁을 도운 적이 있는 프레데릭이란 사람은, 화가 날 때는 밀실에 들어가 문을 꼭 닫고 그가 격정을 다스릴 수 있을 때까지 아무도 가까이 오지 못하게 하였다. 플루타크는 피타고라스의 제자들에 대해서 말하기를 그들은 낮동안에 다투면 해가 지기 전에 포옹하고 다시 친해졌다고 하였다. 주전 1세기경의 로마의 웅변가요, 철학가요, 정치가인 키케로는 그의 한 웅변에서 율리우스 가이사 당시의 로마 장군인 폼페이에 대하여 말하였는데, 그는 온유한 성품의 사람이었다고 한다. 그는 모든 사람이 너무나 자유스럽게 그에게 접근할 수 있도록 용납하였고 잘못된 불평들도 그렇게도 온화하게 들어 주었기 때문에 그 앞선 모든 통치자들보다 낫다고 한다. 그가 그토록 훌륭했기 때문에 그의 적들이 그의 용맹을 더 두려워 했는지 그 부하들이 그의 온유함을 사랑한 것을 더 두려워 했는지 말하기가 어렵다. 율리우스 가이사는 그의 적들인 브루투스와 카시우스를 용서해 주었을 뿐만 아니라 그들을 승진까지 시켜 주었다. 그는 인자하고 온유한 행동에 의해서 자신이 가장 명예로워진다고 생각하였다. 자연적인 성품도 그렇게 온유할 수가 있다면 은혜받은 성품은 더 온유하여야 하지 않겠는가? 우리가 믿음을 이성 밑으로 깍아 내리겠는가? 이 아름다운 이야기들에 따라 말하여 보자.

(2) 온유는 그리스도인에게 훌륭한 장식품이다. "오직 마음에 숨은 사람을 온유하고 안정한 심령의 썩지 아니할 것으로 하라 이는 하나님 앞에 값진 것이니라"(벧전 3:4). 성도가 이 보석으로 꾸몄을 때 하나님의 눈에 얼마나 붙임성 있는 모습으로 보일까! 시편기자가 찬송에 대해서 말한 것을(시 33:1) 나는 온유에 대해서 똑같이 말하고 싶다. 그것은 의로운 자에게 아름다운 것이다. 아무 의복도 온유보다 그리스도인에게 더 어울리는 것이 없다. 그러므로 우리가 이 의복을 입으라고 명령을 받는 것이다. "그러므로 너희는 하나님의 택하신 거룩하고 사랑하신 자처럼 긍휼과 자비와 겸손과 온유와 오래 참음을 옷입고"(골 3:12). 온유는 신앙생활에 명예를 가져오고 악을 잠재운다. 그것은 거룩에 광택을 더해주는 니스이고 복음을 더 나은 윤으로 돋보이게 해주는 것이다.

(3) 이것이 하나님을 닮아가는 길이다. 하나님은 그를 성나게 하는 자들에게 온유하시다. 날마다 하늘의 위엄에 대해서 얼마나 더러운 입을 많이 벌리는가? 얼마나 사람들이 그 이름을 찢어놓고 그의 성령을 성가시게 하고 그의 아들을 다시 십자가에 못박고 있는가! 그렇게도 많은 마귀들이 육을 입고 땅 위를 왔다갔다 하지만은 주님은 여전히 온유하셔서 아무도 멸망하는 것을 원치 않으신다(벧후 3:9). 하나님이 죄인들을 박살내어 지옥으로 차넣어 버리시기가 얼마나 쉬운 일인가! 그러나 그분은 노를 절제하신다. 그분은 위엄으로 가득 차 있으시지만 또한 온유로 가득차 계신다. 그분 안에는 왕으로서의 위대하심과 아버지로서의 부드러움이 섞여 있다. 그분이 왕권의 왕홀을 가지고 계신 것처럼 은혜의 보좌도 가지고 계신다. 아, 이것이 얼마나 우리로 하여금 온유를 사랑하게 만드는가! 이로써 우리가 하나님을 닮은 모습을 지니게 된다. 우리를 하나님 닮게 만들어 주는 것은 입에 발린 말이 아니라 모방이다. 온유가 결핍되면 사람같지도 않지만 온유하면 우리는 하나님을 닮을 수 있다.

(4) 온유는 고상하고 훌륭한 마음을 입증한다. 온유한 사람은 용맹

스러운 사람이다. 그는 그 자신과 싸워 이긴다. 격정은 우둔하고 약한데서 일어난다. 그러므로 우리는 노년층과 어린 아이들이 다른 연령층보다 화를 더 잘 내는 것을 관찰할 수 있다. 격정의 세기는 판단의 약함을 입증하지만 그의 격노를 정복할 수 있는 온유한 사람은 가장 강하고 승리를 자랑할 수 있는 사람이다. "노하기를 더디하는 자는 용사보다 낫고 자기의 마음을 다스리는 자는 성을 빼앗는 자보다 나으니라"(잠 16 : 32). 자기의 격정에 따라가는 것은 쉽다. 그것은 부패한 본성의 물결을 따라 헤엄치는 것이다. 그러나 본성에 대항해서 돌아서는 것, 격정의 마음을 억누르는 것, "선으로 악을 정복하는 것", 이것이 그리스도인다운 것이다. 이것은 승리의 트로피와 칭찬의 화환을 받을 만한 영적인 기사도이며 마음의 꿋꿋함을 나타낸다.

(5) 온유는 원수의 마음을 정복하고 녹이는 가장 좋은 방법이다. 다윗이 마음대로 할 수 있는 위치에 사울이 누웠는데도, 다윗이 다만 그의 옷자락을 베기만 하였을 때, 사울의 마음이 다윗의 온유함에 얼마나 감동되었던가! "내 아들 다윗아 이것이 네 목소리냐 하고 소리를 높여 울며 다윗에게 이르되 나는 너를 학대하되 너는 나를 선대하니 너는 나보다 의롭도다 네가 나 선대한 것을 오늘 나타내었나니 여호와께서 나를 네 손에 붙이셨으나 네가 나를 죽이지 아니하였도다 사람이 그 원수를 만나면 그를 평안히 가게 하겠느냐 네가 오늘날 내게 행한 일을 인하여 여호와께서 네게 선으로 갚으시기를 원하노라"(삼상 24 : 16~19). 이 숯불 무더기가 다른 사람들의 마음을 봄눈 녹듯이 녹인다. 한 방도 치지 않고 원수를 이기는 것은 가장 위대한 승리가 된다. 불은 쐐기가 파고 들어가지 못하는 곳에 들어간다. 부드러움은 맹렬함을 이긴다. 격정은 친구를 적으로 만들지만 온유는 적을 친구로 만든다. 온유한 그리스도인은 심지어는 그의 대적으로부터도 감사장을 받는다. 마게도니아의 왕 필립은 니가노르가 공공연히 그의 위엄에 대항하여 욕을 하였을 때, 그의 신하들이 진언한 대로 그를 죽이는 대신에 오히려 니가노르에게 많은 선물을 보내었는데, 이것이 그

사람의 마음을 사로잡아 그는 그가 왕에 대항해서 말한 것을 취소하려고 동분서주하였고 왕의 인자하심을 높이 찬양하였다는 기록이 있다. 거친 태도는 사람의 마음을 굳게 만들지만 온유는 그것을 누그러뜨린다(왕하 6 : 22). 이스라엘 왕이 전쟁에서 잡아온 포로들에게 잔치를 베풀었을 때 그들은 그의 칼보다 그의 온유에 더 정복되었다. "이로부터 아람 군사의 부대가 다시는 이스라엘 땅에 들어오지 못하니라"(왕하 6 : 23).

(6) 성경상의 약속을 생각하자. "온유한 자는…땅을 기업으로 받을 것임이요." 이 논거는 세상에서 많은 소유를 가지기를 원하는 사람들을 설복할 것이다. 어떤 사람들은 이렇게 반대를 할 것이다. "만일 내가 참고 용서하면 결국은 나는 내 권리를 잃고 모든 것을 다 빼앗기게 되는 것이 아닌가?" 아니다! 하나님께서 여기에 "온유한 자는 땅을 기업으로 받을 것"이라고 보증하셨다. 온유하지 못한 사람은 슬픈 상황에 놓여 있다. 그를 위해서는 지옥밖에 남아 있는 곳이 없다. 왜냐하면 그는 땅이나 천국이나 아무 약속도 받은바 없기 때문이다. 그것이 온유한 자는 땅을 기업으로 받을 것이라는 말의 의미이다.

우리는 이 땅에서 나그네인데(히 11 : 13) 어떻게 온유한 자가 땅을 기업으로 받는다고 하는가?

온유한 자가 땅을 기업으로 받는다고 하는 말은 땅이 그들의 주된 상속물이라거나, 또는 그들이 언제나 거기서 큰 몫을 가지게 된다는 말이 아니고 :

① 그들이 비록 언제나 땅의 큼직한 부분을 차지하지는 못한다 해도 그들은 그것에 대한 최고의 권리를 가지기 때문에 그들이 상속자라고 하는 것이다. 암브로우스는 "상속"이라고 하는 말은 성도의 땅을 쓸 자격을 나타낸다고 말하였다. 성도들의 자격은 만주의 주이신 그리스도의 지체이기 때문에 최고의 자격이다. 아담은 그가 타락하였을 때, 그의 천국에 대한 자격을 잃었을 뿐만 아니라 땅에 대한 자격도 잃었는데, 우리가 그리스도와 연합될 때까지는 우리의 자격이 완전히 회

복되지 않는다. 내가 악인들의 땅에 관한 법률이 그들에게 준 땅에 대한 시민으로서의 권리를 부인하는 것은 아니지만, 그들은 신성한 의미에서의 권리는 가지지 않았다. 온유한 그리스도인만이 그의 땅에 대한 성경적인 자격을 가졌다. 우리는 우두머리가 가진 자격을 최고의 자격으로 친다. 성도들은 "땅의 임금들의 머리가 되신" 그리스도가 자기들의 머리가 되시므로 이 땅에 대하여 머리되신 그리스도가 가지신 그 최고의 권리를 그들도 가진다(계 1 : 5). 이런 의미에서 쥐꼬리만한 땅을 가진 그가 수천평 가진 사람보다 더 많은 기업을 가진 것인데, 왜냐하면 그는 이 땅에 대하여 더 나은, 그리고 더 많은 율법상의 권리를 가졌기 때문이다.

② 온유한 그리스도인은 땅을 기업으로 받는다고 하였는데, 그것은 그가 땅의 축복을 기업으로 받기 때문이다. 악인은 땅을 가지기는 해도 하나님의 은총의 결과로 가진 것이 아니다. 그는 마치 개가 독이 묻은 떡을 가지듯이 그것을 소유한다. 그것은 그에게 유익을 끼치기보다는 해를 더 끼친다. 악인은 오염된 공기 속에서 사는 사람처럼 그의 땅에서 산다. 그는 그가 잡은 행운 때문에 오히려 병들었다. 기름진 땅은 그가 지옥에서 더 잘 튀겨지고 더 잘 타도록 만들어 줄 뿐이다. 그래서 악인은 그가 가진 것을 가지지 않음만 못하다고 말할 수 있는데 그것은 그가 땅의 축복은 차지하지 못하기 때문이다. 그러나 온유한 성도는 하나님의 사랑의 약속대로 땅의 좋은 것을 마음껏 누리게 된다. 저주와 독이 땅에서 제거된다. "오직 온유한 자는 땅을 차지하며 풍부한 화평으로 즐기리로다"(시 37 : 11). 이 구절에 대해서 어거스틴은 이와 같은 주석을 하였다. 즉, 악한 사람은 많은 가축과 부유함 때문에 즐거워 하지만 온유한 사람은 풍부한 화평 때문에 즐거워 한다는 것이다. 그는 그가 가진 것을 마음 속의 평온함과 더불어 소유하는 것이다.

온유한 자가 땅을 기업으로 받을 것이라고 말할 때 그것은 그들이 땅 이상의 것은 기업으로 받지 않을 것이라는 의미가 아니다. 그들은 하늘도 역시 기업으로 받을 것이다. 크리소스톰은 그들이 다만 땅만 기업으로 받을 것이라면 어떻게 온유한 자는 복이 있나니라고 말할 수 있겠는가라고 말하였다. 온유한 자는 땅을 단지 잠시 동안 머무는 집으로 소유할 뿐이지만 천국은 그들이 영구히 머물 집으로 소유하게 된다. 온유는 신앙생활을 아름답게 장식해 주고 하나님은 구원으로 그들을 아름답게 꾸며주실 것이다. 구원은 우리 모두가 도달하기를 원하는 항구이다. 그것은 영혼들을 추수하여 창고에 거둬들이는 것이다. 온유한 자는 이 수확의 알맹이들이다. 온유한 자는 구원을 수놓은 왕복을 입게 될 것이다. 온유한 자는 땅의 소유주가 되며 구원의 상속자가 된다(히 1 : 14).

(7) 온유하지 못한 자의 재난을 생각하라. 분노와 성냄 만큼 마귀가 마음 속으로 들어올 여지를 주고 그것을 차지해 버리도록 만드는 것은 없다. "분을 내어도 죄를 짓지 말며 해가 지도록 분을 품지 말고 마귀로 틈을 타지 못하게 하라"(엡 4 : 26, 27). 사람이 격정을 허용하면 사탄을 맞아들이게 된다. 화를 잘 내는 사람은 마귀와 한 침대를 쓰는 사람이다. 격정은 화평을 가리어 버린다. 온유한 그리스도인은 그의 영혼 속에 기분좋은 평온과 조화가 있지만 격정은 영혼을 어지럽게 만들어 버린다. 그것은 이성을 흐리게 할 뿐 아니라 양심을 흐트러 놓는다. 격정이 사로잡고 있는 사람은 자신을 사로잡지 못한다. 화평케 할 양심을 거의 가지고 있지 않은 사람이 양심의 평화를 갖지 못한다는 것은 당연하다. 분노는 하나님의 성령을 슬프게 하고(엡 4 : 30, 31) 성령이 슬퍼하시면 그는 떠나가신다. 우리는 연기가 가득한 집에서 머물기 좋아하지 않는다. 하나님의 성령도 병적인 격정의 수증기와 연기가 가득한 마음에 계시기를 좋아하시지 않는다.

(8) 우리의 저주받을 마음의 지나친 열기를 식힐 다른 논점. 우리가 세상에서 만나는 모든 해악과 부당한 대우는 우연히 일어난 것이 아니라 모든 것을 다 아시는 하나님께서 우리의 유익을 위하여 배려하신 것이란 것을 생각하는 것이다. 많은 사람들이 마치 돌을 던진 손은 보지도 않고 돌멩이에게 으르렁거리는 어리석은 똥개와 같거나, 말탄

사람이 박차를 가했을 때 재갈을 깨무는 말과 같다. 우리가 우리에게 직접 해를 입힌 존재보다 더 위를 바라볼 수 있다면 우리의 마음은 온유해지고 평온해질 것이다. 다윗은 시므이의 격노 너머를 바라보았다. "여호와께서 저에게 명하신 것이니 저로 저주하게 버려두라"(삼하 16 : 11). 그리스도인들이 사람들의 모든 야만스러움과 무례함 속에서 하나님의 손을 본다는 것은 얼마나 지혜로운가! 욥은 그의 고난 가운데서도 하나님을 눈여겨 바라보았고 그것이 그의 마음을 온유하게 하였다. "취하신 자도 여호와시오니 여호와의 이름이 찬송을 받으실지니이다"(욥 1 : 21). 그는 갈대아 사람들이 취하여 갔다고 말하지 않고 여호와께서 취하셨다고 하였다.

무엇이 그리스도로 하여금 괴로움 중에서도 그토록 온유하시게 만들었는가? 그분은 유다나 빌라도를 바라보지 않고 하나님 아버지를 바라보았다. "아버지께서 주신 잔을 내가 마시지 아니하겠느냐"(요 18 : 11). 악한 사람이 우리에게 욕하고 상하게 할 때에 그는 다만 하나님의 대행자 노릇을 할 뿐이다. 누가 대행자에게 화를 내는가?

그리고 하나님은 우리가 사람들로부터 받는 모든 모욕과 무례에 대한 권한을 가지고 계시기 때문에(왜냐하면 사람들은 단지 그것들을 우리에게 넘겨주기만 할 뿐이므로) 우리가 하나님께 속해 있기만 하면 하나님은 우리를 좋게 해주실 것이다. 다윗은 말하기를 "혹시 여호와께서 나의 원통함을 감찰하시리니 오늘날 그 저주 까닭에 선으로 내게 갚아주시리라"(삼하 16 : 12)고 하였다. 보통 주님께서 우리에게 현저한 은혜를 베푸시고자 할 때에는 그것을 위하여 우리에게 어떤 두드러진 시험을 하신다. 모세의 손이 구원의 사역을 행하기 전에 먼저 문둥병이 들었던 것처럼(출 4 : 6), 하나님께서 그 백성들에게 축복의 소나기를 부으시기 전에 사람들의 저주와 욕설로 문둥병이 들게 하시기도 한다. "주님께서 오늘날 그 저주 까닭에 선으로 내게 갚아주시리라."

(9) 온유함이 모자라는 것은 은혜가 모자라는 것을 입증해준다. 참

된 은혜는 사랑을 불타오르게 하고 분노를 가라앉힌다. 은혜는 거친 쇠를 부드럽게 갈아주는 줄과 같다. 그것은 사람의 마음의 거칠게 튀어 나온 것을 줄로 갈아 없앤다. 은혜는 그리스도께서 성난 바다를 향해 "잠잠하라 고요하라"(막 4 : 39)고 말씀하신 것처럼 마음에다 말한다. 그러므로 마음에 은혜가 있으면 그것은 격정의 분노를 가라앉히고 조용하게 만든다. 계속해서 미쳐서 날뛰면서 분노와 사악의 고삐를 풀어놓는 사람은 결코 달콤한 은혜의 효과를 느끼지 못한 사람이다. "무자비"한 것은 이방인의 죄 중의 하나였다(롬 1 : 31). 복수심에 불타는 근성, 나쁜 마음은 이방인의 마음일 뿐만 아니라 마귀적 마음이다. "그러나 너희 마음 속에 독한 시기와 다툼이 있으면 자랑하지 말라 진리를 거스려 거짓하지 말라 이러한 지혜는 위로부터 내려온 것이 아니요 세상적이요 정욕적이요 마귀적이니"(약 3 : 14, 15). 옛 뱀은 악독과 복수의 독을 뿜어낸다.

(10) 이상에서 말한 모든 것으로 노여움과 분노의 아수라장 같은 심사를 극복할 수 없다면 당신은 **하나님께서 말씀하신 바 고침받기를 싫어하는 사람**이라고 말하고 싶다.

당신은 하나님의 말씀에 반항하는 사람이다. 다음 말씀을 읽고 두려워하라. "이제 가서 백성 앞에서 서판에 기록하며 책에 써서 후세에 영영히 있게 하라 대저 이는 패역한 백성이요 거짓말하는 자식이요 여호와의 법을 듣기 싫어하는 자식이라"(사 30 : 8, 9) 앞서 말한 것들 중 아무것으로도 분노에 가득찬 마귀를 잠재우지 못한다면 하나님께서 모든 사람에게 당신을 간섭하지도 말고 친분을 맺지도 말라고 명하신다는 것을 말하고 싶다. "노를 품는 자와 사귀지 말며 울분한 자와 동행하지 말지니"(잠 22 : 24). 인간사회에 어울릴 수 없는 한 사람이 있어 다른 사람들이 그 사람은 접근하지 못할 사람임을 모든 사람들에게 경고해야 할 정도라면 그 얼마나 괴악한 사람일 것인가! 하나님께서 그 사람과는 사귀지 말라고 말씀하신다. 만일 여러분이 그를 여러분의 교제 안으로 끌어들인다면 여러분은 뱀을 여러분의 가

슴 속으로 끌어들이는 것이다. "울분한 자와 동행하지 말지니"(잠 22
: 24). 마귀와 함께 걸어갈 것인가? 울분한 자는 분노의 마귀에게 사
로잡힌 사람이다.

아, 이 모든 것이 그리스도인의 마음을 온유하게 하고 부드럽게 하
는데 도움을 줄 수 있었으면!

그러나 어떤 사람은 "성 잘 내는 것이 내 천성인데 어찌하겠는가"
고 말할 것이다. 나는 대답한다.

① 이것은 죄스러운 주장이다. 이것은 은근히 내 죄를 하나님께 뒤
집어 씌우는 것이다. 우리는 이것을 아담에게서 볼 수 있다. "하나님
이 주셔서 나와 함께 하신 여자 그가 그 나무 실과를 내게 주므로 내
가 먹었나이다"(창 3 : 12). 아담은 자기의 죄를 고백하는 대신에 하나
님께 그 책임을 미루었다. "하나님이 주셔서 나와 함께하게 하신 여
자 그가…" 마치 그는 당신이 그 여자를 내게 주시지 않았더라면 내가
선악과를 따먹지 않았을 것입니다라는 투로 말하였던 것이다. 그와
같이 사람들은 말하기를 "그것은 내 본성입니다. 이것은 하나님께서
내게 주신 고칠 수 없고 성깔 사나운 본성입니다"라고 주장한다. 아,
아니다! 당신은 하나님께 잘못 덤벼들고 있는 것이다. 하나님은 당
신에게 그러한 본성을 주시지 않았다. "하나님은 사람을 정직하게 지
으셨으나 사람은 많은 꾀를 낸 것이라"(전 7 : 29). 하나님은 당신을
곧게 만드셨으나 당신 스스로가 당신을 굽게 만든 것이다. 처음에는
여러분의 감정, 여러분의 기쁨, 사랑, 노여움이 별들이 제 궤도를 질
서있게 돌듯이 적절한 위치에 놓여져 있었으나 여러분이 그것들의 위
치를 흐트러 놓아 궤도에서 벗어나 돌게 만든 것이다. 처음에는 감정
들이 여러 악기가 잘 조화를 이루듯이 아름다운 협화음을 이루었으나
죄가 거슬리는 소리를 내는 줄처럼 끼어들어 모든 음률을 망쳐놓고
말았다. 자만하는 사람이여, 화를 내는 것은 본성 때문이라고 변명하
지 말고 원래 좋은 본성을 주셨음에 대하여 감사하라. 본성의 샘은 죄
가 독약을 풀어넣기 전에는 순수하였다.

② 당신의 본성은 난폭하고 화를 내도록 되어 있는 것인가? 이것이

본성이 나쁜 만큼 내 행동도 나빠도 된다는 변명이 될 수는 없다. 그것은 더 가증스러운 독을 뿜는 두꺼비의 본성이다. 만일 어떤 사람이 훔치다 잡혀서 재판관에게 "용서하여 주십시오. 훔친 것은 내 본성 때문입니다"라고 말하였다 하자. 이것이 변명이 되겠는가? 재판관은 "너는 차라리 죽어 마땅하다"고 말할 것이다. 죄인들이여 새 본성을 얻으라. "혈과 육은 하나님 나라를 유업으로 받을 수 없다"(고전 15 : 50).

7. 온유의 은혜를 어떻게 얻을 수 있는가?

이 놀라운 온유의 은혜를 소유하려면 나는 어떻게 하여야 하는가?

(1) 시시때때로 그리스도의 온유하심을 바라보라. 글을 잘 쓰는 학자는 수시로 좋은 모범적인 글을 살펴볼 눈을 가졌다.

(2) 하나님이 당신의 심령을 온유하게 해 주시도록 진지하게 기도하라. 하나님은 모든 은혜의 하나님으로 불리운다(벧전 5 : 10). 그분은 모든 은혜를 선물로 주신다. 그분에게 이 온유의 은혜를 주시도록 간청하라. 만일 어떤 사람이 이 땅에서 모든 생계수단의 후원자라면 사람들이 그에게 생계수단을 간청할 것이다. 하나님은 모든 은혜의 후원자이시다. 그분에게 간청하자. 자비는 은혜의 문을 통하여 들어온다. "그래도 이스라엘 족속이 이와 같이 자기들에게 이루어 주기를 내게 구하여야 할지라"(겔 36 : 37). 온유는 우리가 원하는 품목이다. 우리를 위하여 은혜를 생산하시도록 하늘에다 우리의 중개자인 기도를 올려 보내자. 믿음으로 기도하자. 믿음이 기도를 움직이도록 부추길 때 기도는 하나님이 움직이시도록 힘을 쓴다. 모든 하늘의 축복은 이 기도의 황금관을 통하여 우리에게 흘러온다.

13
영적 주림의 본질

"의에 주리고 목마른 자는 복이 있나니"(마 5 : 6).

우리는 이제 팔복의 네번째 단계에 왔다. "주린 자는 복이 있나니." 이 말씀은 두 부분으로 나누어진다. 함축된 본뜻과 덧붙인 약속이다.

함축된 본뜻 : "주린 자는 복이 있나니." 영적 주림은 복된 주림이다.

주림이란 말의 의미가 무엇인가? 주림은 사모하는 것이다(사 26 : 9). 영적 주림은 영혼에 가장 적합하고 어울리는 것을 이해하고 그것을 갈구하는 이성적 욕구이다.

이 주림은 어디로부터 나오는가? 이 주림은 부족을 느끼는데서 나온다. 영적으로 주린 사람은 그 자신의 빈곤을 참으로 느낀다. 그는 의롭게 되기를 원한다.

1. 의에 대한 주림

의가 의미하는 바가 무엇인가? 전가된 의와 심겨진 의, 두 가지의 의가 있다.

(1) 전가된 의, 즉 그리스도의 의. "그 이름은 여호와 우리의 의라 일

컬음을 받으리라"(렘 23 : 6). 그리스도의 의는 우리에게 주시기 위한 것인 만큼 이것은 우리를 의롭게 하기 위하여 참으로 우리의 것이 된다. 이 의 덕분에 하나님은 우리가 전혀 죄를 짓지 않은 것으로 간주하신다(민 23 : 21). 이것은 완전한 의이다. "너희도 그 안에서 충만하여졌으니"(골 2 : 10). 이것은 덮어줄 뿐만 아니고 아름답게 꾸며준다. 이 의를 가진 사람은 가장 저명한 성도들과 동등하다. 가장 약한 신자도 가장 강한 자만큼 의롭다 하심을 얻는다. 이것이 그리스도인의 승리이다. 그가 자신을 더럽힐 때 그의 머리되시는 주님께서 깨끗하게 하여 주신다. 이 복된 의로 말미암아 우리가 천사들보다 더 밝게 빛나게 된다. 이 의야말로 얻기 위하여 갈급해 할만한 가치가 있다.

(2) **심겨진 의.** 이것은 선천적 의로서, 즉 성령의 은혜들이요, 마음과 생활의 거룩함을 말하는데, 루터에 대항한 로마 가톨릭 주교인 카예탄이 "보편적 의"라고 부른 것이다. 경건한 영혼은 이것을 가지기를 소원한다.

이것은 복된 주림이다. 육신적 주림이 사람을 비참하게 만드는 것보다 훨씬 깊게 영적인 주림이 그를 복되게 만든다. 이것은 생명이 있음을 입증한다. 죽은 사람은 배고플 수가 없다. 배고픔은 살아있기 때문에 진행되는 것이다. 아기가 갓 태어나서 맨처음으로 하는 일은 엄마 가슴을 더듬으며 배고파하는 것이다. 영적인 주림은 새로 태어난 후 곧 따라오는 것이다(벧전 2 : 2). 성 버나드는 그의 독백 가운데 이렇게 자신을 위로하였다. 즉 그는 틀림없이 그의 안에 은혜의 진리를 가지고 있는데 왜냐하면 그가 그의 마음 가운데 강렬하게 하나님을 바라는 욕구를 가졌기 때문이라는 것이다. 우리가 가져야 할 것을 가지지 못했어도 우리가 가지지 못한 것을 열망하고 있을 때 그것은 행복이다. 욕구는 음식에 대해서 뿐만 아니라 하나님에 대한 것도 있다.

2. 명제로부터 끌어낸 추론

(1) 여기서 하나님께서 하늘의 것에 대하여 얼마나 낮은 값을 매기셨는가를 보라. 그것은 다만 배고파하고 목말라하기만 하면 된다. "너희 목마른 자들아 물로 나아오라 돈 없는 자도 오라 너희는 와서 사 먹되 돈없이 값없이 와서 포도주와 젖을 사라"(사 55 : 1). 우리는 가톨릭 교도처럼 무슨 공로를 가지고 오라는 명을 받지도 않았고 의를 사기 위하여 돈뭉치를 가지고 오라는 말씀도 듣지 않았다. 부유한 사람은 그렇게 하기가 싫을 것이다. 해야 할 일이란 간절히 바라기만 하면 되는 것이다. 그리스도께서 모든 의를 다 이루셨다. 우리는 단지 그 의에 대해서 주리고 목말라 하면 된다. 이것은 할만한 것이고 또한 합리적이다. 하나님은 우리에게 기름의 강을 요구하시지 않고 한숨과 눈물을 요구하신다. 복음으로 초대할 때는 값이 없다. 만약 친구를 손님으로 초대할 때에는 음식값을 지불할 돈을 가져오기를 기대하지는 않는다. 다만 왕성한 식욕을 가지고 오기만 바랄 뿐이다.

그와 같이 하나님께서도 말씀하시기를 내가 요구하는 것은 고행이나 성지순례나 자기 의가 아니라고 하신다. 다만 식욕만 가지고 오라. 의에 주리고 목말라 하기만 하라. 하나님은 그리스도와 구원에 높은 값을 매기실 수도 있었으나 그 값을 형편없이 깍아 내리셨다. 이제 이것이 하나님의 온유하신 품성을 나타내는 것이기 때문에—하나님은 엄한 주인이 아니시다—그것은 또한 복음 아래서 망하는 자들이 변명할 수 없음을 보여준다. 심판날에 하나님께서 친구여 왜 그리스도를 받아들이지 않았는가 하고 물으실 때 누가 무슨 변명을 할 수 있겠는가? 내가 그리스도와 은혜에 낮은 값을 매겨 놓았다. 너는 의에 주려하기만 하면 되었는데 너는 그리스도를 가볍게 여겼다. 네가 의에 주린 마음이 없었던 것은 네가 그것을 우습게 보았기 때문이다. 그렇게 큰 구원을 게을리 한 사람이 어떻게 심판을 면하리라 생각하는가? 복음의 조건이 쉬울수록 귀한 제의를 무가치한 것으로 거절해버린 사람들이 당할 벌은 더 쓰라린 것이다.

(2) 그것은 신앙인의 참된 성격을 보여준다. 그는 영적인 일에 주리고 목말라 한다(사 26 : 9; 시 73 : 25). 참된 성도는 갈망의 날개를 타고 날아다닌다. 하나님을 찾아 목말라 하는 것은 바로 은혜받은 영혼의 기질과 체질이다(시 42 : 2). 주의 말씀을 얼마나 갈망하는가! 그의 영혼의 열망을 몇 가지 들어보자. "주여, 당신께서 저를 당신의 뜰로 인도하셨습니다. 아, 제가 당신의 부드러운 모습을 가지게 되다니, 당신의 영광이 성령의 전인 저의 몸을 가득 채웁니다! 이 몸은 당신의 화실(畵室)입니다. 저의 영혼에 은혜로운 거룩한 용모를 그리시면 점점 더 사랑하는 주님의 모습을 닮아가고 변하여 갈 것입니다." 기도 중에 영혼이 얼마나 열정적으로 그리스도를 사모하는 것으로 가득차게 되는가! 기도는 "말할 수 없는 탄식"(롬 8 : 26)이라고 표현된다. 마음은 하늘로 한숨을 연속적으로 보낸다. 주님, 당신의 사랑의 빛 한 줄기라도 주옵소서! 당신의 피 한방울이라도 주옵소서!

3. 의에 주리지 않는 자에 대한 힐책(또는 꾸중)

이 성경구절은 영적 주림에 무관심한 사람을 꾸짖는다. 그들은 서둘러 갈망하지 않는다. 그들의 감동의 칼날은 무디어졌다. 열병을 앓아서 혓바닥이 쓸개처럼 쓰게 된 사람에게는 꿀이라도 달지 않다. 그러므로 영혼의 병을 앓고 있어 쓴 쓸개를 물고 있는 사람은 하나님이나 신앙생활에서 단 맛을 찾지 못한다. 죄가 그들에게 더 달콤한 맛으로 느껴지기 때문에 그들은 영적으로 배고픔을 느끼지 않는다. 이 의에 대한 주림이 없는 사람은 아래의 일곱 가지 증거에 의하여 나타난다.

(1) 그들은 결코 어떤 공허도 느끼지 않는다. 그들은 그들 자신의 의로 가득차 있다(롬 10 : 3). 이제 위가 가득 찼으니 꿀벌집도 싫은 것이다. 이것이 라오디게아의 병이다. 라오디게아 교회는 배가 불러

서 그리스도의 황금도 안약도 받아들일 위가 없었다(계 3 : 17). 사람이 교만으로 가득차면 이 헛배부른 병이 거룩한 갈망을 방해한다. 위장이 바람으로 가득차면 입맛을 망쳐놓는다. 자기는 가득찼다고 생각하는 사람만큼 은혜가 텅빈 사람은 없다. 의가 가장 필요한 사람이 가장 적게 그것을 원한다.

 (2) 의에 주리지 않는 사람은 그들이 그것 없이 충분한 대용품을 붙잡고 있기 때문에 금방 드러난다. 항아리에 기름, 즉 즐길 세상이 있는 사람은 아주 만족해한다. 은혜란 찾는 사람이 가장 적은 상품이다. 여러분은 사람들이 건강을 잃었다고, 또 장사가 안된다고 불평하는 것은 들었을 터이지만 의가 부족하다고 불평하는 사람은 좀처럼 보기 힘들 것이다. 만일 사람이 한 두끼 굶으면 그 자신은 반쯤은 망했다고 생각하지만 그러나 은혜의 통로가 되는 하나님의 말씀은 없어도 끄떡도 하지 않고 지낸다. 의 없이도 만족해 하는 사람이 의에 주리겠는가? 아니다. 그는 복음의 잔치에 빠질 변명을 늘어놓으려고 할 것이다(눅 14 : 18). 먹는 것에서 빠지려고 변명을 늘어놓는 사람은 식욕이 없는 것이 틀림없다.

 (3) 음식보다는 잠자기를 더 원하는 사람이 있다면 그것은 그가 이 영적 주림과는 아무런 상관이 없다는 표이다. 그들은 배고픈 것보다는 더 졸리워한다. 낮잠 한숨 자고 말씀연구를 하겠다고 하는 사람들에게 나는 그리스도가 베드로에게 하신 말씀처럼 하고 싶다. "네가 한시 동안도 깨어 있을 수 없더냐"(막 14 : 37). 식사 도중에 졸고 있는 사람을 보면 참 이상하다. 어떤 사람들은 깊은 잠에 빠져 있는 자도 있다. 그들은 안전하게 잠들고 있어 영혼을 깨우는 목회를 미워한다. 그들이 잘 동안도 "저희 멸망은 자지 아니하느니라"(벧후 2 : 3).

 (4) 사람들이 그들의 음식을 거절하기 때문에 그들이 영적으로 주리지 아니한 것이 나타난다. 그리스도와 은혜가 제공되어도, 아니, 그

들에게 강권하여도 그들은 고집센 아이가 젖가슴을 뿌리치듯이 구원을 마다한다(시 81 : 11 ; 행 13 : 46). 복된 말씀은 멀리하면서도 계시를 달라고 요구하는 것이 여러분 사이에 있는 광신자요 열광자들이다. 음식없이도 살 수 있다고 말하는 것은 이상한 계시이다. 이들은 만나보다 옥수수껍질을 더 좋아한다. 그들은 "공중권세 잡은 자"가 먹여주는 대로 허황된 생각에 따라 살고 있다.

(5) 음식을 즐거워하는 것보다 접시를 장식하는 것을 더 기뻐하는 것은 그들이 이 영적 주림과는 아무 관계가 없다는 표이다. 이것은 설교에 있어서 실속있는 알맹이보다 우아함과 좋은 느낌을 더 추구하는 경우도 된다. 건강에 좋은 음식은 소홀히 하고 겉만 번지르르한 음식만 잔뜩 먹어 방종한 구미를 맞추고 위장은 과식을 주장한다. "누구든지 다른 교훈을 하며 바른 말 곧 우리 주 예수 그리스도의 말씀과 경건에 관한 교훈에 착념치 아니하면 저는 교만하여 아무것도 알지 못하고 변론과 언쟁을 좋아하는 자니"(딤전 6 : 3, 4). 가장 소박한 진리가 그 속에 아름다움을 가지고 있다. 자기들의 공상을 잔치로 떠벌리기만을 바라는 사람들은 영적 주림이 없는 사람들이다. 이들에 대하여 선지자는 이렇게 말하였다. "그들이 너를 음악을 잘하며 고운 음성으로 사랑의 노래를 하는 자같이 여겼나니 네 말을 듣고도 준행치 아니하거니와"(겔 33 : 32). 어떤 사람이 잔치에 초대를 받아서 그 잔치에서 음악이 나올 때 그 사람이 음식에는 관심이 없고 음악에만 귀를 기울인다면 틀림없이 그 사람은 배가 고프지 않은가보다라고 말할 것이다. 그러므로 사람이 영적인 면보다 어떤 사실의 짤랑거리는 말이나 무용담을 더 좋아한다면 그것은 그들의 위가 포식하였고 "가려운 귀"를 가졌다는 표가 된다.

(6) 사람들이 의에 앞서서 다른 것들, 즉 그들의 이익이나 오락을 더 좋아한다면 그들은 의에 거의 주리지 않는다는 것을 입증한다. 저녁식사에 와야할 소년이 거리에서 놀고 있다면 그것은 그가 음식먹을

식욕이 없다는 표가 된다. 그가 배가 고프다면 음식을 제쳐놓고 놀기를 더 좋아하지 않을 것이다. 그러므로 사람들이 그리스도의 보혈과 성령의 은혜보다 아무런 유익도 없는 헛된 것들을 더 좋아한다면 그것은 그들이 천국의 일들에 대해서는 아무런 입맛도 없고 들어갈 위장도 없다는 표이다.

(7) 사람들이 신앙생활에 있어서 실천보다 논쟁을 더 좋아한다면 그것은 영적으로 주리지 않다는 표이다. 어떤 사람이 큰 잔치 꿈을 꾸었는데 거기 보니 어떤 사람이 단단한 돌멩이를 물어뜯고 있었다고 한다. 그것은 사람들이 다만 어려운 질문이나 논쟁(딤전 6 : 3, 4)만을 먹는 것과 같은데, 예컨대 마음에 은혜의 역사가 없는 사람과 함께 일해야 하느냐 마느냐, 교회가 실수를 했을 때 떠나야 하느냐 마느냐, 유아세례에 대해서 어떻게 생각하느냐 등등의 문제이다. 이들 신앙생활에 있어서의 미세한 문제나 비평적인 것들이 사람들의 머리를 사로 잡아서, 믿음과 거룩함에 대해서 게을리하면 이것은 뼈를 물어뜯는 것이요 살은 먹지 못한다. 신앙생활에 있어서 회의주의자들은 머리는 뜨겁지만 가슴은 차다. 의에 주리고 목마른 사람들은 스스로에게 이와 같은 물음을 제기할 것이다. 구원받기 위해서 어떻게 해야 하는가? 우리를 부르심과 택하심을 어떻게 하면 확실하게 만들 수 있는가? 어떻게 하면 우리의 부패를 억제할 수 있는가? 그러나 물거품같은 주장이나 논쟁을 위한 논쟁에다 자기들의 시간을 얽어매는 사람들에게는 나는 확실히 말할 수 있다. 그들은 이 본문과는 거리가 먼 사람들이다. 그들은 의에 주리고 목마르지 않다.

4. 주림이 의에 대한 주림이 아닌 자에 대한 힐책

하나님의 말씀은 의에 대하여 주리고 목마른 대신 부에 대하여 목말라 하는 자를 꾸중한다. 이것은 탐욕스러운 사람들의 목마름이다. 그들은 만나가 아니라 부를 갈망한다. "가난한 자의 머리에 있는 티

끝을 탐내며…"(암 2:7). 이것은 거의 모두가 시달림을 받는 병인데, 곧 세상에 대한 무절제한 욕망이다. 그러나 이러한 것들은 뇌물로 마신 술이 목마른 사람의 갈증을 풀어주지 못하듯이 만족이 없다. 탐심은 우상숭배다(골 3:5). 너무나 많은 개신교 신자들이 그들의 마음의 성전에다 황금의 우상을 세워놓고 있다. 이 탐심의 죄는 가장 뿌리를 뽑기가 힘든 것이다. 통상 다른 죄들이 사람을 떠나도 이 죄는 머물러 있다. 방종한 것이 젊은 사람들의 죄라면, 세상 사랑은 나이든 사람의 죄이다.

하나님의 말씀은 불의한 것에 대해서 주리고 목말라 하는 사람들을 힐책한다. 이제 나는 세 종류의 사람을 고발하려고 한다.

(1) 성경은 다른 사람의 땅과 소유물을 갈망하는 자를 꾸짖는다. 이것을 성경은 중한 죄라고 부른다(암 5:12). 이를테면 아합은 나봇의 포도원을 갈망하였었다. 우리가 살고 있는 시대는 굶주린 시대이다. 우리는 이와 같은 주림과 목마름을 많이 가졌기 때문에 그렇게도 많은 국가적 도둑들을 만들어낸 것이다. 사람들은 자신들을 깃털로 장식하기 위하여 다른 사람들의 양털을 마구 깎아댄다. 사무엘이 얼마나 용감한 도전을 하였는가. "내가 여기 있나니 여호와 앞과 그 기름 부음을 받은 자 앞에서 내게 대하여 증거하라 내가 뉘 소를 취하였느냐 뉘 나귀를 취하였느냐 누구를 속였느냐 누구를 압제하였느냐 내 눈을 흐리게 하는 뇌물을 뉘 손에서 취하였느냐"(삼상 12:3). 누구 소를 취하였느냐, 이처럼 힘있게 말할 수 있는 사람은 드물다. 누구 집을 약탈하였느냐? 누구 재산을 몰수하였느냐? 아니, 누구 소를 취하지 않았느냐고 물어야 할 판이다. 불의하게 얻은 재물은 3대를 가지 못한다. 약탈자에 대한 저주를 읽으라. "화 있을진저 너 학대를 당치 아니하고도 학대하며 속임을 입지 아니하고도 속이는 자여 네가 학대하기를 마치면 네가 학대를 당할 것이며 네가 속이기를 그치면 사람이 너를 속이리라"(사 33:1). 아합은 마귀가 그의 영혼을 데려가고 개들이 그의 피를 핥음으로 그 포도원에 대해 비싼 값을 치르었다

(왕상 21 : 19). 약탈로 산 사람은 어리석게 죽는다. "불의로 치부하는 자는 자고새가 낳지 아니한 알을 품음 같아서 그 중년에 그것이 떠나겠고 필경은 어리석은 자가 되리라"(렘 17 : 11).

(2) 성경은 보복에 주리고 목말라하는 사람을 꾸짖는다. 이것은 마귀적인 갈증이다. 해 받은 것을 덮어주는 것이 더 그리스도인다운 것이고 신중한 것이지만 우리의 본성은 이 보복의 병으로 기울어지기가 쉽다. 우리는 꿀벌의 꿀이 아니라 꿀벌의 침을 가지고 있다. 이성의 막대기를 부러뜨린 악은 야만스럽게 자라나서 피를 보고야 만다. 이교도들은 그 복수심에 불타는 격정의 핏줄이 막혔다가 분출되기 시작하면 그리스도인들에게 덤벼오른다. 나는 주전 4세기경의 아테네 정치가인 포치온이란 사람에 대해서 읽은 적이 있는데, 그는 잘못 사형선고를 받게 되자 그의 아들이 아테네 사람들이 그에게 가한 해를 기억하지 말고 그의 피에 대해서 복수하지 않기를 원하였다고 한다.

(3) 성경은 깨끗지 못한 정욕을 만족시키기를 주리고 목말라 하는 사람들을 꾸짖는다. 죄인들은 "욕심으로" 죄를 짓는다고 한다(엡 4 : 19). 그래서 암논은 다말의 순결을 더럽힐 때까지 앓아 누웠었다(삼하 13). 배고픈 사람이 음식에 열중하는 것은 악한 사람이 죄에 열중하는 것과 결코 다를바 없다. 그리고 사단은 사람이 그러한 식욕을 가진 것을 보면 대개 그는 그들이 좋아하는 요리를 제공하기 마련이다. 그는 그들 앞에 금단의 나무를 둘 것이다. 죄를 짓기에 목말라 하는 사람은 부자가 지옥에서 그의 혀를 서늘하게 할 물 한방울 얻지 못한 것처럼 목마를 것이다.

5. 영적 주림의 다섯 가지 표

우리가 의에 주리고 목말라 하는가 스스로 시험하여 보자. 나는 여러분이 이 주림을 판단할 수 있는 다섯 가지 표를 제시하겠다.

(1) 주림은 고통스러운 것이다. 에서는 사냥에서 돌아왔을 때 거의 배고파 죽을 지경이었다(창 25 : 32). "주리고 목마름으로 그 영혼이 속에서 피곤하였도다"(시 107 : 5). 그러므로 의에 주린 사람들은 영혼이 고민 속에 있고 의를 찾아 피곤하기 쉽다. 그는 그리스도와 은혜가 부족함을 발견한다. 그는 그의 영적 주림이 누그러지고 가라앉을 때까지 고민하고 고통 중에 있다.

(2) 주림은 음식 말고는 아무것도 만족하게 해 줄 수가 없다. 배고픈 사람에게 꽃, 음악을 가져다 주어보라. 재미나는 이야기를 해주어 보라. 음식 말고는 아무것도 그를 만족시킬 수 없을 것이다. 삼손은 "내가 이제 목말라 죽어서 할례받지 못한 자의 손에 빠지겠나이다"(삿 15 : 18)고 말하였다. 그러므로 의에 주리고 목마른 사람은 "내게 그리스도를 주십시오. 그렇지 않으면 내가 죽겠나이다"라고 말할 것이다. "주여 내가 그리스도 없이 다니는 것을 보시면서 내게 무엇을 주시려나이까? 내가 비록 세상에서 부분적으로 부와 명예와 존경을 받고 있지만 그것이 무엇이란 말입니까? 그리스도 없이는 모든 것이 아무것도 아닙니다. 주님을 내게 주십시오. 그러면 그것이 나를 만족케 할 것입니다. 그리스도가 내게 옷 입히고, 그리스도가 나를 먹이시고, 그리스도가 나를 위하여 중재하도록 하여 주십시오." 영혼은 그리스도 없이는 안식이 없다. 그리스도의 피의 샘만이 영혼의 갈증을 풀 수가 있다.

(3) 배고프면 음식을 위하여 어려움과 씨름하고 모험을 시도한다. 우리는 배고프면 돌로된 벽도 깨뜨린다고 말한다(창 42 : 1, 2참조). 영적으로 주린 영혼은 단호하여, 그리스도를 가져야만 하고, 은혜를 받아야만 한다. 그리고 바질의 표현을 빌린다면 주린 영혼은 주려서 찾는 것을 차지하여 즐길 때까지는 거의 미친듯이 마음을 가누지 못한다.

(4) 배고픈 사람은 맹렬한 식욕으로 그의 음식에 몰두한다. 배고픈

사람에게 연설이 필요없고 음식먹으라고 설득할 필요가 없다. 그처럼 의에 주린 사람은 말씀을 열심히 먹는다. "내가 주의 말씀을 얻어 먹었사오니"(렘 15 : 16). 성례식에서 그는 간절한 마음으로 주님의 살과 피를 먹는다. 하나님은 우리가 생명의 떡을 굶주린듯이 먹는 것을 보기를 좋아하신다.

(5) 배고픈 사람은 음식의 맛을 즐긴다. 그러므로 의에 주린 사람들은 하늘의 일들의 맛을 즐긴다. 그리스도는 그에게 가장 기름진 음식이다. 그렇다. 바로 기쁨의 진수이다. "너희가 주의 인자하심을 맛보았으면 그리하라"(벧전 2 : 3). 영적으로 주린 사람은 하나님의 약속을 달게 느낀다. 아니, 꾸중도 달게 느낀다. "주린 자에게는 쓴 것이라도 다니라"(잠 27 : 7). 쓴 꾸중이 달다. 그는 복음의 몰약을 꿀과 같이 먹을 수 있다.

이들 시험의 내용으로 우리는 우리가 의에 주리고 목마른지 아닌지 스스로 판단할 수 있을 것이다.

6. 영적 주림을 아는 사람들에 대한 위로

하나님 말씀은 의에 주리고 목마른 자들을 위로해 줄 것이다. 의심할 바 없이 그것은 더 거룩해지지 못해서, 그리고 하나님을 더 잘 섬기지 못해서 안타까워 하는 많은 선한 마음들의 슬픔이기 때문이다. "주린 자는 복이 있나니." 비록 여러분이 원하는 만큼 의롭지 못해도 여러분이 그것에 주리기 때문에 복이 있다. 선한 욕망은 참된 그리스도인의 가장 좋은 증거이다. 행동은 모조품일 수가 있다. 사람은 나쁜 목적으로 선한 행동을 취할 수가 있다. 예후가 그렇게 하였다. 행동은 강제적일 수가 있다. 사람이 선한 행동을 강요받으면서도 선해질 의사는 없을 수도 있다. 그러므로 우리는 선한 욕망을 소중히 여기고, 하나님도 그들을 복주시는 것이다. 때로는 하나님의 자녀가 자신이 보여줄 것은 아무 것도 없고 다만 욕망만 간절한 경우가 있다. "주의 이름을 경외하기를 기뻐하는 종들의 기도를 들으시고"(느 1 : 11).
이 의에 대한 주림은 사랑에서 나온다. 사람들은 그들이 사랑하지 않는 것을 갈망하지 않는다. 여러분이 그리스도를 사랑하지 않으면 여러분은 그분에 주릴 수가 없다.

7. 영적, 육적 주림의 여섯 가지 차이점.

그러나 어떤 사람은 이렇게 말할지도 모른다. 만일 내 주림이 바른 것이라면 내가 그로 인해 위로를 받을 수 있겠지만, 나는 그것이 모조품일까 두렵다. 위선자들도 그들의 욕구가 있는 것이 아닌가.

이렇게 의심하는 그리스도인을 보다 잘 가라앉힐 대답으로, 나는 참된 욕망과 거짓 욕망, 영적인 주림과 육적인 주림의 차이를 보이겠다.

(1) 위선자들은 은혜 그 자체를 갈망하는 것이 아니다. 그는 은혜를 단지 그를 천국으로 인도하는 다리 역할로써 바라는 것이다. 그는 은혜를 영광 만큼 열심있게 추구하지 않는다. 그는 의의 길을 의의 면류관 구하듯이 갈망하지 않는다. 그의 욕망은 그리스도를 닮게 되는 것이 아니라 그리스도와 더불어 통치하는 것이다. 이것은 발람의 욕망이다. "나는 의인의 죽음같이 죽기를 원하며"(민 23 : 10). 이와 같은 욕망은 저주받은 자들 가운데서 찾을 수 있는 것이다. 이것이 위선자의 주림이다. 그러나 하나님의 자녀는 은혜 그 자체를 갈구하고 그리스도 그분 자체를 바란다. 믿는 자에게는 천국만 귀한 것이 아니라 그리스도도 귀하다(벧전 2 : 7).

(2) 위선자들의 욕망은 조건적이다. 그는 천국과 그의 죄들을, 천국과 그의 교만을, 천국과 그의 탐욕을 한꺼번에 가지려고 한다. 복음서에 나오는 젊은이는 그의 이 땅 위의 소유를 유지하는 조건으로 천국을 얻기를 원했다. 많은 사람들은 그리스도를 원하면서도 괄시하지

못하고 오히려 즐기는 어떤 죄를 가지고 있다. 이것이 위선자들의 주림인데, 그러나 참된 욕망은 무조건적이다. 그 영혼은 이렇게 말한다. "어떤 조건으로라도 그리스도를 나에게 주십시오. 하나님이 어떤 조항을 제시하시더라도 나는 거기에 따르겠습니다. 하나님이 나 자신을 부인하기를 원하십니까? 죄를 억제하기를 바라십니까? 내가 그리스도만 가질 수 있다면 무엇을 해도 만족하겠습니다." 위선자들은 그리스도를 모시기를 원하면서도 그분을 위하여 정욕을 떠나는 것은 지독히도 싫어한다. 그들은 세들어 살면서 집세를 지불하기 싫어하는 사람과 같다.

(3) 위선자들의 욕망은 욕망에 그칠 뿐이다. 그들은 게으르고 둔하다. 참 신자는 선한 일에 자극을 받으면 "내 마음은 벌써 거기가 있다"고 말할 것이다. "게으른 자의 정욕이 그를 죽이나니 이는 그 손으로 일하기를 싫어함이니라"(잠 21 : 25). 이솝우화에 보면 마차가 진흙에 빠지니까 어깨로 바퀴를 들고밀면 되는데도 힘이 장사인 헤르클레스에게 도와달라고 부르짖기만 하는 농부 이야기가 나온다. 많은 사람들이 이 사람처럼 서 있기만 한다. 사람들은 구원받기는 원하면서도 고통은 받으려고 아니한다. 두레박을 우물에 넣지 않으려고 하면서 물마시기를 바라는가? 그러나 참된 욕망이라면 노력으로 서둘러 달려간다. "밤에 내 영혼이 주를 사모하였사온즉 내 중심이 주를 간절히 구하오리니"(사 26 : 9). "천국은 침노를 당하나니 침노하는 자는 빼앗느니라"(마 11 : 12). 사랑으로 병든 신부는 비록 그가 다치고 웃옷을 빼앗겼어도 여전히 그리스도를 좇아간다(아 5 : 7). 독수리가 먹이를 갈망하면 그것에 쏜살같이 내려 가듯이 욕망이 있으면 그것은 영혼이 달려갈 수 있는 촉매 역할을 한다. "살륙당한 자 있는 곳에는 그것도 거기 있느니라"(욥 39 : 30). 독수리는 먹이를 찾는데 날카로운 통찰력이 있고, 그것으로 날아가는 빠른 날개가 있다. 그러므로 의에 주린 영혼은 모든 거룩한 말씀들에 따라서 그것에 신속하게 옮겨간다.

(4) 위선자의 욕망은 값싼 것이다. 그는 영적인 것들을 원하면서도 그것을 공짜로 얻으려 한다. 그는 그의 정욕을 위해서는 얼마의 돈이 들든지 상관하지 않는다. 그는 술취한 친구들에게 쓸 돈은 있어도 하나님의 명령을 지키는 일에 쓸 돈은 없다. 위선자들은 자신의 신앙생활은 치켜 올리면서도 목회자들의 생활비는 깎아 내린다. 그러나 참된 욕망은 비용이 많이 든다. 다윗은 값없이 번제를 드리려 하지 않았다(대상 21 : 24). 배고픈 사람은 사마리아가 포위당했을 때 있었던 것처럼 음식을 위하여는 무엇이라도 줄 것이다(왕하 6 : 25). "값진 진주"를 위하여 몇 개 안되는 은을 내어 놓으려고 하는 사람은 결코 그리스도에 주리지 않은 사람이다.

(5) 위선자들의 욕망은 번쩍하다가 마는 일시적인 것이다. 그것은 바람이 한쪽 모퉁이에 오래 머물지 않는 것처럼 빨리 사라지는 것이다. 혹은 금새 사라져 버리는 급성 발작과 같은 것이다. 위선자가 법적인 두려움이나 고난 속에 있을 때 다소간 선한 욕망을 가지다가 그 급성발작은 금방 사라져 버린다. 그의 선한 행위는 맹렬히 타는 유성과 같이 곧 소실되어 사라진다. 그러나 참된 욕망은 꾸준하다. 성경본문의 이 헬라어가 분사로 되어있는 점을 주목할 필요가 있다. "주리고 있는 자는 복이 있나니." 비록 그들이 의를 가졌어도 아직도 더 많은 의에 주리고 있는 것이다. 위선자들은 의를 손목 시계를 힐끗 보는 동작으로 바란다. 경건한 사람의 욕망은 일생동안 계속 뛰는 맥박과 같은 것이다. "주의 율례를 항상 사모함으로 내 마음이 상하나이다"(시 119 : 20). 이 사모함 때문에 마음이 상하는 것을 금방 사라지는 것으로 생각할 수 없는 것은 "항상"이란 말이 덧붙여져 있기 때문이다. 다윗이 하나님을 갈망하는 것은 일시적 홍분으로 혈색이 좋아진 모습이 아니고 그의 영혼에서 우러난 변치않는 안색이었다. 성전에서는 밤에도 불이 꺼지지 않았다. "불은 끊이지 않고 단 위에 피워 꺼지지 않게 할지니라"(레 6 : 13). 여기에 우리가 거룩한 애정과 욕망을 항상 불태워야 한다는 신비한 의미가 들어있다고 시릴은 말하였다.

(6) 위선자들의 욕망은 시기에 맞지 않는다. 그들은 때를 잘 맞추지 못한다. 그들은 너무 늦어버릴 때까지 의에 주리는 것을 미룬다. 그들은 문 닫힌 후에 와서 문을 두드리는 어리석은 처녀들과 같다(마 25 : 11). 건강하고 번영할 때에는 애정의 흐름이 다른 길로 달린다. 위선자들이 갈망하는 것은 죄이지 의가 아니다. 그가 죽게 되고 더 이상 죄를 가지고 있지 못하게 될 때에 그를 천국으로 데려다 줄 여권으로서 은혜를 가지려고 한다(눅 13 : 25). 이것이 위선자들의 잘못이다. 그들의 믿음은 너무 이르고 그들의 욕망은 너무 늦다. 그들의 믿음은 그들의 유아기인 아침에 싹뜨기 시작한다. 그들은 그들이 기억조차 할 수 없을 때부터 믿어왔지만 그리스도에 대한 욕망은 늙어 저녁이 되어도 싹뜨지 않는다. 판결이 난 다음에야 용서를 갈망하는 사람처럼 그들은 마지막 숨을 내뿜을 때에야 그리스도를 향한 욕망을 내어 놓는다. 몸져 누울 정도로 바라는 것이 있다 할지라도 그것이 이루어질까 하고 의심스럽지만 참된 욕망은 시기 적절하여 때를 놓치지 않는다. 은혜로운 마음은 먼저 하나님의 나라를 구한다(마 6 : 33). 다윗의 하나님에 대한 갈망은 일렀다(시 63 : 1). 지혜로운 처녀들은 신랑이 도착하기 전에 때 맞추어 그들의 기름을 준비했다. 이로써 우리는 참되고, 잘못된 주림의 차이를 보게 된다. 이 참된 주림을 찾을 수 있는 사람은 복된 사람이고 그 안에서 위로를 받을 수 있을 것이다.

8. 믿는 자의 염려에 대한 답변

그러나 어떤 사람들은 이렇게 염려할 것이다. "나의 의에 대한 주림이 이렇게 약한데 혹시 이것이 가짜가 아닌가 두렵다."

나의 대답은 다음과 같다. "맥박이 약하다 해도 그것은 생명이 있음을 보여준다. 그리고 약한 욕망이라 해도 낙담하지 말아야 할 것은 그런 자에 대한 약속이 있기 때문이다." "상한 갈대를 꺾지 아니하며" (마 12 : 20). 갈대는 원래 약한 것인데 특히 그것이 상했을 때는 더 약하지만 이 "상한 갈대"도 꺾지 않으시고 아론의 마른 지팡이와 같이 싹이 나고 꽃이 피도록 하신다는 것이다. 약한 경우에는 당신의 대제사장 되신 그리스도를 바라보라. 그는 자비하시기 때문에 당신의 연약함을 참으시고 그는 강하시기 때문에 당신을 도우실 것이다.

더 나아가서, 여러분의 의에 대한 갈망이 약하고 무기력해도 때로는 그리스도인들의 영적 재산을 감정에 의해서라기 보다도 판단에 의해서 재는 것이 좋을 때가 있다. 당신의 판단으로 당신은 무엇을 가장 높이 평가하는가? 그리스도와 은혜인가? 그렇다면 이것은 천국을 얻을 좋은 증거가 된다. 그것은 바울이 그리스도를 온전히 사랑한 표가 되었는데 왜냐하면 그는 이 진주를 무엇보다도 높이 평가하였기 때문이다. 그가 다른 것들을 배설물로 여긴 것은 "그리스도를 얻고 그 안에서 발견되려"함이라고 말하였다(빌 3 : 8).

그러나 어떤 하나님의 자녀는 이렇게 말할 것이다. "나의 위로는 많이 이지러졌고 내가 한 때 가졌던 간절함은 지금은 없다. 그 때는 내가 안식일을 사모하였고 그래서 만나가 내렸었다. 내가 안식일을 기쁨이라 불렀었다. 나는 주님의 살과 피에 주리하던 때를 기억한다. 나는 성찬식에 주린 사람이 잔치에 가듯이 갔었지만 지금은 나와는 상관없는 일이 되어버렸다. 나는 이전과 같은 주림이 없다."

나의 답변은 다음과 같다. 사람이 식욕을 잃는다는 것은 분명히 좋지 못한 징조이다. 영적인 식욕을 잃은 것이 은혜가 떨어진 표이기는 해도, 잃은 것을 애통해 하는 것은 은혜를 가진 표이다. 우리의 처음 사랑을 잃은 것은 슬픈 일이지만 우리가 우리의 처음 사랑 잃은 것을 애통해 할 때 그것은 복된 일이다."

만일 여러분이 이전과 같은 하늘의 일에 대한 식욕을 가지지 않았더라도 낙심하지 말 것은 적절한 처방을 쓰면 여러분의 식욕을 회복할 수 있기 때문이다. 하나님의 말씀이 식욕을 잃었을 때의 회복제이다. 다른 경우에는 음식을 먹으면 위장이 피로해지지만 말씀을 먹으면 위장이 소생한다.

9. 영적으로 주린 자에 대한 설득

성경은 우리 모두에게 이 영적 주림을 위하여 애쓰라고 권면한다. 3세기경 로마의 장로였던 노바시안은 이렇게 말하였다. "의를 단순히 바라기만 하는 것은 너무 작은 일이다. 간절히 바랄 때 결과가 이루어지기 때문에 우리는 의를 갈망하여야 한다." 세상을 덜 갈망하고 의를 더 갈망하라. 영적인 일에 대해서 말하라. "주여, 이 떡을 우리에게 항상 주옵소서. 이 천사들의 음식을 저에게 먹여주옵소서." 이 만나는 생명을 보호할 뿐만 아니라 사망을 막아주는데 이것을 온 힘을 다하여 갈망하라(요 6:50). 가장 영속성 있는 것이 가장 바람직한 것이다. 재산은 영원한 것이 못되지만(잠 27:24) 의는 영원하다(잠 8:18). 거룩한 옷의 아름다움은 사라지지 않는다(시 110:3). "의의 겉옷"은 결코 낡아지지 아니한다(사 61:10). 아, 죽음으로부터 구해주는 의를 갈망하라(잠 10:12). 하나님께서 사랑하시는 것은 의이다(잠 15:9). 모든 사람이 왕의 은택을 갈망한다. 그러나 왕의 미소는 스쳐 지나가는 축복일 뿐이 아닌가? 이 왕의 얼굴의 햇빛은 금새 불만의 구름으로 가리워지게 되지만 의의 옷을 입은 사람들은 하나님의 은혜를 입는데 이 미소는 얼마나 큰 기쁨이 되는가! "주의 인자가 생명보다 나으므로 내 입술이 주를 찬양할 것이라"(시 63:3).

의를 갈망하도록 사람들을 설득하기 위하여 두 가지 것을 생각하라.

(1) 우리가 의에 주리지 않고는 그것을 얻을 수 없다. 하나님은 하나님의 축복을 바라지도 않는 사람에게 결코 그의 축복을 내던져 주시지 않는다. 왕이 반역자에게, "용서를 간절히 바라라. 그러면 용서 받을 수 있다"고 말할 수 있는데, 만일 이 때 교만과 완악함으로 용서를 구하는 것을 경멸하면 그는 의당 죽어 마땅할 것이다. 하나님께서는 영적 축복에 낮은 값을 매겨 놓으셨다. 의를 갈망하라. 그러면 그것을 얻을 것이다. 그러나 이 말씀에 가까이 올 것을 거절하면 그런

사람을 위하여 남겨둔 의가 없다. 하나님은 그분의 자비의 흐름을 중단하시고 진노의 수문을 여실 것이다.

(2) 우리가 여기서 목말라 하지 않고 너무 늦으면 나중에 목마르게 될 것이다. 우리가 다윗처럼 목말라 하지 않으면 거지 나사로와 대화한 부자처럼 한 방울의 물을 얻지못해 목타할 것이다. "내 영혼이 하나님을 갈망하나니"(시 42:2; 눅 16:24). 의에 목마르지 않는 사람은 영구히 주리고 목마를 것이다. 그들이 자비를 목마르게 바라지만, 아무런 자비도 얻지 못한다. 뜨거운 열은 갈증을 더하게 한다. 사람들이 지옥에서 불타고 하나님의 진노의 불꽃에 그을릴 때, 이 열은 그들의 자비를 바라는 갈증을 더해 주지만 아무것도 이 갈증을 달래줄 것이 없을 것이다. 아, 자비를 얻으려 해도 얻을 수 없을 때, 자비에 갈증을 내는 것보다 얻을 수 있을 동안 의에 목말라 하는 것이 낫지 않겠는가? 죄인들이여, 자비의 문이 완전히 닫혀버릴 때가 머지않아 올 것이다.

10. 영적 주림을 위한 도움말

다음에 영적 주림을 위한 몇 가지 도움말을 간략하게 기술하겠다.

(1) 여러분의 **욕망을 방해하는 것들을 피하라**. 소위 헛배부른 것같은 것이다. 위장이 바람으로 가득차면 음식먹을 식욕이 적어지는 법이다. 그와 같이 사람이 자기 의와 같은 헛바람 의견으로 꽉차 있으면 그는 그리스도의 의에는 주리지 않게 된다. 교만이 가득차서 벌써 넉넉한 은혜를 받았다고 생각하는 사람은 더이상 주림을 느끼지 않는다. 이런 바람같은 헛김이 위장을 망쳐놓는다. "달콤한 것"이 식욕을 없앤다. 그와 같이 달고 감미로운 세상 기쁨을 지나치게 먹여 놓으면 그리스도와 은혜에 대한 식욕을 잃게 마련이다. 세상 재미를 폭식하면서 동시에 그리스도를 사랑하여 병이난(아 2:5) 사람은 결코 있을

13. 영적 주림의 본질 197

수 없다. 이스라엘 백성이 마늘과 파를 즐겨 먹었기 때문에 그들이 만나를 먹고 싶어하지 않았다. 영혼은 그 양극을 동시에 지닐 수가 없다. 눈이 하늘과 땅을 동시에 응시할 수 없듯이 사람이 세상을 지나치게 갈구하면서 동시에 의를 갈망할 수가 없다. 흙은 불을 끈다. 땅의 것들에 대한 사랑이 영적인 욕망의 불을 끈다. "이 세상이나 세상에 있는 것들을 사랑치 말라"(요일 2 : 15). 죄는 세상을 가지고 있는데 있지 않고 세상을 사랑하는데 있다.

 (2) **영적 식욕을 자극하는 모든 것을 행하라.** 식욕을 자극하는 것이 두 가지가 있다. 첫째는 운동이다. 사람이 걷고 흔들고 운동하면 위장이 음식을 먹고 싶어한다. 그와 같이 거룩한 직분의 연습을 통해서 영적인 식욕이 더 커진다. "경건에 이르기를 연습하라"(딤전 4 : 7). 많은 사람들이 다락방 기도를 그만 두고 있다. 그들은 말씀을 드물게 듣고, 운동이 부족하여 신앙생활을 위한 위장이 형편없이 약하여졌다. 둘째는 양념이다. 양념은 식욕을 돋구고 자극한다. 영적으로 식욕을 돋구는 두 가지 양념이 있다. 첫째는, 회개의 "쓴 물"이다. 죄 중에서 쓸개와 식초를 맛본 사람은 그리스도의 피와 살을 갈망한다. 둘째로, 고난이다. 하나님은 종종 우리의 은혜에 대한 갈망을 자극하기 위하여 이 양념을 주신다. "르우벤이 나가서 들에서 합환채를 얻어"(창 30 : 14). 합환채는 향기가 대단히 강한 풀인데 그 여러가지 장점 중에서도 주로 그 풀은 약하고 나빠진 위장을 가진 사람들의 약으로 쓰인다. 고난은 이 합환채에 비유될 수 있는데 그것은 사람들이 번영할 때 싫어하고 메스꺼워하던 영적 음식물에 대한 욕망을 자극하는 것이다. 가난은 지나친 부요를 치료하는 양념이다. 사람들은 건강할 때보다 아플 때 더 의를 갈망하게 된다. "배부른 자는 꿀이라도 싫어하고 주린 자에게는 쓴 것이라도 다니라"(잠 27 : 7). 그리스도인들도 잔뜩 먹으면 복음의 풍부한 강장제를 멸시한다. 나는 옥에 갇혀서야 달게 느껴질 그 진리를 지금 가볍게 여기지 않기를 바란다. 메리 여왕 때에는 성경 한 조각을 얻기가 얼마나 어려웠던가! 지혜로우신 하나

님은 때때로 우리에게 고난의 찌르는 양념을 주셔서 우리가 더 시장한 듯하게 생명의 떡을 먹도록 만드시는 것이 좋다고 보신다. 그러면 본문의 처음 부분은 이정도로 하겠다. "주린 자는 복이 있나니."

14
영적 주림은 만족을 얻는다.

"저희가 배부를 것임이요"(마 5 : 6).

    이제 나는 본문의 둘째 부분으로 나아가겠다. 주신 약속은 "저희가 배부를 것임이요"이다. 죄와 싸우는 그리스도인은 "허공을 치는 것같이"(고전 9 : 26)하는 자가 아니며, 의에 주린 자는 공기만 빠는 자와 같지 않다. "의에 주리고 목마른 자는 복이 있나니 저희가 배부를 것임이요"(마 5 : 6).

    의에 주린 자는 채움을 받을 것이다. 하나님은 결코 "헛되이"(사 45 : 19) 그분을 찾으라고 우리에게 명하시지 않는다. 여기에 주린 입에 꿀을 떨어뜨리는 벌집이 있으니 바로 "저희가 배부를 것임이요"이다. "주리는 자를 좋은 것으로 배불리셨으며"(눅 1 : 53). "저가 사모하는 영혼을 만족케 하시며 주린 영혼에게 좋은 것으로 채워주심이로다"(시 107 : 9). 하나님은 우리가 헛되이 사모하도록 버려두시지 않는다. 여기에 다른 모든 것을 능가하는 의의 탁월함이 있다. 사람이 세상에 주릴지라도 다 채움을 받지는 못한다. 세상은 시들어지는 것이지 속을 채워주는 것이 아니다. 마음에다 세 개의 세상을 던져 넣어도 마음은 여전히 차지 않는다. 그러나 의는 채워지는 것이다. 아니 의는 채워져서 만족을 주게 되어있다. 어떤 사람은 채워주어도 만족하지 않을지 모른다. 죄인은 죄로 채워주어도 그것은 슬픈 채움이 되고 만다. 그것은 만족과는 거리가 멀다. "마음이 패려한 자는 자기 행위로 만족하겠고"(잠 14:14). 그는 배를 죄로 가득 채우고 넉넉히 그것을 가지지만 이것은 참 만족을 위한 채움이 되지 못한다. 이것이 그러한 채움이므로 저주받은 자들을 지옥으로 인도하는 것이다. 그들은 지옥에서 주님의 진노로 배부를 것이다. 그러나 의에 주린 자는 만족으로 배부르게 된다. "내 은혜로 내 백성에게 만족케 하리라"(렘 31:14). "골수와 기름진 것을 먹음과 같이 내 영혼이 만족할 것이라"(시 63:5). 요셉은 먼저 자루를 열고 다음에 그 속에 곡식과 돈을 채웠다(창 42:25). 그와 같이 하나님은 먼저 갈망의 영혼을 여시고 그 다음에 좋은 것으로 채워주신다(시 81:10). 이것을 설명하기 위하여 세 가지 것을 생각하기로 하자. 즉, 하나님은 주린 영혼을 채우실 수 있다는 것과 왜 그분이 주린 영혼을 채우시는가 하는 것과 어떻게 주린 영혼을 채우시는가 하는 것이다.

1. 하나님은 주린 영혼을 채우실 수가 있다. 왜 그리고 어떻게 그가 그렇게 하시는가?

(1) 하나님은 주린 영혼을 채우실 수가 있다. 그분은 샘이라고 불리운다. "대저 생명의 원천이 주께 있사오니"(시 36:9). 웅덩이는 빌 수가 있으나 우리를 늘 채우지는 못한다. 사람들은 종종 터진 웅덩이다(렘 2:13). 그러나 샘은 늘 가득찬다. 하나님은 샘이시다. 우리가 우리 갈망의 그릇을 이 샘에 가지고 오면 그분은 그것을 채우실 수가 있다. 하나님 안에서의 충만함은 무한한 충만함이다. 그분은 우리를 채우시고 훨씬 더 채워야 할 용적을 많이 가진 천사들을 다 채우시고도 결코 자신이 가지신 것이 줄어드는 법이 없다. 마치 태양이 계속 비치지만 그 빛이 결코 줄어들지 않는 것과 같다. "이는 내게서 능력이 나간 줄 앎이로다"(눅 8:46). 하나님으로부터 능력이 나와도 하나님의 능력은 결코 줄지 않는다. 사람의 채우는 것은 한계가 있다. 그것은 꼭 어느 정도까지만 올라오게 되어있지만 하나님의 채우심은 무

한하고 찬란히 빛나며 넘쳐 흐른다. 그것은 끝도 모르고 바닥도 모른다.

그것은 변치않는 충만함이다. 사람들의 충만은 변하기 쉬운 충만으로서 줄기도 하고 바뀌기도 한다. 어떤 사람은 이렇게 말하기도 할 것이다. "나는 당신을 도울 수가 있었는데 지금은 재산이 줄어버렸다." 무화과나무 꽃은 금새 날아가 버린다. 사람들은 한때 우리를 위하여 할 수 있었던 일을 못하게 되기도 한다. 그러나 하나님은 변함없이 충만하시다. "주는 여상하시고 주의 연대는 무궁하리이다"(시 102 : 27). 하나님은 결코 다함이 없으시다. 그의 충만함은 넘쳐 흐르고 항상 흐른다. 그러므로 확실히 "하나님께 가까이 함이 내게 복이라"(시 73 : 28). 우리 그릇을 이 원천에 가져가는 것은 좋은 일이다. 그것은 결코 실패가 없는 좋은 일이다.

(2) 왜 하나님이 주린 영혼을 채워주시는가?

① 하나님은 그의 다정한 **동정심**에서 주린 영혼을 채워주신다. 그는 그의 지은 그 영과 혼이 그 앞에서 곤비할까 염려하신다(사 57 : 16). 만일 주린 사람이 음식을 만족하게 취하지 않으면 죽는다. 하나님은 주린 영혼이 굶는 것을 차마 보지 못하시는 동정심을 가지셨다. 무리가 먹을 것이 없자 그리스도께서 측은히 여겨 그들을 먹이기 위하여 기적을 행하셨다(마 15 : 32). 그는 그보다 훨씬 더 의에 주리고 목마른 자를 불쌍히 여기신다. 가련한 죄인이 자신이 거의 죄로 말미암아 굶어 죽게 된 것을 알고(탕자가 쥐엄열매를 먹을 때와 같이) 그리스도에 주리기 시작할 때 "내 아버지 집에는 양식이 얼마나 많은고"하고 말하면, 하나님께서는 그의 무한하신 동정심으로 오묘한 복음의 살찐 송아지와 양식으로 영혼을 소생시키실 것이다. 아, 주린 죄인을 위로하시는 하나님의 인자하심이여! "내 마음이 내 속에서 돌아서 나의 긍휼이 온전히 불붙듯 하도다"(호 11 : 8).

우리는 가난한 사람이 문 앞에서 굶어 죽어가는 것을 볼 수 없어 우리의 인정이 움직여져 다소간 구제할 마음이 생긴다. 그런데 자비의 아버지께서 복음의 축복에 주린 가난한 영혼을 값없는 은혜의 구제품도 없이 그냥 보내시겠는가? 아니, 그렇게하지 않으실 것이다. 그렇지 못하실 것이다. 주린 죄인은 이렇게 생각하도록 하자. 나는 부족한 것뿐이지만 나의 하나님은 동정심이 가득하시다.

② 하나님은 **그의 말씀을 이루시기 위해서** 주린 자들을 채워주신다. "저가 사모하는 영혼을 만족케 하시며 주린 영혼에게 좋은 것으로 채워주심이로다"(시 107 : 9 ; 렘 31 : 14 ; 눅 6 : 21). "대저 내가 갈한 자에게 물을 주며…나의 신을 제 자손에게 내리리니"(사 44 : 3). 주님께서 말씀하시고 시행하지 않으신 것이 있는가? 약속이란 꼭 이행해야만 하는 것이다. 하나님께서는 한 가지 약속을 지나치면 되돌아 가실 수가 없다. 의에 주린 사람과는 하나님이 약속을 맺으셨다. 그분은 우리에게 진리를 내걸고 언약하셨다. "여호와의 자비와 긍휼이 무궁하시므로"(애 3 : 22). 그의 성실함도 폐하지 아니하실 것이다(시 89 : 33). 주린 영혼이 채워지지 않는다면 약속도 이루어지지 않을 것이다.

③ 하나님 자신이 **이 주린 마음을 불러 일으키시고 격려하시기 때문에** 하나님이 주린 영혼을 채워주신다. 그분이 우리 속에 거룩한 욕망을 심어 주시는데 스스로가 우리 안에 역사하여 생기게 한 갈망을 만족시켜 주시지 않겠는가? 기도의 경우에 하나님이 기도할 마음을 마련하시고 그 기도를 들으실 귀를 준비하신다(시 10 : 17). 마찬가지로 영적인 주림의 경우에, 하나님께서 주린 마음을 마련하시고 그것을 채워주실 그분의 손을 준비하신다. 그분 스스로가 일으키신 주린 마음을 만족시켜 주기를 거절하신다고 생각하는 것은 합리적인 것이 못된다. 자연은 결과없는 일은 하지 않는다. 주님이 의를 추구하는 욕망을 불질러 놓으시고 그것을 채워주지 않으신다면 그분은 결과없는 일을 하시는 셈이다.

④ 하나님은 주린 영혼과의 **아름다운 관계 때문에** 주림을 채워주신다. 우리들은 하나님의 자녀들이다. 우리는 우리 자녀가 주릴 때에 모른척 하지 않는다. 우리는 차라리 우리 자신을 희생해서라도 그들을 아끼고 돌본다(눅 11 : 13). 하나님에게서 태어난 자가 와서 말하기

를 "아버지여, 내가 배가 고픕니다. 내게 그리스도를 주십시오. 아버지여, 내가 목이 마릅니다. 나를 성령의 생수로 시원케 하여 주십시오" 하고 청할 때 하나님이 거절하시겠는가? 하나님은 까마귀가 울부짖을 때에도 들으시는데 의로운 자가 부르짖을 때 들으시지 않겠는가? 땅이 그 입을 벌리고 하나님께서 채워주시기를 기다려 목말라 할 때 주님이 목마른 땅을 소나기로 채워주시는데 그분이 갈한 영혼을 은혜로 만족케 해 주시지 않겠는가?

⑤ 주린 영혼이 거의 모두 자비에 **감사하기 때문에** 하나님은 주린 영혼을 만족케 해 주신다. 쉬임없이 하나님께 간구하고 하나님은 그것을 채워주시니 그리스도인들에게는 얼마나 감사한 일인가! 주님은 그분이 가장 찬미를 받으실 만한 곳에서 그분의 자비를 베푸시기를 좋아하신다. 우리도 감사할 줄 아는 사람에게 무언가를 주기를 기뻐한다. 음악가들은 가장 반응이 좋은 곳에서 연주하기를 좋아한다. 하나님은 감사함으로 받을 사람들에게 자비를 베푸시기를 좋아하신다. 주린 영혼은 찬미의 면류관을 값없는 은혜의 머리에다 올려 놓는다. "감사로 제사를 드리는 자가 나를 영화롭게 하나니"(시 50 : 23).

(3) 어떻게 하나님이 주린 영혼을 채워주시는가?
세 가지 채워주시는 방법이 있다. 은혜와 평안과 지복(至福)으로.

① 하나님은 **은혜로** 주린 영혼을 채워주신다. 은혜가 영혼에 적합한 것이기 때문에 은혜로 채워주신다. 스데반은 성령이 충만하였다(행 7 : 55). 이와 같은 은혜의 충만함이란 그 정도를 말하는 것이 아니고 종류를 두고 말하는 것이다. 각 은혜마다 완전히 얻지는 못해도 받을 만한 특징이 있다.

② 하나님은 **평안으로** 주린 영혼을 채워주신다. "소망의 하나님이 모든 기쁨과 평강을 믿음 안에서 너희에게 충만케 하사"(롬 15 : 13). 이것은 그리스도로부터 흘러 나온다. 이스라엘 백성은 바위로부터 꿀을 얻었다. 이 평안의 꿀은 바위되신 그리스도로부터 나온다. "너희

로 내 안에서 평안을 누리게 하려 함이라"(요 16 : 33). 이 평안으로 채워주시기 때문에 영혼이 천국을 갈망하게 되는 것이다. 이 포도송이는 식욕을 돋구고 완전한 수확을 거두고 싶게 만든다.

③ 하나님은 **최고의 복으로** 주린 영혼을 채우신다. 영광이 바로 그 채워주시는 복이다. "깰 때에 주의 형상으로 만족하리이다"(시 17 : 15). 그리스도인이 죽음의 잠에서 깰 때에 하나님의 형상의 영광스러운 빛이 그의 위에 비춰므로 만족하게 될 것이다. 그러면 그 영혼은 찰찰 넘치게 채워지게 될 것이다. 하늘의 영광은 너무나 좋아서 영혼이 그것을 더욱 갈망하지만 또한 무한정이기 때문에 다 채워줄 수 있다. "오, 그리스도여, 당신을 마신 후는 시원한 샘물로 소생하기 때문에 더 이상 목말라 하지 않겠지만, 지금은 그것을 갈망하나이다."

이것이야말로 의에 주린 자들에게 얼마나 큰 격려가 되는가! 이러한 것으로 배부를 것이니 하나님은 주림을 채우라고 권하신다(사 58 : 10). 그분은 주림을 채우지 않는 자들을 나무라신다(사 32 : 6). 그런데도 우리는 그렇게 하지 않는 자를 하나님이 별로 나무라시지 않는다고 생각할 수 있는가? 아, 그리스도에 주리고 그래서 확실히 만족을 얻으라. 하나님은 주린 죄인들을 위하여 언제나 문을 열어놓고 계신다. 그분은 손님을 초청하고 돈없이 오라고 명하신다(사 55 : 1, 2). 하나님의 본성은 다가오는 자에게로 기울어지게 되어 있으며 그분의 약속이 주린 자들을 채울 것을 보증한다. 생각하여 보라. 왜 그리스도께서 성령을 한량없이 받으셨는가?(요 3 : 34) 그것은 그 자신을 위한 것이 아니다. 그분은 처음부터 무한히 채워지신 분이다. 그러나 그는 주린 영혼에게 그의 은혜를 떨어뜨릴 목적으로 거룩한 기름으로 가득 채우셨다. 당신이 무지한가? 그리스도는 당신을 가르치실 만한 지혜로 가득차 계신다. 당신이 오염되어 있는가? 그리스도는 당신을 깨끗케 하실만한 은혜가 충만하시다. 그러면 일부러 주린 자를 채워주시기 위하여 자신을 가득 채우신 그리스도에게로 영혼들이 와야 하지 않겠는가? 우리는 부한 자의 문을 두드리기를 좋아한다. 내 아버지의 집에는 양식이 풍부하다. 간절히 바라는 마음으로 오라. 그리하면 여러분은 위로를 받고 돌아가게 될 것이다. 여러분은 그리스도의 피공로로 덕을 입고 그의 성령의 감화를 받으며, 그의 사랑 안에서 교제를 나누게 될 것이다.

2. 육적인 사람과 경건한 사람의 염려하는 반론

위의 설명에 대하여 두 가지 반론이 있다.

(1) **육적인 사람의 반론.** (그는 말하기를)"나는 의를 갈망했지만 아직 채워지지 않았다." 당신의 말은 당신이 주렸으나 만족함을 얻지 못했다는 것인가? 아마 하나님이 당신의 주림에 만족하시지 않으셨을 것이다. 당신은 입은 넓게 열었으나(시 81 : 10) 귀는 열지 않았다(시 49 : 4). 하나님이 당신에게 가족 기도회를 가지며, 또 죄를 억누르라고 요청하셨어도 당신은 귀먹은 독사같이 하나님을 거스려 귀를 막았다(슥 7 : 11). 그랬다면 당신이 원하는 대로 만족할 만한 채움을 받지 못하는 것은 당연하다. 당신은 입을 크게 열었으나 귀는 꽉 막고 있다. 부모의 말을 듣지 않는 아이는 밥을 굶기는 벌을 준다.

당신은 어쩌면 의에 목말라 하는 만큼 당신을 유혹하는 일을 오히려 갈구하는지도 모르겠다. 당신은 성례식에서는 그리스도에 대한 갈구로 불타는 것같이 보이지만 곧 이어서 술취함이나 방탕으로 이끄는 유혹이 오면 당신은 그 유혹에 떨어지고 그 유혹을 가까이 한다. 사단이 당신에게 손짓만 해도 당신은 끌려간다. 당신이 그리스도보다도 유혹에 더 빨리 문을 열어주면서 하나님의 집의 살진 것으로 채워주지 않는다고 이상하게 생각하는가?

당신은 의보다도 세상에 더 굶주려 하는지도 모르겠다. 복음서에 나오는 젊은이는 그리스도를 모신 것같으나 그 마음 속에 그리스도보다 세상을 더 가까이 두고 있었다. 위선자들은 생명의 물보다는 땅의 티끌을 구하여 더 헐덕인다(암 2 : 7). 이스라엘 백성들은 그들의 밀가루 반죽이 남아있는 동안에는 만나를 먹지 못하였다. 이와 같이 세상의 밀가루 반죽을 무절제하게 먹는 사람은 하늘의 만나로 배부를 것을 생각지 말아야 한다. 만일 당신의 돈이 당신의 하나님이 되었다면 성례식에서 또 다른 하나님을 받기를 결코 바라지 말라.

(2) **경건한 사람의 반론.** "나는 하나님을 거짓없이 갈망하는데도 채워지지 않았다." 당신은 위로는 아니지만 은혜로 채움을 받았을른지 모른다. 하나님께서 당신에게 기쁨으로 채워주시지 않았을지라도 좋은 것으로 채워 주셨다(시 107 : 9). 당신의 마음을 들여다 보아 성령의 역사하심을 보기 바란다. 꿀이 떨어진 것은 아니지만 은혜의 이슬이 내렸을 것이다.

잠시만 기다리라. 그러면 채움을 받을 것이다. 복음은 영적인 잔치를 배설할 것이다. 그것은 영혼을 은혜와 위로로 대접한다. 이 식탁에서 기다리는 자 말고는 아무도 이 잔치를 먹을 수 없다. "만군의 여호와께서 이 산에서 만민을 위하여 기름진 것과 오래 저장하였던 포도주로 연회를 베푸시리니 곧 골수가 가득한 기름진 것과 오래 저장하였던 맑은 포도주로 하실 것이며, 그날에 말하기를 이는 우리의 하나님이시라 우리가 그를 기다렸으니 그가 우리를 구원하시리로다 이는 여호와시라 우리가 그를 기다렸으니 우리는 그 구원을 기뻐하며 즐거워하리라 할 것이며"(사 25 : 6, 9). 영적인 자비들은 반드시 바람직한 것이 아닐 수 있으나 기다릴 만한 가치가 있는 것이다.

하나님께서 여기에서 그 백성을 만족으로 채워주시지 않는다면 그들은 하늘에서 배부르게 될 것이다. 그들의 갈망하는 그릇은 아구까지 채운 항아리처럼 채워지게 될 것이다.

15
긍휼히 여김

"긍휼히 여기는 자는 복이 있나니 저희가 긍휼히 여김을 받을 것임이요"(마 5 : 7).

　이 팔복 성구들은 솔로몬의 성전 계단같이 우리를 지성소로 올라가게 한다. 우리는 이제 한 계단 더 높이 올라왔다. "긍휼히 여기는 자는 복이 있나니…." 우리가 살고 있는 이 무자비한 시대는 그 어느 때보다도 긍휼에 대해서 설교하는 것이 필요하다. 크리소스톰은 그의 전생애를 통하여 이 긍휼에 관한 제목들로 설교하였고 그리스도의 자비에 대해서 강조를 하였기 때문에 많은 사람들이 그를 "자선 설교가" 또는 "긍휼을 위한 설교가"라고 불렀다. 우리들의 시대에는 많은 크리소스톰이 필요하다.
　"긍휼히 여기는 자는 복이 있나니." 긍휼이 본문의 선두와 후미를 이룬다. 본문의 첫 부분에는 의무로서 나타나고 끝에는 그에 대한 보상으로서 나타난다. 히브리말로 "경건하다"는 말은 "자비하다"는 것을 나타내고 따라서 더 경건한 사람은 더 자비하다. 내가 이 말들을 모아서 이해하고 전체로서 파악하고자 하는 교리는 이것이다.
　즉, 긍휼히 여기는 사람은 복된 사람이고, 긍휼이 없는 사람의 머리에는 저주가 매달려 있다는 것이다. "악인으로 저를 제어하게 하시며 대적으로 그 오른편에 서게 하소서 저가 판단을 받을 때에 죄를 지고 나오게 하시며 그 기도가 죄로 변케 하시며 그 년수를 단촉케 하시며 그 직분을 타인이 취하게 하시며 그 자녀는 고아가 되고 그 아내는 과부가 되며 그 자녀가 유리 구걸하며 그 황폐한 집을 떠나 빌어먹게 하소서 고리대금하는 자로 저의 소유를 다 취하게 하시며 저의 수고한 것을 외인이 탈취하게 하시며 저에게 은혜를 계속할 자가 없게 하시며 그 고아를 연휼할 자도 없게 하시며 그 후사가 끊어지게 하시며 후대에 저희 이름이 도말되게 하소서 여호와는 그 열조의 죄악을 기억하시며 그 어미의 죄를 도말하지 마시고"(시 109 : 6~14). 왜, 무슨 죄를 지었길래? "저가 긍휼히 여길 일을 생각지 아니하고 가난하고 궁핍한 자와 마음이 상한 자를 핍박하여 죽이려 한 연고니이다"(시 109 : 16). 보라, 하나님의 재앙이 가득 찬 대접을 무자비한 사람에게 어떻게 퍼부었는가! 그래서 그 반대로 자비한 자에게 전능자의 면류관의 복이 둘러싸게 되는 것이다. 자비한 자는 복된 사람이다(삼하 22 : 26 ; 시 37 : 26 ; 41 : 1). 이것을 설명하기 위하여 나는 먼저 긍휼히 여긴다는 것이 무엇을 의미하는가를 보이고 두번째로 자비의 여러가지 종류를 설명하겠다.

1. 긍휼히 여김의 본질과 원천

긍휼히 여긴다는 것은 무엇을 의미하는가? 나는 대답한다. 그것은 다른 사람의 곤궁함을 보고 우리 마음이 녹아져서 어떻게 해서든지 그들의 유익을 위하여 도움이 되려고 하는 것을 말한다.

(1) 자비와 사랑은 어떻게 틀리는가? 몇 가지 점에 있어서는 일치하지만 몇 가지 점에 있어서는 다른데 마치 물이 두 가지 다른 샘 근원에서 흘러나와서 한 시내에서 만나는 것과 같다. 사랑과 자비는 이렇게 틀리다. 사랑은 더 광범위한 것이다. 사랑이 돌아보고 방문하는 교구는 더 크다. 자비는 곤궁한 사람을 알맞게 고려한다. 사랑은 더 광범위하게 생각한다. 사랑은 잘 지내는 사람을 방문하는 친구와도

같다. 자비는 꼭 아픈 사람만을 왕진하는 의사와 같다. 다시 말하자면, 사랑은 애정에서 더 넓게 행동하고 자비는 양심의 원리에만 따라서 행동한다. 자비는 도움을 다른 사람에게 빌려주는데 사랑은 마음을 다른 사람에게 준다. 이와 같이 둘은 틀리지만 다음의 점에 있어서는 사랑과 자비는 일치한다. 즉, 둘다 선한 일을 하려고 하는 점에 있어서는 같다. 둘 다 가슴 속에서 우러나오는 것이며 그 날개 아래에는 치료함이 있다.

(2) 어디에서 자비가 샘솟아 나오는가? 그 샘 근원은 본성보다 더 높은 곳에서 흘러 나온다. 가장 높은 곳에서는 자비는 마음 속의 은혜의 역사로부터 시작한다. 본성으로 말하면 우리는 자비로부터 거리가 멀다. 죄인은 단 과일을 맺는 무화과나무가 아니라 가시덤불이다. "무자비하다"는 것이 자연적 사람의 성격이요 표이다(롬 1:31). 여호람과 같은 악인은 그의 창자가 다 빠져 나왔다(대하 21:19). 그러므로 그는 금강석으로 비유되었는데(슥 7:12) 왜냐하면 그의 마음이 자비에 녹지 않았기 때문이다. 죄인이 회심하기 전에는 그 잔인성 때문에 늑대에 비유되며, 그 난폭함 때문에 사자에 비유되고(사 11:6) 그 찌르는 것 때문에 벌에 비유되며(시 118:12), 그 독 때문에 독사에 비유된다(시 140:3). 본성적으로 우리는 기름을 내놓지 못하고 독을 내놓는데, 긍휼히 여기는 기름이 아니라, 악의에 가득찬 독을 내놓는 것이다.

우리 안에 있는 타고난 무자비함 말고도 사단에 의하여 다른 무엇이 섞여져 있다. "공중의 권세잡은 자를 따랐으니"(엡 2:2). 그는 맹렬한 영이기 때문에 "붉은 용"이라 불리운다(계 12:3). 그리고 그러한 그가 사람들을 사로잡았으니 사람들이 무정하고 무자비한 것은 당연하다. 지옥에서 무슨 자비를 기대할 수 있겠는가? 그래서 마음이 긍휼히 여기는 것에 조화된다면 그것은 은혜가 만들어 놓은 변화 때문이다(골 3:12). 태양이 비칠 때 얼음은 녹는다. 의의 태양이 영혼 위에 은혜의 햇살을 한번 비추면 그것은 자비와 온유 속에 녹아버린다. 여러분은 자비로운 사람이 되기 전에 먼저 새 사람이 되어야 한다. 여러분은 스스로가 그리스도의 지체가 되기 전에는 그리스도의 지체들을 도울 수가 없다.

자비에는 여러가지 종류가 있는데 사람이 자비하다는 말을 듣는 것에는 몇 가지 길이 있다. 자비는 다섯 시내를 따라 흐르는 샘과도 같다. 우리는 영혼에 대해서, 이름에 대해서, 재산상태에 대해서, 죄 짓는 것에 대해서, 다른 사람의 부족에 대해서 긍휼히 여겨야 한다.

2. 자비는 다른 사람의 영혼에까지 미친다

우리는 다른 사람의 영혼을 긍휼히 여겨야 한다. 이것은 영적 자선이다. 참으로 영혼을 불쌍히 여기는 것은 자비 중 으뜸이다. 영혼은 가장 귀한 것으로서, 그것은 영예를 담은 그릇이요, 영원에 대한 싹이며, 하나님의 숨으로 불붙여진 불꽃이고, 진흙의 반지에 붙인 값비싼 금강석이다. 영혼을 구원하기 위하여 하나님이 피를 흘리셨고, 그것을 아름답게 하기 위하여 하나님의 형상을 닮게 하였다. 그러므로 그것은 그렇게도 높은 출생연원을 가졌고 태고로부터 흘러 나왔기 때문에 영혼에 부어지는 자비는 가장 훌륭한 것일 필요가 있다.

이 다른 사람의 영혼을 불쌍히 여기는 것에는 네 가지 방면이 있다.

(1) 그들을 동정하는 것. 어거스틴은 영혼이 떠난 육체를 위하여도 우는데 하나님이 떠난 영혼을 위해 어찌 울지 않을 수 있겠는가라고 말하였다. 복음서에 보면 돌로 제 몸을 상하게 하고 피를 내는 사람을 보게 되는데 그것이 우리의 동정심을 움직인다(막 5 : 5). 죄인이 자신을 찌르고 그의 손을 자신의 피에다 적시는 것을 보면 우리의 마음 속 깊은 곳에서부터 가여운 마음이 생긴다. 우리의 눈은 우리의 마음에 영향을 미치는 것이다. 하나님께서는 에돔이 긍휼을 버렸기 때문에 진노하셨다(암 1 : 11).

(2) 영혼을 불쌍히 여길 때는 죄인들을 충고하고 권면하게 된다. 그들

에게 그들이 얼마나 슬픈 지경에 있으며, 심지어는 얼마나 쓸개같이 쓴 상태에 놓여있는가를 말하여 주라. 그들에게 그들의 위험을 보여주라. 그들은 밑없는 구덩이의 뚝을 밟고 있는 것이다. 죽음이 그들을 슬쩍 밀기만 해도 그들은 그 안으로 굴러 떨어질 것이다. 또한 우리는 우리의 말들을 꿀에 담궈야 한다. 할 수 있는 한 가장 부드러운 모든 말과 태도를 사용하라. "거역하는 자를 온유함으로 징계할지니"(딤후 2 : 25). 불은 녹이고 기름은 누그러지게 한다. 사랑의 말은 딱딱한 마음을 회개하도록 녹인다. 이것이 영혼을 불쌍히 여기는 것이다. 하나님은 누구든지 원수의 당나귀가 짐을 지고 넘어진 것을 보면 도와 주어야 한다는 율례를 만드셨다(출 23 : 5). 크리소스톰이 이 말씀에 대하여, "짐승이 짐을 지고 넘어져도 도와 주워야 하는데, 더 나쁜 죄의 짐을 지고 넘어진 사람들에게 구출의 손을 뻗어야 하지 않겠느냐"고 말하였다.

(3) 순종하지 않는 죄인들을 책망하는 것이 영혼을 불쌍히 여기는 것이다. 사람들이 죄에 빠져 들어가는 것을 보고도 내버려 두는 것은 잔인한 자비이고, 사람들의 죄에 대해서 날카롭게 꾸짖어 그들이 슬그머니 지옥으로 빠져 들어가지 못하도록 하는 것은 자비로운 잔인함이다. "너는 네 형제를 마음으로 미워하지 말며 이웃을 인하여 죄를 당치 않도록 그를 반드시 책선하라"(레 19 : 17). 맹목적인 동정은 잔인함보다 나을 것이 없다. "네가 저희를 엄히 꾸짖으라"(딛 1 : 13). 통렬하게 꾸짖으라는 말이다. 외과의사가 살을 자르고 도려내지만 그것은 치료하기 위한 것이다. 그것은 고치기 위한 상처인 것이다. 그러므로 우리가 통렬한 꾸중으로 사람들의 양심을 절개하여 죄의 피가 나오게 함으로써 영적인 수술을 시행하는 것이다. 이것이 긍휼을 보여주는 것이다. "또 어떤 자를 불에서 끌어내어 구원하라 또 어떤 자를 그 육체로 더럽힌 옷이라도 싫어하여 두려움으로 긍휼히 여기라"(유 1 : 23). 만일 어떤 사람이 불 가운데 있는 한 사람을 끄집어 내어 준다면 그를 조금 다치게 한다 해도 그는 고맙게 생각하고 그런 행동

을 친절로 여길 것이다. 잠을 자고있는 어떤 사람들은 그들의 죄에 대해서 이야기하여 주면 "아, 역겨워"라고 말할 것이다. 그러나 이것은 긍휼을 보여주는 것이다. 어떤 사람의 집에 불이 났는데 다른 사람이 그것을 보고도 그 사람을 깨우게 될까 두려워서 말해주지 않는다면 이것이 잔인한 것이 아니고 무엇인가? 다른 사람이 죽음의 잠을 깊이 자고 있는데 하나님의 진노의 불이 그들 위에 곧 쏟아지게 되었는데도 우리가 침묵만 하고 있다면 이것이 그들의 죽음에 대한 공범이 되지 않겠는가?

(4) 다른 사람을 위해 기도하여 주는 것은 그 영혼을 불쌍히 여기는 것이다. 이것은 절망적인 경우에 사용하는 관장약같은 것이어서 종종 그것이 환자를 회복시켜 준다. "의인의 간구는 역사하는 힘이 많으니라"(약 5:16). 그것이 병든 몸을 고치듯이 또한 죄로 병든 영혼을 고친다. 마귀에게 영혼을 내주었다가 루터의 기도로 구원받은 사람의 이야기가 있다. 유두고가 높은 다락에서 떨어져 일으켜 보니 죽었을 때 바울이 그 위에 엎드렸다고 했는데 그것은 사실상 그가 그 위에 덮고 그가 살아나도록 기도했다는 말이다(행 20:9~12). 죄로 말미암아 영혼이 높은 다락, 즉 죄없는 상태에서 떨어진다. 이런 때 무시로 이 영혼을 위해 뜨겁게 기도하면 그러한 죽은 영혼에게 생명을 불러오게 된다.

목회사역이 얼마나 복된 일인가! 하나님의 말씀을 설교하는 것은 다른 것이 아니라 영혼들에게 긍휼을 베푸는 것이다. 이것은 마귀의 요새를 쳐부수는 만군의 주님의 손에 있는 강하고 영광스러운 병기이다. 말씀 사역은 빛을 가져 올 뿐 아니라 그 빛을 보게 눈에 바르는 안약도 가져온다. 그것은 죄를 죽이고 영혼을 소생시키는 법령선포이다. 그것은 구원을 위한 하나님의 능력이다. 목회를 비난하는 것은 그 자신의 영혼에 얼마나 큰 해가 되는가! 적도 아래 사는 사람들은 타는듯한 열 때문에 태양을 저주하고 해가 질 때 기뻐한다고 한다. 어리석은 사람들은 목회의 해가 올라오는 것을 저주하고, 비록 결국은 그것이 그들의 영혼을 구원할 것이지만은, 당장은 자기들의 죄에 가까이 다가와서 그들의 양심을 뜨겁게 태우기 때문에 그 빛에 반항한다.

3. 영혼을 긍휼히 여기지 않는 자들에 대한 책망

영혼을 긍휼히 여기지 않는 자는 악한 율법사, 악한 목회자라고 책망받는다.

악한 율법사는 지식의 열쇠를 가져가고는(눅 11 : 52) 악을 묵인하여 사람들이 지나친 자유로 말미암아 죄를 지어 고통받게 만든다. 묵인이 뜻하는 바는 사람들이 지옥으로 향하여 가도 아무도 말리지 않는다는 것이다. 자연은 독소로 가득차 있지 않는가? 사람들은 죄에 발이 빠른데 또한 악의 길로 속도를 높여주는 이러한 환경 속에 사는 것이 아니겠는가? 힘센 세력이 마귀로 향하는 돛에 바람이 가득하게 질풍의 숨을 불어 대는 것이 아닌가? 이러한 것을 피하게 해주는 것이 영혼을 불쌍히 여기는 것이다. 주의 날에 이러한 적그리스도들은 무거운 응보를 받을 것이다.

악한 목회자는 자기 양들의 영혼에 동정심을 갖지 않는 목회자를 말한다. 그들은 양들을 불쌍히 여기지도 않고 위하여 기도도 하지 않는다. 그들은 양들을 찾는 것이 아니라 양들의 재산을 찾는다. 그들은 사랑 때문에 설교하는 것이 아니라 돈벌이 때문에 설교한다. 그들은 영혼보다도 십일조에 더 관심이 많다. 이렇게 양들에 대한 참다운 동정심이 없는 사람들을 어떻게 영적인 아버지라고 부를 수 있겠는가? 이들은 삯군이지 참 목회자가 아니다.

이러한 사람들은 양들의 영혼을 딱딱한 진리로 먹이지 않는다. 그리스도께서 사도들을 내보내실 때 말씀을 주시고 또 꼭 설교해야 할 것을 말씀해 주셨는데 곧 "전파하여 말하되 천국이 가까왔다"하라는 것이다(마 10 : 7). 루터는 말하기를 그리스도의 사역자들은 무엇보다도 하나님의 나라에 어울리는 제목들, 즉 죄의 용서, 성결, 믿음으로 삶 등을 설교해야 한다고 하였는데 이것이 다름아닌 교회의 사명인 것이다. 생명의 떡을 떼게 하는 대신에 교인들의 머리를 허황된 공론과 사상들로 채우는 것은 영혼을 불쌍히 여기지 않는 것이다. 그들은 양심을 두드리는 것이 아니라 환상이나 건드리고 귀한 영혼들에게 음식 대신에 음악이나 들려준다.

어떤 사람은 쓸데없는 말로서 참 지식을 어둡게 하고, 마치 알지 못하는 방언으로 말하는 것처럼 설교하는 사람도 있다. 어떤 목사들은 독수리처럼 높이 날아 올라서 자기 교인들이 받아들이는 능력보다 더 높이 날기를 좋아하며 이해시키려 하기보다는 감탄을 받으려고 애쓴다. 그들은 주석없이는 읽을 수 없는 글을 쓰는 괴팍한 작가들과 같다. 참으로 하나님은 그의 사역자들을 "사신"이라고 부르시는데(고후 5:20) 그렇다면 그들은 통역없이는 알아들을 수 없는 이국적인 대사가 되어서는 안된다. 알아듣지도 못하게 설교한다는 것은 영혼을 긍휼히 여기지 않는 것이다. 목회자는 빛을 주는 별이어야지 진리를 모호하게 만드는 구름이 되어서는 안된다. 사도 바울은 공부를 많이 한 분이지만 쉽게 이야기 하였다. 분명하게 명쾌하게 말하는 것은 은혜이다. 쉬운 일을 어렵게 만들어 빙빙 돌리는 것은 영혼들에게 잔인한 짓이다. 매듭을 묶기만 하려고 설교단에 올라가고 교인들의 비위나 맞추는 것이 그들의 영광이 된다고 생각하는 사람들은 죄를 짓는 것이다. 이것은 긍휼히 여김이 아니라 교만의 냄새가 더 난다.

다른 사람들이 죄의 길로 가는데도 그것을 그들에게 이야기하여 주지 않는 사람들도 있다. 소돔에게 하듯이 그들의 죄를 지적할 때에는 크게 외치고 목소리를 나팔같이 날려 야곱의 집에 그 죄를 고하는 것이 목회자의 의무이다(사 58:1). 목회에 있어서의 열심은 제단의 불과 같이 꺼지지 않아야 한다. 다른 사람이 죄 짓는 것을 내버려두고 침묵을 지키는 것은 살인행위이다. 파수꾼이 적이 오는 것을 보고도 경보를 발하지 않으면 죽어 마땅하다(겔 3:20).

어떤 목회자는 영혼들을 잘못된 것으로 못쓰게 만든다. 머리의 문둥병은 얼마나 위험한가! 미쳐 날뛰는 것은 열병보다 더 나쁘다. 황금의 컵에다 독을 담아 교인들에게 먹이는 목회자에 대해서 우리는 무슨 말을 해야 하는가? 이들이 무자비한 자가 아닌가? 또 목회자라고 부를 가치도 없는 어떤 사람들은 마귀의 고용인이 되어 왔다 갔다 돌아 다니며 사단과 더불어 영혼을 삼키려고 온 땅을 헤매는 사람도 있다. 불경스러운 말과 말도 안되는 소리로 교인을 양육하여 그들을 새 예루살렘보다는 정신병원에 더 어울리는 상태로 만들어 버리는 거칠고 무식한 사람들에 의해 잘못 인도된 가련하고 불안정한 무리들을 볼 때 측은한 마음이 든다. 이 모든 것이 영혼들을 긍휼히 여기지 않는 것이다.

하나님을 두려워하는 모든 사람들은 영혼을 긍휼히 여기기를 간청한다. 약한 자들을 강하게 하고, 영적 방황을 줄이고, 낙심한 자들을 일으켜 주라. "죄인을 미혹한 길에서 돌아서게 하는 자가 그 영혼을 사망에서 구원하며 허다한 죄를 덮을 것이니라"(약 5:20).

4. 그리스도인들은 서로의 이름을 아껴주어야 한다

우리는 다른 사람들의 이름에 대해서 자비로워야 한다. 좋은 이름은 이 땅에서 가장 큰 축복 중의 하나이다. 어떤 진주목걸이도 이처럼 아름답게 꾸며주지 못한다. 그것이 그렇다면 우리는 이름들을 대단히 아껴주어야 한다. 형제의 좋은 이름을 짓밟고도 아무런 양심의 거리낌이 없다면 무자비한 정도가 심한 사람으로 생각된다. 그들의 목구멍은 사람들의 명성을 묻기 위하여 열린 무덤이다(롬 3:13). 사람의 이름을 짓밟는 간접살인행위는 대단히 잔인한 짓이다. "성벽을 파수하는 자들이 나의 웃옷을 벗겨 취하였구나"(아 5:7). 어떤 주석가들은 그것을 해석하기를 아름다운 웃옷과 같은 그녀를 덮고 있는 명예와 명성을 벗겨버린 것으로 보았다. 이름에 대한 이와 같은 무자비함의 동기는 :

(1) **교만.** 교만은 자기가 무색하게 되는 것을 견디지 못하는 성질을

가졌다. 교만한 자는 어떤 부분이라도 남이 뛰어나든지 저명해지는 것을 보는 것을 싫어하기 때문에 남이 자기보다 뭔가 낮아지도록 하기 위하여 다른 사람의 좋은 이름을 목잘라 버린다. 교만한 사람은 다른 사람의 명성을 끌어내려서 그것이 빛을 잃게 함으로써 자기가 더 밝게 빛나게 된다고 생각한다. 교만한 자의 숨길은 다른 사람의 명성에 독기를 뿜어내고 곰팡내가 나게 한다.

(2) 시기(벧전 2:1). 시기심 많은 사람은 다른 사람의 위엄을 나쁘게 말하고, 그 이름에 해를 입힐 방법을 찾는다. 믿음 생활은 우리에게 다른 사람이 존경받고 명성이 올라가는 것을 기뻐하도록 가르친다. "너희 모든 사람을 인하여 내 하나님께 감사함은 너희 믿음이 온 세상에 전파됨이로다"(롬 1:8). 그것은 그들이 명성을 날리게 됨을 기뻐한다는 말이다. 좋은 평판은 신앙생활의 증거가 된다(히 11:2). 만일 경건한 믿음을 고백하는 사람들이 좋은 평판을 가지지 못한다면 좋은 이름이 아닌 셈이다. 그러나 좋은 이름을 가졌어도 마귀의 자문을 받은 시기심은 다른 사람의 그 좋은 이름을 날려보내려고 지옥에서 연속적으로 불을 가져온다.

얼마나 많은 방법으로 다른 사람들의 이름에 몹쓸 짓들을 하는가? 다양한 방법들이 있다.

① 그들에 대한 잘못된 소문을 퍼뜨림으로써. 이것은 금지된 죄악이다. "너는 허망한 풍설을 전파하지 말며 악인과 연합하여 무함하는 증인이 되지 말며"(출 23:1). 명성은 보통 중상모략에 시들어 버린다. "저희가 칼같이 자기 혀를 연마하며 화살같이 독한 말로 겨누고"(시 64:3). 중상자의 혀는 다른 사람의 명예를 상처내기 위한 말들을 쏟아대며, 그것을 피흘려 죽게 만든다. 모든 시대를 통하여 하나님의 성도들은 그들이 짓지도 않은 죄를 그들에게 책임지우는 무자비한 사람들을 만나왔다. 제수잇파의 수리우스는 루터에 대해서 소문내기를 그는 마귀 신학을 배웠고 술취해서 죽었다고 하였다. 그러나 루터의 생애에 대해 기록한 멜랑톤은 그는 가장 경건하고 거룩한 태도로 죽

었고 죽기 전에 가장 탁월한 기도를 하였다고 확증하였다. "불의한 증인이 일어나서 내가 알지 못하는 일로 내게 힐문하며"(시 35 : 11). 이것이 다윗의 호소이다. 헬라말로 "마귀"란 말은 중상자를 나타낸다 (딤전 3 : 11). "참소하지 말며"-헬라말로 그것은 "마귀가 되지 말며" 이다. 어떤 사람은 다른 사람의 명예를 훼손하고 중상하는 것이 대단한 일이 아니라고 생각한다. 그러나 이것은 마귀와 한 짝이 되어 행동하는 것임을 알라. 아, 참으로 그리스도인으로 통하면서도 거짓과 중상을 발출하여 마귀놀음을 하는 무자비한 사람들이 얼마나 많은고! 성경에는 악인을 "개들"이라고 불렀다(시 22 : 16). 중상자들은 나사로의 상처를 고쳐주기 위해서 핥은 개들과 같지 않고, 이세벨을 먹은 개들과 같은 자들이다. 그들은 사람들의 귀한 이름을 쥐어뜯고 찢는다. 4세기경의 로마 황제인 발렌티니안은 이 중상죄로 공개적으로 선고받은 사람은 죽어야 한다고 규정하였다. 그레고리 교황은 그러한 사람은 파문되어야 하고 수찬정지 해야 한다고 결정하였다. 나는 그것이 정당한 결정이었다고 생각한다.

② 우리가 중상모략을 그대로 받아들이고는 우리가 들은 것을 퍼뜨리면 우리가 다른 사람의 이름에 대해서 무자비한 것이 된다. "너는 네 백성 중으로 돌아다니며 사람을 논단하지 말며"(레 19 : 16). 선한 사람은 "그 혀로 참소치 아니하고 그 벗에게 행악지 아니하며 그 이웃을 훼방하지 아니"한다(시 15 : 3). 우리는 잘못된 풍설을 내지도 말아야 할 뿐만 아니라 그것을 받아들이지도 말아야 한다. 그 당사자와 직접 이야기하여 사실을 알기도 전에 풍문을 내는 것은 무자비한 일일 뿐만 아니라 그 자체가 정죄를 면할 수 없다. 히브리말로 "풍설을 전파하는 것"(출 23 : 1)은 그것을 액면 그대로 받아들인다는 의미이다. 장물아비는 도둑과 마찬가지로 나쁘다. 훔친 물건은 우리 중 아무도 받아들이지 말아야 한다. 다른 사람이 그 형제들의 좋은 이름들을 훔쳤을 때 우리는 그 훔친 것을 받아들이는 것이 아닌가? 잘못된 소문을 끄집어 내려고 하는 사람이 많지는 않겠지만 이 술이 다른 사람들의 입맛을 기쁘게 한다는 것은 안다.

③ 우리가 다른 사람들의 정당한 가치와 위엄을 깎아 내리거나 그들의 약점을 더 크게 들추어 내고 그들의 미덕을 축소시킨다면 우리는 다른 사람의 이름을 무자비하게 취급하는 것이다. "피차에 비방하지 말라"(약 4:11). 나는 한번도 남을 비방하는 것을 다른 사람이 들은 일이 없다는 대수도원장 이도르란 사람의 이야기를 읽은 적이 있다. 어거스틴은 다른 사람의 명성을 깎아 내리거나 어둡게 하는 것을 견딜 수 없어서 그의 탁자 위에다 다음 두 구절을 기록하여 놓았다. "누구든지 다른 사람의 이름을 깎아 내리기를 좋아하는 사람은, 이 탁자에 앉을 자격이 없으니, 그를 굶게 하라."

악한 사람들은 항상 그들의 이웃의 신망을 깎아내리는데 그것도 깊이 깎아낸다. 그들은 좋은 것은 다 깎아버린다. 무언가 그들이 경멸할 만한 고갱이 말고는 아무것도 남기지 않으려고 한다. 무자비한 사람들은 한 됫박 물을 반 됫박 물로 졸여 끓이는 방법을 알고 있다. 그들은 마귀의 기술을 가지고 있어서 다른 사람들의 장점들을 희미하게 하고 작게 만들며, 심지어는 아무것도 남지 않도록 끓여 없애버리기도 한다. 어떤 사람은 창조할 힘은 갖고 있지 않으면서 멸절시킬 힘은 가지고 있다. 그들은 다른 사람이 가지고 있는 좋은 것을 모방은 못해도 금새 폐지시킬 수는 있다.

④ 우리가 다른 사람의 중상을 당하는 것임을 알면서도 그 결백함을 입증하려고 하지 않을 때 우리는 다른 사람의 이름에 대해 무자비한 것이 된다. 사람이 때로는 침묵하는 것이 중상하는 것만큼 나쁠 수가 있다. 형제에 대해서 자비로운 사람은 형제가 부당하게 비방받을 때 변호로써 옹호해 주는 사람이다. 사도들이 성령이 충만하자 그들이 술취하였다고 비난받았을 때 베드로는 공개적으로 그들의 결백함을 입증하였다(행 2:15). 자비로운 사람은 기름상자에서 죽어가는 파리를 건져낼 것이다.

⑤ 다른 사람에 대해서 위증을 하는 사람은 다른 사람에 대하여 무자비한 정도가 심하다(시 27:12). "악인과 연합하여 무함하는 증인이 되지 말며"(출 23:1). "무함한다"는 말은 사람이 성경에다 손을 얹고

거짓 서약을 하는 것처럼 잘못된 맹세를 하는 것이다. 그래서 토스타투스는 그것을 상세히 설명하였다. 이 위증은 두 날 가진 칼이다. 거짓 맹세를 한 사람은 다른 사람의 이름과 아울러 자신의 영혼도 다치게 한다. 거짓 증거는 방망이 또는 망치로 비유된다(잠 25 : 18). 그것은 사실이다. 왜냐하면 그는 뻔뻔스러움으로 굳어져 있고 무슨 일에도 얼굴을 붉히지 않으며 또한 무자비하기 때문이다. 방망이나 망치에는 부드러움이 없고 거짓증거에는 불쌍히 여기거나 동정하는 마음이 없다. 이 모든 것은 다른 사람의 이름에 대해서 무자비한 것이다.

모든 그리스도인들에게 신앙양심을 가지고 다른 사람들의 이름에 대해서 자비를 보이도록 설득하자. 다른 사람의 좋은 이름을 아끼고 마음을 써주자.

사람을 중상모략하는 것이 얼마나 큰 죄인가를 생각하라. "모든 악독과 모든 궤휼과 외식과 시기와 모든 비방하는 말을 버리고"(벧전 2 : 1; 딛 3 : 2). 시기와 비방하는 말을 같이 놓고 취급하고 있는데 이것들을 사람들이 분하여 떨쳐버리듯이, 바울이 독사를 떨어버리듯이 (행 28 : 5) 떨어버리라는 것이다.

또한 그것이 얼마나 해로운가를 생각하라. 다른 사람의 좋은 이름을 해롭게 하는 사람은 그 사람의 가장 귀한 것을 상하게 하는 것이다. 그 이름을 더럽히는 것보다 차라리 그 생명을 거둬가는 것이 낫다. 그의 이름에 먹칠을 하는 것은 그를 산채로 매장하는 것이다. 그것은 돌이킬 수 없는 손상을 입히며 오래 오래 남는다. 이름의 상처는 금강석의 흠이나 청흑의 얼룩과 같아서 결코 없어지지 않는다. 어떤 의사도 혓바닥의 상처는 치료할 수가 없다.

하나님은 책임있는 말을 요구하신다. 쓸데없는 말도 책임을 져야 하거늘 중상모략이야 비난받아야 마땅하지 않겠는가? 하나님은 어느 날엔가 피에 대한 심판과 마찬가지로 이름에 대하여 심판하실 것이다. 모두 이 점에 있어서 주의를 하고 신중하도록 설득하자. 여러분은 다른 사람의 물건을 훔치는 것을 아주 싫어할 것이다. 사람의 이름은 물건보다 더 가치가 있는 것이고 다른 사람의 좋은 이름을 빼앗는 사람은 들판의 곡식이나 가게의 옷감을 빼앗아 가는 것보다 더 큰 죄를 짓는 것이다.

특별히 경건한 사람의 이름을 다치지 않도록 주의하자. 하나님이 그들의 머리에 영예로운 면류관을 씌워주셨는데 여러분이 그것을 빼앗으려는가? "너희가 어찌하여 내 종 모세 비방하기를 두려워 아니하느냐?"(민 12 : 8) 성도를 중상하는 것은 하나님 자신을 중상하는 것과 다름이 없는데 그리스도의 모습이 그들 위에 그려져 있고 그들이 그리스도의 지체가 되기 때문이다. 훗날 그리스도께서 이것을 당신 손에서 받으실 때 얼마나 언짢아 하실까 생각해 보라! 옛 율법 아래서는 처녀를 중상하는 것이 죄인데 하물며 그리스도의 신부를 중상하는 것은 어떠하겠는가? 천국에 기록된 성도의 이름을 땅에서 지워버리려는가? 다른 사람의 이름을 아끼자.

5. 긍휼은 다른 사람들의 재산, 해로힘, 궁핍 등에 대해서도 베풀어져야 한다

다른 사람의 재산에 대해서도 긍휼히 여기라. 어떤 사람이 당신에게 빚을 졌는데 형편이 어려워져 갚을 능력이 없게 되면 그가 가라앉을 때 눌러 찌그러뜨리지 말고 법이 엄하더라도 좀 경감하여 주라. "긍휼히 여기는 자는 복이 있나니." 악한 사람은 강탈, 약탈로 빼앗은 먹이를 먹고 사는 짐승에 비유된다. 그들은 그들이 어떤 해를 끼쳐도 상관하지 않는다. "사자가 그 굴혈에 엎드림같이 저가 은밀한 곳에 엎드려 가련한 자를 잡으려고 기다리며 자기 그물을 끌어 가련한 자를 잡나이다"(시 10 : 9). 크리소스톰은 설명하기를 자기 그물을 끈다는 것은 부자가 가난한 사람을 자기 채권 속으로 끌어 들여서 갚을 날 갚지 못하게 되면 계약이 깨어지므로 그가 가진 모든 것을 빼앗는 것을 말한다고 하였다. 다른 사람이 우리의 동정만 바랄 수밖에 없는데 복음서에 나오는 마음 굳은 채주같이 되어 빚진 자의 목을 잡고서 "빚을 갚으라"고 독촉하는 것은 정당한 것이 아니라 잔인한 짓이다(마 18

: 28). 하나님은 율법에 정하시기를 "사람이 맷돌의 전부나 그 윗짝만이나 전집하지 말지니 이는 그 생명을 전집함이니라"(신 24 : 6)하고 하셨다. 사람이 돈을 빌렸더라도 그 기본적인 생활 용구는 저당 잡지 말라는 말씀이다. 그가 생활할 수 있는 방편은 반드시 남겨 주어야 한다. 이렇게 함으로써 우리는 진노 중에라도 긍휼을 잊지 아니하시는 (합 3 : 2) 하나님을 닮아 가는 것이다. 하나님은 법을 극단적으로 적용하시지 않고 우리가 갚을 수 없으면 그 빚진 것을 고백하기만 하면 값없이 용서해 주신다(잠 28 : 13 ; 마 18 : 27).

그렇다고 해서 우리 것을 정당하게 찾지 말라는 것은 아니지만 다른 사람이 영락하여 겸손히 간청하여 오면 우리는 양심에 비추어 빚의 얼마라도 탕감하여 주어야 한다. "긍휼히 여기는 자는 복이 있나니."

우리는 다른 사람의 해롭힘에 대해서도 긍휼히 여겨야 한다. 당신에게 해를 입힌 자에게 긍휼을 보여줄 마음을 가지라. 초대 순교자인 스데반은 "무릎을 꿇고 크게 불러 가로되 주여 이 죄를 저들에게 돌리지 마옵소서"(행 7 : 60)라고 하였다. 그가 그 자신을 위해 기도했을 때는 일어섰었으나 그의 원수들을 위하여 기도하게 되자 그는 무릎을 꿇었는데 버나드의 말과 같이 이는 그의 기도에 있어서의 진지성을 보여주기 위한 것이었으며 얼마나 그가 하나님께서 그들을 용서하여 주시기를 간절히 바랐던가를 알 수 있다. 이것은 드물게 볼 수 있는 긍휼이다. "허물을 용서하는 것이 자기의 영광이니라"(잠 19 : 11). 해를 입고도 용서해 주는 긍휼은 그리스도인의 시금석이요 기독교의 면류관이다. 16세기의 켄터베리 대주교인 크렌머는 자비로운 성품의 사람이었다. 그에게 나쁜 짓을 한 사람이 그에게 호의를 구하러 오면 그가 그를 위하여 해줄 수 있는 모든 것을 힘껏 해주어 심지어 그것이 잠언이 되기까지 하였다. "크렌머에게 해를 입혀라 그러면 그가 살아 있는 한 그가 너희 친구가 되어줄 것이다." 악을 선으로 이기는 것과 악을 자비로 대답하는 것은 참으로 영웅적인 것이며, 모든 사람의 눈에 영광스러운 신앙생활로 나타날 것이다. 그러나 나는 이제 한 걸음

더 나아가고자 한다.

우리는 다른 사람의 궁핍에 대하여 궁휼히 여겨야 한다. 성경 본문은 이것을 주로 의미하고 있다. 선한 사람은 뱀처럼 그 자신 안에서 비비 꼬지 않는다. 그의 행동은 솔직하고 우회적이 아니다. 그는 종일토록 은혜를 베풀고 꾸어준다(시 37 : 26).

이 다른 사람의 궁핍에 대한 자비로운 인정은 세 가지 점에서 나타난다.

(1) **사려분별력있는 고려.** "빈약한 자를 권고(돌보아 줌)하는 자가 복이 있음이여"(시 41 : 1). 그리고 여러분은 네 가지 점을 고려하여야 한다.

그것을 자신의 일과 같이 생각하여야 한다. 여러분 자신이 다른 사람의 도움을 필요로 하는 그 입장에 서봐야 그 자비의 시냇물이 얼마나 환영을 받으며 얼마나 상쾌한 것인가를 알게된다.

① 가난이 얼마나 슬픈 상태인가를 깊이 생각하라. 크리소스톰이 가난을 천국으로 인도하는 고속도로라고 부르기는 했으나 이 길을 계속 가는 사람은 울면서 가게 된다. 가난한 사람들을 깊이 생각하라. 그들의 눈물을 보라. 그들의 한숨, 그들의 죽어가는 신음소리를 들으라. 그들의 얼굴에 파여진 깊은 주름살을 보고 당신이 이 깊은 주름에다 당신의 자비의 씨를 뿌려야 될 이유가 없겠는가 깊이 생각하라. 외투 대신에 그는 헤어진 조끼를 입었을 뿐이며, 침대 대신에 돌베개가 있을 뿐이다. 가난한 사람은 슬픔의 양식을 먹으며 눈물을 마신다(시 80 : 5). 야곱과 같이 바람부는 밤에 구름이 그의 덮개이고 돌이 그의 베개이다.

② 아니, 더 나아가서, 가난은 십자가가 될 뿐만 아니라 때때로 덫이 되기도 한다는 것을 깊이 생각하라. 그것은 악에 많이 노출되어 있어서 아굴이 "나로 가난하게도 마옵시고"(잠 30 : 8)라고 기도하였다. 아쉬우면 사람들은 바르지 않은 방법을 쓰려고 한다. 가난한 사람들은 돈을 위해서는 자기 영혼에 위험한 짓도 서슴지 않고 한다. 부유한

사람들이 이것을 지혜롭게 깊이 생각한다면 그들의 구제금이 많은 죄를 막을 수 있다.

③ 왜 지혜의 하나님께서 세상에 불공평한 일이 있도록 하셨겠는가 깊이 생각해보라. 그것은 우리에게 긍휼을 훈련시키고자 하는 바로 그 이유 때문이다. 모든 사람이 다 부유하다면 구제가 필요가 없고 자비로운 사람이 그렇게 잘 알려질 수도 없다. 만일 여리고로 가는 사람이 다쳐서 거반 죽게 되지 않았으면 기름과 포도주를 상처에 붓고 싸맨 선한 사마리아인이 알려지지 않았을 것이다. "태평양 전쟁이 없었으면 맥아더가 어떻게 알려졌겠는가?"

④ 얼마나 신속히 섭리의 저울이 다른 쪽으로 기우는가 깊이 생각하라. 우리 자신이 가난에 처하여 보았으면 우리가 다른 사람을 돌보아줄 능력이 생겨서 구제하였을 때 그것이 우리에게 적지 않은 위로가 될 것이다. "일곱에게나 여덟에게 나눠줄지어다 무슨 재앙이 땅에 임할른지 네가 알지 못함이니라"(전 11:2). 우리에게 언제나 평화로운 날만 있으리라는 보장이 없다. 하나님만이 우리 가운데 많은 사람이 얼마나 속히 우리의 목장을 바꾸어야 하는가를 아신다. 지금은 포도주가 넘치는 잔에 마라의 쓴 물이 채워질 수도 있다. "내가 풍족하게 나갔더니 여호와께서 나로 비어 돌아오게 하셨느니라"(룻 1:21). 큰 권력과 재산을 가지고 떵떵거리다가 갑자기 한 끼니도 어렵게 된 사람들을 우리는 얼마나 많이 보아왔는가?

이런 의미에서 다른 사람들의 결핍을 깊이 생각해주는 것은 지혜이다. 얼마나 신속히 장면이 바뀌는가를 기억하라. 우리가 가난한 사람의 옷을 입을 수도 있을 것이지만, 역경이 오더라도 우리가 재산 가지고 있을 때 그리스도의 가난한 지체들에게 사랑을 베풀었던 것을 생각하면 우리 마음에 역경이 근심거리가 되지 않을 것이다. 이 사려분별력 있는 고려가 긍휼히 여기는 것 가운데 첫번째 것이다.

(2) **부드러운 동정.** "주린 자에게 네 심정을 동하며"(사 58:10). 후한 사랑은 동정에서 시작한다. 히브리말로 "긍휼"이란 말은 "동정심"

을 나타낸다. 그리스도께서는 먼저 무리를 측은히 여기셨다. 그리고
는 그들을 먹이시는 기적을 행하셨다(마 15 : 32). 불쌍히 여기는 것이
없는 자선은 야비한 짓이다. 야비한 사람들은 여러모로 우리를 구제
할 수는 있어도 우리를 동정할 수는 없다. 궁핍한 사람을 먹이면서도
그를 불쌍히 여기는 마음이 없는 것은 일종의 잔인한 행위이다. 참된
신앙생활은 자비심을 낳는다. 참 신앙인은 하나님에 대해서 깊은 회
개의 눈물로 마음이 녹듯이 다른 사람에 대해서는 동정하는 마음으로
마음이 녹는다. "나의 마음이 모압을 위하여 수금같이 소리를 발하
며"(사 16 : 11). 마찬가지로, 우리의 동정하는 마음이 소리를 발할 때
우리의 구제는 하나님의 귀에 아름다운 음악으로 들리게 된다.

　(3) 긍휼히 여긴다는 것은 인색하지 않은 기부에 있다. "가난한 형제
가 너와 함께 거하거든 그 가난한 형제에게 네 마음을 강퍅히 하지 말
며 네 손을 움켜 쥐지 말고 반드시 네 손을 그에게 펴서"(신 15 : 7,
8). 히브리말로 "흩어서"(시 112 : 9)라는 말은 대단히 후한 것을 나타
낸다. 그것은 둑을 넘실넘실 넘는 물과 같아야 한다는 말이다. 단지
사소한 것의 빈약한 흩음이 아닌 것이다. 하나님이 사람을 재산으로
부유하게 하여 주시고 그 촛대를 성전에 비치도록 하여 주셨으면 그
는 자기 자신만을 위하여 그것을 감싸고 독점하지 말고 태양으로부터
빛을 받은 달과 같이 그것으로 세상에 비치게 하여야 한다. 바질과 로
리누스가 말한 것처럼 옛날 사람들은 기름이 자선의 상징이 되도록
만들었다. 자비의 황금 기름은 아론의 기름처럼 가난한 자 위에 흘러
내려서 옷자락 끝에까지 내려가야 한다. 이 궁핍하고 부족한 다른 사
람들에 대한 넉넉한 지불을 하나님이 명하셨고 은혜가 또한 독촉한
다.

　하나님의 명령. 명백한 성문법이 있다.
　"네 동족이 빈한하게 되어 빈손으로 네 곁에 있거든 너는 그를 도와"
(레 25 : 35). 히브리말은 "너는 그를 강하게 하여" 그가 넘어질 때 은
받침목을 그의 아래에 받쳐 주라는 말이다. 하나님께서 가난한 자에

게 얼마나 큰 관심을 보이시는가. 그들에게 일일이 무엇을 주시는가 하는 것은 관찰할 만한 가치가 있다. 하나님은 가난한 사람들에 대한 공적이고 실제적인 구제에 관한 많은 율법을 주셨다. "제 칠년에는 갈지말고 묵여 두어서 네 백성의 가난한 자로 먹게하라"(출 23 : 11). 이 율법에서의 하나님의 의도는 가난한 사람은 관대하게 공급받아야 한다는 것이다. 그들은 이 제 7년에 저절로 자라는 것은 풀에서 나는 것이건, 포도나 감람나무에서 나는 것이건 무엇이든지 자유롭게 먹을 수 있다는 것이다. 가난한 사람들이 이 열매들만 얻을 수 있고 곡식들이 자라나지 않는다면 어떻게 살겠느냐고 묻는다면, 그들이 이 열매들을 팔아 돈으로 바꾸어 그 열매들의 값으로 살 수도 있지 않겠느냐는 의견으로 답할 수 있다.

다른 율법도 있다. "너희 땅의 곡물을 벨 때에 너는 밭 모퉁이까지 다 거두지 말고 너의 떨어진 이삭도 줍지 말며"(레 19 : 9). 하나님께서 가난한 사람을 만족케 하려고 얼마나 신경을 쓰셨는가를 보라. 들의 모퉁이들은 가난한 사람들을 위하여 베지 않은채 남겨두고 주인이 곡식을 거둘 때는 너무 바닥까지 훑어 낫질을 하지 말아야 했다. 라틴어 성경에는 "땅 바닥까지 낫질하지 말라"고 번역하였다. 이삭 같은 것이 남아 있어야 했다. 키가 짧은 곡식들과 땅으로 휘어져 내린 것들도 가난한 사람들을 위하여 남겨 두어야 하는 것이다.

그리고 하나님은 가난한 사람들을 위하여 다른 율법을 주셨다. "매 삼년 끝에 그 해 소산의 십분의 일을 다 내어 네 성읍에 저축하여 너희 중에 분깃이나 기업이 없는 레위인과 네 성중에 우거하는 객과 및 고아와 과부들로 와서 먹어 배부르게 하라"(신 14 : 28, 29). 매 3년마다 영구적인 십일조라고 불리우는 레위인들에게 주는 첫 십일조 이외에(민 18 : 21) 유대인들은 고아와 과부들을 위해 다른 십일조를 따로 떼 놓아야 했는데 이것을 "가난한 자를 위한 십일조"라고 부른다. 그밖에도 유대인의 엄숙한 제례에도 가난한 자들이 동참하도록 되어 있다(신 16 : 11).

가난한 사람 구제는 율법으로 명하신 것같이 신약에서도 강하게 내

세우고 있다. "네가 이 세대에 부한 자들을 명하여…선한 일을 행하고 선한 사업에 부하고 나눠주기를 좋아하며 동정하는 자가 되게 하라"(딤전 6 : 17, 18). 이것은 권고일 뿐만 아니라 명령으로서 이에 따르지 않을 때는 복음적 경고가 그 사람에게 미치는 것이다. 여기서 우리는 이 자선에 관한 하나님의 각별한 마음을 알 수 있다. 모든 선한 그리스도인들에게 그들의 실제 생활에 있어서 이 점에 관하여 비판하게 하자. 금을 캐내서 그대로 금광 속에다 묻어 둔다면 무슨 유익이 있는가? 그리고 많은 재산을 가지고 있으면서도 꽁꽁 처박아 두고 빛을 못보게 한다면 좋을 것이 무엇인가? 행함이 없는 믿음은 그 자체가 죽은 것이다.

하나님께서 명하신 바와 같이 또한 받은바 "은혜도 자비와 자선의 일을 하도록 우리를 강권한다." "그리스도의 사랑이 우리를 강권하시는도다"(고후 5 : 14). 은혜가 우리 마음 위에 위엄을 가지고 다가온다. 은혜는 영혼 속에서 잠자는 버릇이 있는 것처럼 누워 있지 않고 힘차고 영광스러운 행함으로 자신을 나타낸다. 은혜는 불을 감출 수 없듯이 숨길 수가 없다. 새포도주와 같이 그것은 배출구가 있어야 한다. 은혜는 땅의 돌과 같이 마음 속에 누워 있는 것이 아니고 땅에 뿌려진 씨와 같다. 그것은 선한 사업의 싹을 틔운다.

6. 참 교회에 대한 변호와 그 선한 행함의 교리

이 교리는 악의에 찬 사람들의 중상에 대하여 참 교회의 정당성을 밝히는데 기여한다. 배교자인 4세기의 로마 황제 율리안은 그리스도인들을 믿음만 가지고 행함은 없는 유신론자들이라고 나무랐으며, 로마 가톨릭 교회는 이 중상을 오늘날 우리에게 뒤집어 씌워 우리를 선한 행함을 반대하는 자들이라고 한다. 참으로 우리는 선한 행위의 장점 문제를 놓고 변호하는 것이 아니라 우리도 선한 행위를 강조하고 있다고 변호하고자 한다. "필요한 것을 예비하는 좋은 일에 힘 쓰기를 배우게 하라"(딛 3 : 14). 우리는 선한 행위가 훈계에 의해서 강요

되기 때문에 필요하기도 하지만 사람들의 일반적인 선을 위해서도 필요하다고 설교한다. 성경에 천사들은 날개가 있는데 그 날개 아래에는 손들이 있다고 기록되어 있다(겔 1 : 8). 그것이 이 진리를 상징적으로 말해준다. 그리스도인들은 날기 위한 믿음의 날개가 있어야 할 뿐만 아니라 그 날개 아래에 자비의 일을 하기 위한 손들이 있어야 한다. "이 말이 미쁘도다 원컨대 네가 이 여러 것에 대하여 굳세게 말하라 이는 하나님을 믿는 자들로 하여금 조심하여 선한 일을 힘쓰게 하려 함이라"(딛 3 : 8).

믿음의 등잔에 자선의 기름을 채워야 한다. 믿음은 자체만으로도 옳은 것이지만 믿음을 입증하기 위해서는 자체만으로는 안된다. 믿음에서 행함을 떼내는 것보다 납에서 무게를 떼내거나 불에서 열을 떼내는 것이 나을 것이다. 선한 행위는 구원의 근거가 되지는 않지만 구원받은 증거가 된다. 비록 그것이 구원의 기초가 되지는 않지만 그 상부구조가 된다는 말이다. 믿음이 행함 위에 세워져야 하는 것은 아니지만 행함은 믿음 위에 세워져야 한다. "우리로 하나님을 위하여 열매를 맺게 하려 함이니라"(롬 7 : 4). 믿음은 그리스도와 결혼하는 은혜이고 선한 행위는 믿음이 낳는 자녀들이다. 우리 교회의 이 교리를 변호하기 위하여, 그리고 선한 행위를 강조하기 위하여 네 가지 격언을 제시하겠다.

(1) **행함은 믿음과는 별개의 것이다.** 다이아몬드가 반지에 끼인 것처럼 행함도 믿음에 포함된 것으로 생각하는 것은 쓸데없는 짓이다. 아니, 포도송이가 그것을 맺게 해주는 포도줄기의 즙액과는 다르듯이 그 둘은 구별된다.

(2) **행함은 믿음의 시금석이다.** "행함이 없는 네 믿음을 내게 보이라"(약 2 : 18). 행함은 믿음을 나타내는 신임장이다. 성 버나드의 말과 같이 어떤 사람이 선한 행위로 가득한 것을 보게 되면 자선의 규칙 상 당신은 그의 믿음을 의심하려고 하지 않을 것이다. 우리는 몸의 건

강을 피가 뛰는 맥박으로 진단한다. 아, 그리스도인들이여, 여러분의 믿음의 건강도를 긍휼히 여김과 자선의 맥박으로 진단하라. 믿음도 법률상 증서와 마찬가지이다. 증서가 유효하기 위해서는 세 가지 필수 요건이 있다—문서와 도장과 증거. 그와 같이 믿음을 시험해보고 확인하기 위해서는 세 가지가 있어야 한다—문서 즉 하나님의 말씀과 도장, 즉 하나님의 성령과 증거, 즉 선한 행위. 여러분의 믿음을 이 성경 시금석에 가져오라. 믿음은 행함을 정당화하고 행함은 믿음을 증거한다.

(3) **행함은 믿음을 영예롭게 한다.** 이 열매들은 "의의 나무"를 장식해 준다. 당신의 손의 관대함이 당신의 믿음의 장식품이 되게 하고 그것을 당신의 손목의 거룩한 팔찌처럼 끼라. "내가 의로 옷을 삼아 입었으며 나의 공의는 도포와 면류관 같았었느니라 나는 소경의 눈도 되고 절뚝발이의 발도 되고"(욥 29:14, 15). 욥이 가난한 사람들의 보호자와 대변자가 되었을 때 이것이 그의 영예의 깃발이 되었고 그것이 그에게 왕복처럼 입혀지고 왕관처럼 씌워졌었던 것이다. 선한 행위의 시녀들이 이 여왕된 신앙생활을 모셔 선 것을 볼 때 이것이 비난과 악평을 벗겨주고 다른 사람이 그 신앙생활을 좋게 말하게 해준다.

(4) **선한 행위는 어떤 의미에서는 믿음보다 더 뛰어나다고 할 수 있는데** 두 가지 점에 있어서 그렇다. 그것이 더 고상한 확산성을 가졌기 때문에 그렇다. 믿음은 우리 자신에게 더 필요한 것이지만 선한 행위는 다른 사람들에게 더 유익을 준다. 믿음은 받아들이는 은혜이다. 그것은 모두 자신의 이익을 위한 것이다. 그것은 자신의 범위 안에서만 움직인다. 반면에 행함은 다른 사람들의 유익을 위한 것이고 사실상 주는 것이 받는 것보다 더 복이 있다.

선한 행위는 믿음보다 더 잘 보이고 두드러진 것이다. 믿음은 더 신비한 은혜이다. 그것은 마음 속에 숨겨져 있고 보이지 않지만은 행함이 그것에 결합될 때에 비로소 그 본래의 아름다움이 빛을 발하게 된다. 정원을 장식한 꽃들이 매우 아름다워도 빛이 올 때까지는 보이지 않는다. 그와 같이 그리스도인들의 마음이 믿음으로 가득차도 그것은 밤중의 꽃과 같아서 행함이 따르기 전에는 보이지 않는다. 이 빛이 사람들 앞에 비칠 때에 믿음은 그 본래의 빛깔을 나타난다.

7. 자비롭지 못한 사람에 대한 제재

자비로운 성품을 갖춘 것이 선한 사람의 초상화라면 이러한 기질과 거리가 먼 사람들은 통렬히 꾸중을 받아야 한다. 그들의 마음은 악어의 비늘과 같아서 "서로 연함이 봉한 것같다"(욥 41 : 15). 그들은 단지 자신들의 울타리 안에서만 맴돌고 다른 사람들의 필요는 아랑곳하지 않는다. 그들은 풍부한 재산이 있지만 복음서에 나오는 사람처럼 마른 손을 가져서 선한 용도를 위해서 그것을 뻗칠 수가 없다. 그들은 모두를 자신들을 위해서만 가졌지 그리스도를 위해 가진 것이라고는 아무것도 없다. 이들은 천한 구두쇠 나발과 한 통속이다. "내가 어찌 내 떡과 물과 내 양털 깎는 자를 위하여 잡은 고기를 가져 어디로서인지 알지도 못하는 자들에게 주겠느냐"(삼상 25 : 11). 2세기에 로마를 1년도 채 못되게 통치한 페르티낙스란 황제는 대제국을 가졌으나 좁고 인색한 마음을 가졌었다고 한다.

아테네에는 자비의 사원이라고 부르는 한 사원이 있었다. 그것은 자선의 목적으로 헌정되었는데, 자비의 사원에 한번도 참예하지 않았다고 나무라는 것은 가장 심한 치욕거리가 되었다고 한다. 그리스도인이 자비롭지 못하다고 하는 것은 가장 큰 수치거리이다. 탐욕스러운 사람들은 자신들만 살찌우는 동안 독점 왕국을 세우고 부의 우상을 섬기어 자신들의 값을 떨어뜨리며, 그리하여 하나님께서 그들을 천사들보다 낮추심으로 스스로가 자신들의 천사보다 더 낮아지게 만들고 있다. 흑사병이 돌 때 당신의 집을 폐쇄당하는 것은 슬픈 일이지만 그보다 더 나쁜 것은 당신의 마음이 닫혀 버리는 것이다. 죄의 바다에 빠져 한 방울의 자비도 얻지 못하게 된다는 것은 얼마나 비참한 일인가! 악어와 같이 탐욕스러운 마음은 돌처럼 굳다(욥 41:24). 부싯돌 같은 그들의 마음에서 자선의 금같은 기름을 뽑아내는 것보다 차라리 부싯돌에서 기름을 뽑아내는 것이 더 나을 것이다. 철학자는 마음이 찬 것은 죽음의 전조라고 말하였다. 사람의 자비로운 일을 하고자 하는 감정이 얼어붙으면 이 마음의 차거움은 나쁜 징조이고, 그들이 죄 가운데서 죽을 슬픈 전조가 된다. 율법에는 조개 종류가 부정한 것으로 간주된다. 아마 이것은 한 이유, 즉 그 고기가 껍질 속에 싸여 있어서 끄집어 내기가 어려워서 그런 것이 아닌가 생각한다. 모든 그들의 재산을 장농의 껍질 속에다 잠궈 놓고 다른 사람들이 도무지 그 덕을 보지 못하도록 하는 사람들은 부정한 사람으로 간주된다. 얼마나 많은 사람들이 너무 아낌으로써 그들의 영혼을 잃고 있는가!

어떤 사람들은 가난한 사람들에게 좋은 말은 줄지 몰라도 그것이 전부인 사람들도 있다. "만일 형제나 자매가 헐벗고 일용할 양식이 없는데 너희 중에 누구든지 그에게 이르되 평안히 가라, 더움게 하라, 배부르게 하라 하며 그 몸에 쓸 것을 주지 아니하면 무슨 이익이 있으리요"(약 2:15~16). 좋은 말들은 차거운 자선 종류이다. 17세기에는 카멜레온이 공기만 먹고 산다고 잘못 믿었는데 가난한 사람들은 카멜레온처럼 공기만 먹고 살 수는 없다. 여러분의 말이 기름처럼 매끄러워도 그것이 상처를 낫게 할 수는 없다. 또 벌집처럼 단 말을 떨어뜨려도 그것이 배고픈 자에게 먹을 것을 주는 것은 아니다. "내가 사람의 방언과 천사의 말을 할지라도 사랑이 없으면 소리나는 구리와 울리는 꽹과리가 되고"(고전 13:1). 천사와 같이 말 잘하는 사람이 되는 것보다는 참 성도와 같이 자선을 베푸는 사람이 되는 것이 낫다. 가난한 사람에게 잔인한 사람들에게 내가 말하지만 당신들은 그리스도인이 아니다. 무자비한 것은 이교도들의 죄이다(롬 1:31). 당신이 자비의 동정심을 미루는 동안은 당신은 기독교의 뱃지를 달기를 미루는 것이다. 성 암브로우스는 말하기를 우리가 주려서 거의 죽어가는 사람을 보고도 구제하여 주지 않으면 우리는 그의 죽음에 대한 죄책이 있다고 하였다. 이 규칙을 사실로 받아들인다면 우리가 알고 있는 것보다 제 6계명을 범하는 죄가 더 많아진다. 야고보는 슬픈 선언을 하였다. "긍휼을 행하지 아니하는 자에게는 긍휼없는 심판이 있으리라"(약 2 : 13). 그리스도의 지체들에게 한번도 자비를 보여준 적이 없는 사람이 어떻게 그리스도로부터 자비를 찾을 생각을 하겠는가? 부자가 나사로에게 빵부스러기를 거절하였으므로 그는 한 방울의 물을 거절당하였다. 마지막날에 죄인들에 대한 기소장을 보라. "내가 주릴 때에 너희가 먹을 것을 주지 아니하였고 목마를 때에 마시게 하지 아니하였고"(마 25 : 42). 그리스도께서는 "너희가 나의 먹을 것을 빼앗았다"라고 하시지 않고 "너희가 내게 아무것도 주지 않았다. 나의 지체들에게 아무것도 먹이지 않았다"고 말씀하신 것이다. 그리고는 선고를 하셨다. "저주를 받은 자들아 나를 떠나라." 그리스도의 가난한 사람이 여러분의 문간에 왔을 때 여러분이 그들에게 떠나라고 명령하면 때가 되어서 여러분이 천국의 문을 두드릴 때 그리스도께서 "내 문에서 가거라, 저주받은 자들아 나를 떠나라"라고 말씀하실 것이다.

  요컨대 탐욕은 어리석은 죄이다. 하나님께서는 복음서에서 부자에게 "어리석은 자"라는 명칭을 주셨다(눅 12 : 20). 탐욕스러운 사람은 자기가 소유한 것도 즐기지를 못한다. 그는 자신의 생활을 비참하게 만든다. 그는 어떻게 재산을 얻을까, 어떻게 재산을 늘릴까, 어떻게 재산을 유지할까 하는 염려로 자신을 괴롭힌다. 그래서 얻은 것이 무엇이며 결과가 무엇인가? 종종 치사한 인색함의 정당한 보상으로서 하나님은 그의 외형적 재산을 날려버리시고 시들게 하신다. 4세기 갑바도기아의 교부인 그레고리 나지안젠의 말이 심각하게 느껴진다. 즉, 하나님은 여러 차례 불법적으로, 그리고 무자비하게 가난한 사람으로부터 긁어모은 재산들을 도둑맞게 하시고 좀이 쓸게 하신다.

  이 문제를 마감하기 전에 나는 정직하게 살아온 사람이 이 기소장에 끌려 들어왔다면 미안하게 생각한다. 다시 말하면, 제대로 신앙생활을 해 온 사람이 이 탐욕과 무자비의 죄로 비난을 받아야 했다면 사과를 드린다. 나는 하나님의 택하심을 받은 사람이라면 자비의 마음을 옷입었다는 것을 확신한다(골 3 : 12). 그리고 나는 독실한 구두쇠를 기독교의 수치거리라고 말하고 싶다. 그들은 기독교의 얼굴의 종기이며 얼룩이다. 나는 2세기의 로마의 사학자인 일리안이 그의 역사책에 기록한 것을 기억한다. 인도에 네 발과 날개를 가졌고 부리는 독수리같은 그리핀이란 괴물이 있었다고 한다. 그것은 짐승으로 분류할지 새 종류로 분류할지 구별하기가 어려웠다. 하나님을 섬기기 위하여 머리를 숙이면서도 인색한 사람들이 그와 같다고 말하고 싶다. 그들은 하늘나라로 날아갈 것같이 보이는 신앙고백의 날개를 가졌지만 땅 위를 걸으며 심지어는 티끌까지 핥아 먹는 짐승의 발을 가졌다(암 2 : 7). 이런 사람들은 경건한 사람으로 쳐야할지 악인으로 쳐야할지 분류하기가 어렵다.

아, 당신의 신앙심이 당신의 탐욕을 깨뜨리지 못하여 마지막에 당신의 탐욕이 당신의 신앙생활을 깨뜨리는 일이 없도록 주의하라. 이솝우화에 이런 이야기가 있다. 어느 폭풍우 치는 날 고슴도치 한 마리가 토끼굴로 와서는 피신하게 해 달라고 간청하였다. 그리고는 조용한 손님이 되겠다고 약속하였다. 그러나 그가 대접을 잘 받은 후 그는 몸의 가시를 세워서 가련한 토끼들을 그들의 굴에서 다 몰아 내쫓을 때까지 버티고 나가지 않았다. 이와 같이 탐욕도 마음 속으로 슬며시 들어와서 그것을 감아 틀고 앉으려고 온갖 그럴싸한 구실들을 늘어 놓아도 일단 여러분이 그것을 받아들이기만 하면 그 가시가 모든 좋은 시작들을 다 질식시켜 버리고 여러분 마음에서 모든 신앙심을 몰아내어 버릴 때까지는 결코 찌르는 짓을 중단하지 않을 것이다.

8. 긍휼의 권면

나는 다음으로 모든 그리스도인들이 "자비심"을 갖기를 간청하는 권면의 순서로 진행하려 한다. 다른 사람들의 곤궁함과 부족함을 채워줄 준비를 하라. 성 암브로우스는 자선을 기독교의 총화라고 불렀고 야고보는 그것으로 경건의 정의를 내렸다. "하나님 아버지 앞에서 정결하고 더러움이 없는 경건은 곧 고아와 과부를 그 환난 중에 돌아보고 또 자기를 지켜 세속에 물들지 아니하는 이것이니라"(약 1 : 27). 히브리말로 "가난한 자"라는 말은 "텅빈 자" 또는 "바짝 마른 자"를 나타낸다. 그러므로 가난한 자는 말라버린 연못과 같이 힘과 아름다움과 재산이 다 고갈된 사람들이다. 그들을 자선의 은빛 시냇물로 다시 채워 주도록 하자. 가난한 자는 무덤 속에 있는 것과 마찬가지다. 그들의 삶의 위로는 묻혀버렸다. 아, 그리스도인들이여, 여러분의 자비로운 손으로 그들이 무덤에서 일어나도록 도와주라. 하나님은 "샘으로 골짜기에서 솟아나게 하시고 산 사이에 흐르게"하신다(시 104 : 10). 여러분의 너그러움의 샘이 가난의 골짜기 사이에 흐르게 하라. 여러분의 가장 친절하고 가장 인자한 영향력이 가장 낮은 땅 위에 떨어져야 한다. 후함과 자비로움 없이 여러분의 모든 외형상의 헌신이 무슨 소용이 있는가? 바질은 말하기를 나는 기도하고 금식하는 사람은 많이 알고 있지만 재난 중 구제하는 사람은 많이 보지 못하였다고 하였다. 그들은 그들에게 부담을 주지 않는 것에만 열심이다. 그러면 그들의 모든 겉보기의 덕이 나은 점이 무엇인가?

성경에는 향은 불 위에 놓아야 한다고 적혀있다(렘 16 : 13). 헌신의 불꽃은 자선의 향으로 향기를 내뿜어야 한다. 아론은 그 옷에 금방울과 석류를 달았었다. 성경학자들이 연구한 바에 의하면 석류는 선행의 상징이었다. 말하자면 선행을 하지 않는 사람은 금방울은 있어도 석류가 없는 셈이다. 동방 박사들은 그리스도 앞에 무릎을 꿇고 절하기만 한 것이 아니라 황금과 유향과 몰약을 드렸다(마 2 : 11). 열심을 내는 척 하는 것만으로는 충분하지 않다. 우리는 그리스도께 예배할 뿐만 아니라 그의 지체들에게 무언가를 베풀어야 한다. 이것이 그리스도께 황금과 몰약을 드리는 것이다. 이삭은 야곱의 목소리만 듣고서 축복한 것이 아니라 그를 만져보고 냄새도 맡아본 후 그것이 에서의 손이라고 짐작하고 그에게 축복하였다. 하나님은 사람들을 그들의 목소리나 그들의 큰 기도소리, 그들의 독실한 담화를 듣고 복을 주시는 것이 아니라 그에게 에서의 손이 느껴지면, 그들의 손에 선한 일의 열매가 있으면 그들에게 복을 주신다.

그러므로 여러분에게 자비의 행위를 권면한다. 여러분의 손가락으로 관대함의 몰약을 떨어뜨리자. 여러분의 황금 씨를 뿌리라. 이러한 의미에서는 여러분이 선한 용도로 투자하는 것이라면 이자를 받고 돈을 빌려주는 것도 율법에 어긋나지 않는다. 어거스틴이 말한 유명한 말을 기억하자. "당신이 지킬 수 없는 것을 가난한 자들에게 주라, 그러면 당신이 잃을 수 없는 것을 받게 될 것이다." 당신의 자비함을 시험해 볼 수 있는 많은 경우가 있다. 가난한 자들은 벽을 향하여 운다. 고아들의 울음소리를 들으라. 과부들의 눈물을 불쌍히 여기라. 어떤 사람은 일자리가 없어 고통을 당하는 사람들도 있다. 사람들의 수레바퀴가 굴러가도록 만들어주는 것은 잘하는 것이다. 어떤 사람들은 일을 할 수 없는 사람도 있다. 눈먼 사람들의 눈이 되어주고 절름발이의 발이 되어주라. 어떤 경우에는 자비의 손길로 떠받쳐 도와주지 않으면 온 가족이 가라앉을 수밖에 없는 경우도 있다.

내가 관대함과 선심에 대해서 강조하기 전에 제거하기를 애쓰는 세 가지의 반대가 앞에 놓여 있다.

(1) 우리가 주어버리면 우리 자신이 궁색해질 수도 있다는 것. 바질이 이에 대답하여 준다. 그는 말하기를 자신 속에 근원을 가진 샘은 언제나 끊임없이 샘솟아 나온다고 하였다. "구제를 좋아하는 자는 풍족하여질 것이요"(잠 11 : 25). 루터는 오스트리아의 한 수도원에 대해서 이야기 하였는데 그 수도원은 해마다 가난한 사람들을 구제하였을 때는 매우 부유하였으나 주는 것을 그만 두었을 때 부패하기 시작하였다고 한다. 우리가 해야할 선행을 하고서 잃을 것은 아무것도 없다. 재산은 나누어 주어도 감하여지지 않는다. 꽃은 꿀벌에게 꿀을 생산해 주지만 자신의 열매에는 오히려 도움을 준다. 번영의 촛대가 우리 위에 비칠 때 우리는 어둠 가운데 있는 우리 이웃에게 빛을 되비칠 수 있는데 그렇다고 해서 우리 자신의 빛이 결코 줄어드는 것이 아니다. 경건한 용도로 지불된 어떤 것이든지 하나님께서 어떤 다른

길로 그것을 가지고 오신다. 떡은 떼어 나누어 주셨을 때 더 늘어났고 과부의 기름은 부을수록 불어났다(왕상 17 : 16).

(2) 나는 다른 사람들 만큼 할 수 없다는 것 — 교회를 세우는 일, 병원을 짓는 일, 도서관을 늘리는 일, 대학의 학자들을 유지시키는 일 등. 다른 사람들 만큼 할 수 없다면 할 수 있는 만큼 하라. 비록 물질로는 충분히 행하지 못한다 해도 마음 만큼은 되도록 많이 베풀자. 연보궤에 넣은 과부의 두 렙돈이 받아들여졌었다(눅 21 : 1~4). 하나님은 그녀의 가장 작은 선물을 보신 것이 아니라 가장 큰 마음을 보신 것이다. 율법에 보면 제물로 어린양을 가져올 수 없는 사람은 비둘기 두 마리를 가져와도 충분하였다. 성경에 보면 백성들이 성막을 짓기 위하여 금과 은과 염소털 등을 가져왔다고 하였는데(출 35 : 22~24) 이제 오리겐의 말과 같이 이렇게 말할 수 있겠다. "주님, 당신의 성전 건물을 위하여 저도 무언가를 가져오기를 갈망합니다. 시은소를 만들 금은 아닐지라도, 휘장을 만들 비단은 아닐지라도, 여기 적은 염소털을 가져왔사오니 당신의 성전을 위하여 아무것도 가져오지 않는 사람 수 중에 제가 발견되지 않도록 열납하옵소서."

(3) 그렇지만 나는 다른 사람의 필요에 따라 줄 것이 아무것도 없는데. 당신의 욕망을 위해서는 줄 것이 있는가? 당신의 교만, 당신의 식도락을 채우기 위한 돈은 있는가? 그런데 그리스도의 가난한 지체들을 구하기 위하여는 아무것도 찾을 수 없다는 말인가?

이 변명이 참이라 치고 여러분이 그러한 재산이 없다하더라도 여러분이 가난한 사람들을 위하여 자비를 표현할 그 무엇은 있을 것이다. 그들을 동정하고 그들을 위하여 기도하고 그들에게 위로의 말을 할 수도 있다. "너희는 정다이 예루살렘에 말하며"(사 40 : 2). 당신이 그들에게 아무 금도 줄 수 없다 하더라도 "아로새긴 은쟁반에 금사과" 같은 경우에 꼭 맞는 말을 해줄 수는 있다(잠 25 : 11). 아니, 더 나아가서 가난한 자를 구할 만한 재산이 있는 사람을 격려함으로써 가난한 사람을 도울 수도 있다. 그것은 바람과 같아서 사람이 배가 고플 때는 바람이 그를 채워줄 수는 없으나 그것이 풍차를 돌려 곡식을 찧어 사람에게 도움을 줄 수는 있다. 그러므로 비록 여러분이 없는 사람을 도울 만한 재산이 여러분 자신에게는 없다 하더라도 다른 사람에게 그들을 도우라고 격려할 수는 있다. 여러분은 그들의 감정의 돛에 바람을 불어 자비를 보일 마음을 일으키고 그렇게 함으로써 여러분의 형제를 간접적으로 도울 수가 있는 것이다.

9. 긍휼의 실천을 위한 아홉 가지 권면

앞에 말한 세 가지 반대에 대해 답하였고 이제 나는 긍휼에 대한 권면을 하고자 한다. 나는 이성과 양심의 균형에 있어서 중요시되는 몇 가지 주장들을 전개하기로 하겠다.

(1) 선을 확산하는 것이 **우리를 지으신 큰 목적**이다. "그리스도 예수 안에서 선한 일을 위하여 지으심을 받은 자니"(엡 2:10). 모든 피조물은 그 창조된 목적에 답하여야 한다. 별은 빛나고 새는 노래하고 식물은 열매를 맺고…생명의 목적은 섬기는 것이다. 그의 목적에 답하지 못하여 쓸모가 없는 존재는 그의 다른 목적인 행복을 누릴 수가 없다. 세네카는 말하기를 많은 사람이 세상에 오래 머물러는 있었으나 사는 것같이 살지는 않았다고 하였다. 그들은 아무 선도 행한바 없어 땅에 쓸데없는 무게만 더해 주었을 뿐이었다. 쓸모없는 사람은 아무 것에도 기여하지 못하고 땅에서 거치적거리만 할 뿐이다. 그리고 그들은 무화과 열매는 하나도 맺지 못하고 저주의 열매만 잔뜩 맺는다 (히 6:8).

(2) 긍휼히 여김으로써 긍휼의 하나님이신 우리 **하나님을 닮아갈 수**가 있다. 그는 인애를 기뻐하신다고 한다(미 7:18). "여호와께서는 만유를 선대하시며 그 지으신 모든 것에 긍휼을 베푸시는도다"(시 145

: 9). 구름이 우리에게 좋지 않은 수증기를 받아서는 우리에게 단비로 돌려주듯이 그분은 악을 선으로 갚기를 요구하신다. 하나님의 자비를 맛보지 않고 살 수 있는 피조물은 없다. 암브로우스는 모든 종류의 새들이 하나님의 풍성하심을 찬미하는 찬양곡을 노래하지만 사람들과 천사들은 더 특별한 방법으로 하나님의 긍휼의 진수를 맛보고 있다고 말하였다.

현세에 있어서도 얼마나 큰 긍휼을 받고 있는가! 숨을 들이쉴 때마다 긍휼을 들이마시는 셈이다. 우리가 먹는 밥 한 술마다 자비의 손이 그것을 떠먹여 주시는 것이다. 우리는 항상 자비의 황금잔으로 마시고 있다.

하나님이 어떠한 영적인 긍휼로 우리를 살찌게 하셨는고! 용서하여 주시는, 양자로 삼아주시는, 구원하여 주시는 이 큰 긍휼! 하나님의 긍휼의 그림은 아무리 하여도 충분히 그려낼 수가 없다. 우리는 그분의 긍휼의 폭을 알 수가 없다. 왜냐하면 그것은 무한하기 때문이고, 그 높이도 알 수 없다. 그것은 구름보다 높기 때문이고, 그 길이도 알 수 없다. 왜냐하면 그것은 영원부터 영원까지이기 때문이다(시 103 : 17). 긍휼히 여기시는 일은 하나님의 영광이다. 모세는 "주님, 주님의 영광을 보여주옵소서"라고 기도하였다(출 33 : 18). 하나님은 말씀하시기를 "내가 나의 모든 선한 형상을 네 앞으로 지나게 하겠다"고 하셨다(19절). 하나님은 긍휼의 빛나는 옷을 입으시는 것을 가장 영광스럽게 생각하신다. 그러므로 긍휼을 실천함으로 긍휼의 하나님을 닮아갈 수가 있다. 우리는 이 본에 따라서 우리의 그림을 그리도록 명을 받았다. "너희 아버지의 자비하심 같이 너희도 자비하라"(눅 6 : 36).

(3) 자비를 베푸는 것은 **하나의 제사다.** "오직 선을 행함과 서로 나눠주기를 잊지 말라 이같은 제사는 하나님이 기뻐하시느니라"(히 13 : 16). 가난한 자들에게 무엇인가를 베풀면 그것은 여러분이 기도하는 결과가 되고 하나님께 예배하는 결과가 된다. 두 가지 종류의 제사

가 있다. 하나는 속죄의 제사, 그리스도의 피의 제사이고 또 하나는 기쁨으로 드리는 제사, 자선의 제사가 그것이다. 이것은 다른 어떤 제사보다 하나님이 기쁘게 받으시는 것이다. 천사가 고넬료에게 이렇게 말하였다. "네 기도와 구제가 하나님 앞에 상달하여 기억하신 바가 되었으니"(행 10:4). 가난한 자의 등은 이 제사가 드려지는 제단이다.

(4) 우리 자신이 **구제를 받아 살고 있다.** 다른 피조물들이 우리의 필요에 관대하게 이바지하고 있다. 태양은 자신을 위하여 빛을 가지고 있는 것이 아니라 우리를 위하여 가지고 있으며 그 황금 햇살로 우리를 풍성하게 하여준다. 땅은 많은 열매를 우리에게 가져다 주며, 그 수확의 기쁨을 노래하여 시편 기자는 이렇게 말하였다. "골짜기에는 곡식이 덮였으매 저희가 다 즐거이 외치고 또 노래하나이다"(시 65:13). 어떤 피조물은 우리에게 털을, 어떤 것은 기름을, 어떤 것은 비단을 우리에게 준다. 우리는 열심히 피조물들에게 구걸하러 다닌다. 모든 피조물들이 사람들에게 유익을 제공하는데 유독 사람들만이 자신들을 위하여 살아야겠는가? 이 얼마나 불합리한 것인가!

(5) 우리는 우리가 **한 지체이기 때문에** 우리의 관대함을 베푼다. "또 네 골육을 피하여 스스로 숨지 아니하는 것이 아니겠느냐"(사 58:7). 가난한 자도 같은 흙으로 지어졌다. 지체들은 평등과 동정의 법으로 얽혀져 있기 때문에 서로를 돕는다. 눈은 몸에게 빛을 날라다 주고, 심장은 피를, 머리는 정신을 보급한다. 신체 중에서 다른 부분과 연결되어 있지 않는 지체는 죽은 지체이다. 그것은 국가에 있어서도 마찬가지이다. 아무도 다른 사람이 그 부족함과 필요한 것을 채워주기에는 너무 비천하다고 생각지 못하게 하라. 발에서 가시를 뽑아내는 것을 경멸하다가 그 손이 잘리게 될 때는 참으로 가련한 노릇이다. 데오도시우스 황제의 황후가 손수 아픈 사람을 찾아가서 그 황후의 손으로 그 아픈 사람들을 어루만져 주었을 때, 그것은 그 유명한 황후에

게 큰 명예가 되었다.

 (6) 우리는 재산의 주인이 아니고 **청지기일 뿐**이고 곧 "네 보던 일을 셈하라 청지기 사무를 계속하지 못하리라"는 말씀을 듣게 된다(눅 16 : 2). 재산은 이를 남기라고 맡겨주신 달란트이다. 우리들의 재산을 감추는 것은 그것을 낭비하는 만큼이나 위험한 것이다(마 25 : 25, 30). 탐욕스러운 사람이 금을 너무 오래 움켜쥐고 있으면 그것은 녹이 슬 것이고 그 녹이 그에게 증거가 될 것이다(약 5 : 3).

 (7) 자비와 아낌없이 주는 행동으로 유명한 분들의 예. 우리 주 그리스도는 자선의 큰 모범이 되신다. 그 질에 있어서도 그렇지만 양은 더 풍성하셨다. 트라얀 황제는 자신의 왕복을 찢어서 부상당한 군인의 상처를 싸매어 주었다. 그런데 그리스도는 더 하셨다. 그는 그의 살을 찢어 그의 몸으로 약을 만들고 그의 피로 우리를 치료하셨다. "그가 채찍에 맞음으로 우리가 나음을 입었도다"(사 53 : 5). 여기에 비할 데 없는 사랑의 귀감을 볼 수 있는 것이다.
 유대인들에게는 이러한 친절이 잘 알려져 있다. 유대인 가운데 경건하게 사는 사람들은 가난한 사람들에게 재산의 10분의 1을 기부하며, 그것도 너무나 후한 마음으로 주어서 마치 그렇게 줌으로써 무슨 사례나 받을 것처럼 행동해 왔다고 랍비들이 가르친다. 이제 제사장도 없고 성전도 없고 메시야도 없이 사는 유대인들이 자비를 베푸는 일에 그렇게 헌신적이라면 찬미받으실 메시야를 모시고 사는 우리야말로 얼마나 더 해야 하겠는가!
 이교도들에 대해서도 이야기 하겠다. 나는 티터스 베스파시안에 대해서 읽은 적이 있는데 그는 너무나 자비를 베푸는 일이 몸에 배어서 아무것도 베푼 것이 없는 날이 기억나면 "나는 하루를 잃어버렸다"고 부르짖었다고 한다. 어떤 터어키 사람은 가난한 사람을 조사하여 그들에게 구제품을 보내기 위하여 고용한 종들을 데리고 있다는 이야기도 들었다. 그리고 터어키 사람들은 그들의 코란에 다음과 같은 말이 적힌 것을 가지고 있는데, 즉 만일 어떤 사람이 아끼는 것보다 자선을 베푸는 것이 더 복된 일이란 것을 알게 되면, 그들은 가난한 사람을 구제하기 위해서 얼마간 그들의 살까지도 베어줄 것이라는 말이다. 그런데 그리스도인들의 신조가 터어키인들의 코란보다 더 나아야 할 것이 아닌가?

이 모든 권면을 통해서 긍휼을 실천하는 일이 있었으면 한다. 몰락한 자를 구조하는 것이 최고의 행동이라는 것을 믿으라.

모세와 같이 갈대상자에 누워서 울면서 고난의 물 속으로 가라앉기만 기다리는 불쌍한 인생들을 보면 임시로라도 그들의 구원자가 되어 황금의 줄로 그 물에서 그들을 끌어내자. 여러분의 자비의 가슴이 가난한 자를 돌보게 하자. 먹기도 하고 약으로도 쓰는 거룩한 나무처럼 되자(겔 47:12). 궁하게 되어 굶기도 하는 영혼이 기진맥진할 때 여러분의 그 값진 재산으로 그들을 소생시키고 그들에게 생기를 불어넣어 주자. 다른 사람들로 하여금 여러분이 가난한 사람들을 위하여 만든 속옷과 겉옷을 보게 하자(행 9:39).

(8) **무자비의 죄.** 무자비한 사람은 감사치 않는 사람이다. 당신이 하나님으로부터 재산을 받았고 당신의 잔은 넘치는 데도 당신은 인색한 마음을 가졌고 선한 용도로는 도무지 쓸 마음이 없으니 죽어가는 재산들을 놓아주기 위해서는 당신이 죽는 수밖에 없다. 당신이 아주 심하게 감사를 모르는 사람이면 당신은 인간 사회에 적합지 않다는 것을 알라. 성경은 무자비와 감사치 않는 것을 같이 본다. "감사치 아니하며 거룩하지 아니하며 무정하며"(딤후 3:2, 3). 하나님은 그런 사람에게 재산을 주신 것을 후회하실지 모르겠고 호세아처럼 말씀하실지 모르겠다. "그러므로 그 시절에 내가 내 곡식을 도로 찾으며 그 시기에 내가 내 새 포도주를 도로 찾으며 또 저희 벌거벗은 몸을 가리울 내 양털과 내 삼을 빼앗으리라"(호 2:9).

긍휼히 여기는 마음이 없는 사람은 그리스도에 대한 사랑도 결핍되었다. 모든 사람이 자기는 그리스도를 사랑한다고 생각하고 그 사랑에 대해서 의문을 표시하면 화를 내지만 굶주리는 그리스도의 지체들을 내버려 두는 사람이 그리스도를 사랑한다고 할 수가 있는가? 아니다. 이들은 그리스도보다는 그들의 돈을 더 사랑하여 두려운 저주 속으로 들어가고 있다(고전 16:22).

(9) 끝으로, 나는 긍휼을 실천하도록 권면하기 위하여 한 가지만 더 주장하겠는데 그것은 **자선의 행위에는 보상이 따른다**는 것이다. 긍휼을 베푸는 것은 영광스러운 일인데 그것은 열매없는 일이 아니란 것을 확언하고 싶다. 가난한 자에게 돈을 지불하는 사람마다 그리스도에게 그것을 드리는 것이다. "너희가 여기 내 형제 중에 지극히 작은 자 하나에게 한 것이 곧 내게 한 것이니라"(마 25:40). 가난한 자의 손은 그리스도의 금고이고 거기에 넣는 것은 아무것도 잃을 것이 없다. 성경의 의미는 "당신이 무엇이든지 땅에서 당신의 손을 뻗어 기부하는 것은 하늘에서 드리는 것과 같다. 긍휼히 여기는 것은 긍휼을 얻는다"는 것이다. 그것은 헬라말로 "그들은 긍휼히 여김을 받는 사람이 된다"는 것이다. 우리가 가장 필요한 것이 무엇인가? 긍휼이 아닌가? 용서해 주시고 구원해 주시는 긍휼이 아닌가? 우리가 임종 시에 갈망하는 것이 무엇인가? 긍휼이 아닌가? 당신이 긍휼을 베풀 때 긍휼을 찾을 것이다. 여러분이 다른 사람에게 동정의 기름을 부으면 하나님은 여러분에게 구원의 황금기름을 부으실 것이다(마 7:2). 수넴 여인이 선지자에게 자비를 베풀었을 때 그녀는 그에게서 다른 길로 친절을 받았다(왕하 4:8~37). 그녀는 그를 집으로 환영하였는데 그는 그녀의 죽은 아이의 생명을 회복시켜 주었다. 자비를 씨 뿌리는 사람들은 자비를 거둘 것이다. 그들은 긍휼을 얻는다. 하나님의 본성은 자비로우시기 때문에 어떤 사람도 잃은 자가 되는 것을 원치 않으신다. 그분에게 보여드린 어떤 친절도 무시되거나 보상받지 못하는 법이 없다. 하나님은 사람에게 빚지고는 못견디신다. 냉수 한 그릇에도 그의 영혼을 새롭게 할 그리스도의 따뜻한 피 한 모금을 얻는다. "하나님이 불의치 아니하사 너희 행위와 그의 이름을 위하여 나

타낸 사랑으로 이미 성도를 섬긴 것과 이제도 섬기는 것을 잊어버리지 아니하시느니라"(히 6:10). 하나님의 자비는 부드러운 자비요, 순수한 자비요, 풍성한 자비이다. 자비는 자비로운 사람을 따라가서 앞지른다. 그는 이 땅에서도 보상을 받게 되고 오는 천국에서도 상급을 받게 된다.

10. 이 땅에서 자비로운 사람이 받을 보상

자비로운 사람은 이 땅에서도 보상을 받게 된다.

(1) **자신**이 복을 받는다. "빈약한 자를 돌보는 자가 복이 있음이여 재앙의 날에 여호와께서 저를 건지시리로다"(시 41:1). 그가 어디로 가든지 복이 따라 다닌다. 그는 하나님의 마음에 들어서 하나님은 그에게 미소를 보내신다.

(2) 그의 **이름**이 복을 받는다. "은혜를 베풀며 꾸이는 자는 잘 되나니…의인은 영원히 기념하게 되리로다"(시 112:5, 6). 인색한 자의 이름은 썩어도 자비한 자의 이름은 영예롭게 오래 보존되며 그 향기를 레바논의 백향목같이 날릴 것이다.

(3) 그의 **재산**이 복을 받는다. "구제를 좋아하는 자는 풍족하여질 것이요 남을 윤택하게 하는 자는 윤택하여지리라"(잠 11:25). 그는 땅의 살진 것과 하늘의 이슬을 아울러 가질 것이다. 그는 사슴고기 뿐만 아니라 축복도 차지하게 된다.

(4) 그의 **자손**이 복을 받는다 "저는 종일토록 은혜를 베풀고 꾸어주니 그 자손이 복을 받는도다"(시 37:26). 그는 그의 자녀에게 재산을 물려줄 뿐만 아니라 축복까지도 물려주게 되며 그 축복의 유산은 결코 끊어지지 않을 것을 하나님이 보증하신다.

(5) 그의 **사업**이 복을 받는다. "너는 반드시 그에게 구제할 것이요 구제할 때에는 아끼는 마음을 품지 말 것이니라 이로 인하여 네 하나님 여호와께서 네 범사와 네 손으로 하는 바에 네게 복을 주시리라"(신 15:10). 자비로운 사람은 그의 건물과 농장에 그리고 여행할 때도 복을 받는다. 그가 무엇을 하든지 복이 그 위에 쏟아부어질 것이다. 그가 밟는 곳마다 장미꽃이 필 것이다. 그는 번영하는 사람이 되며 축복의 꿀벌집은 언제나 그에게 꿀을 떨어뜨릴 것이다.

(6) 그는 **장수**의 복을 받는다. "여호와께서 저를 보호하사 살게 하시리니"(시 41:2). 그가 다른 사람이 살도록 도와 주었으므로 하나님이 그를 살도록 지켜주신다. 그러면 긍휼히 여겨서 잃는 것이 있는가? 그것은 생명의 은줄을 뽑아낸다. 많은 사람들이 자비롭지 못함으로 더 일찍 생애를 마친다. 그들의 마음이 뻣뻣해짐으로 그들의 생명이 단축된다.

(7) 자비로운 사람은 오는 **천국**에서도 상급을 받게 된다. 아리스토텔레스도 이 두 가지, 관대함과 실리를 결부시켰다. 하나님이 이후에 자비한 사람들을 상주실터인데 그의 행한 것 때문에 주시는 것은 아니지만 그의 행한 것에 따라서 주실 것이다. "또 내가 보니 죽은 자들이 무론대소하고 그 보좌 앞에 섰는데 책들이 펴있고 또 다른 책이 펴졌으니 곧 생명책이라 죽은 자들이 자기 행위를 따라 책들에 기록된 대로 심판을 받으니"(계 20:12). 하나님은 우리의 눈물을 받을 병을 가지고 계신 것처럼 우리의 자선을 기록할 책도 가지고 계신다. 하나님께서 그 백성들의 죄를 가리워 주시고 값없이 주시는 은혜로서 그들의 행한 일에 면류관을 씌어주신다. 비축하는 길은 투자하는 것이다. 우리 재산의 다른 부분은 뒤에 남게 되지만(전 2:18) 그리스도의 가난한 자들에게 베푼 것은 천국에 저장된다. 주머니는 가볍게 만들지만 면류관을 무겁게 만드는 기부는 복된 것이다.

긍휼을 베풀 마음이 생긴 여러분은 여러분이 나누어주는 것이 무엇을 뜻하는가 기억하라.

여러분은 안전을 확보한다. "가난한 자를 불쌍히 여기는 것은 여호와께 꾸이는 것이니 그 선행을 갚아주시리라"(잠 19:17; 전 11:1; 눅 6:38). 하나님은 다른 어떤 일반적인 믿음보다도 더 안전하게 여러분을 해받음없이 구하실 보증을 하신다. 우리가 불신앙과 배교에 떨어지려고 하여도 하나님께서 지키시는 약속은 안전하다. 우리가 절망에 떨어지려 할 때 우리의 자비의 행위가 효력을 발휘한다.

여러분은 더 넘치게 갚아주심을 받는다. 여러분이 나누어준 금조각이 여러분의 영광에 무게를 더해준다. 냉수 한 그릇으로 여러분은 하나님의 오른손에서 영원토록 흐르는 기쁨의 강을 얻게 된다. 원금보다 이자가 한없이 더 많아진다. 아프리카의 어떤 나라에는 사람들이 씨를 뿌리면 150배 증가하는 것이 있다고 한다. 그리스도의 금고에 여러분이 떨어뜨린 동전 한 닢마다 여러분은 몇 천배나 더 받게 된다. 이와 같이 이모작한 영광이 너무나 커서 여러분이 거두고 또 거두어도 전부 다 거둘 수가 없을 것이다. 부자여, 재물로 주님을 섬기자.

11. 긍휼을 실천하는데 있어서의 여섯 가지 규칙

이 주제를 마감하기 전에 간략하게 긍휼의 실천에 관한 몇 가지 규칙을 기술하겠다.

(1) 구제는 **아낌없이** 주는 것이어야 한다. "너는 반드시 그에게 구제할 것이요 구제할 때에는 아끼는 마음을 품지 말 것이니라"(신 15:10). 이 말은 여러분이 여러분의 돈을 나누어 줄 때 마음 졸이지 말라는 것이다. 근심하면서 주는 것은 아까워 하면서 주는 것이다. 그것은 선물을 주는 것이 아니라 세금을 바치는 격이다. 자선은 샘물이 솟아 흐르듯 해야 한다. 마음이 샘이 되고 손이 도랑이 되고 가난한 자는 그 물을 받아 모으는 수조가 되어야 한다. 하나님은 기쁘게 주는 자를 사랑하신다. 억지로 짤라 내고 눌러야 신물이나 조금 내놓는 심

사 비뚤어진 사람이 되지말라. 지갑을 만지작거리다가 가난한 자에게 구제하는 것은 좋지 않다. 신속함이 없는 자선은 구제금을 내는 것이 아니라 벌금을 내는 것같다. 그렇게 되면 차라리 자선금을 내는 것보다 참회를 하는 것이 낫다. 자선은 나물을 베거나 뒤틀지 않아도 향기롭게 떨어지는 몰약과 같아야 한다.

(2) 우리는 **우리 자신 것으로 주어야 한다**(사 58 : 7). 주린 자에게 양식을 주려면 그것은 "내 식물"이어야 한다. 아람어로 "자선품"이란 말은 "정의"란 뜻을 가지고 있는데 그것은 자선품이 정당하게 소유한 것이어야 한다는 것을 나타낸다. 성경은 이 두 가지를 같이 놓고 있다. "공의를 행하며 인자를 사랑하며"(미 6 : 8). 우리는 "도적질한 재물", 신성을 모독하는 재물은 드리지 말아야 할 것이다. "대저 나 여호와는 공의를 사랑하며 불의의 강탈을 미워하여"(사 61 : 8). 구빈소나 병원을 불의한 재물로 차린 사람은 자만심만 드러내고 자기의 부끄러움의 기념탑을 쌓고 있는 것이다.

(3) **모든 것을 그리스도 안에서 그리고 그리스도를 위하여 하라.**
"모든 것을 그리스도 안에서 하라." 여러분의 인격이 그리스도 안에 있도록 노력하라. 우리는 그분 안에서만 용납이 된다(엡 1 : 6). 오리겐이나 크리소스톰, 피터 마터 등은 한결같이 주장하기를 믿음에서 샘솟지 않은 것은 아무리 좋은 일이라도 소용없다고 하였다. 펠라기안주의자들은 어거스틴에게 이교도들이 벗은 자에게 옷을 입히는 것도 죄가 되느냐고 덤벼들었다. 어거스틴은 똑바로 대답하였다. "선을 행하는 자체는 단순히 악이라고 말할 수 없으나 그것을 믿음없이 진행하면 결국 악이 된다." "더럽고 믿지 아니하는 자들에게는 아무것도 깨끗한 것이 없고"(딛 1 : 15). 포도나무에 가지가 붙어 있어야 달고 순수한 열매를 맺을 수 있다(요 15 : 4). 그리스도 밖에 있으면 우리의 모든 자선 행위가 다만 돌감람나무의 열매일 뿐이다. 그것들은 좋은 열매가 아니고 죽음의 열매이다.

"모든 것을 그리스도를 위하여 하라." 즉, 여러분은 그분을 위하여 그분에 대한 여러분의 사랑을 간증하는 것이다. 사랑은 우리의 자선 행위를 성숙하게 하여준다. 그것은 자선을 하나님께 드리는 귀한 향기가 되게 한다. 마리아가 주님께 대한 사랑으로 향료를 가져와 붓고 그리스도의 죽은 몸에 향을 발랐듯이 그리스도에 대한 사랑으로 여러분의 향료를 그리스도의 산 몸, 즉 그의 성도들과 지체들에게 바르자.

(4) 긍휼을 베푸는 일은 **겸손하게** 행하여야 한다. 과시하는 행동을 멀리하라! 벌레는 가장 좋은 열매 속에서 번식하고 좀은 가장 좋은 옷 속에서 번식한다. 교만이 우리들의 가장 좋은 일에 기어들어오기 쉽다. 향료 상자에서 이 죽음의 파리를 조심하라. 모세의 얼굴이 빛났을 때 그는 수건으로 그것을 가렸다. 그와 같이 여러분의 빛이 사람 앞에 비치고 그들이 여러분의 선한 행위를 쳐다볼 때 여러분 자신을 겸손의 수건으로 가리우라. 비단벌레가 그의 희한한 작품을 짜내는 동안에는 자신을 그 누에고치 속에 숨기고 보이지 않는 것처럼 우리는 우리 자신을 교만과 헛된 영광으로부터 숨겨야 한다.

바리새인들이 자선을 베풀 때에는 나팔을 불었는데 이것이 그들의 죄였다(마 6:2). 그들은 그들의 자선품을 준 것이 아니라 칭찬을 받고 그것을 판 것이다. 교만한 사람은 어부가 낚시를 물에 던지듯이 자선을 물에 던진다. 그래서 그는 헛된 영광을 낚아 올리는 것이다. 나는 문예부흥기의 플로렌스의 부유한 시민인 코스무스 메디체란 사람에 대해서 읽어본 적이 있다. 그는 수많은 웅장한 건축물들을 짓고 학자들과 도서관에 그렇게 돈을 많이 썼지만은 그것은 학문을 사랑해서가 아니라 자신의 명성의 금자탑을 쌓아 올리고 유명해지려고 그랬다고 그의 가까운 친구에게 고백했다는 것이다. 겸손한 사람은 자신을 부인한다. 그렇다. 심지어는 자신을 무시하기까지 한다. 그는 그가 하나님을 위해서 할 수 있는 일이 얼마나 적은가 생각하고 만일 그가 좀더 할 수 있다면 그것은 은혜를 빚지는 것이라고 생각한다. 그러므로 그는 그의 행한 모든 일을 바라볼 때 그는 아무 일도 한 것이 없는 것으로 간주한다. 성도들은 마지막날에 그가 한 자선의 일을 그의 한 일이 아니라고 부인한다. "주여 우리가 어느 때에 주의 주리신 것을 보고 공궤하였으며…"(마 25:37). 선한 그리스도인은 그의 자선의 손을 비울 뿐만 아니라 그의 교만한 마음도 비운다. 그가 가난한 자를 티끌에서 세우는 동안 그 자신을 티끌에서 세운다. 긍휼히 여기는 일은 아름다운 향기를 내면서도 얕으막하게 자라는 계피나무와 같아야 한다.

(5) 여러분의 자선을 **신중하게** 처리하라. 자비한 사람에 대해서는 이렇게 기록되어 있다. "은혜를 베풀며 꾸이는 자는 잘 되나니 그 일을 공의로 하리로다"(시 112:5). 죄를 지어서 가난해진 사람과 하나님의 손에 의해서 가난으로 이끌리어간 사람들을 구별하는 데는 많은 지혜가 필요하다. 자선금품을 나눌 때에는 두 가지 점에 신중해야 한다. 적합한 대상을 찾는 일과 적절한 시기를 잡는 일.

적합한 대상을 찾을 때에는 또 두 가지 것을 생각하여야 한다. 가장 필요로 하는 사람에게 주라. 울타리는 가장 낮은 곳부터 고쳐 올려야 한다. 꺼져가는 등잔부터 기름을 주어야 한다. 더 쓸모있음직한 사람에게 주라. 우리가 약한 식물에게는 돈을 들여 거름을 주고 약을 뿌리지만 죽은 식물에게는 그렇게 안한다. 이스라엘의 집을 세우는데 도움이 될 사람을 양육하라(룻 4:11). 그들이 교회와 국가의 기둥이 될 것이며, 여러분의 자선을 부끄럽게 만들 욕심만 많은 쐐기벌레가 되지 않을 것이다.

적절한 시기를 잡는 데에도 신중하여야 한다. 자선을 베풀려거든 건강할 때, 그리고 번영할 때 베풀어라. 여러분의 은과 금을 가난한 자들에게 나누어 주되, "은줄이 풀리고 금그릇이 깨어지"기 전에 주라(전 12:6). 재빨리 주는 자는 두 배로 주는 것이다. 생명의 기간이 거의 끝날 때까지 모든 줄 것을 보류해 두는 사람들처럼 되지 말고 시원시원히 손을 놀리라. 그렇게 되서야 주는 것은 주는 것이 아니라 죽음에 쫓겨 빼앗기는 것이다. 그것은 자선이 아니라 부득이한 조치이다. 아, 돈과 결혼하지 말라. 그렇게 하면 죽음밖에 여러분과 돈 사이를 갈라놓을 재주가 없다. 썩기 전에는 맛이 없는 서양모과처럼 되지 말라. 탐욕스러운 사람은 저금통에 비유될 수 있을 것이다. 그는 돈을 받아 먹기만하고 죽음이 이 통을 산산조각으로 깨뜨리기 전에는 아무에게도 나누어 주려고 하지 않는다. 그 저금통이 깨어져야 은과 금이 거기서 뒹굴어 나올 것이다. 건강할 때 주라. 이것이 하나님께서 알아주시고 그의 책에 기록을 하시는 자선이다.

(6) **감사한 마음으로 주라.** 자선금품은 받는 자보다 주는 자가 더 감사해야 한다. 우리가 주는 자의 대열에 끼고 받는 자의 대열에 끼지 않는 것에 대해서 감사제를 드려야 한다. 기꺼이 주는 마음을 주신 하나님을 찬미하라. 재산을 주셨을 뿐 아니라 풍성한 마음까지 주신 것은 얼마나 감사한 일인가!

16
마음청결 해설

"마음이 청결한 자는 복이 있나니 저희가 하나님을 볼 것임이요"(마 5:8).

악을 차마 보지 못하시는 거룩하신 하나님은 이제 마음청결을 요구하시고 이 보석으로 장식한 사람들에게는 영광스럽고 아름다운 자신의 모습을 보여주시겠다고 약속하신다. "저희가 하나님을 볼 것임이요." 두 가지 것을 설명하여야 하겠다. 청결의 본질과 청결의 주체.

1. 마음청결의 본질

(1) 청결의 본질.
청결이란 신성하고 깨끗한 것을 말한다. 그것은 무엇이든지 더러운 것에 정반대되는 것이다. 우리는 여러가지 종류의 청결을 구분해야만 한다.

① 빛이 태양에서 시작하는 것처럼 하나님 안에 있는 근원적이고 본질적인 원초적 청결이 있다. 성결은 하나님의 영광이다. "주와 같이 거룩함에 영광스러우며…"(출 15:11). 하나님은 모든 성결의 모본이시며 원형이시다.

② 창조된 청결이 있다. 그러한 성결은 천사들에게 있고 한때 아담

에게도 있었다. 아담의 마음은 지극히 작은 점도 불결의 기미도 없었다. 우리는 섞은 것이 전혀 없는 포도주를 순수하다고 부르고 불순물이 없는 금을 순금이라고 부른다. 그러한 것이 아담의 성결함이었다. 그것은 포도로 만들었으되 아무것도 섞지 않은 포도주와 같은 것이었다. 그러나 이것은 땅 위에서는 찾아볼 수가 없다. 찾으려면 천국에나 가야 한다.

③ 복음적 청결이 있다. 그것은 광석이 섞인 금, 땅거미 질 때의 하늘, 다른 것이 약간 섞인 포도주, 가장자리가 거친 좋은 옷감, 얼마는 은이고 얼마는 진흙인 느부갓네살의 신상(단 2 : 35)과 같은 죄가 다소 섞인 은혜이다. 주근깨가 다소 있어도 아름다운 얼굴이라고 말할 수 있듯이 하나님은 이 섞인 것을 복음적 의미에서 청결이라고 부르시는 것이다. 청결을 노력하고 자신의 불결을 아주 싫어하면 이것은 "마음이 청결한"것이다.

마음이 청결함으로써 어떤 사람은 순결을 이해하게 되고 어떤 사람은 성실을 이해하게 된다(시 32 : 2). 그러나 나는 여기서 말하는 청결은 여러가지 종류와 정도의 성결을 망라한 넓은 의미의 청결이라고 생각한다. 정하게 된 사람, 은혜의 기름을 부음받은 사람들은 청결한 사람이라고 말할 수 있다. 이 청결은 많이 오해되고 있다.

정중한 것은 청결이 아니다. 사람이 도덕적인 덕목 즉 공의, 신중, 절제 등을 옷입고 있을 수 있다. 그러나 그것으로 지옥가지 않는 것은 아니다.

신앙고백은 청결이 아니다. 사람이 살았다하는 이름은 가졌으나 죽은 자들이 있다(계 3 : 1). 그의 속을 정중함으로 청소하고 신앙고백으로 장식하였을지라도 여전히 마귀가 그 집에 거할 수 있다. 혜성은 이글이글 불빛을 내어도 별이 아니다. 위선자의 혀는 은일지라도 그의 마음은 돌이다. 청결은 두 가지 것이 있다. 마음의 정직, 즉 판단에 있어서 성결을 따르는 것이고(시 119 : 30), 또 하나님의 뜻을 따르는 것, 즉 애정을 가지고 성결을 포용하는 것(시 119 : 97)이 그것이다. 청결한 영혼은 틀에 부어 만든다. 성결은 그의 핏줄에 흐르는 피이다.

(2) 청결의 대상 : 마음

"마음이 청결한 자는." 마음의 청결은 샘이 깨끗하면 시냇물이 깨끗하듯이 생활의 청결을 배제하지 않는다. 그러나 마음의 청결을 앞세우는 까닭은 이것이 신앙생활의 주된 요소이고 마음 청결없이는 생활의 청결이 있을 수 없기 때문이다. 샘물이 오염되지 않도록 각별히 주의해야 하는 것처럼 그리스도인들의 가장 큰 관심은 마음을 청결하게 유지하는데 기울여야 한다. 칼로 결투하는 사람은 주로 그의 심장을 보호하고 방어해야 하는 것처럼 지혜로운 그리스도인은 무엇보다도 그의 마음을 청결하게 유지하여야 한다. 죄 사랑이 그 안으로 스며들어와 끌고 가지 않도록 주의하자.

그리스도인들은 무엇보다도 마음청결을 풍겨야 한다. "깨끗한 양심에 믿음의 비밀을 가진 자라야 할지니"(딤전 3 : 9). 의롭다하심은 우리에게 행복을 가져다주고 성결케 되는 것이 그것을 입증해준다.

2. 마음청결의 이유들

(1) 청결해야 하는 이유

① 청결은 **성경이 요구하고 있는 것이기** 때문이다. "내가 거룩하니 너희도 거룩할지어다"(벧전 1 : 16). 목회자가 그것을 명할 뿐만 아니라 하나님 자신이 그것을 요구하신다. 거룩하신 하나님이 거룩하지 못한 종들과 함께 일하실 수가 있는가?

② 우리가 청결하게 되기 이전의 **더럽고 저주받은 상태가 우리 속에서 꿈틀거리기** 때문이다. 우리는 한 덩어리의 진흙이요 죄가 함께 섞여있다. 죄는 우리를 눈멀게 할 뿐만 아니라 우리를 더럽힌다. 그것은 더러운 것이라 불리운다(약 1 : 21). 그래서 얼마나 더러운 것인가를 나타내기 위해서 그것은 재앙(왕상 8 : 38), 흠(신 32 : 5), 토한 것(벧후 2 : 22), 피투성이인 어린 것(겔 16 : 6), 그리고 율법 아래서 가장 더러운 것으로 여기는 월경대(사 30 : 22 난하주)에 비유하였다. 하나님이 지적하시는 모든 율법적인 경고는 사람들이 그리스도의 피로

씻기 전에 가지고 있던 추악한 것들을 염두에 두고 하신 말씀이다. 세상에 있는 모든 악을 한데 모아서 그 정수를 뽑아낸다하여도 죄가 하는 것만큼 검게 오염시킬 수가 없다. 죄인은 사람의 꼴을 한 마귀이다. 모세의 지팡이가 뱀으로 바뀌었을 때 그는 피하였다. 하나님이 사람들의 눈을 열어 자신들의 일그러진 모습과 저주받은 얼룩들을 보게 하신다면 그들은 자신들이 뱀을 보듯 두려워서 도망갈 것이다. 이것이 우리가 청결케 되어야 할 필요성을 보여준다. 은혜가 오면 이 지옥같은 더러움을 씻어낸다. 은혜는 구스인인 우리를 이스라엘인으로 만든다. 그것은 갈가마귀를 백조로 바꾸어 놓는다. 그것은 지옥같이 검은 사람들을 눈과 같이 희게 만든다.

③ 마음이 청결한 자만이 은혜의 언약에 흥미가 있기 때문이다. 언약을 받는 사람은 "맑은 물로 뿌림"을 받는다(겔 36 : 25). 그러나 우리가 그러한 뿌림을 받기 전에는 그 새 언약과 아무런 관계도 없고 결과적으로 새 예루살렘과도 관계가 없다. 그러한 자격을 갖춘 자만이 용납되도록 뜻을 정하셨다면 그러한 자격을 가진 자 말고는 아무도 끼일 수 없다. 과연 하나님은 우리의 하나님이 되시고 천국을 우리에게 상속으로 주시기로 뜻을 정하시고 언약하셨지만은 이 뜻에는 단서조항이 붙어있다. 즉 우리가 청결한 사람이 되어야 하고 맑은 물로 뿌림을 받아야만 한다는 것이다. 그러기 전에는 우리는 하나님 또는 긍휼과 아무런 관계가 없는 것이다.

④ 청결이 우리를 택하신 목적이다. "곧 창세 전에 그리스도 안에서 우리를 택하사 우리로 사랑 안에서 그 앞에 거룩하고 흠이 없게 하시려고"(엡 1 : 4). "성결하기 때문에"가 아니고 "성결하게 되도록" 택하신 것이다. "하나님이 미리 아신 자들로 또한 그 아들의 형상을 본받게 하기 위하여 미리 정하셨으니"(롬 8 : 29). 하나님이 그리스도의 형상을 본받게 하기 위하여 우리를 예정하셨는데, 그 형상은 "의와 진리의 거룩함"으로 되어있다(엡 4 : 24). 그러므로 당신이 거룩하기 전에는 당신이 택함받은 아무 표도 보일 수 없고 차라리 마귀의 낙인만 보일 따름이다.

⑤ 청결이 **우리 구속의 목적이다.** 우리가 우리의 죄 속에서도 천국에 갈 수 있다면 그리스도께서 죽으실 필요가 없었다. "망령된 행실"에서 우리를 구속하시기 위함이 아니었으면 왜 그가 피를 흘리셨으며(벧전 1 : 18, 19) 누가 모든 불법에서 우리를 구속하시고 우리를 깨끗게 하사 친백성이 되게 하시려고 자신을 우리를 위하여 주셨는가? (딛 2 : 14) 그리스도는 우리의 더러움을 씻으시기 위하여 그의 피를 흘리셨다. 십자가는 제단도 되고 물두멍도 된다. 예수님은 우리를 진노에서 구하기 위하여 죽으셨을 뿐 아니라(살전 1 : 10) 우리를 죄에서 구하기 위하여 죽으시기도 했다(마 1 : 21). 피가 우리의 의롭다하심을 나타내는 것과 마찬가지로 그의 옆구리에서 흘러나온 물은 우리를 깨끗게 하여 주심을 나타낸다(요일 5 : 6). 머리는 청결한데 지체는 그렇지 못하다면 그리스도의 몸을 괴악한 것으로 만든다는 것이 바른 말이다.

(2) 왜 청결이 마음 속에 가장 우선적으로 필요한가.

① 마음이 청결하지 않으면 그것이 바리새인의 청결과 다를 것이 없기 때문이다. 바리새인의 성결은 주로 겉치레적인 것이었다. 그들의 청결은 바깥의 청결이었다. 그들은 결코 마음 속은 상관하지 않았다. "화 있을진저 외식하는 서기관과 바리새인들이여 잔과 대접의 겉은 깨끗이 하되 그 안에는 탐욕과 방탕으로 가득하게 하는도다." "화 있을진저 외식하는 서기관과 바리새인들이여 회칠한 무덤 같으니 겉으로는 아름답게 보이나 그 안에는 죽은 사람의 뼈와 모든 더러운 것이 가득하도다"(마 23 : 25, 27). 바리새인들은 겉으로만 선하였던 것이다. 그들은 희게 칠한 것이지 흰 것이 아니었다. 그들은 화려한 색깔로 겉을 칠해 놓은 썩은 기둥같으며, 겉을 금빛 찬란하게 칠했으나 속은 검정 뿐인 굴뚝과 같다. 입에는 그리스도가 있으나 아무런 목적도 없는 이러한 위선자들은 비난받아 마땅하다. 우리는 이들보다 낫지 않으면 안된다. 마음이 청결하지 않으면 우리의 청결이 바리새인의 청결일 뿐이고 그리스도께서는 "너희 의가 서기관과 바리새인보다 더

낫지 못하면 결단코 천국에 들어가지 못하리라"고 말씀하셨다(마 5 : 20).

② 마음은 하나님이 주로 거하시는 자리요 장소이기 때문에 마음은 특별히 깨끗하게 유지하여야 한다. 하나님은 마음에 거하신다. 그는 그의 거소를 마음에다 잡으시기 때문에(사 57 : 15 ; 엡 3 : 17) 그것은 거룩하고 거룩하여야 한다. 왕의 궁전, 특히 왕의 거하는 방은 더럽히지 말아야 한다. 그것이 얼마나 거룩하여야 하는가! 몸이 성령의 성전이라면(고전 6 : 19) 마음은 지성소이다. 아, 하나님이 들어오실 방을 더럽히지 않도록 주의하자. 그 방을 거룩한 눈물로 씻자.

③ 우리가 행하는 모든 것을 정하게 해주는 것이 마음이기 때문에 마음은 특별히 청결하여야 한다. 마음이 거룩하면 모든 것이 거룩하다 —우리의 감정도, 우리의 행위도 거룩해진다. "예물이냐 예물을 거룩하게 하는 제단이냐"(마 23 : 19). 마음은 제물을 신성하게 하여주는 제단이다. 로마 사람들은 그들의 샘을 독으로 망쳐지지 않도록 지켰다. 마음은 우리의 모든 활동의 원천이다. 이 샘이 독으로 망쳐지지 않도록 지키자. "마음이 청결"하게 되자.

3. 영혼의 참된 청결을 나타냄

이제 하나님의 눈에 돋보이는 아름다움이 무엇인가 보라. 그것은 마음의 청결이다. 마음이 청결해야 더 할 수 없이 아름다워지는데 그러기 전에는 여러분은 영적인 문둥병자이다. 하나님은 청결한 마음을 사랑하시는데 그 까닭은 그가 거기 그려놓은 자신의 모습을 보시기 때문이다. 거룩함은 하나님의 밝은 얼굴이며, 천사들의 영광이다. 그들은 정결한 동정녀의 영들이다. 천사에게서 정결함을 제거하여 보라. 그리하면 그는 더이상 천사일 수가 없고 마귀일 뿐이다. 마음이 청결한 사람은 그 안에 빛나는 천사의 영광을 가지고 있는 것이다. 그러한 사람에게는 성령의 아름다움과 솜씨가 임한다. 청결한 마음은 하나님이 산책하기를 기뻐하시는 낙원이다. 그것은 하나님의 작은 천국이다. 비둘기는 가장 청결한 공기 속에 있기를 좋아한다. 비둘기처럼 내려오신 성령은 가장 청결한 영혼 속에 머물기를 기뻐하신다. 하나님은 시온과 같이 마음이 청결한 자에 대하여 이렇게 말씀하신다. "이는 나의 영원히 쉴 곳이라 내가 여기 거할 것은 이를 원하였음이로다"(시 132:14).

하나님은 가장 깨끗한 모습을 사랑하신다. 마음이 청결한 사람은 거룩함의 보석으로 꾸미고 빛나게 한 그리스도의 신부이다. "네 눈으로 한번 보는 것과 네 목의 구슬 한 꿰미로 내 마음을 빼앗았구나"(아 4:9). "네 눈 그리고 진주 목걸이같은 네 은혜들이 나의 마음을 너에게로 끄는구나." 모든 마음 가운데서 하나님은 청결한 마음을 가장 사랑하신다. 말씀의 구슬로 자신을 꾸미고 "마음에 숨은 사람"(벧전 3:4)을 장식한 사람은 하나님 눈에 가장 귀하다. 비록 레아처럼 침침한 눈을 가졌거나 바실레처럼 다리를 절어도 마음이 청결하면 여러분은 아름다움의 표본이며, "나는 여호와의 보시기에 존귀한 자라"고 말할 수 있다(사 49:5). 이 얼마나 청결의 가치를 높여주는 말인가! 이것은 결코 사라지지 않는 아름다움이요, 하나님 자신이 여러분과 사랑에 빠지게 만드는 것이다.

4. 그리스도인은 바깥의 청결에만 머물러 있어서는 안된다

우리가 마음이 청결해야 한다면 바깥의 청결에 머물러 있어서는 안된다. 정중함만으로는 충분하지 않다. 돼지는 씻어도 여전히 돼지다. 정중함은 사람을 씻는 것이지만 은혜는 사람을 변화시킨다. 점잖은 언행은 별과 같이 세상의 눈들 앞에서 빛날지 모르나 그것은 수정이 금강석과 다르듯이 청결과는 다르다. 점잖은 언행은 다만 죽은 시체 위에다 흩뿌리는 꽃들일 뿐이다. 사람이 놀랍게 도덕적일 수도 있으나 다만 길들인 마귀일 뿐이다. 점잖은 언행을 그들의 구주로 삼는 자가 얼마나 많은가! 도덕이 때로는 악만큼 파괴시킬 수도 있다. 배는 거름을 너무 많이 실을 때와 마찬가지로 금을 너무 많이 실어도 가라

않는다.

두 가지 것을 살펴보자.

(1) 점잖은 사람은 비록 그가 큰 죄는 범하지 않아도 마음의 죄들에는 무감각하다.

그는 "지체 속의 한 다른 법"(롬 7 : 23)은 식별하지 못한다. 그는 불신앙이나 마음의 완악함, 허망한 생각 때문에 괴로워 하지는 않는다. 그는 감옥에 가는 죄는 싫어하지만 복음적인 죄는 아랑곳 하지 않는다.

(2) 점잖은 사람은 신앙생활에 대해서는 앓는 이를 가지고 있을 수 있다.

그의 마음은 거룩함이 싫어 불쑥 일어난다. 방울뱀은 색깔이 훌륭하나 죽이는 독 이빨을 가지고 있다. 점잖은 사람은 보기에는 좋으나 하나님의 길에 은밀한 반감을 가지고 있다. 그는 악 만큼이나 은혜도 미워한다. 열심은 깨끗지 못함 만큼이나 그가 증오하는 것이다. 그러므로 점잖은 언행에만 머물러 있어서는 안된다. 마음이 청결해야 한다. 하나님은 아론에게 제물의 내장을 씻으라고 하셨다(레 9 : 14). 점잖은 언행은 바깥만 씻는 것이 아니라 안도 씻어야 한다. "마음이 청결한 자는 복이 있나니."

5. 청결하지 못한 마음의 표

우리가 청결한 마음을 가졌는지 아닌지 스스로 시험하여 보자. 여기에 내가 두 방면으로 살펴 보겠는데, 첫째는 청결하지 못한 마음의 표, 둘째는 청결한 마음의 표를 살펴보겠다.

(1) **무지한 마음은** 청결하지 못한 마음이다.

죄나 그리스도에 대해서 무지한 것은 마음이 청결하지 못함을 입증한다. 암몬 사람 나하스는 길르앗 야베스 사람과 언약을 맺으려 할 때 그들의 오른쪽 눈을 다 빼어야 하겠다고 하였다(삼상 11 : 2). 사단은 사람들에게 왼쪽 눈은 남겨 두었다. 그래서 세상적 지식에 있어서는 사람들은 눈이 아주 밝지만 영적 지식의 오른눈은 아예 빠져 있다(고후 4 : 4). 무지는 사단의 요새이다(행 26 : 18). 마귀는 어두움의 사슬에 묶여 있다(유 1 : 6). 그와 같이 모든 무지한 사람들도 어두움에 묶여 있다. 무지한 마음이 선하게 된다는 것은 불가능하다. 마음을 선하게 만들어주는 것은 말씀의 지식이다. "지식 없는 소원은 선치 못하고"(잠 19 : 2). 어떤 사람이 말하기를 말씀에 무지해도 마음은 선하다고 한다면 그는 장님이어도 눈은 좋다고 말해야 할 것이다. 율법에 보면 문둥병의 흔적이 사람의 머리에 있으면 제사장은 그를 부정하다고 선언하여야 했다. 이것이 무지한 사람에 해당되는 것이다. 문둥병이 그의 머리에 있으면 그는 부정하다. 어두컴컴한 마음이 아주 청결하게 될 수가 없다. 무지가 지배하는 곳은 은혜가 지배할 수 없다. 무지한 사람이 하나님에 대한 사랑을 가질 수가 없다. 그가 모르는 사람을 사랑할 수는 없는 것이다. 그는 믿음을 가질 수가 없다. 지식이 믿음으로 안내한다(시 9 : 10). 지식이 없으면 하나님을 올바르게 예배할 수가 없다(요 4 : 22). 비록 그가 참 하나님께 예배드린다 해도 틀린 방법으로 드린다. 무지는 죄의 뿌리이다. 눈먼 것이 방탕으로 인도한다(엡 4 : 18, 19 ; 잠 7 : 23). 무지는 교만의 어머니이다(계 3 : 17). 그것은 실수의 원인이 되는데(딤후 3 : 7), 더 나쁜 것은 아는 척하는 무지이다. 무지하다는 것과 알려고 하지 않는다는 것은 별개이다. 많은 사람이 무지를 좋아한다. 그들은 그들의 병통을 껴안는다(욥 21 : 14 ; 벧후 3 : 5). 무지한 마음은 청결하지 못하다. 어두운 가운데서는 천국으로 갈 수가 없다.

(2) **청결할 필요성을 느끼지 못하는 마음**은 청결하지 못한 마음이다. "나는 부자라 부요하여 부족한 것이 없다하나"(계 3 : 17). 아픈 것을 느끼지 못하는 것은 아픈 것보다 더 나쁘다. 여러분은 아픈 사람이

"나는 좋아, 나는 아무데도 아픈 곳이 없어"라고 말하는 것을 들을 때가 있을 것이다. 회개할 것이 없다는 사람도 있다(눅 15:7). 어떤 죄인들은 너무 잘나서 고칠 것이 없다. 마음 청결은 니고데모에게 새로 태어난다는 것이 신기한 것인 만큼이나 보통 사람에게 있어서는 놀라운 것이다(요 3:4). 많은 사람들이 자신있게 나아가고 스스로를 찬미하려고 하며 그들의 상태가 너무 늦어지기까지 결코 의심도 해보지 않는 사람이 많은 것을 생각할 때 슬픔을 느낀다.

(3) 마음에 죄악을 품은 사람은 마음이 청결하지 못한 사람이다.
"내가 내 마음에 죄악을 품으면 주께서 듣지 아니하시리라"(시 66:18). 원래 이 말은 "내가 탐욕적인 눈으로 죄를 바라보면…"이란 말이다. 죄악을 품는 것은 마음 청결과 어울릴 수 없다.

죄악을 품는다는 것이 무엇인가?

① 우리가 죄악에 빠질 때, 즉 죄가 우리 속에 거할 때 뿐만 아니고 우리가 죄 속에 거할 때이다. 어떤 사람은 모든 죄에서 떠나면서도 하나는 남겨둔다. 야곱은 모든 그의 아들들을 보냈지만 베냐민은 남겨 두었다. 사단은 사람을 그 한 죄로 잡을 수 있다. 독수리는 날개로도, 발톱으로도 재빨리 새를 잡을 수 있다. 가게 문을 닫고도 문 뒤에서 거래를 하는 어떤 사람처럼 그들은 죄를 감추어 둔다. 많은 사람들이 모세의 어머니가 그의 아들에게 하였듯이 죄를 취급한다. 그녀는 모세를 갈대상자에 감추고 완전히 그를 떠난 것처럼 하였지만 그의 눈은 여전히 모세에게 머물러 있었고 그 결과 그녀는 그의 유모가 되었다(출 2:9). 그와 같이 많은 사람들이 그들의 죄를 떠난 것같이 보이지만 다만 다른 사람들의 눈으로부터 감추고 있다. 그들의 마음은 여전히 죄악을 따라가고 있으며 마침내는 죄악의 유모가 되어 그들의 죄에게 젖을 먹인다.

② 죄악을 품는다는 것은 죄악을 기뻐한다는 것이다. 하나님의 자녀는 비록 죄를 지어도 죄에 만족하지는 않는다. "곧 원하는 이것은 행치 아니하고 도리어 미워하는 그것을 함이라"(롬 7:15). 그러나 청결

하지 못한 영혼은 죄를 즐긴다. "진리를 믿지 않고 불의를 좋아하는 모든 자로 심판을 받게 하려 하심이니라"(살후 2 : 12). 사람이 그가 좋아하는 요리로 인하여 즐거워하는 것보다 악인이 금단의 열매를 인하여 기뻐하는 것이 더 크다. 이렇게 기뻐하는 것은 그의 의지가 죄악 가운데 있음을 보여준다. 그리고 그 의지는 그 행위의 척도가 된다.

③ 죄악을 품는다는 것은 죄를 도모하는 것이다. "정욕을 위하여 육신의 일을 도모하지 말라"(롬 13 : 14). 죄인들은 자기들의 정욕을 위하여 필요한 것을 조달하는 사람들이다. 그것은 가족을 위하여 필요한 것을 공급하거나 수비대에게 음식물을 조달하는데서 따온 은유이다. 여기에서의 헬라말은 어떻게 필요한 것을 가져올까 마음에 계획하고 예측하는 행위를 나타낸다. 육을 만족시키기 위하여 연구하고 정욕에 연료를 공급하는 이것이 육신의 일을 도모하는 것이다. 암논은 육신의 일을 도모하였다(삼하 13 : 5). 그는 아픈 척하고 그의 누이 다말이 간호하게 만들었다. 그녀는 그를 위하여 음식을 만들고 그에게 먹여주어야 했다. 그러한 방법으로 그는 그녀의 처녀성을 더럽혔던 것이다. 사람의 주의력이 양심을 쓰는데 사용되지 않고 정욕을 만족시키는데 쓰이는 것은 슬픈 일이다.

④ 죄악을 품는다는 것은 롯이 천사들을 존귀하게 대했던 것처럼 죄악을 존중하고 환대하는 것이다. "날이 저물 때에 그 두 천사가 소돔에 이르니 마침 롯이 소돔 성문에 앉았다가 그들을 보고 일어나 영접하고 땅에 엎드리어 절하여 가로되 내 주여 돌이켜 종의 집으로 들어와…"(창 19 : 1, 2). 하나님의 성령이 오시면 배척받고 슬픔을 당하지만 유혹이 오면 죄인은 거기에 절하고 문을 열어주고는 "내 주여 들어오십시오"라고 말한다. 이것이 죄악을 품는 것이다.

⑤ 하나님이 죄에 대해서 경고하시는 말씀을 무시하는 것이 죄악을 품는 것이다. 우리는 "일곱 우뢰가 그 소리를 발하더라"는 말씀을 읽을 수 있다(계 10 : 3). 성경 중에 얼마나 많은 우뢰가 죄에 대해서 그 소리를 발하고 있는가! "그 죄과에 항상 행하는 자의 정수리는 하나님이 쳐서 깨치시리로다"(시 68 : 21). 이런 것이 우뢰소리를 발하는

성경말씀인데 죄인은 이런 우뢰소리를 두려워하지 않는다. 목사가 보아너게(우뢰의 아들)로 와서 엘리야의 영을 옷입고 사람들의 죄에 대하여 모든 하나님의 저주를 선포하여도 그들은 관심조차 없다. 그들은 창을 던짐을 우습게 여긴다(욥 41 : 29). 이것이 죄악을 품는 것이며 청결하지 못한 마음을 입증한다.

 (4) **불신앙의 마음**이 청결하지 못한 마음이다.
 성경은 그것을 "믿지 아니하는 악심"이라고 표현하고 있다(히 3 : 12). 불신앙의 마음은 가장 심한 정도의 악이다. 그것은 지옥의 독으로 가득차 있다. 불신앙은 모든 더러운 죄들의 접속곡이며, 죄의 원천이고 저장소이다.
 ① 불신앙은 하나님을 모욕하는 죄이다. 그것은 하나님을 거짓말장이로 만든다. 그것은 하나님의 능력, 자비, 진리에 의문을 제기한다(시 78 : 19). "하나님을 믿지 아니하는 자는 하나님을 거짓말 하는 자로 만드나니"(요일 5 : 10). 하나님의 영광에 이 이상 더 큰 모욕이 어디 있는가? 그것은 우리가 피조물을 더 신뢰하도록 만들어 피조물을 하나님 대신에 놓게 만든다. "아사가…병이 있을 때에 저가 여호와께 구하지 아니하고 의원들에게 구하였더라"(대하 16 : 12). 그는 하나님보다 의사를 더 의지하였던 것이다. 사울왕은 엔돌의 무당을 찾았었다. 아, 갈대를 의지하고 영원한 바위를 무시하는 것이 얼마나 큰 모욕인가!
 ② 불신앙은 마음을 굳게 만든다. 이 두 죄는 서로 연결되어 있다. "저희의 믿음없는 것과 마음이 완악한 것을 꾸짖으시니"(막 16 : 14). 불신앙은 마음 속에 돌멩이를 기른다. 하나님의 경고를 믿지 아니하는 사람은 결코 그를 두려워하지 않는다. 하나님의 약속을 믿지 않는 자는 결코 그를 사랑하지 않는다. 악인에 대해서 말씀하신 것은 불신자에게도 진리이다. "그의 마음이 돌같이 단단하니"(욥 41 : 24). 불신앙은 먼저 마음을 더럽혀 놓고 그리고는 굳게 만든다.
 ③ 불신앙은 위선을 키운다. 무신론자들은 하나님이 질투하는 하나

님이시요, 책망하는 하나님이신 것을 믿지 않는다. 그러므로 그들은 신앙의 마스크를 쓰고 거짓으로 성도인 체하면서 실은 마귀 놀음을 하고 있는 것이다(딤후 3 : 4, 5). 그들은 하나님을 섬기는 척 하지만 그들이 경배하는 우상은 자기 자신이다. 게처럼 눈은 앞으로 향하고 걸음은 옆으로 걷는다. 불신자는 위대한 위선자이다.

④ 불신앙은 사람을 두려워하게 만든다. 두려움은 못난 영혼임을 입증한다. 두려움은 사람 값을 떨어뜨리는 것이다. 그것은 사람을 사람답지 못하게 만들어 버린다. 그것은 선한 일을 하는 것을 두려워하게 만든다. 두려워하는 사람은 양심보다는 차라리 맹종을 배운다. "사람을 두려워하면 올무에 걸리게 되거니와"(잠 29 : 25). 무엇이 아브라함으로 속여넘기게 만들었으며, 다윗이 미친 척하게, 베드로가 그리스도를 부인하게 하였는가? 그들의 두려움 때문이 아니었는가? 그리고 두려움이 불신앙말고 어디에서 튀어나오는가? 그러므로 성경은 이 두 가지를 한데 묶어 놓았다. "두려워하는 자들과 믿지 아니하는 자들과"(계 21 : 8).

⑤ 불신앙은 배교의 뿌리이다. "믿지 아니하는 악심을 품고 살아계신 하나님에게서 떨어질까 염려할 것이요"(히 3 : 12). 한때 열심이던 사람이 예언을 멸시하고 기도를 떠나게 되는 이유가 무엇인가? 그들의 불신앙 때문이 아닌가? 그들은 하나님이 살아계심과 그를 부지런히 찾는 자들에게 상주시는 자이심을 믿지 않는다(히 11 : 6). 믿음없는 것이 배교를 가져온다. 헬라말로 아피스티아(불신앙)에서 아포스타시아(배교)가 나왔다. 불신앙이 그렇게 많은 죄의 양육자요 온상이라면, 불신앙의 마음은 필연적으로 청결하지 못한 마음이다.

(5) **탐욕스러운 마음**은 청결하지 못한 마음이다. 세상적인 것은 가장 청결하지 못한 요소이다. 마음의 청결도는 그것의 영적인 정도에 달려 있는데 세상적인 것말고 더 영적인 것에 반대되는 것이 무엇인가? 탐욕은 "일만 악의 뿌리"이다(딤전 6 : 10). 황금에 대한 욕심을 몰아내지 않고 어디에다 마음을 쓰고 있는가?

(6) **선을 미워하고**(미 3 : 2) **지식을 미워하는**(잠 1 : 29) 마음은 청결하지 못한 마음이다. 자연계에서 어떤 것은 반감을 갖고 있는 것이 있는데 예컨대 뱀이 야생 서양 물푸레나무 가지 근처에는 오지 않는 것 같은 것이다. 육적인 마음에는 성결에 대한 반감이 있고 악의 마음에 미움이 끓어 오르면 그것은 위험하다. 기독교도였다가 즉위할 때 배교한 4세기경 로마 황제 율리안은 악하게 성결에 반항하였다. 그는 페르시아와 전쟁을 할 때 그의 갑옷을 뚫고 치명적인 상처를 입었는데 그 때 그는 그의 피를 한 웅큼 공중으로 집어던지면서 신성모독적인 말을 내뱉었다. "너 갈릴리 사람아, 네가 나를 이기었는가?"

(7) **청결을 헐뜯는 사람**은 청결하지 못한 마음을 가졌다. "말세에 기롱하는 자들이 와서"(벧후 3 : 3; 눅 16 : 14). 신앙생활을 조롱하는 사람들이 있다. 우리가 하나님같이 온전하라고 명령받지 않았는가?(마 5 : 48) 성결을 비웃는 입을 감히 여는 사람들에게 고라와 다단을 삼킨 것과 같이 왜 땅이 입을 벌려 삼키지 않는지 이상하게 생각할 것이다. 이들은 온 육을 덮고 있는 마귀이다. 그들은 이마에 저주를 붙이고 다닌다. 트라얀 황제 때의 루시안이란 사람은 믿음을 고백했는데 그 뒤 그가 그리스도인들을 조롱할 만큼 불경스럽게 되어 그의 비웃음이 다른 사람들의 신앙생활을 찢어버릴 지경이 되었었다. 그러나 결국에는 그 자신이 개에게 찢겨 삼키움을 당하고 말았다. 문둥병의 헌데가 드러나면 그는 진 밖으로 쫓겨났다(레 13 : 8, 46). 신앙생활에서 떠다니는 사람은 하나님께서 그들에게 회개할 기회를 주시지 않으면 천국의 전에서 쫓겨날 것이 틀림없다.

6. 청결한 마음의 일곱 가지 표

이제 청결한 마음의 표를 보도록 하자.

(1) **신실한 마음**은 청결한 마음이다. "마음에 간사가 없고"(시 32 :

2). 신실한 마음의 그리스도인에게는 네 가지 특징이 있다.

① 신실한 마음은 하나님을 전심으로 섬긴다. 먼저, 그는 하나님을 마음으로 섬긴다. 위선자는 순종의 모양만 낼 뿐이다. "그들의 입은 주께 가까우나 그 마음은 머니이다"(렘 12 : 2). 폐와 기타 오장이 병들었어도 안색은 고울 수가 있다. 위선자는 보기에는 곱다. 그는 헌신적인 눈을 가졌다. 그러나 마음은 텅비었다. 그러나 신실한 사람은 속이 겉보다 더 낫다. 율법에 하나님은 "내장"도 번제로 드리라고 하셨다(레 4 : 11). 선한 그리스도인은 하나님께 "내장"을 드린다. 그가 기도하면 그의 마음이 기도한다. "한나가 속으로 말하매"(삼상 1 : 13). 그가 감사할 때 그 마음이 찬미드리는 주기관이 된다(시 111 : 1). 마음으로 주께 노래할 때 가장 아름다운 음악이 된다(엡 5 : 19).

다음으로, 신실한 그리스도인은 "전심으로" 하나님을 섬긴다(시 119 : 2). 위선자는 두 마음을 가졌다(시 12 : 2). 하나님을 향한 마음과 죄를 향한 마음. "저희가 두 마음을 품었으니"(호 10 : 2). 하나님은 상한 마음을 사랑하시되 갈라진 마음은 싫어하신다. 전심은 똑바로 서 있는 마음이다. 감성의 전 흐름이 하나님을 따라 흐른다. 신실한 마음은 하나님을 "온전히" 좇는다(민 14 : 24).

② 신실한 마음은 시험을 기꺼이 받는다. "하나님이여 나를 살피사 내 마음을 아시며 나를 시험하사 내 뜻을 아옵소서"(시 139 : 23). 사람들이 시금석에 갖다 대기를 싫어하는 금속은 수상한 것이다. 건전한 마음은 말씀의 시금석을 좋아한다. 그것이 마음을 살피는 목회이다. 위선자들은 진리의 빛에서 도망간다. 그들은 죄를 발견해 내는 빛으로부터 도망한다. 그들은 그들의 나쁜 기질을 만나 그들의 양심을 아프게 하고 괴롭게 하기 시작하는 말씀의 약을 미워한다. 은혜로운 영혼은 마음을 해부하는 설교를 가장 사랑한다.

③ 신실한 마음을 가진 사람은 그의 양심에 어긋나는 것이면 지극히 작은 것이라도 감시 행하려고 하지 않는다. 그는 가장 도량이 넓은 사람이면서도 또한 가장 겁이 많은 사람이다. 그는 고통에 대해서는 담대하면서도(잠 28 : 1) 죄에 대해서는 두려워한다(창 39 : 9). 그는 감

히 죄스러운 수단으로 재산을 모으려 하거나 다른 사람의 파멸 위에 일어서려고 하지 않는다. 야곱은 속여서 그의 아버지의 축복을 얻었으나 그것은 하나님의 축복을 얻는 방법이 아니었다.

④ 신실한 마음은 자신에게 의심이 많은 마음이다. 위선자는 다른 사람을 의심하면서도 자신에 대해서는 관대한 생각을 가지고 있다. 신실한 사람은 다른 사람에 대해서는 관대한 생각을 가지면서도 자신은 늘 의심한다. 그는 종종 자신에게 이렇게 따진다. "아, 내 영혼아, 너는 천국을 얻을 무슨 증거가 있는가?" 그 증거를 보여주어야 할 때에야 찾고 있는 것은 아닌가? 너의 증거에 무슨 흠은 없는가? 너는 구원하시는 은혜를 예사로운 것으로 잘못 받아들일 수도 있다. 곡식밭의 갈대는 꽃처럼 보인다. 어리석은 처녀들의 등잔은 마치 그 속에 기름이 있는 것처럼 보인다. "아, 내 영혼아, 이것이 너에게 해당하는 이야기가 아니냐?" 신실한 영혼을 가진 사람은 언제나 방심하지 않기 때문에 자신에 대해서 비판적이고 양심의 법정에서 마치 금방이라도 하나님의 심판대 앞에 불려갈 것처럼 여러가지를 따진다. 이것이 마음이 청결한 것이다.

(2) 청결한 마음은 **청결에 따라 호흡한다.** 만일 하나님이 금홀을 내밀며 그에게 말씀하시기를 "구하라, 그러면 나라의 절반이라도 주겠노라"고 하신다면 그는 "주님, 청결한 마음을 주옵소서"라고 할 것이다. "내 마음에 '여호와께 성결'이라고 새기시옵소서. 내 마음이 당신의 전이 되고 당신께서 그 안에 거하시옵소서. 주님, 이 성결치 못한 마음으로 천국에서 어떻게 하겠습니까? 어떻게 하나님과 천사들과 교제하겠습니까?" 은혜로운 영혼은 그렇게도 청결을 사랑하기 때문에 그 모든 복 중에서 청결한 마음을 최고로 친다.

① 재물보다도. 그는 그가 자주빛 가는 베옷을 입어도 지옥으로 갈 수 있다는 것을 안다. 그는 그가 청결할 수만 있다면 가난해도 만족한다. 그는 마음청결이 하나님 사랑의 특별한 증명인 것을 안다. "마음이 청결한 자는" 하나님을 보게 된다.

② 은사보다도. 은사는 전연 하나님의 눈에 우리를 돋보이게 해 주지 않는다. 청결한 마음은 보석이다. "여자여 네 믿음이 크도다"(마 15 : 28). 그리스도께서 받아들이신 것은 그녀의 공교한 말이 아니라 그녀의 믿음이다. 위선자들도 희한한 은사들을 가졌었다. 사울왕은 예언의 영을 가졌었다. 가룟유다는 의심할 바 없이 우아한 화법을 구사할 수 있었다. 위선자들은 인간의 지식, 애굽의 황금으로 장식한 교회에 모인다. 거기에는 만족은 없고 번쩍거림만 있다. 작은 금강석이 많은 놋쇠보다 낫다. 작은 은혜가 많은 화려해 보이는 부분보다 탁월할 수가 있다. 이제 여러분의 영혼의 가는 길이 성결을 추구하고자 할진대 여러분은 웅변적인 혀보다 청결한 마음을 갈망할 것이다. 이로써 성령의 기름이 여러분에게 부어지면 여러분은 하나님을 보게 되는 면류관을 차지할 것이다.

(3) 청결한 마음은 **모든 죄를 소름이 끼칠 만큼 싫어한다.** 죄를 삼가하고 버린다고 해서 청결한 마음을 가진 것은 아니다.

① 물 속에 잠수할 동안 호흡을 멈추었다가 나와서 다시 숨을 쉬는 것과 같이 죄를 삼가할 수가 있다. 그리고 기회가 없어서 죄를 삼가할 수도 있다. 화약은 불을 붙이기 전에는 아무 소리도 내지 않는다. 시계는 추를 흔들기 전에는 조용하다. 시험이 오면 그것은 추를 흔드는 것과 같아서 마음은 예전과 같이 여전히 소리를 내며 움직인다.

② 벌이 무서워서 죄를 삼가할 수도 있다. 사람들은 담석증이나 중풍 등의 질병에 걸릴까 두려워서 그가 좋아하는 음식을 삼가한다. 죄인에게는 욕망과 두려움 사이의 갈등이 있다. 욕망이 죄를 짓도록 자극하지만 두려움이 그를 재갈먹여 견제한다. 그는 뱀의 구불구불한 것을 두려워하는 것이 아니라 뱀이 무는 것을 두려워한다.

③ 계획적으로 죄를 삼가할 수도 있다. 손에 음모를 가졌어도 그 죄가 오히려 그 음모를 망쳐놓을 수가 있다. 어떤 많은 재산을 상속받게 된 상속자는 지금 그것을 마구 써버리고 싶어도 상속재산이 줄어들까봐 그것을 곱게 유지하기도 한다. 제사장 여호야다가 살아있는 동안

요아스가 얼마나 잘하였는가! 양심 때문만 아니라 신중하기 때문에도 죄를 삼가한다.

또한 죄를 버린다고 해서 청결한 마음을 가지는 것은 아니다. 죄를 버리는 것이 위대한 일인 것은 인정한다. 영혼이 죄를 짓지 않기 위하여 육신의 이익을 버리는 것은 참으로 귀하다. 죄는 매혹하는 들릴라와 같아서 떨어지는 것이 상책이다. 교화하는 것은 목회의 열매 중의 한 종류이고 그러는 가운데서 죄를 버리기도 하지만 그렇다고 해서 다 청결한 마음을 가진 것은 아니다. 죄는 그릇된 원리에 의하여 버릴 수도 있다.

도덕에 의해서 : 도덕적인 이유로 죄를 억제할 수도 있다. 나는 어떤 타락한 이교도가 소크라테스가 덕과 악에 대해서 강론하는 것을 듣고 (비록 그가 처음에는 소크라테스를 조롱하기 위하여 그에게 왔었어도) 변화받고 돌아가서 이전의 부당한 짓을 더 이상 하지 않게 되었다는 이야기를 읽은 적이 있다. 세네카 같은 사람들도 도덕적으로 아름다웠고 흠없는 삶을 살았다.

정책에 의해서 : 사람들은 하나님의 영광을 공경해서가 아니라 자신의 신용을 위해서 죄를 버리는 수가 있다. 악이 그의 재산을 낭비케하고 그의 가족의 명예를 떨어뜨리기 때문에 정책적으로 죄를 떠나기도 한다.

불가피해서 : 어쩌면 지금은 죄의 행습을 더 이상 따르지 못할 수 있을른지 모른다. 바람피우던 사람이 늙어지고 술주정뱅이가 가난해지면 그렇게 된다. 사냥을 좋아하는 사람이 감옥에 갇혀 그것을 즐기지 못하는 것과 같이 그의 마음은 죄를 짓고 싶지만 그의 지갑이 말을 듣지 않고 그의 힘이 감당하지 못해서 포기한다. 어쩔 수 없어 죄를 포기한 이런 사람은 그가 죄를 버린 것이 아니라 죄가 그를 버린 것이다.

그러나 죄를 질색하는 사람은 하나님이 보시기에 청결한 사람이다. "모든 거짓 행위를 미워하나이다"(시 119 : 104). 이것은 참으로 놀라운 일이다. 왜냐하면 그가 죄에 대한 사랑을 십자가에 못박았기 때문이다. 뱀이 허물은 벗어도 독 이빨은 여전히 가지고 있는 것처럼 위선자들은 죄는 떠나도 여전히 그것을 사랑한다. 그러나 어떤 사람이 죄를 소름이 끼치도록 싫어한다고 말할 수 있다면 죄는 뿌리채 뽑혀 죽은 것이다. 청결한 마음은 비위에 안맞는 음식을 대하듯이 죄를 멀리한다. 한때 사랑하던 것을 미워하는 것은 새 품성을 가진 표이며, 뱀을 미워하는 사람이 그것을 없애려 하듯이 그가 죄를 미워하기 때문에 그는 "성령의 검"으로 그것에 대항해 싸운다.

(4) 청결한 마음은 **악의 모양이라도 피한다.** "악은 모든 모양이라도 버리라"(살전 5 : 22). 청결한 마음은 악으로 해석되는 것은 다 피한다. 왕에게 충성하는 사람은 반역에 가담하지 않을 뿐만 아니라 반역의 모양이라도 가지지 않으려고 주의한다. 은혜로운 마음은 죄같이 보이기만 해도 부끄러워한다. 요셉의 여주인이 그를 붙잡고 "나와 동침하자"고 하자 그는 그의 옷을 그녀의 손에 팽개쳐두고 도망나왔다(창 39 : 12). 그는 악의 모양이라도 피했던 것이다. 그는 그녀와 함께 있는 것을 보이는 것조차 싫어하였다. 그러므로 청결한 마음은 죄로 의심받을 만한 것은 다 피한다.

① 자신에 관해서, 두 가지 방법으로.

첫째로 악의 모양은 때로는 악인 경우가 있기 때문이다. 지나친 희롱은 악의 모양이지만 많은 경우에 있어서 악 자체인 경우가 있다. 요셉이 방자한 장난기 있는 태도로 그의 여주인과 친하였다면 언젠가는 그녀와 어리석은 죄에 빠졌을른지도 모른다. 신기하고 호기심이 나서 점을 치러 가다 보면 나중에는 우상에게 귀뿐만 아니라 무릎까지도 빌려주게 된다. 오늘날 귀가 가려워서 이단들의 모임에 나가다가 머리 속에 종기가 나서 집에 돌아오는 사람이 얼마나 많은가? 디나는 어슬렁거리다가 그녀의 순결을 잃었다(창 34 : 2). 그러한 위험을 예측하는 청결한 마음은 그래서 악의 모양까지도 피한다. 말벌집 근처에 가는 것은 위험하다. 풀무불 근처에 갔던 사람들도 타 죽었다(단 3 : 22).

둘째로, 악의 모양은 그의 이름을 깎아 내릴 수도 있기 때문이다. 좋은 이름은 귀한 향료와 같다. 그것은 정금보다 낫다(잠 22 : 1). 그것은 하나님과 천사들 앞에서 우리가 칭찬받도록 해주는데 재물이 그렇게 해주지 못한다. 그래서 경건한 사람은 그의 이름을 다치지 않도록 하기 위해서 악의 모양까지도 피한다. 이름이 땅에 떨어져 묻혀버린다면 세상에 무슨 위안이 있겠는가?

② 청결한 마음은 하나님의 거룩하심에 대한 존경심 때문에 죄로 의심받을 만한 것까지도 피한다. 하나님은 악의 모양까지도 미워하신다. 하나님은 위선자들이 선의 모양만 가지고 있기 때문에 아주 싫어하시고, 또한 그의 자녀들은 악의 모양만 가져도 노하신다. 은혜로운 마음은 하나님은 질투하시는 하나님이시요, 또한 그 백성이 죄에 가까이 가는 것을 차마 보지 못하신다는 것을 안다. 그러므로 그는 뚝 떨어져서 감염될 기미만 있어도 근처에도 가지 않는다.

③ 청결한 마음은 경건한 이웃을 위해서 죄를 나타내 보이지 않도록 피한다. 악의 모양은 약한 형제들을 기가 막히게 만들 수도 있다. 은혜로운 마음은 그 자신의 양심을 더럽힐까봐 두려워할 뿐만 아니라 그 형제의 양심을 손상할까봐 두려워하기도 한다. 대수롭지 않은 것이라 할지라도 그것이 악의 모양을 띠고 다른 사람을 실족케 할 가능성이 있는 것은 삼가해야 한다(고전 10 : 25~28). 왜냐하면 "이같이 너희가 형제에게 죄를 지어 그 약한 양심을 상하게 하는 것이 곧 그리스도에게 죄를 짓는 것이니라"고 하셨기 때문이다(고전 8 : 12). 약한 그리스도인들도 그리스도의 지체이다. 그러므로 지체에게 죄를 짓는 것이 그리스도에게 죄를 짓는 것이다.

④ 청결한 마음은 악한 자를 고려하여 바로 그 악의 모양을 피한다. 성경은 우리가 외인을 대하여 단정히 행하여 지혜롭게 처신하라고 한다(살전 4 : 12). 악인은 우리가 절뚝거리는 것을 주시한다. 신앙생활을 비난할 만한 것을 발견하면 그들이 얼마나 기뻐하겠는가? 믿음을 고백한 사람은 교회라는 높은 천체에 자리잡은 별들과 같아서 만일 거기에 무슨 궤도를 벗어난 모양이든지 비정상적인 동작이 보이면 악

인들은 기뻐서 그들의 입을 크게 벌려 신앙생활에 대해서 육적인 헛소리들을 뱉어 놓을 것이다.

경건한 마음에는 복음의 명성과 영예는 너무나 귀중한 것이어서 그것이 비난받거나 가리워지는 것보다는 차라리 죽음을 택한다. 이로써 우리 자신의 마음이 청결한가 시험하여 보자. 우리는 죄의 가장 작은 모양이라도 피하고 있는가? 아, 얼마나 많은 사람들이 이를 통하여 실제 죄 속으로 뛰어 들어가고 있는가! 그들은 마귀가 그들을 유혹하도록 유혹하고 있다. 어떤 사람들은 바로 정욕의 연료와 유혹이 되는 가면극과 풍자극 속으로 빨려 들어가고 있다. 다른 사람들은 자주 있는 잘못된 모임에 빠져가기도 하는데 참으로 하나님은 바른 판단으로, 죄의 모양을 피하지 않는 사람들을 죄의 행동으로 가도록 그대로 내버려 두신다. "열방과 섞여서 그 행위를 배우며"(시 106 : 35). 청결한 마음은 이러한 경우를 피한다. 사도 요한이 에베소의 한 목욕탕에서 한 이단자를 만나자 허겁지겁 도망나왔다는 이야기가 전해온다. 폴리갑은 배교자 말시온을 상종도 않고 그를 "마귀의 장남"이라고 불렀다. 바질은 말하기를 그의 당시의 그리스도인들은 "잘못을 배우는 학교"라고 해서 이단들의 모임을 피하였다고 한다. 아, 악의 모양을 피하자. 성경은 참되고 경건한 것을 따르라고 명하신다(빌 4 : 8).

(5) 청결한 마음은 **거룩한 사명을 거룩한 방법으로 실행한다.** 이 거룩한 방법, 즉 적법한 절차는 세 가지로 구성되어 있다.

① 일을 시작하기 전에 마음을 준비하는 것. 거룩하지 못한 마음은 어떻게 그것이 법에 충돌되든지 간에 상관하지 않는다. 아무 준비도 없이 시작하고는 아무 열매도 없이 사라져 버린다. 청결한 마음은 준비된 마음이다. 그것은 임무를 시작하기 전에 시험과 검토로 옷 입는다. 그래서 밭이 준비되었을 때는 씨를 뿌려도 좋은 상태가 되어 있고 악기가 준비되어 있을 때는 그 음율은 좋은 음악을 만들기에 적합한 상태가 되어있는 것이다.

② 일하는 중에 늘 마음을 살피는 것. 거룩한 마음은 감동을 주고

영향을 미치도록 일한다. 그의 마음은 안에서부터 불타 오른다. 불 없이는 제물을 태우지 못한다. 청결한 성도는 늘 상한 심령으로 일하려고 애쓴다(시 51 : 17). 향 재료는 짓찧어졌을 때 가장 짙은 향내를 낸다. 청결하지 못한 심령은 어떤 죽은 방법이나 마지못한 태도로 하나님을 섬겨도 개의치 않는다(겔 33 : 31). 그들은 모양으로 기도하지 믿음으로 기도하는 것이 아니다. 그들은 묘 앞의 십자가에서 받는 감동보다도 더 적은 감동을 말씀에서 받는다. 하나님께서는 눈먼 희생을 드리는 것을 꾸중하셨다(말 1 : 8). 하물며 죽은 희생을 드리는 것은 얼마나 나쁘겠는가? 아, 그리스도인이여, 스스로 자문자답하여 보라. 어떻게 이 죽은 심령이 청결한 마음일 수가 있겠는가? 죽은 것이 청결할 수가 있는가?

③ 외적인 품위. 마음이 청결하면 저절로 품위있는 말과 몸짓으로 그것을 표현하게 되어 있어 눈과 손은 기도하는 자세가 되고 머리는 조아리게 되며 무릎은 꿇게 마련이다. 기독교를 공인한 콘스탄틴 황제는 말씀에 대해서 큰 경외심을 지니고 있었다고 한다. 하나님께서 율법을 주실 때 온 산이 크게 진동하였다(출 19 : 18). 그래서 백성들이 여호와께 더 큰 경외심을 나타내기 위해 땅에 엎드렸다. 십계명을 담은 언약궤는 레위인들이 그것을 만지지 못하게 하기 위하여 막대기로 꿰어 운반하였다(출 25 : 11, 14). 하나님께 공경심을 표시하여야 할 자리에서 아프지도 않으면서 흐트러진 자세와 단정치 못한 옷매무새와 경건치 못한 언어를 쓰는 것은 버릇이 없고 불손한 행동이다. 죄스러운 것은 고치자. 우리는 우리의 마음을 드려야 할 뿐만 아니라 우리의 몸까지도 드려야 한다(롬 12 : 1). 주님은 우리가 그를 섬길 때 어떤 자세, 몸짓을 취하여야 하는지 가르쳐 주셨다. 만일 어떤 사람이 왕께 청원을 드린다고 할 때 모자를 삐뚤게 쓰고 그것을 드리는가? 사람들이 무심코 불손한 태도를 취하는 것을 볼 때, 그들은 하나님께서 그들의 섬김을 받으시든지 말든지, 그들의 기도를 들으시든지 말든지 관심도 흥미도 없는 것이 아닌가 하고 생각하게 한다. 우리는 미신적인 행동에서 버릇없는 행동으로 극에서 극으로 치달려 다니고

있다. 그리스도인은 살아계신 하나님 앞에서 두렵고 떨리는 위엄을 느껴야 마땅하다. "두렵도다 이곳이여 다른 것이 아니라 이는 하나님의 전이요 이는 하늘의 문이로다"(창 28 : 17). 복된 천사들은 얼굴을 가리고 "거룩하다 거룩하다 거룩하다"고 창화하였다(사 6 : 3). 거룩한 마음은 거룩한 언행을 한다.

(6) 청결한 마음은 **청결한 생활을 한다.** "그런즉 사랑하는 자들아 이 약속을 가진 우리가 하나님을 두려워하는 가운데서 거룩함을 온전히 이루어 육과 영의 온갖 더러운 것에서 자신을 깨끗이 하자"(고후 7 : 1). 선한 양심이 있는 곳에는 선한 대화가 있다. 어떤 사람은 그들이 선한 마음을 가졌다고 하나님을 찬미하면서도 그들의 생활이 악한 사람도 있다. "스스로 깨끗한 자로 여기면서도 오히려 그 더러운 것을 씻지 아니하는 무리가 있느니라"(잠 30 : 12). 냇물이 썩었으면 그 샘 근원이 깨끗지 못한가를 의심할 수도 있다. 아론을 여호와의 성도라고 불렀다(시 106 : 16). 그는 거룩한 마음을 가졌을 뿐만 아니라 그의 이마에는 "여호와께 성결"이라고 쓴 금띠를 메고 있었다. 청결이 마음에 짜넣어져야 할 뿐만 아니라 생활에도 새겨져야 한다. 은혜는 그 황금빛이 밖으로 비쳐 나올 때 가장 아름다운 법이다. 시계는 안에서만 움직일 뿐 아니라 시계바늘이 바깥 문자판 위에서 움직인다. 마음의 청결은 대화의 문자판 위에서 그 모습을 보인다.

① 청결한 자의 입은 늘 하나님에 대해서 말한다(시 37 : 30). 그의 마음이 그의 혀에 나타난다. 라틴말로 입천장을 카에룸(하늘)이라고 한다. 마음이 청결한 사람은 그 입이 천국의 말로 가득차 있는 것이다.

② 그는 하나님과 동행한다(창 6 : 9). 그는 늘 천사의 일을 하고, 하나님을 찬미하며, 하나님을 섬긴다. 그는 그리스도께서 땅 위에 사실 동안에 하신 것처럼 산다. 거룩한 생활은 야곱의 사다리 같아서 그것으로 그가 천국에 오르락 내리락 한다. 마음의 청결과 생활의 청결은 성경에 보면 쌍둥이이다. "내 신을 너희 속에 두어"(겔 36 : 27) ;

그래서 마음의 청결함이 있다. "너희로 내 율례를 행하게 하리니"; 따라서 생활의 청결함이 있다. 대화가 늘 천국 속에 있지 않는 자를 청결하다 할 수 있겠는가?(빌 3:20) 차라리 지옥의 시민권을 가졌다는 것이 타당하지 않을까? "내가 만일 부정한 저울을 썼거나 주머니에 거짓 추를 두었으면 깨끗하겠느냐?(미 6:11) 우리의 거룩하지 못한 발로 차버림을 당한 사람들이 우리의 신앙생활을 비방하는 것은 정당하지 아니한가! 청결한 마음은 나타나게 마련이고 은혜는 감추어 둘 수가 없다. 성도는 보석이라고 불리우는데 그것은 다른 삶의 눈에 비치는 그들의 광채 때문이다.

(7) 청결한 마음은 너무나 청결을 사랑하기 때문에 아무것도 그를 거기서 끌어낼 수가 없다.

① 다른 사람이 청결을 비난해도 그는 그것을 사랑한다. 다윗이 법궤앞에서 춤을 추었을 때 미갈이 비웃자 그는 이것이 천한 짓이라면 이보다 더 낮아지고 더 천하여지겠다고 하였다(삼하 6:22). 그러므로 청결한 마음은 거룩함을 따르는 것이 천한 일이라면 나는 더 천하여지겠다고 말할 것이다. 그 마음의 불 위에 물을 뿌려도 그것은 더 세차게 탈 것이다. 다른 사람이 그의 거룩을 비웃으면 비웃을수록 은혜로운 영혼은 더욱 더 거룩에 대한 사랑과 열심으로 불타오른다. 상속재산이 그의 앞에 떨어졌는데도 그것을 비웃고만 있겠는가? 그리스도인이 다른 사람이 비난한다고 해서 더 나빠질 것이 무엇인가? 장님이 다이아몬드를 깔보아도 그 빛은 조금도 덜하여지지 않는다.

② 다른 사람이 거룩을 박해해도 청결한 마음은 그것을 따른다. 거룩은 모든 은혜로운 사람이 장가든 여왕이며, 그는 그 여왕과 이혼을 하기보다는 차라리 죽음을 택할 것이다. 바울은 결박과 환난이 그를 기다려도 거룩을 놓치지 않았다(행 20:23). 신앙생활의 길은 때로는 가시밭 길이요 피를 흘리기도 하지만 은혜로운 마음은 겉으로의 평화보다는 안으로의 청결을 더 좋아한다. 나는 어떤 사람이 보석 하나를 그렇게도 자랑스럽게 여기는 것을 보았는데 그 보석은 왕이 하사하신

것이었다. 그는 왕을 공경하기 때문에 그 보석과 떨어지는 것보다는 차라리 목숨을 잃는 쪽을 택하겠다고 말하였다. 거룩의 보석으로 마음이 부요해진 사람은 이 보석과 떨어지는 것보다는 차라리 죽음을 택할 것이다. 그의 명예와 부가 아무 소용이 없게 될 때, 그 대신 그의 거룩이 그를 세워줄 것이다. 거룩의 열매를 가지라. 그 결과는 영원한 생명이다.

7. 마음청결을 위한 아홉 가지 권면

그리스도인들이 마음청결을 애쓰도록 권면하고자 한다. 음녀는 입을 씻는다(잠 30 : 20). 그러나 그것으로는 부족하다. "예루살렘아 네 마음의 악을 씻어버리라"(렘 4 : 14). 그래서 여기에 마음청결을 권면하는 몇 가지 논점 또는 동기를 쓰고자 한다.

(1) **마음청결의 필요성.** 이것을 느끼는 것이 필요하다.

① 우리 자신에 관하여. 우리의 마음이 청결하지 않으면 우리의 거룩한 모든 것이 오염된다. 깨끗지 못한 자들에게는 모든 것이 깨끗지 못하다(딛 1 : 15). 그들이 드리는 것도 깨끗지 못하다. 율법에 의하면 사람이 죽은 자로 인하여 더럽혀졌으면 거룩한 고기를 옷에 싸들고 가도 그 거룩한 고기가 그를 깨끗하게 할 수 없고 그가 그것을 오염시킬 뿐이다(학 2 : 12, 13). 문둥병 든 사람은 그가 무엇을 만지든지 부정하여진다. 만일 그가 제단이든지 제물이든지 만지면 제단이 그를 깨끗하게 해주는 것이 아니라 그가 제단을 더럽힌다. 더러운 손은 깨끗한 물을 더럽힌다. 청결하지 못한 마음은 기도와 예배를 더럽힌다. 그는 모두에게 독약을 떨어뜨린다. 깨끗한 냇물이 진흙 땅을 지나 흐르면 흐려진다. 가장 거룩한 예배의식이 청결하지 못한 마음 사이로 지나 흐르면 더러워진다. 죄인들의 행위를 "죽은 행실"이라고 부른다(히 6 : 1). 그리고 그러한 죽은 행위로는 하나님을 기쁘시게 못한다. 죽은 아내는 그 남편을 기쁘게 할 수가 없다.

② 마음청결은 하나님에 관하여 볼 때도 필요하다. 성결은 하나님 자신이 입으신 주된 옷이다. "주께서는 눈이 정결하시므로 악을 참아 보지 못하시며"(합 1 : 13). 그런데 이렇게 거룩하신 하나님께서 청결하지 못한 마음이 그에게로 가까이 나아가는 것을 참으시겠는가? 사람이 독사를 가슴에 품고 있겠는가? 거룩하신 하나님과 죄인은 같이 살 수가 없다. 친한 사람이 아니면 같이 살 수 없는데 하나님과 죄인 사이에는 친함이 있을 수 없고, 서로 어긋난 판단을 하고 서로 반대되는 기질을 가졌다. 청결하지 못한 마음은 뱀보다도 하나님을 더 미워한다. 하나님이 뱀에게는 독을 주셨으나 사단은 죄인의 마음을 죄로 채웠다. "어찌하여 사단이 네 마음에 가득하여"(행 5 : 3). 주님은 죄인을 지독히 싫어하신다. 그는 그의 재앙이 쏟아져 나가기 때문에 죄인에게 가까이 가시지 않는다. "내 마음이 그들을 싫어하였고 그들의 마음에도 나를 미워하였음이라"(슥 11 : 8).

③ 마음청결은 천사에 관해서도 필요하다. 그들은 정결한 피조물이다. 언약궤 위에 천사들을 상징하여 만들어 놓은 그룹들은 그들의 본질의 청결함을 나타내기 위하여 정금으로 만들었다. 거룩하지 못한 생각은 천사들에게 들어가지 않기 때문에 그들과 우리 사이에 어느 면에서 닮은 점이 있는 청결한 마음이 그들에게 있다. 거룩하지 못한 마음이 그러한 청결한 천사와 같은 영들 사이에서 무엇을 하겠는가?

④ 영화롭게 된 성도들에 관하여. 그들은 모든 죄의 찌끼를 걸러내고 정제(精製)되어 청결하다. 그들의 칭호는 "온전케 된 의인의 영들"(히 12 : 23)이다. 그렇다면 온전케 된 영들 사이에서 세속적인 영들이 무엇을 할 수 있겠는가 내가 말하는 것은 죄의 진창에서 뒹굴던 사람이 하나님과 천사들과 온전케 된 영들에 가까이 가면 그들의 광채를 볼 때 곧 그 가운데서 빠져 나오고 싶어 하게 될 것이라는 것이다. 추하고 남루한 옷을 입은 사람이 왕과 귀족들 앞에 서서 그들이 입은 금은 보석으로 찬란한 옷을 볼 때 부끄러워서 그 앞에서 도망가고 싶을 것이다.

⑤ 천국에 관하여 볼 때도 청결한 마음이 있어야 한다. 천국은 청결

한 곳이다. 그것은 "더럽지 않은 기업"(벧전 1:4)이다. 깨끗지 못한 짐승들은 천국의 방주에는 들어가지 못한다. 거기에는 무엇이든지 속된 것은 들어가지 못한다(계 21:27). 주님은 곰팡내 나는 청결하지 못한 마음에는 영광의 새 포도주를 붓지 아니하시는데, 이와 같이 살펴본 모든 것이 청결한 마음의 필요성을 보여주고 있다.

(2) 우리의 마음이 청결해야 하는 것은 **하나님의 뜻이다.** "하나님의 뜻은 이것이니 너희의 거룩함이라"(살전 4:3). 당신이 이 세상에서 비천한 자인가? 아마 당신이 부유하게 되는 것은 하나님의 뜻이 아닐른지 모르나 당신이 거룩하게 되어야 하는 것은 하나님의 뜻이다. "하나님의 뜻은 이것이니 너희의 거룩함이라." 하나님의 뜻이 당신의 거룩하여짐으로 이루어지게 하라. 그리하면 당신의 뜻이 행복하여짐으로 이루어질 것이다. 하나님의 뜻은 우리에 의해서, 그리고 우리 위에 이루어져야 한다.

(3) 마음청결은 **하나님의 백성의 특징적인 표이다.** "하나님이 참으로 이스라엘 중 마음이 정결한 자에게 선을 행하시나"(시 73:1). 마음청결이 우리를 "하나님의 이스라엘"로 명명해준다. 신앙고백이 우리를 하나님의 이스라엘로 만들어 주는 것이 아니다. 그렇게 하여 참으로 이스라엘이 된다 하여도 "이스라엘에게서 난 그들이 다 이스라엘이 아니라"(롬 9:6)고 하셨다. 마음청결은 택함받은 자들의 목에만 걸려있는 보석이다. 순결로 정숙한 여인과 음녀를 구분하듯이 참된 성도와 위선자는 마음청결로 구분된다. 이것은 귀족을 천민과 구분해주는 독특한 명예의 표인 가슴에 단 훈장과도 같은 것이다. 청결이라는 밝은 별같은 훈장이 그리스도인의 마음에 빛날 때 그것이 그를 형식적인 신앙고백자와 구분하여 준다.

(4) 마음청결은 우리가 **하나님을 닮아가게 만든다.** 아담은 하나님의 전지하심을 닮기를 열망하였을 때 불행이 닥쳐 왔지만 우리는 하나님

의 신성하심을 닮아가려고 노력하여야 한다. 하나님의 형상 가운데는 거룩하심이 포함되어 있다. 이런 형상을 가지지 않고 인쳐지지 않은 사람에게는 하나님께서 "나는 너를 알지 못한다"고 말씀하실 것이다. 하나님은 당신 자신의 얼굴 또는 닮은 점을 보실 수 있는 심령을 기뻐하신다. 우리는 거울이 더러우면 우리의 얼굴을 잘 들여다 볼 수 없다. 하나님의 얼굴은 먼지가 끼고 불결한 영혼에서는 잘 볼 수가 없다. 깨끗한 거울과 같은 청결한 마음에서 하나님의 어떤 생각과 표현을 볼 수 있다. 청결말고 다른 것으로 하나님을 닮았다고 위로받기는 힘들다. 우리가 존재한다고 하나님을 닮았다고 할 수 있는가! 돌들도 존재한다. 우리가 움직인다고 하나님을 닮았다고 할 수가 있는가! 별들도 운행한다. 우리가 생명이 있다고 하여 하나님을 닮았다고 할 수 있는가? 나무도 새도 생명이 있다. 우리가 지식이 있다고 해서? 마귀도 그렇다. 청결에 있어서 하나님과 닮았다고 하는 것말고는 하나님을 닮은 것을 내세우거나 복되다고 할 것이 아무것도 없다. 하나님은 마음이 청결한 것을 사랑하신다. 사랑은 닮았을 때 우러난다.

(5) **마음의 탁월한 점은 그것의 청결에 있다.** 청결할수록 순결한 영혼의 영광이 된다. 더 청결한 것일수록 더 낫다. 공기는 깨끗할수록, 그리고 해로운 가스가 적을수록 더 낫다. 증류된 물은 가장 귀하다. 금은 순도가 높을수록 더 가치가 있다. 포도주에서 찌끼를 더 많이 걸러낸 깨끗한 것일수록 더 우수하다. 은혜로 더 깨끗하여지고 죄의 찌끼를 더 많이 걸러낸 영혼일수록 하나님이 더 귀히 여기신다. 마음이 더 청결할수록 더 영적이고 더 영적일수록 영이신 하나님을 기쁘시게 하기에 더 적합하다.

(6) 하나님은 **마음이 청결한 자에게 선을 행하신다.** "하나님이 참으로 이스라엘 중 마음이 청결한 자에게 선을 행하시나"(시 73 : 1). 우리는 모두 하나님이 우리에게 선을 행하시기를 갈망한다. 아픈 사람도 "주

님이여 내게 선을 행하시옵소서"라고 기도한다. 하나님은 깨끗한 마음을 가진 사람에게 선을 행하신다.

그러나 하나님이 어떻게 그들에게 선을 행하시는가? 두 가지 길이 있다.

① 깨끗한 자에게는 모든 것이 깨끗하다. "깨끗한 자들에게는 모든 것이 깨끗하나"(딛 1 : 15). 성전이 금을 깨끗하게 하고 제단이 제물을 깨끗하게 하듯이 재산이 깨끗하여지고 인간관계가 깨끗하여진다. 깨끗지 못한 자에게는 깨끗한 것이 아무것도 없다. 그들의 식탁은 올무가 되고 그들의 성전봉사는 죄가 된다. 악인에게 따르는 저주가 있다(시 28 : 15~20). 그러나 성결함이 그 저주를 제거하고 끊어준다. "깨끗한 자들에게는 모든 것이 깨끗하나."

② 마음이 청결한 자에게는 모든 것이 선으로 작용한다(롬 8 : 28). 자비나 고난이 다 그들의 선이 된다. 가장 독한 약도 양약(良藥)이다. 가장 거슬리는 섭리도 그들을 구원하는 계획의 한 부분이다. 그런데 누가 마음청결을 도모하지 않겠는가? 하나님은 깨끗한 마음을 가진 자에게 선을 베푸신다.

(7) 마음청결은 **천국을 향한 길을 만든다**. 마음이 청결한 자는 "하나님을 볼 것임이요." 행복이란 다름아닌 거룩의 알맹이이다. 청결한 마음은 사람 속에 시작된 천국이다. 성경은 거룩을 "주께 받은 바 기름부음"이라고 부른다(요일 2 : 27). 솔로몬은 먼저 거룩한 기름으로 기름부음을 받았고 그 다음에 왕이 되었다(왕상 1 : 39). 하나님의 백성은 먼저 성령의 기름으로 기름부음 받아 마음이 깨끗하게 된 다음 그들의 머리에 영광의 면류관을 쓰게 된다. 그러니 청결이 높이 평가되어야 하지 않겠는가? 그것은 영광을 위한 열차를 마련한다. "마음청결"과 "하나님을 보는 것"은 연결되어 있다.

(8) 두드러지게 마음이 청결한 자의 예를 살펴보자.
주 예수님은 청결의 표본이시다. "너희 중에 누가 나를 죄로 책잡겠느냐"(요 8 : 46). 이 점에서 우리는 그리스도를 본받아야 한다. 우리는 그가 죽음에서 일어나신 것이나 기적을 행하신 것을 모방할 것이 아니라 그의 거룩하심을 본받아야 한다(벧전 1 : 16). 이 그리스도의 황금같으신 모형 이외에도 우리는 비둘기같이 순결한 삶을 산 성도들의 생활을 본받아야 한다. 다윗은 마음이 그렇게도 청결하였기 때문에 하나님이 "내 마음에 합한 자"라고 하셨다. 아브라함은 믿음으로 그렇게 청결하게 되었기 때문에 그는 하나님의 친구라고 하셨다(창 18 : 17). 모세는 그렇게도 거룩하였기 때문에 하나님이 그와 대면하여 말씀하셨다. 그밖에 얼마나 많은 족장들이 거룩함으로 번영을 누렸는가? 초대교부들도 청결함의 좋은 본보기가 된다. 바질이나 어거스틴 등은 그렇게도 청결로 아로새겨 꾸몄었기 때문에 시기로라도 그들을 비난할 수 없었다. 그러므로 시저가 알렉산더 대왕 당시와 같은 군대를 갖기를 원하였던 것처럼 우리는 초대교회 당시의 성도같은 성도를 갖기를 원한다. 그들의 처사는 그렇게도 올바랐고, 그들의 옷차림은 그렇게도 단정하였으며, 그들의 약속은 진실되게 지켜졌고, 그들의 신앙생활은 그렇게 경건하였으며, 그들의 생활이 그렇게도 나무랄데 없었기 때문에, 그들은 살아있는 설교요 걸어다니는 성경이며, 그리스도의 참 모습을 엿볼 수 있어 세상에 신앙생활의 신용을 유지하는데 큰 도움을 주었었다.

(9) 마음청결은 우리가 이 세상 밖으로 가지고 나갈 수 있는 **유일한 보석이다.** 당신은 자식과 재산 중 어느 것이 다가올 때 더 기쁘던가? 우리는 세상 밖으로 아무것도 가지고 갈 수 없다(딤전 6 : 7). 마음청결은 위안과 함께 수송될 수 있는 유일한 상품이다. 이것은 우리와 함께 가장 오래 머물러 있는 것이다. 보통 우리는 가장 오래 견디는 것을 사랑한다. 우리는 시들어 버리는 가장 아름다운 꽃보다도 금강석이나 금 조각을 더 중히 여긴다. 마음청결은 영속적이다. 그것은 우리와 함께 무덤 건너편까지 갈 것이다.

8. 마음청결을 얻기 위한 여덟 가지 방법

어떻게 마음청결을 얻을 수 있는가?

(1) **자주 하나님의 말씀을 연구하라.** "너희는 내가 일러준 말로 이미 깨끗하였으니"(요 15 : 3). "주의 말씀이 심히 정미하므로(깨끗하므로) 주의 종이 이를 사랑하나이다"(시 119 : 140). 하나님의 말씀은 청결한데 그 자체가 그럴 뿐만 아니라 그 효과도 그러한 것은 그것이 우리를 청결하게 만들기 때문이다.
"저희를 진리로 거룩하게 하옵소서 아버지의 말씀은 진리니이다"(요 17 : 17). 이 청결한 수정(水晶)을 연구함으로써 우리가 그 형상으로 변화하게 된다. 말씀은 우리 영혼의 점들을 보여주는 거울이고 동시에 그것을 씻어 없애는 대야이다. 말씀은 청결만을 불어넣어 생각을 밝게 하고 마음을 신성하게 한다.

(2) **목욕을 하라.** 그리스도인들이 씻어야 할 목욕에는 두 가지가 있다.
① **눈물의 목욕.** 이 목욕을 하라. 베드로가 자신을 죄로 더럽혔을 때 그는 회개의 눈물로 그 자신을 씻었다. 깨끗지 못한 죄인이었던 막달라 마리아는 예수의 뒤로 그 발 곁에 서서 울며 눈물로 그 발을 적시었다(눅 7 : 38). 마리아의 눈물은 예수님의 발 뿐만 아니라 그녀의 마음도 씻은 것이다. 아, 죄인들이여, 여러분의 눈을 눈물의 샘이 되게 하라! 헤아릴 수 없이 많은 그 모든 죄들을 위하여 울라. 이 뉘우침의 물은 치료하고 청결케 해준다.
② 그리스도의 **피의 목욕.** 이것은 죄와 더러움을 씻는 샘이다(슥 13 : 1). 회개의 눈물에 담그고 그리스도의 피로 목욕한 영혼은 정결케 된다. 이것이 "영적 씻음"이다. 모든 외형적 씻음과 정결케함은 그리스도의 피로 씻는 것을 표현하는 모형과 상징이다.

(3) **믿음을 가지라.** 이것은 영혼을 씻는 은혜이다. "믿음으로 저희

마음을 깨끗이 하사"(행 15 : 9). 복음서에 나오는 여인은 그리스도의 옷가만 만졌어도 나음을 입었다. 믿음으로 손 대었을 때 나음을 입은 것이다. 내가 그리스도를 믿으면 모든 그의 공이 내 것이 되는데 어떻게 그에 대하여 죄를 지을 수 있는가? 우리는 우리를 사랑하신다고 믿고 있는 이분을 일부러 해롭게 할 수가 없다. 믿음보다도 마음을 더 청결케 만드는데 강력하고 효율적인 것은 없다. 믿음은 산을 옮기는데 교만의 산, 정욕의 산, 시기의 산들을 다 들어 옮겨 치운다. 믿음과 죄의 사랑은 같이 있을 수가 없다.

(4) **성령을 따라 호흡하라.** 그는 약속의 성령이라 불리운다(엡 1 : 13). 그는 번개가 공기를 깨끗이 청소하듯이 마음을 깨끗이 청소하신다. 성령께서 청결케 하시는 것을 보면 그것은 다음과 같이 비유된다.

① 불에 비유된다(행 2 : 3). 불은 청결케 하는 본성을 가졌다. 그것은 금속을 정제(精製)하고 깨끗이 한다. 그것은 금에서 찌끼를 뽑아낸다. 마음 속에 모신 하나님의 성령은 그 마음을 정제하고 성결케 하신다. 성령님은 죄의 찌끼를 태워버리신다.

② 성령은 바람에 비유된다. "홀연히 하늘로부터 급하고 강한 바람 같은 소리가 있어 저희 앉은 온 집에 가득하며…저희가 다 성령의 충만함을 받고"(행 2 : 2~4). 바람은 공기를 깨끗이 한다. 공기가 해로운 안개나 매연으로 차 있을 때 바람은 그것을 키질하고 청결케 하는 부채이다. 그와 같이 죄의 매연, 교만의 매연, 탐욕의 매연, 세상적인 안개가 마음에 일어날 때, 하나님의 성령이 일어나 영혼에 불어 이 깨끗지 못한 매연들을 깨끗이 치워주신다. 아가서의 신부는 성령의 강풍이 불어 깨끗하게 되기를 기도하였다(아 4 : 16).

③ 성령은 물에 비유되기도 한다. "나를 믿는 자는 그 배에서 생수의 강이 흘러나리라 하시니 이는 그를 믿는 자의 받을 성령을 가리켜 말씀하신 것이라"(요 7 : 38, 39). 성령은 사막에 장미꽃을 피게 하듯이 영혼이 열매맺게 해주는 물과 같을 뿐만 아니라(사 32 : 15 ; 35 : 1)

또한 깨끗이 씻는 물과도 같다. 죄인의 마음은 부정하여 무엇이든지 그가 손을 대면 부정한 기미가 옮겨지지만(민 19：22) 성령이 한 번 그 마음에 들어 오시면 그 더러움을 계속적으로 씻어내는 물 같으셔서 그것을 깨끗하게 만들고 영이신 하나님이 거하시기 적합하도록 만들어 주신다.

(5) **악인과 친밀한 대화와 교제를 주의하라.** 한 헛된 마음은 다른 사람도 그렇게 만들어 버린다. 한 굳은 마음은 다른 사람도 그렇게 만들어 버린다. 몸에 박힌 돌은 감염되지 않지만 마음에 들어있는 돌은 감염된다. 한 불경한 정신은 다른 사람을 포로로 사로잡는다. 악인과 무리짓는 것을 주의하라. 어떤 사람은 반대를 할 것이다 : 대화를 한다고 해서 나쁜 것이 무엇인가? 예수님도 죄인과 대화하시지 않았는가? (눅 5：29).

① 거기에는 그럴 필요가 있으셨다. 만일 예수님이 죄인들 사이에 오시지 않으셨으면 어떻게 그들이 구원을 받을 수 있었겠는가? 그는 죄인들의 죄에 동참하시기 위해 죄인들 사이에 오신 것이 아니다. 그는 죄인들의 동료가 아니라 죄인들의 의사이셨다.

② 비록 그리스도께서 죄인들과 대화를 나누셨어도 그는 그들의 죄에 오염될 수가 없으셨다. 그의 신성한 성품이 감염으로부터 그를 보호하는 해독제로서 충분했다. 태양빛이 거름더미 위에 비친다고 하여 더럽혀 질 수 없는 것과 마찬가지로 그리스도께서 그들의 죄로 더럽혀질 수가 없었다. 나무 막대기로 수정 유리 위에 흠집을 낼 수 없듯이 죄가 그리스도를 찌를 수는 없다. 그의 마음의 흙은 너무나도 깨끗하여 죄의 독사가 거기에 알을 깔 수가 없었다. 그러나 우리의 경우는 틀리다. 우리는 부패한 것이 우리 속에 가득 쌓여 있어서 조금만 악한 것이 그것을 건드려도 그 무더기는 불어난다. 그러므로 우리 자신을 악인들 사이에 뒤섞는 것은 위험하다. 우리가 마음이 청결하기를 원하면 그들의 무리를 피하여야 한다. 옷을 깨끗이 유지하고 싶은 사람은 진흙탕 길을 피한다. 악인은 진흙과 같다(사 57：20). 소금 사이로

신선한 물을 흘려 보내면 짭짤해진다.

 (6) 만일 당신이 청결하기를 원하면 **청결한 사람들과 동행하라.** 사도신경에 성도와 교통하는 것이 들어 있는데 그와 같이 우리는 그들과 사귀어야 한다. "지혜로운 자와 동행하면 지혜를 얻고"(잠 13 : 20). 청결한 자와 동행하면 청결을 얻는다. 성도는 향료를 뿌린 침대와 같아서 우리 자신을 그들과 섞어 놓으면 우리는 그들의 향내에 동참하는 자가 된다. 같이 어울리면 닮게 마련이다. 때때로 하나님은 좋은 모임을 통해 다른 사람을 회개시키는 복을 주시기도 한다.

 (7) **지혜자의 문 기둥에서 기다리라.** 설교하는 말씀을 존중하라. 믿음을 화합한 하나님의 말씀은(히 4 : 2) 듣는 마음이 그것을 닮도록 변화시킨다(롬 6 : 17). 말씀은 거룩한 씨로서(약 1 : 18) 그것이 마음에 뿌려지면 하나님의 성품에 참여하도록 만든다(벧후 1 : 4).

 (8) **마음청결을 위하여 기도하라.** 욥은 의문을 제기하기를 "누가 깨끗한 것을 더러운 것 가운데서 낼 수 있으리이까"(욥 14 : 4 ; 15 : 14)라고 하였다. 하나님이 그것을 하실 수 있다. 청결치 못한 마음에서 그는 은혜를 생산해 내실 수 있다. 다윗의 기도처럼 "하나님이여 내 속에 정한 마음을 창조하시고"라고 기도하라(시 51 : 10). 대부분의 사람들은 청결한 마음보다는 주머니를 가득 채우기 위해서 기도하고 있다. 우리는 마음청결을 위하여 열렬히 기도하여야 한다. 그것은 우리가 가장 가깝게 관심을 가져야할 문제이다. "거룩함을 좇으라 이것이 없이는 아무도 주를 보지 못하리라"(히 12 : 14). 우리의 기도는 한숨과 신음으로 하여야 한다(롬 8 : 23~26). 기도는 웅변일 뿐만 아니라 감동을 가지고 하여야 한다. 야곱은 기도할 때 씨름을 하였다(창 32 : 24). 한나는 그의 영혼을 쏟아 부었다(삼상 1 : 15). 우리는 종종 너무 차겁게 기도하여 심지어는 우리의 간구가 우리 입술 사이에서 얼어붙어 마치 하나님이 그것을 부인하시도록 가르치고 싶은 것처럼 할 때

가 있다. 우리는 하나님이 우리 기도를 들으시든지 말든지 상관하지 않는 것처럼 기도하기도 한다.

아, 그리스도인이여, 청결한 마음을 얻기 위하여 하나님 앞에서 진지하라. 당신의 마음을 주님 앞에 내어놓고 "주님, 당신께서 마음을 주셨으니 청결한 마음을 주시옵소서"라고 말하라. "제 마음은 이대로는 아무 쓸모도 없습니다. 그것은 닿는 것마다 더럽힐 뿐입니다. 주님, 이 마음 가지고는 살 수 없습니다. 왜냐하면 하나님을 영화롭게 못하기 때문입니다. 이 마음가지고는 죽을 수도 없습니다. 하나님을 볼 수 없기 때문입니다. 아, 우슬초로 저를 깨끗하게 하시옵소서. 그리스도의 피를 저의 위에 뿌리소서. 성령을 저의 위에 내리소서. 오, 하나님 정한 마음을 저의 안에 창조하소서. 저의 마음을 바치라고 명하신 주여 저의 마음을 청결하게 만들어 그것을 가지시옵소서."

17
하나님을 보는 복된 특권 해설

"저희가 하나님을 볼 것임이요"(마 5 : 8).

1. 이 생(生)에서와 오는 생(生)에 있어서 하나님을 뵙게 됨

이 말씀은 앞의 말씀과 연결되어 있는 말씀인데 마음이 청결한 사람들에게 크게 고무적인 말씀이다. 청결한 마음이 청결하신 하나님을 뵐 것이다. 성도들이 하나님을 뵙는 것은 이중적이다.

(1) 이 생에 있어서. 그것은 영적으로 마음의 눈으로 뵙는 것이다. 믿음이 있으면 그의 말씀의 유리를 통하여 하나님의 영광스러운 속성을 볼 수가 있다. 믿음으로 그의 계명의 격자창을 통하여 자신을 내보이시는 것을 바라본다. 그와 같이 모세는 보이지 아니하는 자를 본 것이다(히 11 : 27). 믿는 자들은 하나님의 영광을 가리워진 채로 바라본다. 그들은 그의 "등"을 보는 것이다(출 33 : 23).

(2) 오는 생에 있어서.
그리고 이 영광스러운 대면을 성경이 "저희가 하나님을 볼 것임이요"라고 표현하고 있는 것이다. 아, 즐거운 기대감이여! 이것을 경건한 사람들은 기쁨에 넘치는 비전이라고 부른다. 왕이 대관식하는 날 그의 모든 왕권을 가지고 장엄하게 자신을 나타내 보이듯이 그날에는 휘장은 벗겨지고 하나님이 영혼들에게 그의 모든 영광 가운데 자신을 보이실 것이다. 이 하나님을 뵙는 것은 천국의 천국이 될 것이다. 우리는 참으로 천사들을 보게 되어 좋지만 행복의 정수요 반지의 다이아몬드같은 것은 바로 이 "우리가 하나님을 볼 것임이요"라는 것이다. 태양이 없으면 별들만 반짝이는 밤이 된다. 천사들은 별들이라고 불리운다(욥 38:7). 그렇듯 의의 태양이 비취지 않으면 천국은 밤일 뿐이다. 왕이 있어야 진짜 왕궁이다. 압살롬은 그가 왕의 얼굴을 보기 전에는 반 죽은 것이나 다름없다고 생각하였다(삼하 14:32). "마음이 청결한 자는 복이 있나니 저희가 하나님을 볼 것임이요." 이와 같이 영광 중에 하나님을 뵙는 것은 첫째, 부분적으로는 심적이고 지적인 것이다. 우리는 우리의 마음의 눈으로 그분을 뵙는다. 만일 지적으로 하나님을 뵙는 것이 없다면 옳은 사람의 영이 어떻게 그분을 완전히 볼 수 있겠는가? 그러나 둘째로, 부분적으로는 육적으로 보게 되는데 그렇다고 우리가 육신의 눈으로 하나님의 빛나는 실체를 볼 수 있다는 것은 아니다. 참으로 신인동형동성론자(神人同形同性論者)들이나 알메니우스를 추종하던 볼스티우스와 그를 따르던 사람들은 하나님이 우리 눈으로는 볼 수 있는 모양을 가지셨다고 잘못 주장하였다. 사람이 하나님의 형상으로 만들어졌기 때문에 그들은 하나님이 사람 모양으로 만들어졌다고 생각하지만 하나님은 영이시고(요 4:24) 영은 볼 수가 없다(딤전 1:17). 그분은 육신의 눈으로 볼 수가 없다. "아무 사람도 보지 못하였고 또 볼 수 없는 자시니"(딤전 6:16). 그분의 영광스러운 모습이 우리를 압도할 것이다. 이 포도주는 우리의 약한 머리에는 너무 강하다.

그러나 내가 천국에서 육적으로 하나님을 뵙게 되리라고 말한 것은 우리 육신의 눈으로써, 예수 그리스도를 보게 된다는 의미로써, 그분을 통하여 하나님의 영광, 그분의 지혜, 거룩하심, 자비가 영혼에게 비춰게 되리라는 말씀이다. 유리 뒤에다 철판을 대면 그것으로 얼굴을 볼 수 있을 것이다. 그와 같이 그리스도의 인성은 우리가 하나님의 영광을 볼 수 있도록 유리 뒤에다 대는 철판과 같은 것이다(고후 4 : 6). 이런 의미로 "내가 친히 그를 보리니"(욥 19 : 26, 27)같은 성경이 이해되어야 한다.

2. 기쁨에 넘치는 상면, 그 아홉 가지 좋은점

이제 이 복된 하나님과의 대면을 이야기할텐데 그것은 너무나 숭엄하고 훌륭한 것이기 때문에 나는 다만 그 어두운 그림자만 그릴 수 있을 뿐이다. 우리가 천국에 이르면 그것을 더 잘 이해할 수 있을 것이다. 다만 지금으로서는 나는 이 아홉 가지 금언 또는 격언을 쓸 수 있을 따름이다.

(1) 우리가 천국에서 하나님을 뵈올 때는 **명확하게 뵈올 것이다.** 여기서는 우리가 구리 거울로 보는 것같이 희미하게 그분을 뵙는다(고전 13 : 12). 그러나 그리스도를 통하여 우리는 하나님을 대단히 분명한 방법으로 뵙게 될 것이다. 하나님은 스스로 휘장을 벗으시고 영혼이 받아들일 수 있을 만큼의 그의 영광을 내보이실 것이다. 아담이 범죄치 않은 상태에서 하나님을 뵈었다 할지라도 성도들이 영광 중에 뵈올 하나님의 모습만큼 분명하게 하나님을 뵙지는 못하였을 것이다. "그의 계신 그대로 볼 것을 인함이니"(요일 3 : 2). 지금은 우리가 그를 계신 그대로 보지 못한다. 그분은 우리처럼 변하기 쉽고 죽을 수밖에 없는 분이 아니시다. 그러나 거기서는 우리가 대단히 분명한 방법으로 계신 그대로 그분을 뵈올 것이다. "그때에는 주께서 나를 아신 것같이 내가 온전히 알리라"(고전 13 : 12). 즉 분명히 알게 된다는 말씀이다. 하나님은 우리를 분명하고도 충분히 아시지 않는가? 그러면 성도들도 그들의 능력에 따라 그들이 하나님께 알려진 것처럼 그들도 하나님을 알게 될 것이다. 그들의 하나님에 대한 사랑 만큼 그들이 하나님을 뵙는 것도 완전할 것이다.

(2) 이 하나님을 뵙는 것은 **놀라운 광경이 될 것이다.** 그것은 영광 중에 이루 말할 수 없이 뛰어난 것일 것이다. 그토록 빛나는 광선이 주 예수님으로부터 번쩍거려 보는 자들의 눈이 무한한 놀람과 기쁨으로 가득차게 될 것이다. 그리스도께서 인성의 왕복을 입으시고 천사들 위에서 영광 가운데 앉아 계시는 복된 광경이 얼마나 경탄할 만한 것이겠는가를 상상하여 보라. 여기서도 하나님이 그의 계명, 말씀, 기도, 성례 가운데 그렇게 아름다우시고 믿음의 눈으로 약속을 바라볼 때 그렇게도 탁월한 것이라면 우리가 그분과 얼굴과 얼굴을 대하여 뵙게 될 때 아, 얼마나 놀라운 광경이겠는가! 그리스도께서 산 위에서 변화되셨을 때 그분은 영광으로 가득찼었다(마 17:2). 그의 변화가 그렇게도 영광스러운 것이었다면 그의 영광 중에 나타나심은 어떠하겠는가? 그가 조복을 입고 큰 금면류관을 쓰고 아버지 앞에 계신 것을 뵙는 것은 얼마나 영광스러운 시간이 될 것인가(에 8:15). 거기에는 과장을 뛰어넘는 영광이 있을 것이다. 태양이 지금 빛의 만 배나 더 밝아진다 하여도 이 영광의 그림자만도 못할 것이다. 천국의 지평선에서 우리는 가장 빛나고 가장 높은 아름다움을 보게 되는데 거기에서 우리는 영광 중의 왕을 뵙게 되는 것이다(사 33:17). 모든 빛은 이 영광스러운 광경에 비하면 무색할 뿐이다. 세상의 아무리 훌륭한 화가가 그것을 묘사한다 하여도 천사들의 혀는 그것을 경멸할 뿐일 것이다.

  (3) 이 하나님을 뵙는 것은 **우리를 일변시켜 놓을 것이다.** "우리가 그와 같을 줄을 아는 것은"(요일 3:2). 성도들은 영화롭게 변화될 것이다. 빛이 어두운 방에 쏟아져 들어오면 방이 갑자기 환하게 달라지듯이 성도들이 하나님을 뵈올 때 그의 형상으로 환하게 변화한다(시 17:15). 여기서는 하나님의 백성들이 연약함으로 검어지고 더럽혀져 있지만 천국에서는 그들이 은빛 날개를 단 비둘기처럼 된다. 그들 속에도 몇 줄기의 하나님의 영광의 빛이 빛나게 된다. 눈 위에서 사람이 뒹굴면 눈처럼 희어지듯이, 수정에 햇빛이 비취면 해처럼 반짝거려

보이듯이, 성도들이 하나님의 영광의 빛을 바라보면 그 영광의 빛과 같은 색조를 띠게 된다. 그러나 그들이 하나님의 본질 자체를 가지게 되는 것이 아닌 것은 불 속의 쇠가 불같이 되어도 여전히 쇠인 것과 같다. 그와 같이 성도들이 하나님의 장엄한 빛을 바라보면 영광스러운 피조물이 되지만 여전히 피조물이다.

(4) 이 하나님을 뵙는 것은 **즐거운 만남이 될 것이다.** "주의 앞에서 나로 기쁨이 충만하게 하시리로다"(행 2:28). 매서운 겨울 뒤에 의의 태양이 그의 모든 영광 가운데서 자신을 나타내시는 것을 뵈옵는 것은 얼마나 기쁜 일이겠는가! 믿음이 기쁨을 낳는가? "이제도 보지 못하나 믿고 말할 수 없는 영광스러운 즐거움으로 기뻐하니"(벧전 1:8). 믿을 때의 기쁨이 그러할진대 직접 뵙는 기쁨은 어떠하겠는가? 그리스도를 뵙게 될 때 눈은 경이로 놀라게 되고 마음은 기쁨으로 황홀하게 될 것이다. 우리가 아주 사랑하는 친구의 얼굴을 보게 될 때 우리가 그렇게도 마음이 기쁘고 슬픔이 싹 물러가거든, 하물며 천국에서 성도들이 하나님을 뵙게 될 때 아, 얼마나 즐겁겠는가! 그때는 참으로 "너희 마음이 기쁠 것이요"(요 16:22)라고 말할 수 있을 것이다.

천국에서 하나님을 뵈올 때 성도들을 기쁘게 만드는 것이 두 가지가 있다.

① 예수 그리스도를 통하여 하나님의 실체에 대한 두려움이 없어질 것이다. 위엄은 공경심을 위하여 하나님께 나타날 것이나 동시에 아름다움을 옷입고 부드러움을 섞은 그 위엄은 성도들의 기쁨을 열광케 할 것이다. 우리는 죄지은 아담이 두려워서 자신을 숨긴 것처럼 할 것이 아니라(창 3:10) 금홀을 내민 아하수에로 왕을 바라보는 에스더처럼(에 5:2) 친구같이 하나님을 뵈올 것이다. 확실히 이 하나님을 뵙는 것은 두려움이 아니라 위안이 될 것이다.

② 성도들은 꿈만 가지게 될 것이 아니라 결실을 보게 될 것이다. 그들은 하나님을 기뻐만 할 것이 아니라 실제로 뵙게 된다. 아퀴나스

와 스코투스는 축복의 형식과 본질 문제를 가지고 언쟁하였는데 그것이 이해의 행동이냐 의지의 행동이냐 하는 것이다. 아퀴나스는 행복은 지성적인 면, "하나님을 육안으로 뵙는 것"에 있다고 하였고 스코투스는 행복은 의지적인 면, 하나님을 즐거워 하는 것에 있다고 하였다. 그러나 참 행복은 둘 다를 포함하고 있다. 그것은 한편으로는 이해 즉 풍성히 나타난 하나님의 영광을 보는 것에 있고 다른 한편으로는 의지 즉 그 달콤한 맛을 맛보고 성도가 그것을 따라가는 것에 있다. 우리는 하나님을 사랑하기 때문에 그분을 뵙는 것이고 그분으로 가득찼기 때문에 그분을 사랑한다. 하나님을 뵙는다는 것은 그 결실의 기쁨을 포함한다. "네 주인의 즐거움에 참예할지어다"(마 25 : 21). 그저 바라보기만 하는 것이 아니라 그 속으로 들어간다. "주의 광명 중에 우리가 광명을 보리이다"(시 36 : 9)-환상. "주의 우편에는 영원한 즐거움이 있나이다"(시 16 : 11)-결실. 하나님을 뵈올 때 흘러 나오는 기쁨이 너무나 커서 성도들은 승리의 찬미와 할렐루야를 터뜨릴 것이다.

(5) 이 하나님을 뵙는 것은 **만족스러운 대면이 될 것이다.** 하늘과 땅과 바다를 다 마음에 던져 주어도 그것을 채우지 못하지만 하나님을 뵙게 되면 만족하게 된다. "깰 때에 주의 형상으로 만족하리이다"(시 17 : 15). 솔로몬은 "눈은 보아도 족함이 없고"라고 말하였다(전 1 : 8). 그러나 거기서는 눈이 봄으로써 만족할 것이다. 하나님이 그리고 하나님만이 온전한 만족을 주실 수가 있다. 성도들은 그들의 머리를 온전한 지식으로 가득 채우게 되고 그들의 마음을 기쁨으로 가득 채워 부족함이 없을 것이다.

(6) 그것은 **지치지 않는 대면이 될 것이다.** 사람은 아무리 신기한 것을 보아도 금방 물려 싫증이 나게 마련이다. 정원에 들어가 기분좋은 산보를 하고 멋있는 수목(樹木)과 신기한 꽃들을 감상한다 해도 얼마 안있으면 따분하게 되지만 천국에서는 그렇지 않다. 거기서는 식상

(食傷)하는 법이 없다. 하나님을 뵈올 때 따분해진다는 법이 없는 이유는 하나님의 진수(眞髓)는 무한하여 매순간 새롭고 신선한 기쁨이 하나님으로부터 샘솟아 나와 영화롭게 된 영혼 속으로 흘러 들어가기 때문이다. 영혼은 채워지지 않으므로 하나님을 바라지도 않고 또한 바라지도 않으므로 채워지지 않는다. 하나님을 뵈오면 너무 좋아서 성도들은 하나님을 바라볼수록 더해지는 갈망과 기쁨으로 황홀해질 것이다.

(7) 하나님을 뵙는 것은 **큰 유익이 될 것이다.** 그것은 사람을 개량하고 이롭게 해준다. 어떤 색깔은 눈을 즐겁게 해도 그것을 해하는 것이 있지만 하나님을 보는 것은 영을 개량하고 무한한 행복으로 인도한다. 하와가 지식의 나무를 쳐다보았을 때 그것은 그녀의 시각을 상하게 하여 나중에 욕심으로 눈이 멀게 하였지만 성도들이 하나님의 영광을 보아서 손해를 입는 법은 없다. 이 보는 것은 유익할 뿐이다. 영은 하나님을 볼 때까지는 결코 완전해질 수가 없다. 이 축복은 더할 나위없는 축복이다.

(8) 이 **하나님을 보는 것은 영속적인 것이다.** 여기서는 우리가 한동안 물체를 잘 보지만 나중에는 눈이 침침해져서 안경을 써야 한다. 그러나 성도들은 항상 하나님을 똑똑히 뵈올 수 있다. 하나님의 얼굴에 구름이 없듯이 성도들의 눈에는 티가 없게 된다. 하나님을 바라보는 눈은 결코 침침해지지 않고 아름답고 행복을 주시는 하나님을 영원히 뵙게 된다. 이 얼마나 영을 황홀케 해주는 일인가! 하나님은 틀림없이 우리가 이 놀라운 일을 감당할 수 있도록 해주실 것이다. 우리는 진노의 광경과 마찬가지로 영광의 광경에도 견디지 못한다. 그러나 성도들은 금생이 끝난 후에는 수용능력이 더 커져서 영광의 광선이 침투해 들어오는 것을 받아들이기에 적합하게 되고 자격이 생긴다.

(9) 그것은 **신속한 상면이 될 것이다.** 사람이 죽은 후 금새 하나님을 뵙게 된다는 것을 부인하는 사람도 있지만, 나는 성도가 죽은 후 즉시

영광으로 들어간다는 이 주장을 입증하겠다. 그들의 눈이 감기자마자 즉시 하나님을 뵐 것이다. 만일 영이 사후(死後) 즉시 복된 광경 속으로 옮겨가지 않는다면 부활 때까지 그 중간 시간에는 영이 어떻게 되는가?

영이 고통 속으로 들어가는가? 그렇게 될 수 없다. 왜냐하면 믿는 자의 영은 신령하고 그리스도의 몸의 한 지체인데, 만일 영이 지옥으로 가야한다면 그리스도의 지체 중의 일부가 잠시 동안이라도 저주를 받아야 한다는 이야기가 된다. 그러나 그것은 있을 수 없는 이야기다. 어떤 명청한 사람들이 상상하듯이 영이 육체 속에서 잠자는가? 그렇다면 아래 성구의 의미를 어떻게 해석하겠는가? "우리가 담대하여 원하는 바는 차라리 몸을 떠나 주와 함께 거하는 그것이라"(고후 5 : 8). 죽을 때 영이 몸을 떠난다면 그것이 몸 안에서 잠잘 수는 없다.

영이 죽는가? 2세기의 그리스의 이교도 작가인 루키아누스와 그 추종자들은 영혼은 육체와 함께 죽어 없어진다고 주장하였지만, 16세기말 프랑스의 칼빈주의 신학자인 스칼리게르가 말한 것처럼 순수한 영적인 존재인 영혼은 부패의 대상이 될 수가 없다. 영이 죽는다고 하는 사람들에게 나는 사람의 영과 짐승의 영이 죽을 때 어떤 차이가 있느냐고 묻고 싶다. 이 모든 것으로 보면 죽은 후 믿는 자의 영은 즉시 하나님께로 간다는 것이 드러난다. "오늘 네가 나와 함께 낙원에 있으리라"(눅 23 : 43). "나와 함께"라는 말씀은 분명히 십자가 위의 강도가 천국으로 옮겨가는 것을 보여준다. 왜냐하면 거기에 그리스도께서 계시기 때문이다(엡 4 : 10). 그리고 "오늘"이란 말씀은 십자가 위의 강도가 십자가에서 낙원으로 즉시 옮겨가는 것을 보여주는데 이로써 믿는 자의 영혼은 죽은 후 신속히 하나님을 뵙게 된다는 것을 알 수 있다. 눈 깜짝할 사이에 그들은 하나님을 뵙게 되는 것이다.

3. 하나님을 뵙지 못하는 것이 바로 죄인의 비참한 점이다

청결하지 못한 죄인의 비참함을 보라. 그들은 하나님을 뵙는 것이 용납이 되지 않는다. "마음이 청결한 자"만이 하나님을 보게 된다. 죄속에 살아서 그 영혼이 지옥의 더러움으로 검게 물든 사람은 결코 하나님이 계신 곳에 올 수가 없다. 그들은 하나님의 두려운 면만 보게 될 뿐 복을 주시는 모습은 볼 수가 없다. 그들은 화염검과 불못은 볼지언정 시은좌(施恩座)는 보지 못한다. 성경상에서 하나님은 어떤 때는 "소멸하는 불"이다. 어떤 때는 "빛의 아버지"라 불리운다. 악인은 불만 느낄 뿐 빛은 보지 못한다. 청결치 못한 영은 부끄러움과 어두움을 망토처럼 뒤집어 써서 왕의 얼굴을 결코 보지 못한다. 하나님의 말씀에서 하나님을 보지 못한 사람은 그의 영광 중에서도 그를 보지 못한다.

4. 하나님을 제대로 뵐 수 있도록 우리는 노력해야 한다

금생 이후에 그와 같은 복된 특권이 있는가? 그렇다면 오늘 내 말을 듣는 모든 사람들에게 아래와 같이 권면한다.

(1) **그리스도 안으로 들어오라.** 우리는 그리스도를 통하지 않고는 하나님께로 올 수가 없다. 모세는 반석 틈에 있을 때 하나님을 뵈었다 (출 33 : 22). 이 복된 바위이신 그리스도 안에서 우리는 하나님을 뵐 수 있다.

(2) **정결한 사람이 되라.** 마음이 청결한 자만이 하나님을 뵐 수 있다. 깨끗한 눈으로라야 밝고 투명한 물체를 볼 수 있다. 죄로부터 마음이 깨끗한 자만이 이 영광스러운 하나님의 모습을 뵐 수 있다. 죄는 제거되지 않으면 영원토록 우리가 의의 태양을 뵙는 것을 방해하는 구름과 같을 것이다. 그리스도인이여, 당신의 마음에 주님의 거룩하심을 가지고 있는가? 그러면 당신은 하나님을 볼 것이다. 어거스틴은 말하기를 천국에 들어갈 수 있게 해주면 만족해 할 사람은 많지만,

그들은 거기로 인도하는 길을 택하는 것은 지독히도 싫어한다고 하였다. 그들은 영광스러운 배알(拜謁)은 원하면서도 그리스도와의 은혜로운 연합은 게을리하고 있다.

하나님을 결코 볼 수 없는 몇 가지 종류의 눈이 있는데 무지한 눈, 깨끗지 못한 눈, 경멸하는 눈, 악의에 가득찬 눈, 탐욕스러운 눈이 그것이다. 당신이 죽은 후 하나님을 뵙기를 원하면 살아있을 동안에 청결한 사람이 되어야 한다. "그의 계신 그대로 볼 것을 인함이니 주를 향하여 이 소망을 가진 자마다 그의 깨끗하심과 같이 자기를 깨끗하게 하느니라"(요일 3:2, 3).

5. 마음청결을 위한 강심제

마음이 청결한 자에게로 말머리를 돌려보자.

(1) 이 특권에 놀라움으로 **일어서라.** 티끌에서 기어나온 벌레같은 당신이 영광스러운 하나님의 모습을 영원토록 뵈올 수 있도록 허락받았다. "원컨대 주의 영광을 보이소서"(출 33:18)한 것이 모세의 기도였다. 성도들은 하나님의 영광을 볼 것이다. 마음이 청결한 자는 하나님 자신이 가지신 것과 꼭같은 복락을 누릴 것이다. 하나님 자신의 무한한 아름다우심을 바라보는 것 이상으로 더 복된 일이 어디 있겠는가!

(2) 이 땅에서부터 하나님 뵙기를 **시작하라.** 당신의 믿음의 눈을 하나님께 고정시키라. 모세는 믿음으로 보이지 않는 하나님을 보았다 (히 11:27). 영화롭게 된 눈으로 뵙기를 바라는 그분을 믿음의 눈으로 자주 바라보라. "내 눈이 항상 여호와를 앙망함은…"(시 25:15). 다른 사람들은 그들의 모든 위로가 땅에서 오는 줄 알고 땅만 바라보는데 우리는 천국을 바라보자. 거기에 가장 좋은 광경이 있다. 믿음으로 하나님을 바라보면 영혼에 큰 기쁨을 안겨줄 것이다. "예수를

너희가 보지 못하였으나 사랑하는도다 이제도 보지 못하나 믿고 말할 수 없는 영광스러운 즐거움으로 기뻐하니"(벧전 1 : 8).

(3) 이것을 마음청결을 불러 일으키는 **강심제로 삼자.** 이로써 위로를 받으라. 머지않아 우리는 하나님을 뵙게 된다. 믿음있는 사람이 이 땅 위에서 보기를 원치 않는 것을 많이 본다. 죽은 몸을 보고 뽑아 휘두르는 칼을 보며 믿음의 탈을 뒤집어 쓴 반역을 보고 흰옷을 입은 마귀를 본다. 이러한 광경들은 슬픔을 불러 일으키지만 그러나 다가오는 기쁜 광경이 있다. "저희가 하나님을 볼 것임이요." 그리고 그분 안에서 모든 빛나는 아름다움과 황홀한 기쁨을 찾을 수 있다.

(4) 고난 때문에 **낙담하지 말라.** 고난과 죽음이 할 수 있는 것은 여러분이 하나님을 뵙도록 도와주는 일 뿐이다. 한 사람이 같이 순교당하는 동료에게 말하기를 "영광 중에서 30분이면 우리의 모든 고통을 다 잊게해 줄 것일세"라고 하였다. 태양이 떠오르면 밤의 모든 어두운 그림자는 다 날아가버린다. 하나님의 얼굴모습의 기쁜 햇살이 천국에서 영혼에 비취기 시작하면 슬픔과 고통은 더 이상 남아있지 않게 될 것이다. 밤의 어두운 그림자는 사라져 버릴 것이다. 멋있는 광경을 생각함으로써 그리스도인들은 고난의 물 위를 기쁨으로 가득찬 돛을 활짝 펼치고 달린다. 이것이 욥으로 하여금 기꺼이 죽음이라도 포옹하게 만든 것이다. "내가 알기에는 나의 구속자가 살아 계시니 후일에 그가 땅 위에 서실 것이라 나의 이 가죽, 이것이 썩은 후에 내가 육체 밖에서 하나님을 보리라"(욥 19 : 25, 26).

18
화평케 함에 대하여

"화평케 하는 자는 복이 있나니"(마 5 : 9).

이것은 축복으로 인도하는 황금 사다리의 일곱번째 단계이다. 화평이라는 이름은 아름다운 말이요, 화평케 하는 일은 복된 일이다. "화평케 하는 자는 복이 있나니."

앞선 복과의 연관을 살펴보자. 성경은 마음청결과 화평케 하는 마음, 이 두 가지를 같이 연결한다. "오직 위로부터 난 지혜는 첫째 성결하고 다음에 화평하고"(약 3 : 17). "화평함과 거룩함을 좇으라"(히 12 : 14). 그리고 여기서는 그리스도께서 마치 화평으로 연구발전하지 않고는 마음청결도 있을 수 없는 것처럼 "마음청결"과 "화평케 하는 자"를 함께 묶어 놓으셨다. 내분과 불화가 가득하다면 그 신앙은 의심스럽다.

이 성구는 세 부분으로 되어있다.

1. 화평한 마음이 될 것.
2. 화평케 하는 자가 될 것.
3. 주시는 축복—저희가 하나님의 아들이라 일컬음을 받을 것임이요.

화평한 마음이 되어야 한다. 왜냐하면 다른 사람 사이에 화평을 만들 수 있으려면 먼저 자신이 화평한 마음이 되지 않으면 안되기 때문이다. 화평을 도모하는 자가 되기 전에 화평을 사랑하는 자가 되어야 한다.

그리스도인들은 화평을 좋아하는 사람이 되어야 한다. 이 화평을 좋아하는 정신이 성도의 아름다움이다. 그것은 값진 보배이다. "오직 마음에 숨은 사람을 온유하고 안정한 심령의 썩지 아니할 것으로 하라 이는 하나님 앞에 값진 것이니라"(벧전 3:4). 성도들은 그리스도의 양들이다(요 10:27). 양은 화평스러운 피조물이다. 그들은 그리스도의 비둘기들이다(아 2:14). 그러므로 그들은 쓰디쓴 원한이 없어야 한다. 이스마엘같은 그리스도인이 되지말고 솔로몬같은 그리스도인이 되어야 한다. 비록 그들이 용기에 있어서는 사자와 같아야 하지만 화평을 위해서는 양과 같아야 한다. 하나님은 지진 속에서도 불 가운데서도 계시지 않고 세미한 소리 가운데 계셨다(왕상 19:12). 하나님은 거칠고 맹렬한 마음 가운데 계시지 않고 화평을 좋아하는 마음 가운데 계신다.

1. 네 가지의 화평

우리가 연구하고 소중히 간직하여야 할 화평에는 네 가지가 있다.

(1) **집안의 화평**. 즉 가족 간의 화평 그것은 평안의 매는 줄이라고 불렸다(엡 4:3). 이것이 없이는 모든 것이 산산조각 나고 만다. 화평은 가족 구성원들을 한데 묶는 띠이다. 그것은 그들이 조각조각 떨어져 나가지 않게 서로 연결하는 황금고리이다. 우리는 우리의 집이 화평의 집이 되도록 노력하여야 한다. 집안을 유쾌하게 하는 것은 방들을 깨끗이 한다고 되는 것이 아니라 성질들이 화평스러워야 한다. 우리들의 집에 화평이 동거자로서 환영을 받기 전에는 우리의 사는 곳에 참 위안이 있을 수 없다.

(2) 교구에서는 서로 사랑으로 훌륭한 조화를 이룰 때, 모두가 한

방향으로 모이고 사도 바울의 말씀과 같이 "같은 마음과 같은 뜻으로 온전히" 합할 때(고전 1:10) **교구적인 화평**이 있게 된다. 한 조화되지 않은 줄이 온 음악을 망쳐놓는다. 교구의 한 좋지 않은 구성원이 전체를 위태롭게 한다. "너희끼리 화목하라"(살전 5:13). 우리의 마음들이 흩어져 있는데 그런 집들만 한데 묶어놓아 보았자 별로 위안이 될 것이 없다. 정신적 결합이 없이 기계적으로만 결합되면 아무 소용이 없다.

(3) **정치적인 화평.** 도시와 나라의 화평이 있다. 이것은 왕관의 가장 아름다운 꽃이다. 평화는 나라의 가장 큰 축복이다. 부지런한 일꾼은 더러 소리도 내겠지만 어쨌든 그리스도인들에게는 솔로몬 성전 건축 때처럼(왕상 6:7) 망치소리조차 들리지 않는 것이 가장 좋다. 화평은 그것과 함께 따라오는 것이 풍성하다. 이 화평을 사기 위하여 사람들이 얼마나 먼 순례의 길을 걸었던가! 그래서 헬라인들은 화평을 부(富)의 신인 플루토의 유모라고 불렀다. 정치라는 식물은 평화라는 햇빛 속에서 가장 잘 번성한다. "네 경내를 평안케 하시고 아름다운 밀로 너를 배불리시며"(시 147:14). 화평은 모든 것을 번성케 한다.

고대인들은 하프를 화평의 상징으로 삼았다. 대포소리가 울리고 난 뒤에 이 하프소리가 들리면 얼마나 좋은가! 모두가 다 이 정치적 평화를 증진하도록 연구하여야 할 것이다. 경건한 사람은 죽으면 평안에 들어간다(사 57:2). 그러나 그가 살아있는 동안에는 화평이 그의 속에 들어가야 한다.

(4) 하나님의 교회에 단합과 다양성이 있을 때 **교회의 화평**이 있다. 하나님의 자녀들이 감람나무와 같이(시 128:3) 교회의 상 둘레에 둘러있을 때 이상으로 신앙생활이 번성하는 때는 없다. 믿음과 교훈 안에서 연합하는 것은 우리가 다 평가할 수 없을 만한 자비이다. 이것은 하나님께서 약속하신 것이요(렘 32:39), 또한 우리가 추구하는 것이다(슥 8:18~23). 성 암브로우스가 말하기를 데오도시우스 황제가 앓

아 누웠을 때 그는 그 자신의 회복보다도 교회의 화평을 더 걱정하였다고 하였다.

2. 화평을 좋아하는 마음이 되어야 할 두 가지 이유

우리가 화평을 좋아하는 마음이 되어야 할 두 가지 이유가 있다.

(1) 우리는 화평케 하려고 부르심을 받았다(고전 7 : 15). 하나님은 어느 누구도 불화하라고 부르시지 않으셨다. 그것이 우리가 다투지 말아야 할 이유인데 우리가 다투라고 부르심 받지 않았기 때문이다. 하나님은 우리를 화평을 위하여 부르셨다.

(2) 마음을 변화시켜 화평케 만드는 것은 은혜의 본질이다. 본질상 우리는 사납고 잔인한 기질을 가졌다. 하나님이 사람 때문에 땅을 저주하셨을 때 그 저주는 땅이 "가시덤불과 엉겅퀴"를 낼 것이라는 것이다(창 3 : 18). 사람의 마음은 본질상 이 저주 아래에 있다. 그것은 다툼, 논쟁의 엉겅퀴 말고는 내는 것이 없다. 그러나 은혜가 마음 속에 들어오면 그것은 화평을 좋아하는 마음으로 만든다. 은혜는 상냥하고 사랑스러운 성질을 부어준다. 그것은 형편없이 울퉁불퉁한 마음을 부드럽고 매끈하게 만든다. 그것은 사람의 마음의 거친 부분을 줄로 쓸어서 없앤다. 은혜는 독수리가 변하여 비둘기가 되게 하고 가시나무가 바뀌어 잣나무가 되게 하며(사 55 : 13) 사자같은 흉포가 양같은 온유함으로 바뀌게 한다. "그 때에 이리가 어린 양과 함께 거하며 표범이 어린 염소와 함께 누우며…"(사 11 : 6~9). 복음이 사람의 마음에 행하는 능력은 분노와 반감으로 가득찼던 사람을 화평하고 온유하게 변형시킨다. "표범이 어린 염소와 함께 누우며."

3. 화평을 사랑하는 마음. 성도의 성품

그것은 우리에게 참 성도의 모습을 보여준다. 성도는 화평을 위하여 보내심을 받았고 화평을 지키는 자이다. 성도는 "화평의 아들"이다.

주의할 것이 있다. 자기 몫을 찾으려고 애쓴다고 해서 화평을 좋아하는 마음이 아니란 말은 아니다. 화평하게 해결하려고 해도 안되고 다른 방도가 없어 법으로 끌고 간다고 해도 화평을 좋아하는 사람일 수가 있다. 이렇게 법에 호소하는 것은 나라의 권리가 침해되어 전쟁 말고는 평화를 얻을 방법이 없을 때 전쟁을 일으키는 것과 같은데(대하 20 : 2, 3), 이런 때는 보습을 쳐서 칼을 만드는 것이 합법적이다. 그래서 권리를 회복하는데 법으로 가는 것 외에는 다른 길이 없을 때는 소송을 시작할 수가 있고 그래도 여전히 화평을 좋아하는 마음일 수가 있다. 이런 경우에 법에 호소하는 것은 다른 사람과 다투는 것이라기 보다는 자기 자신의 권리를 위해 투쟁하는 것이다. 그것은 다른 사람을 잘못되게 하는 것이 아니라 자신을 바르게 세우는 것이다. 그것은 승리보다는 공평을 바라는 것이다. 나는 사도 바울처럼 말하고 싶다. "사람이 법을 법있게 쓰면 법은 선한 것이다"(딤전 1 : 8).

여러분은 이렇게 물을 것이다. 화평만 찾다 보면 화평이 합법적인 것과 너무 멀게 되지 않겠는가? 나는 대답한다. 사람이 가져야 할 화평은 아래와 같은 이중적 제한이 있다.

(1) 신앙인이 찾는 화평이란 죄인과 화친하여 짝을 짓는 것이 아니다.

비록 우리가 그들의 인간 자체와는 화친할지라도 그들의 죄와는 전쟁을 하여야 한다. 그들도 하나님의 형상으로 지음받았기 때문에 그들의 인격과는 화평해야 하지만 그들의 죄는 마귀의 형상으로 지음을 받았기 때문에 그들의 죄와는 싸워야 한다. 다윗은 화평을 원하는 사람이었지만(시 120 : 7) 죄인들과 함께 선술집 의자에 앉으려고 하지는 않았다(시 26 : 4, 5). 은혜는 선한 욕구를 가르친다. 우리는 가장 나쁜 상태에 있는 사람에게도 지킬 예의는 지켜야 하겠지만 그렇다고 우정의 실가닥으로 꼬여 들어가서는 안된다. 그것은 불법의 형제가 되는 것이다. "너희는 열매없는 어두움의 일에 참여하지 말고 도리어 책망하라"(엡 5 : 11). 여호사밧은 선한 사람이었지만 이런 일 때문에 꾸중을 들었다. "왕이 악한 자를 돕고 여호와를 미워하는 자를 사랑하는 것이 가하니이까"(대하 19 : 2). 잘못이란 그가 아합을 정중하게 화평으로 환대한 사실을 말하는 것이 아니라 그가 아합과 우의(友誼)를 맺고 아합이 하나님을 대적할 때 그를 도와준 것이 나빴던 것이다. "그러므로 여호와께로서 진노하심이 왕에게 임하리이다"(대하 19 : 2).

우리는 우리 자신을 위험하게 할 정도로 다른 사람과 화목해서는 안된다. 만일 어떤 사람이 전염병에 걸렸으면 우리는 그를 도와주고 되도록 좋은 치료를 받도록 그를 보내야 하지만 그와 너무 가까이 오래 있거나 그의 전염성있는 숨길을 들이 마시지 않도록 주의해야 한다. 우리는 모든 사람과 더불어 화평하여야 한다. 아니 도와 주어야 한다. 그들을 위해서 기도해 주고 그들과 상담해 주고 그들을 구출해 내어야 한다. 그러나 우리가 그들에게 감염되지 않기 위해서 너무 친밀하게 되지 않도록 주의하자. 요컨대 우리가 사람과 너무 화평하여서 양심과의 화평이 깨어지는 일이 없도록 해야 한다. "모든 사람으로 더불어 화평함과 거룩함을 좇으라"(히 12 : 14). 우리는 거룩함을 잃어가면서까지 화평을 구해서는 안된다.

(2) 우리는 잘못된 진리에 이를 정도로 다른 사람과의 사이에 화평을 구해서는 안된다. "진리를 사고서 팔지 말며"(잠 23 : 23). 화평은 진리를 팔아서 사서는 안된다. 진리는 믿음의 기초요 행동지침이다. 진리는 교회의 면류관에서 가장 아름다운 광택을 가진 보석이다. 진리는 하나님이 우리에게 맡기신 "기탁물" 또는 의무이다. 우리는 하나님께 우리의 영혼을 맡기고 그는 우리에게 그의 진리를 맡기셨다. 우리는 하나님의 진리의 어떤 부분도 땅에 떨어지게 해서는 안된다. 루터는 말하기를 진리의 작은 한 조각을 폐하는 것보다도 하늘이 떨어지는 것이 더 낫다고 하였다. 이 황금의 지극히 작은 부스러기처럼

보이는 것도 귀중한 것이다. 우리는 진리의 진주를 잃어가면서까지 화평의 꽃을 구해서는 안된다.

어떤 사람은 우리는 연합해야 한다고 말한다. 그러나 잘못된 것과 연합해서는 안된다. "빛과 어두움이 어찌 사귀며"(고후 6:14). 많은 사람들이 알미니안주의자와 소시니안주의자와 성경반대주의자와 화평함으로써 진리를 파괴하는 화평을 추구하고 있다. 이것은 마귀가 만든 화평이다. 평강의 왕과 전쟁을 일으키는 화평은 저주받아 마땅하다. 우리가 화평을 좋아하여야 하지만 또한 우리는 진리를 위하여 싸우라는 명령을 받았다(유 1:3). 우리는 진리의 보석을 뽑아버린 화평의 황금 면류관을 좋아해서는 안된다. 진리를 보내야 할 바에야 차라리 화평을 떠나 보내는 것이 낫다. 순교자들은 진리를 보내는 것보다는 차라리 자기들의 목숨을 잃는 쪽을 택한 것이다.

4. 화평을 좋아하지 않는 자에 대한 책망

그리스도인들이 화평을 좋아하는 마음이 되어야 한다면 다툼과 언쟁을 일삼는 사람들에게는 무슨 말을 하여야 하겠는가? 화약같이 건드리기만 하면 온통 불만 뿜어내는 사람에게는 뭐라고 해야겠는가? 이들은 복음의 정신에서 얼마나 먼가! 바로 사악의 음성 그대로이다. "오직 악인은 능히 안정치 못하고 그 물이 진흙과 더러운 것을 늘 솟쳐내는 요동하는 바다와 같으니라"(사 57:20). 그들의 마음에는 안정과 고요함이 없고 끊임없이 격정과 분노의 거품을 뿜어낸다. 우리는 루터교 신학자인 스트리겔리우스가 우리 사이에 있는 쓰디쓴 다툼에서 도망하기 위해서는 차라리 죽고 싶다고 한 말에 수긍이 간다. 불도마뱀처럼 싸움과 다툼의 불 속에서 사는 사람들이 너무나 많다. "그러나 너희 마음 속에 독한 시기와 다툼이 있으면 자랑하지 말라… 이러한 지혜는 위로부터 내려온 것이 아니요 세상적이요 정욕적이요 마귀적이니"(약 3:14, 15). 정욕적인 사람은 짐승같은 사람이요 쉽게 노하는 사람은 마귀적인 사람이다. 사람마다 악령이 출몰하는 집에 살기를 두려워하지만 분노와 화해하기 어려운 감정의 악령이 출몰하는 자신의 마음을 두려워하는 사람은 얼마나 적은가.

그리고 이러한 것이 마음에 많이 끼어 있으면 하나님의 백성 사이에 분열이 생긴다. 하나님의 종족끼리 전쟁을 벌이는 것이다. 터툴리안 당시에는 그리스도인들이 얼마나 서로 사랑하는가 보라고 말하였다. 그러나 지금은 그리스도인들이 얼마나 서로 으르렁거리는가 보라고 말해야 할 것같다. 그들은 흉포한 곰들에 비유될 수 있다. 악인들은 어떤 더 큰 공통된 악의와 시기에 가득차게 되면 서로 맞아 뜻을 같이 할 수 있다. 헤롯과 빌라도가 연합하는 것을 보면서 바울과 바나바가 갈라서는 것을 보면 슬프지 아니한가?(행 15:39) 제자들이 하늘에서 불을 내리시기를 청하자 예수께서는 돌아보시고 꾸짖으셨다(눅 9:55). 주님은 마치 "너희들이 청한 불은 열심의 불이 아니라 너희 자신의 격정에 못이겨 나온 도깨비불이다"라고 말씀하시는 것같았다. 이러한 마음은 평강의 왕이신 우리가 섬기는 주인에게 맞지 않을 뿐 아니라 평화의 대사로 보내심을 받은 우리의 사역에도 맞지 않는 것이다. 사람의 마음에다 다툼의 불을 붙여 놓고는 그 불 곁에 서서 불을 쬐는 자가 바로 사단이다. 난폭한 바람이 일어나면 우리는 마귀에게 홀려서 마구 지꺼려대기에 익숙하다. 사람의 마음이 사납게 날뛰고 폭풍이 휘몰아칠 때는 마귀가 이 바람에 마법을 거는 것이 틀림없다. 그리스도인 사이에 불화와 강한 증오가 있을 때에는 그들의 믿음이 심히 의심스럽다. 왜냐하면 "오직 위로부터 난 지혜는 첫째 성결하고 다음에 화평하고 관용하고 양순하기" 때문이다(약 3:17).

5. 화평을 좋아하는 마음을 위한 열 한 가지 권면

화평을 좋아하는 성품이 되도록 하라. "할 수 있거든 너희로서는 모든 사람으로 더불어 평화하라"(롬 12:18). 성막의 휘장은 서로 고리로 연결되어 있었다(출 26:3, 4). 그리스도인들의 마음은 화평과 협조로 서로 고리로 연결되어 있어야 한다. 이제 화평을 좋아하는 마음이 되기를 권할 때 이성과 양심 양쪽에 대해서 이야기 하겠다.

(1) 화평을 좋아하는 마음은 **인간의 자연적 구조와 체질에 어울리는 것이다.** 사람은 본성적으로 화평을 좋아하여 칼보다는 쟁기를 쓰는 것이 더 알맞은 것같이 보인다. 다른 피조물들은 본래부터 다른 것들에 보복을 할 수 있게 무기 종류 같은 것으로 무장되어 있다. 사자는 날카로운 발톱을 가졌고 멧돼지는 길게 뻗어나온 이빨을 가졌으며 벌은 침을 가지고 있다. 사람만이 이런 종류의 무기를 아무것도 가지고 있지 않다. 사람은 마치 하나님이 화평을 좋아하는 피조물로 만들기를 원하시는 것같이 벌거벗은채 전혀 무장을 하지 않고 이 세상에 나온다. 흰옷 입은 화평은 사람에게 어울리고 맹렬한 분노는 야생 짐승에게나 알맞은 것이다. 사람은 그가 상냥하고 화평하게 살아야 한다는 것을 알게 하는 이성을 가졌다.

(2) 화평을 좋아하는 마음은 **영예로운 것이다.** "다툼을 멀리하는 것이 사람에게 영광이어늘"(잠 20 : 3). 우리는 싸움을 걸거나 우리의 격정의 고삐를 풀어놓는 것을 용감한 것으로 생각한다. 아, 아니다. 다툼을 그치는 것이 영예이다. 고상한 마음을 가진 사람은 화평을 사랑하는 자이어서 그들은 화평문제에 얽매일 필요조차 없다. 무엇이든지 가까이 있는 것이 찢고 갈라놓는 것은 가시덩굴이다. 더 고상한 식물인 백향목과 무화과나무는 유쾌하고 평화스럽게 자란다. 화평을 좋아하는 것은 고상한 마음의 기호요 장식이다.

(3) 화평을 좋아하는 마음이 되는 것은 참으로 **분별력 있는 것이다.** "오직 위로부터 난 지혜는 첫째 성결하고 다음에 화평하고"(약 3 : 17). 지혜로운 사람은 다툼에 끼어들지 않는다. 다툼에 끼어드는 것은 말벌집에 손가락을 넣는 것과 같다. 솔로몬의 비슷한 격언을 보자. "다투는 시작은 방축에서 물이 새는 것 같은즉"(잠 17 : 14). 어리석은 다툼을 시작하는 것은 두 가지 면에서 물이 새게 하는 것과 같다.

① 물은 새기 시작하면 그칠 줄 모른다. 마찬가지로 다툼이 한 번 시작되면 좀처럼 끝날 줄을 모른다.

② 물이 새는 것은 위험하다. 둑이 무너져 물이 새기 시작하면 들판에 물이 넘쳐 홍수에 빠지게 된다. 다툼에 끼어드는 자도 그와 같이 당한다. 그는 자신이 해를 입을지 모르고 그와 같이 열린 수문으로 물이 휘몰아쳐 나와 자기를 삼키게 될지도 모른다. 참된 지혜는 화평을 신봉한다. 분별력있는 사람은 될수록 가시덤불에서 멀리 떨어져 있으려고 할 것이다.

(4) 화평을 좋아하는 마음이 되면 **화평이 따라온다.** 다투기를 좋아하는 사람은 스스로 안절부절 못하여 자신의 평안을 깎아 먹는다. 그는 새장을 치는 새와 같다. "잔인한 자는 자기의 몸을 해롭게 하느니라"(잠 11 : 17). 그는 사과의 맛있는 부분은 깎아 내어버리고 고갱이만을 먹는 사람과 꼭같다. 그래서 싸우기를 좋아하는 사람은 그의 인생의 모든 평안을 깎아 내어 버리고 불안의 쓴 고갱이만 먹고 산다. 말하자면 스스로 괴롭히는 사람인 것이다. 악인은 "요동하는 바다"에 비유된다(사 57 : 20). 그리고 그 뒤에는 "악인에게는 평안이 없다"는 말씀이 뒤따라 온다(21절). 70인역에는 "악인에게는 기쁨이 없다"고 표현하였다. 옹고집의 마음은 그가 가진 것도 즐기지 못하지만 마음이 평화한 사람은 화평의 달콤한 음악이 그를 따라온다. 화평은 영혼 속에 안정과 조화를 만들어준다. 그러므로 시편 기자는 말하기를 연합하여 동거함이 선하기만 할 뿐 아니고 아름답다고 하였다(시 133 : 1).

(5) 화평을 좋아하는 성품은 **하나님을 닮은 성품이다.** 성부 하나님은 "평강의 하나님"이라 불리운다(히 13 : 20). 자비와 화평이 그의 보좌 주위에 있다. 그는 화평의 법조문에 서명하여 그것을 공포하기 위하여 화평의 사신을 보내신다(고후 5 : 20).

성자 하나님은 "평강의 왕"이라 불리운다(사 9 : 6). 그의 이름은 임마누엘 곧 하나님이 우리와 함께 계심이라 하였으니 바로 화평의 이

름이다. 그의 맡으신 일은 화평의 중보자가 되시는 것이다(딤전 2 :
5). 그는 화평의 노래와 더불어 세상에 오셨는데 천사들이 그것을 노
래했다. "땅에서는 평화로다"(눅 2 : 14). 그는 화평의 유산을 남기시
고 세상을 떠나셨다. "평안을 너희에게 끼치노니 곧 나의 평안을 너
희에게 주노라"(요 14 : 27).

성령 하나님은 화평의 영이시다. 그는 위로자시다. 그는 화평을 인
쳐주신다. 이 축복하시는 비둘기는 그 입에 화평의 감람나무 가지를
물고 오신다. 이렇게 하여 화평을 좋아하는 성품은 사람 안에서 하나
님의 모습을 나타낸다. 그러므로 하나님은 그런 곳에 거하기를 좋아
하신다. "그 장막이 또한 살렘에 있음이여"(시 76 : 2). 살렘은 "평화"
라는 뜻이다. 하나님은 화평을 좋아하는 마음에 거하신다.

(6) 그리스도께서 진지하게 기도하신 것은 화평을 위한 기도였다.

그는 그의 백성이 하나되어 한 마음과 한 뜻이 되기를 기도하셨다
(요 17 : 11, 21, 23). 그리스도께서 기도에서 사용하신 요지를 살펴보
라. 기도할 때 요지를 가지고 하는 것이 좋다. 그것은 화살의 뒤끝에
붙은 방향을 잡는 깃털과 같아서 그것을 더 빨리 날게하고 더 깊이 박
히게 한다. 기도에 있어서 애정은 총의 화약과 같고 기도에 있어서 요
지는 탄환과 같다. 그리스도께서 그의 아버지께 간청하신 기도의 요
지는 "우리가 하나가 된 것같이 저희도 하나가 되게"하여 달라는 것
이었다(22절). 아버지와 그리스도 사이에는 어떠한 불화도 없었다.
비록 성부께서 그리스도를 그의 품에서는 떠나 보내셨지만 그의 마음
에서까지 내보내신 것은 아니었다. 그래서 그리스도께서는 그와 그의
아버지가 하나인 것처럼 그의 백성들도 모두가 화평과 화합 속에서
하나가 될 수 있게 기도하신 것이다. 그리스도께서 그렇게 진지하게
화평을 위해 기도하셨다면 우리 안에 그리스도의 기도가 성취된 것을
나타내도록 노력하여야 하지 않겠는가? 우리가 그의 기도를 거스리
면서 어떻게 그리스도께서 우리의 기도를 들어주실 것으로 생각할 수
있는가?

(7) 그리스도는 화평을 위하여 기도하셨을 뿐만 아니라 **그것을 위하여 피를 흘리셨다.** "그는 십자가의 피로 화평을 이루사"(골 1 : 20). 모든 종류의 화평이다! 그는 하나님과 사람 사이의 화평을 이루기 위해서만 죽으신 것이 아니라, 사람과 사람 사이의 화평을 위해서도 죽으셨다. 그리스도는 그의 피로 그리스도인들을 서로 단단히 결합시키기 위하여 십자가 위에서 고통을 당하셨다. 그가 화평을 위하여 기도하신 것처럼 또한 화평을 위하여 값을 치르신 것이다. 그리스도는 우리를 "화평의 매는 줄"로 매시기 위하여 자신이 매이셨다.

(8) **다툼과 논쟁은 은혜가 자라는 것을 방해한다.** 가시와 찔레 밖에 아무것도 없는 땅에서 좋은 씨가 자랄 수 있겠는가? "더러는 가시떨기 위에 떨어지매 가시가 자라서 기운을 막았고"(마 13 : 7). 말하자면 마음이 가시에 찔려 늘 찢기고 할퀴기만 하는데 은혜의 씨가 그런 곳에서 자랄 수가 있겠는가? 역사가들은 밧모섬을 원래의 토양이 아무것도 자랄 수 없는 땅이라고 보고한다. 옹고집의 마음은 밧모섬과 같다. 하나님께서 그 땅을 갈아 엎어 변화시켜 화평을 좋아하는 마음으로 만드시기 전에는 아무 은혜도 거기서 자라지 못한다. 화평치 못한 마음에 믿음이 자랄 수 있겠는가? 왜냐하면 믿음은 사랑에 의해서 그 진가가 나타나기 때문이다. 쓸개같이 쓴 사람이 성령의 단 열매를 맺는다는 것은 불가능하다. 몸에 독이 들어오면 그 독을 몰아내기 위하여 해독제를 먹기 전에는 어떤 훌륭한 음식을 섭취한다 하여도 양분이 되지 않는다. 많은 사람이 그럴듯한 열심을 가지고 하나님을 섬기는 것같아도 노와 증오의 독을 품고 있을 때는 아무 영적인 영양분을 섭취할 수가 없다. 그리스도의 신비한 몸은 사랑 안에서 스스로 세운다(엡 4 : 16). 기도를 하고 말씀을 들어도 사랑과 화평이 없으면 아무런 영적인 유익이 되지 못하고 그리스도의 몸을 세우지 못한다.

(9) 그리스도인들 사이의 화평은 **세상이 그리스도를 받아들이도록 이끄는 강력한 자석이다.** 은사나 기적이나 설교만이 사람들이 복음의 진

리를 받아들이도록 설득할 수 있는 것이 아니라, 복음을 믿는다고 하는 사람들 간의 화평과 단합 또한 그 복음을 받아들이도록 설득하는 힘이 있다. 한 하나님과 한 믿음 뿐인 것과 같이, 그리스도인 사이에 있어서도 한 마음이 있을 뿐이며, 이것이야말로 비둘기떼를 창가로 모으는 모이같은 것이다. 성전은 미석(美石)으로 장식되어 있다(눅 21 : 5). 성도들은 그리스도의 영적 성전을 아름답게 보이게 하는 돌들인데, 그 돌들이 화평과 단합으로 서로 단단히 결합되어 있을 때 아름다운 모습으로 나타난다.

 (10) 화평치 못한 마음은 믿던 사람들이 교회를 떠나게 만든다. 불신자들의 죄 중에 무자비한 것 즉 화해하지 못하는 마음이 들어있다(롬 1 : 31). 그들은 원래 평화와는 거리가 멀다. 그들의 마음은 돌같이 굳어 있다. 어떤 기름으로도 그들을 부드럽게 할 수 없고 어떤 불로도 그들을 녹일 수 없다. 믿지않는 자들은 근본적으로 늑대 젖을 빨아 먹고 자라났다는 로마의 창설자 로물루스 형제들처럼 사납고 거칠다.

 (11) 권면하는 말에 좀더 덧붙이자면, 우리가 화평하게 살아야 한다는 것이 그리스도의 마음이다. "너희 속에 소금을 두고 서로 화목하라"(막 9 : 50). 이 그리스도의 분부를 생각하여서라도 화평하여야 되지 않겠는가? 우리의 생명을 그리스도를 위하여 내어 놓았다면 우리의 다툼도 그를 위하여 내어 놓아야 하지 않겠는가?
 결론적으로 우리가 권면이나 분부를 듣지 않고 여전히 죄스러운 기질을 나타내어 불화나 화평치 못한 마음을 품고 있으면 예수 그리스도께서 결코 우리 가까이 오시지 않는다. 하나님의 백성은 그의 집이라고 말씀하셨다. "우리가 소망의 담대함과 자랑을 끝까지 견고히 잡으면 그의 집이라"(히 3 : 6). 그리스도인들의 마음이 영적인 집이고 화평의 가구로 꾸며진다면 평화의 왕이 거하시기 적합한 처소가 될 것이다. 그러나 이 기분좋은 가구가 없든지 그 대신에 다툼과 언쟁 뿐이라면 그리스도께서는 이 집을 가시지도 않을 뿐만 아니라 그가 임재하시는 은혜도 베푸시지 않을 것이다. 연기가 가득하고 불난 집 같은 집에 누가 살려고 하겠는가?

6. 화평을 좋아하는 마음이 되기 위한 몇 가지 도움말

어떻게 화평을 좋아하는 마음을 얻을 수 있는가?

(1) 그것을 방해하는 것들을 주의하라. 우리가 알아야 할 화평에 대한 장애가 여러가지 있는데 외적인 것도 있고 내적인 것도 있다.

외적인 것: 수군수군하는 자 같은 것(롬 1:29). 우리를 성나게 하고 약오르게 하려고 일부러 우리 귀에다 여러가지 일들을 윙윙거리며 들려주는 사람들이 더러 있다. 이런 사람 가운데 우리는 고자질쟁이를 꼽을 수 있을 것이다(렘 19:16). 고자질쟁이는 아래 위로 좇아다니며 말거리를 물어 나른다. 마귀는 이 우편을 이용하여 자기의 편지를 보낸다. 고자질쟁이는 일종의 선동자이다. 그는 불화의 숯불에다 부채질을 한다. 그는 말하기를 그 사람이 너에 대해서 뭐라고 말했는지 들어봤나 라고 부추긴다. "그러한 잘못을 너는 참고만 있나?" "그렇게 욕하는데도 괴로움을 삭이고만 있겠나?" 이와 같이 하여 불덩이를 던지고 불화를 조장하며 귀를 한쪽으로 쏠리게 모아 놓는다. 참으로 우리는 서로 사랑을 격려하라는 명을 받았지(히 10:24) 어디에도 노를 자극하라는 말씀은 없다. 우리는 마귀의 심부름꾼 노릇을 하는 것으로 알려진 사람들에게는 우리의 귀를 막아야 한다.

(2) 화평의 내적인 장애물에 주의하라. 예를 들면 다음과 같은 것이다.

① **자기사랑**: "사람들은 자기를 사랑하며"(딤후 3:2). 그러면 그 뒤에는 "사나움"이 따라온다(3절). 이와 같이 자신의 우상을 우뚝 세워 놓음으로써 이 세상에는 많은 소송, 약탈, 대량학살들이 자행된다. "저희가 다 자기 일을 구하고"(빌 2:21). 아니, 자기 것만을 구

하기만 한다면 차라리 낫다. 이기주의자는 다른 사람의 재산을 강제로나 속임수로 낚아챈다. 이기주의자는 독점을 하고는 울타리를 단단히 친다. 그들은 강탈로 먹고 사는 매같은 맹금류이다. 자기사랑은 화평의 줄을 끊어 흩어버린다. "자기"라고 하는 것을 치우라. 믿지 않는 사람들도 "우리가 우리 자신만을 위해서 태어나지 않았다"고 말할 수는 있을 것이다.

②교만 : 교만한 마음을 가진 자는 다툼을 일으킨다. 교만과 다툼은 히포크라테스의 쌍동이처럼 둘이 동시에 태어난다. 교만한 사람은 자기가 다른 사람들보다 낫다고 생각하고 우위를 차지하려고 싸운다. "저희 중에 으뜸이 되기를 좋아하는 디오드레베가 우리를 대접하지 아니하니"(요삼 9절). 교만한 사람은 모든 대성공을 자기의 공으로 돌리려고 한다. 모르드개가 하만에게 무릎을 꿇고 공을 그에게 돌리지 않았기 때문에 하만은 모든 유대인을 죽이라는 피비린내 나는 조서를 받아내었던 것이다(에 3 : 9). 교만 말고 무엇이 폼페이와 시저 사이의 모든 다툼을 만들어 내었는가? 그들의 자존심들은 서로 양보하기에는 너무나 높았다. 이런 교만의 바람이 사람의 마음에 들어오면 그것은 분열의 슬픈 지진을 일으킨다. 헬라 시인들은 판도라 상자가 깨어져 열리니 그것은 세상을 온갖 질병으로 가득 채워 놓았다고 묘사하고 있다. 아담의 교만이 원래의 의의 상자를 깨어 놓으니 그것은 다툼과 불화를 세상에다 쏟아 놓았다. 이 교만의 독사를 떨쳐 버리자. 겸손은 그리스도인들을 화평으로 결속시킨다.

③시기 : 시기는 다툼을 일으킨다. 사도 바울은 이들을 한데 묶어 놓았다. "투기, 분쟁"(딤전 6 : 4). 시기는 자기보다 더 나은 것을 참지 못한다. 이것이 로마 사람들 사이에 있어서 평민파벌싸움이 그렇게 심하도록 만든 것이다. 그들은 그들보다 나은 것을 시기하였던 것이다. 시기심 많은 사람은 남의 곡식이 더 알차든지 장사를 더 잘하면 그와 다투려고 한다. "투기 앞에야 누가 서리요"(잠 27 : 4). 시기는 피를 빨아 먹고 사는 해충이다. 이것을 주의하라. 화평은 이 기생충과 함께 살지 못한다.

④ **쉽사리 믿는 것** : "어리석은 자는 온갖 말을 믿으나 슬기로운 자는 그 행동을 삼가느니라"(잠 14 : 15). 경솔히 믿는 사람은 바보와 한 통속이다. 그는 그에게 이야기하는 것은 모조리 다 믿는데 종종 이것이 불화를 낳는다. 고자질 하는 것이 죄인 것처럼 고자질을 그대로 듣는 것도 어리석은 짓이다. 지혜로운 사람은 보고를 첫판에 그대로 받아들이지 않고 그것을 믿기 전에 그것을 면밀히 조사하고 시험한다.

(3) 화평을 유지하고 **소중히 간직하도록 도와주는 것들을 위하여 애쓰자.**

① **믿음.** 믿음과 화평은 한 집에 같이 산다. 믿음은 하나님의 말씀을 믿는 것이다. 그 말씀은 화평 가운데 살라고 말씀하신다. 그리고 믿음은 하늘의 왕의 이 말씀을 듣자마자 곧 순종한다. 믿음은 영혼들에게 하나님은 화평 가운데 계시고 이것을 믿으면서 불화 가운데 사는 것은 불가능하다는 사실을 납득하도록 만들어준다. 믿음을 기르라. 믿음은 사랑으로 우리를 하나님께 붙잡아 매고 화평으로 우리 형제들과 굳게 결합시켜 준다.

② **성도의 교제.** 그리스도인들 사이에 있어서는 너무 서먹서먹함이 있어서는 안된다. 초대 성도들은 "아가페"라고 하는 사랑의 식사(애찬)를 나누었다. 사랑을 권고하는 사도 바울은 이런 말을 하였다. "서로 인자하게 하며 불쌍히 여기며 서로 용서하기를 하나님이 그리스도 안에서 너희를 용서하심과 같이 하라"(엡 4 : 32).

③ 다른 사람의 실수를 보지 말고 그들의 **장점을 보려고 하라.** 이 땅 위에서는 완전한 사람은 없다. 우리는 하나님의 자녀에게도 흠이 있다는 말씀을 읽는다(신 32 : 5). 가장 황금빛 찬란해 보이는 그리스도인이 너무나 가벼운 곡식 알갱이일 수도 있다. 아, 다른 사람을 그들의 장점은 간과하고 그들의 약점만 가지고 그렇게 다투려고 하지 말라. 남의 실수를 덮어주는 아량이 있어야 한다. 그들이 어떤 점에서는 실패를 해도 다른 점에 있어서는 남보다 탁월한 점이 있다. 세상 사람들은 태양이 환히 비칠 때보다 일식이 생길 때 더 쳐다보고 야단

인 법이다.

④ 하나님께서 우리 마음 속에 화평의 영을 내려 주시도록 **기도하자.** 우리는 서로 잡아먹는 독수리 같아서는 안되고 서로를 위하여 기도하는 자가 되어야 한다. 하나님께서 우리 마음 속의 다툼의 불은 꺼주시고 서로 불쌍히 여기는 동정의 불은 켜주시도록 기도하자.

그리스도인들은 이와 같이 첫째로 소극적으로 화평을 좋아하는 자이어야 하고, 다음으로 나는 그리스도인들은 적극적으로 화평케 하는 자이어야 한다는 부분으로 넘어가고자 한다.

7. 모든 그리스도인들은 화평케하는 자이어야 한다

모든 선한 그리스도인들은 화평케 하는 자이어야 하는데, 이 말은 그들 자신이 화평을 좋아하는 자이어야 할 뿐만 아니라 다른 사람을 평안하도록 만드는 사람이어야 한다는 말이다. 신체 중에 뼈마디가 빠져 나가면 그것을 다시 맞추는데 그것은 몸이라는 통일체 속에 모든 것이 제자리에 있어야 하기 때문이다. 옷이 찢어지면 우리는 그것을 다시 붙여 꿰맨다. 다른 사람이 그들의 감정이 갈래갈래 찢어지면 우리는 온유한 마음으로 그것들을 다시 모아 꿰매어 주어야 한다. 이 훌륭한 기능을 우리가 가졌으면 우리는 갈라진 마음들을 풀로 붙이고 하나로 묶어 놓을 수 있을 것이다. 흩어진 마음들을 화해시키려고 나서는 일이 때때로 감사를 받지 못하는 역할인 것은 나도 인정한다(행 7 : 27). 찔레를 잘못 다루면 찔린다. 두 검객 사이에 자주 끼어들면 칼에 얻어맞는다. 그러나 이 임무는 비록 사람 편에서는 성공을 못 거둘 수도 있겠지만 하나님의 축복은 빠지지 않는다. "화평케 하는 자는 복이 있나니." 아, 우리나라에 화평케 하는 자가 더 많이 있다면 얼마나 좋을까! 아브라함은 화평케 하는 사람이었다(창 13 : 8). 모세도 화평케 하는 자이었고(출 2 : 13) 존경받은 콘스탄틴 황제도 화평케 하는 자이었는데 그는 교회 내에서 서로 대적하는 것을 종결짓기 위하여 주후 325년에 감독들을 불러 모아 첫번째 니케아 종교회의를 개최하였다. 감독들은 서로들 지독한 독설과 비난을 하는 글들을 준비하여 왔는데 콘스탄틴 황제는 그 종이들을 다 모아 찢어버리고 근엄하게 그들에게 화평과 합의를 권면하였다.

이것은 화평케 하는 것과는 너무나 거리가 멀고 오히려 화평을 깨뜨리는 자들을 날카롭게 꾸짖는다. 화평케 하는 자가 복이 있다면 화평을 깨뜨리는 자에게는 저주가 있을 것이다. 화평케 하는 자들이 하나님의 자녀라면 화평을 깨뜨리는 자들은 마귀의 자식들이다. 이단자들은 잘못된 이론으로 교회의 진리를 깨뜨리고 분열케 하는 자들은 여러 갈래로 갈라놓아 교회의 화평을 파괴한다. 사도 바울은 그런 자들에게 낙인을 찍어 놓았다. "분쟁을 일으키고 거치게 하는 자들을 살피고 저희에게서 떠나라"(롬 16 : 17). 점장이나 살인자들과 마찬가지로 이런 자들과는 상관하지 말아야 한다. 마귀는 첫번째로 화평을 깨뜨린 자이다. 그는 사람을 하나님에게서 갈라 놓았다. 그는 모두에게 불을 쏟아 부었다. 우리나라에는 싸움을 부추기는 사람들이 너무나 많아 아름다워야 할 음악은 불협화음을 만들고 화합은 없고 분열만 있다. 어떤 아리안 황제는 화평을 막기 위해서 연합전선까지 폈다고 한다. 오늘날 얼마나 많은 사람들이 삼손의 여우꼬리 노릇을 하는가! 그 꼬리는 단지 블레셋 사람들의 곡식을 불태우기 위해서만 묶었었다(삿 15 : 4, 5). 파벌을 조성하는 사람들은 교회의 화평을 불태우기 위해서만 연합한다. 이들은 여호와의 미워하시는 "형제 사이를 이간하는 자"이다(잠 6 : 19). 이들은 저주의 자식들로서, 성경에는 "그 이웃을 암살하는 자는 저주를 받을 것이라"하였는데(신 27 : 24), 여기 암살이란 말 본인 없는데서 흉을 보아 친구 사이에 서로 나쁘게 생각하도록 만드는 것을 말한다. 사람 모양 속에 마귀가 들어가면 분란을 일으키는 방화범이 되어 버린다.

두 가지를 권면한다.

(1) 우리나라가 여러 갈래로 쪼개어진 것을 슬퍼하자. 들짐승이 우리의 화평의 울타리를 부셔 놓았다. 주님께서 긍휼히 여겨 밑받침 되어

주시고 우리를 떠받쳐 주시지 않으면 우리는 쓰러져 황폐해지는 집과 같다. 나라의 형편을 참으로 걱정하는 자들은 적고 오히려 긁어 헤치는 자들만 많다. 영리한 아이가 그의 어머니가 갈래갈래 찢기고 할퀴는 것을 보고도 슬퍼하지 않겠는가? 주전 1세기경의 유명한 로마학자 카토는 시저와 폼페이 사이에 내란이 시작되자 그의 얼굴에서 웃음을 볼 수 없었고 수염과 머리를 깍지 않았다고 한다. 우리 교회와 국가가 갈라질 때 우리는 마음이 슬퍼진다. 그러므로 분열의 아픔을 깊이 생각하자.

① 분열은 한 나라에 많은 악이 뒤따라 올 전조이다. 그러므로 "모든 분열은 멸망으로 향한다"는 격언은 진리이다. 사원의 휘장이 찢어져 조각나면 그것은 그 사원의 파멸의 슬픈 징조라는 전설이 있다. 교회의 화평의 휘장이 찢어지는 것은 교회가 흔들릴 징조이다. 역사가 요세푸스는 말하기를, 예루살렘 도성이 주후 70년에 로마 장군 티투스 베스파시안에게 포위되었을 때 성 안에는 큰 세 파벌이 있었는데, 이것이 적군에 의한 것보다 도성을 더 파괴하였고 적군을 불러들이는 결과를 가져왔다고 하였다. 이 도성에서 내부 분열이 얼마나 치명적이었는가! 윌리암 캄덴과 그밖의 학식있는 저술가들은 로마나 노르만이 어떤 나라를 빼앗을 때 그 나라의 내부 분열과 반란이 어떻게 성을 공격하는 사다리 역할을 하였는가를 논술하였다. 화평의 띠가 끊어지면 어떻게 되는가? 우리는 너무 파벌이 많고 교회도 너무 많이 쪼개어져서 하나님이 계시록의 일곱 교회에게 경고하신 것처럼 우리에게서 촛대를 옮기실까 두렵다.

② 교회의 화평의 옷이 찢어진 것을 보는 것이 우리를 괴롭힌다. 왜냐하면 분열은 신앙생활에 오명(汚名)과 추문(醜聞)을 가져오기 때문이다. 이것은 마치 교회가 다툼과 선동을 조장하는 곳인 것처럼 하나님의 도에 욕을 먹인다. 율리안은 그리스도인들을 비난할 때 그들은 서로 찢고 삼키는 호랑이처럼 모여 산다고 말하였다. 그런데 우리가 율리안의 말이 맞다고 증명해 보여야 옳겠는가? 그리스도의 비둘기들이 서로 싸우고 그의 백합화가 가시덩굴이 되는 것은 꼴불견이다.

3세기의 로마황제 마르쿠스 아우렐리우스가 두 그리스도인들이 싸우는 것을 보고는 그들에게 더이상 그리스도인이라는 이름을 쓰지 못하도록 명령하였다. 왜냐하면 "너희는 너희 주 그리스도를 욕되게 하였다"는 이유 때문이었다. 다툼을 내려 놓든지 신자라는 겉옷을 벗어 놓든지 하라.

③ 분열은 신앙심의 발전을 막는다. 다툼의 사과나무가 자라는 곳에서 복음이 번창하는 일은 드물다. 혓바닥이 뒤죽박죽 엉키면 하나님의 영적 성전의 건축이 방해를 받는다. 분열은 "의의 평강한 열매"(히 12 : 11)를 벌레처럼 갉아먹고 파괴한다. 고린도교회에서 그들이 하나는 바울에게 하나는 아볼로에게라는 식으로 여러 파벌로 갈라지기 시작할 때 그리스도에게 속한 사람은 거의 없었다. 내가 확신하는 바로는 우리나라 교회가 분열할 때마다 많은 사람들이 불신자로 돌아섰었다.

(2) 불화를 치유하도록 **노력하고 갈라진 틈을 수리**하는 사람이 되자. "화평케 하는 자는 복이 있나니." 예수 그리스도는 크게 화평케 하는 자이셨다. 그는 화평을 만들기 위하여 하늘에서 땅까지 긴 여행을 하셨다. 화평과 단합은 하나님의 교회를 확고히 하고 강하게 하는 중대한 방법이다. 성도들은 영적 집을 지어가는 산 돌이라고 비유된다(벧전 2 : 5). 여러분도 아시다시피 아취나 다른 건조물에서 돌들은 서로서로 지탱해주고 도와준다. 만약 돌들이 느슨해지고 한 두 개가 빠져나가면 모든 건조물이 조각조각으로 무너져 내릴 수 있다. 초대교회에서 그리스도인들이 한 마음이었을 때(행 4 : 32) 교회가 얼마나 든든하였는가! 어떻게 그들이 서로 상의하고 위로하고 그들의 거룩한 믿음을 서로 세워주었던가! 신체의 각 부위가 서로 잘 연합되어 있으면 그것들은 서로 잘 돕고 키워주지만 그것들이 나뉘어지고 떨어져 나가면 그것들은 쓸모가 없어지고 신체는 쇠약하여지는 것을 우리는 잘 안다. 그러므로 화평케 하는 자가 되려고 노력하자. 교회의 단결은 그 안정에 크게 기여한다.

화평은 땅 위의 하나님의 교회를 어느 면에서 하늘의 교회를 닮게 만든다. 천사들을 나타내는 성막의 그룹들은 그 얼굴들을 서로 마주보게 만들었는데 그것은 그들의 화평과 단합을 나타내기 위한 것이다. 천국에 있는 영들 사이에는 알력이나 불화는 없다. 한 천사의 의견이 다른 천사의 의견과 다르지 않다. 비록 그들이 다른 명령을 받았어도 그들이 다른 정신을 가진 것은 아니다. 그들은 스랍들이라고 부르는데 그것은 불탄다는 뜻을 가지고 있지만 싸움의 열로 불타는 것이 아니라 사랑의 뜨거움으로 불탄다. 천사들은 청결한 마음으로만 하나님을 섬기는 것이 아니라 단합된 마음으로 섬긴다. 화합된 화평에 의해서 우리는 승리의 교회를 닮아갈 수가 있을 것이다.

화평을 심는 자는 화평을 거둔다. "화평을 논하는 자에게는 희락이 있느니라"(잠 12 : 20). 화평케 하는 자는 하나님과 더불어 화평하고 자신의 가슴 속에 화평을 간직할 것인데, 자신의 가슴에서 만들어진 화평만이 가장 아름다운 음악이다. 그는 다른 사람과 화평을 누린다. 모든 사람들의 마음이 그와 연합될 것이다. 모두가 그를 존중히 여길 것이다. 그를 일컬어서 "무너진데를 수축하는 자"라 부를 것이다(사 58 : 12). 결론적으로 화평케 하는 자는 화평 가운데 죽을 것이다. 그는 훌륭한 양심을 지니고 살다가 훌륭한 이름을 뒤에 남길 것이다. 이제 나는 본문의 첫번째 부분인 "화평케 하는 자는 복이 있나니"를 마친다. 이제 다음 부분 "저희가 하나님의 아들이라 일컬음을 받을 것임이요"로 나아가도록 하자.

19
저희가 하나님의 아들이라 일컬음을 받을 것임이요(마 5:9)

이 말씀에 성도들의 영광스러운 특권이 적혀 있다. 하나님과 화목하고 형제들 사이에 화평을 만들려고 애쓰는 사람들은 그들에게 주신 "저희가 하나님의 아들이라 일컬음을 받을 것임이요"라는 이 말씀이 그들에게 큰 명예가 될 것이다.

"일컬음을 받을 것임이요"라는 말씀은 그들이 하나님으로부터 그러한 평가를 받고 존중히 여기심을 받을 것이란 말씀이다. 하나님은 무엇이든지 결코 잘못 부르시는 법이 없다. 그는 자녀가 아닌 자들을 자녀라고 부르시지 않는다. "이 아이여 네가 지극히 높으신 이의 선지자라 일컬음을 받고"(눅 1:76)라는 말씀은 네가 그렇게 될 것이란 말씀이다. 그들이 "하나님의 아들이라 일컬음을 받을 것"이란 말씀은 그들이 자녀로 인정받고 받아들여질 것이라는 말씀이다.

결과적으로 말할 수 있는 것은 이것이다. 즉, 화평케 하는 자는 지극히 높으신 자의 자녀라는 것이다. 성경에 보면 하나님은 많은 자녀를 가지셨다고 하였다.

영원 전부터의 출생에 의하여. 그런 뜻으로는 그리스도만이 하나님의 본래적 아들이시다. "너는 내 아들이라 오늘날 내가 너를 낳았도다"(시 2:7).

창조에 의하여. 그런 의미에서 천사들은 하나님의 아들들이다. "그 때에 새벽별들이 함께 노래하며 하나님의 아들들이 다 기쁘게 소리하였었느니라"(욥 38:7).

위엄에 참여함으로써. 그런 의미에서는 왕과 통치자들을 높으신 하나님의 자녀라고 말할 수 있다. "내가 말하기를 너희는 신들이며 다 지존자의 아들들이라"(시 82 : 6).

외적인 신앙고백에 의해서. 그런 의미에서의 하나님의 자녀는 많다. 위선자들도 아들인 것처럼 꾸며낸다. "하나님의 아들들이 사람의 딸들의 아름다움을 보고"(창 6 : 2).

참으로 성결케 됨으로써. 이 의미로써는 모든 믿음깊은 사람들이 개인적으로 그리고 두드러지게 하나님의 자녀로 인정받는다.

이것을 자세히 설명하기 위하여, 그리고 믿는 자들이 이 복음의 꽃에서 많은 꿀을 빨아 먹을 수 있도록 하기 위하여 나는 특별히 아래의 일곱 가지를 제시하고 토의하고자 한다.

1. 본래는 우리가 하나님의 자녀가 아니라는 것.
2. 하나님의 자녀가 된다는 것의 의미.
3. 하나님의 자녀가 되는 방법.
4. 하나님의 자녀의 표.
5. 우리를 자녀로 만드시는 하나님의 사랑.
6. 하나님의 자녀의 영예.
7. 하나님의 자녀의 특권.

1. 본래는 우리가 하나님의 자녀가 아니다.

우리는 나면서부터 하나님의 자녀인 것은 아니다. 제롬이 말한 것처럼 우리는 하나님의 자녀로 태어난 것이 아니라 하나님의 자녀로 만들어졌다. 본래 우리는 하나님께 낯선 자이며 돼지일망정 아들이 아니다(벧후 2 : 22). 돼지에게 그의 재산을 나누어 주는 사람이 있는가? 그는 돼지에게 도토리는 줄지언정 그의 보석은 주지 않는다. 원래는 마귀가 우리 아버지이다. "너희는 너희 아비 마귀에게서 났으니"(요 8 : 44). 악인은 지옥에서 그의 가문에 관한 기록을 찾을 수 있을 것이다.

2. 하나님의 자녀는 양자로 택하심과
은혜 부어주심으로 자녀가 되었다.

하나님의 자녀가 된다는 것은 무엇인가. 이 아들되는 것은 두 가지 의미를 가지고 있다. 양자됨과 은혜 부어주심.

자녀가 되는 것은 양자가 되는 것이다. "우리로 아들의 명분을 얻게 하려 하심이라"(갈 4 : 5).

양자의 본뜻은 무엇인가? 세 가지 뜻이 있다.

(1) 한 가족에서 다른 가족으로 옮겨 간다는 것. 양자된 자는 그의 옛 마귀의 가족과 그가 분명히 상속받을 지옥으로부터 나와(엡 2 : 2, 3) 고귀한 가족인 천국의 가족이 되는 것이다(엡 2 : 19). 이 가족에서는 하나님이 그의 아버지가 되시고 그리스도께서 그의 맏형이 되시며 성도들은 함께 상속받는 자들이 되고 천사들은 함께 섬기는 자들이 된다.

(2) 양자가 되면 이전 가족의 모든 관습으로부터 벗어나며 따르지 않게 된다. "네 백성과 아비 집을 잊어버릴지어다"(시 45 : 10). 영적으로 양자된 자는 이제는 더이상 죄와 관계가 없다. "에브라임의 말이 내가 다시 우상과 무슨 상관이 있으리요 할지라"(호 14 : 8). 하나님의 자녀는 참으로 죄를 싸울 적으로서 대하지 복종을 바치는 주인으로서 대하지 않는다. 그는 죄에서 벗어났다(롬 6 : 7). 그렇다고 그가 의무로부터 벗어났다는 말은 아니다. 자녀가 부모에 대한 의무로부터 벗어났다는 말을 들은 적이 있는가? 이것은 반역자가 가지는 자유이다.

(3) 양자가 되면 자기가 양자로 들어간 가족의 권리들과 특권들을 합법적으로 부여받게 된다. 이것은 주로 두 가지를 생각할 수 있다.

첫번째 특권은 새 이름이다. 거룩한 양자가 된 사람은 새 이름을 받는다. 이전에는 종이었으나 이제는 아들이요 전에는 죄인이었으나 이제는 성도이다. 이것은 어떤 왕자나 군주의 칭호보다도 나은 영예로운 이름이다. "이기는 그에게는…흰 돌을 줄터인데 그 돌 위에 새 이름을 기록한 것이 있나니"(계 2 : 17). 흰 돌은 죄의 사면을 나타낸다. 양자된 것을 나타내는데 새 이름을 우리의 양자된 것이 우리를 의롭게 된 것에 기초를 두고 있는 것을 보이기 위하여 새 이름을 흰 돌에 썼다. 그리고 이 새 이름은 하나님이 그의 자녀들의 모든 이름을 생명책에 기록하신 것을 나타내려고 쓰셨다.

두번째 특권은 양자된 자에게 상속재산을 주시는 것이다. 어떤 사람을 상속자로 삼는다는 것은 상속재산을 받을 관계가 된다는 의미를 함축한다. 사람들도 재산 관계는 빼고 다른 사람을 양자로 삼지는 않는다. 그와 같이 하나님께서 우리를 그 자녀로 양자 삼으실 때에는 우리에게 영광스러운 상속재산까지 주신다. "우리로 하여금 빛 가운데서 성도의 기업의 부분을 얻기에 합당하게 하신 아버지께 감사하게 하시기를 원하노라"(골 1 : 12).

그것이 즐거울 수밖에 없는 것은 그 기업이 빛 가운데 있기 때문이다.

그것은 안전하다. 하나님은 그 자녀들을 위하여 그 상속재산을 지키시고(벧전 1 : 4) 그 상속재산을 주시기 위해서 그들을 지키시기 때문에(벧전 1 : 5) 그 기업을 받는데는 방해가 있을 수 없다.

상속권을 박탈당하지 않을 것은 성도들이 그리스도와 함께 상속을 받을 것이기 때문이다(롬 8 : 17). 아니, 그들은 그리스도의 지체들이다(골 1 : 8). 머리만 상속받고 지체들은 상속권을 박탈당하는 경우는 없다.

이 상속을 받은 자는 결코 죽지 않는다. 영원이라는 것이 그들의 면류관에 박힌 하나의 보석이다. "저희가 세세토록 왕노릇하리로다"(계 22 : 5).

다음으로 넘어가기 전에 여기에 한 가지 의문이 일어날 수 있다. 하나님이 양자 삼으시는 것과 사람이 양자 삼는 것과는 어떻게 다른가?

① 사람들은 그의 결함을 보충하기 위해서 양자를 삼는데 왜냐하면 자녀가 없어서 양자를 데려오기 때문이다. 그러나 하나님은 이런 이유 때문에 양자를 삼으시지 않는다. 그에게는 자신의 아들이신 주 예수님이 있으시다. 그는 그의 본 아들이시요 그의 사랑의 아들이신 것을 하늘의 소리로써 입증하셨다. "이는 내 사랑하는 아들이요"(마 3 : 17). 그와 같이 아버지를 닮은 아들이 결코 없다. 그는 아버지 그대로의 초상화이시다. "그 본체의 형상이시라"(히 1 : 3). 그는 하늘의 모든 천사들보다 더 가치있는 아들이시라. "저가 천사보다 얼마큼 뛰어남은 저희보다 아름다운 이름을 기업으로 얻으심"(히 1 : 4)이라고 하셨기 때문에 하나님이 우리를 양자 삼으시는 것은 필요에 의한 것이 아니라 긍휼히 여기심 때문이다.

② 사람이 양자를 데려올 때는 보통 한 상속자만 양자로 삼지만 하나님은 많이 양자 삼으신다. "많은 아들을 이끌어 영광에 들어가게 하시는"(히 2 : 10). 아, 가련하게 떠는 그리스도인들은 이렇게 말할 것이다. "내가 감히 하나님의 자녀가 되는 이 특권을 바라다니!" 그렇다. 만일 하나님이 사람처럼 행동하셔서 단지 한 아들만 양자 삼으신다면 우리는 절망할 수 밖에 없을 것이다. 그러나 그는 수없이 많은 아들을 양자 삼으신다. 그는 많은 아들을 영광으로 이끄신다. 참으로 사람은 상속으로 줄 재산이 충분하지 않다는 것이 한 사람만 양자 삼는 이유가 될 수 있다. 그가 여럿을 양자 삼으면 그의 땅이 견디어 내지 못할 것이다. 그러나 하나님은 모든 그의 자녀들에게 주시기에 충분하리 만큼의 재산을 가지고 계신다. "내 아버지 집에 거할 곳이 많도다"(요 14 : 2).

③ 사람들이 양자를 삼는 것은 쉽다. 그는 단지 그렇게 하겠다고 도장만 찍으면 그만이다. 그러나 하나님이 양자 삼으실 때에는 훨씬 비싼 댓가를 치르셔야만 한다. 우리를 양자 삼으시는 방법을 찾으시기 위하여 그의 지혜를 동원하신다. 지옥과 천국을 화해시키는 것, 진노의 자식을 약속의 자녀로 만드는 것은 쉬운 일이 아니었으며, 하나님이 그 무한하신 지혜로 한 방법을 찾아내셨을 때 그것은 쉬운 길이 아

니었다. 하나님이 우리를 그의 양자로 삼으시기 위하여서는 그의 본 아들의 죽음이 필요했다. 하나님이 우리를 아들과 상속자로 세우시려고 하실 때 그는 그 자신의 아들의 피로 인치지 않으실 수가 없었다. 하나님이 우리를 창조하실 때는 우리를 아들로 만드실 때 만큼 값을 치르시지 않으셨다. 우리를 창조하실 때는 다만 말씀 한 마디로 충분하였다. 그러나 우리를 아들로 만드시기 위해서는 피를 흘리는 것이 필요하였다.

④ 사람이 양자를 삼을 때에는 그의 상속자에게 땅 위의 특권만을 내려 주지만 하나님은 하늘의 특권, 의롭다 하심과 영화롭게 하심까지 내려 주신다. 사람들은 양자로 삼은 사람에게 그들의 땅 정도를 유산으로 주지만 하나님은 더 주신다. 그는 그의 자녀들에게 그의 땅을 주실 뿐만 아니라 그 자신을 그들에게 주신다. "나는 저희에게 하나님이 되고"(히 8 : 10). 천국이 그들의 몫일 뿐만 아니라 하나님이 그들의 몫이다.

하나님은 은혜를 부어주심으로 양자를 삼고 자녀로 만드신다. 하나님이 어떤 사람을 그의 자녀로 만드실 때에는 그는 그의 형상을 그 위에 인치신다. 이것은 사람이 할 수 있는 한계를 넘어선다. 사람은 다른 사람을 양자로 삼을 수는 있어도 그의 기질을 고칠 수는 없다. 그가 까다롭고 거칠은 성격이어도 사람은 고칠 수 없지만 하나님은 그 자녀로 만드실 때 하나님의 아들에 적합하게 고치신다. 하나님은 그들이 이 특권을 누릴 수 있도록 준비시키시고 성결케 하신다. 그는 그들의 기질을 바꾸신다. 그는 그들의 본성의 거친 부분을 줄로 갈아 없애신다. 그는 그들을 아들로 삼으실 뿐만 아니라 성자로 만드신다. 그들은 다른 마음이 된다(민 14 : 24). 그들은 온유하고 겸손하게 된다. 그들은 신의 성품에 참여하는 자가 된다(벧후 1 : 4).

3. 어떻게 우리가 믿음으로 하나님의 자녀가 되는가?

셋째는 어떻게 우리가 하나님의 자녀가 되는가 하는 것이다.

우리가 양자되는 데는 두 가지 동기가 있다.

원동력이 되는 동기는 하나님의 값없는 은혜이다. 우리는 반역하고 배신하였는데 값없이 주시는 은혜말고 무엇이 하나님이 죄인을 아들로 만드시도록 움직일 수 있겠는가? "그 기쁘신 뜻대로 우리를 예정하사…자기의 아들들이 되게 하셨으니"(엡 1 : 5). 값없는 은혜가 결정적인 역할을 한다. 양자가 되는 것은 값없이 주시는 은혜의 동정심에서 뽑아내는 자비의 결과이다. 흙 한 덩어리로 별을 만드시는 것은 하나님께 속한 일이다. 그러나 진흙과 죄 덩어리를 가지사 영광스러운 아들의 특권을 부여하시는 것은 더욱 하나님만 하실 수 있는 일이다. 성도들이 어떻게 천국의 값없는 은혜의 교훈을 깨달을 수 있겠는가!

우리가 양자되기 위한 도구 또는 수단이 되는 동기는 믿음이다. 세례가 우리를 자녀로 만들지 못한다. 그것은 참으로 하나의 표시이며 제복이 될 수는 있고 많은 외형적인 특권을 우리에게 주기는 하지만 하나님이 우리를 자녀로 인정하게 하는 것은 믿음이다. "너희가 다 믿음으로 말미암아 그리스도 예수 안에서 하나님의 아들이 되었으니"(갈 3 : 26). 믿음이 역사하기 전에는 우리는 하나님과 아무 관계가 없다. 다른 각도에서 말하면 우리는 아들이 아니고 사생자이다(히 12 : 8). 믿지않는 자는 하나님을 심판자라고 부를지는 몰라도 그의 아버지라고 부르지는 않는다. 악인은 예배의식을 통하여 하나님께 가까이 나아갈 수는 있고 하나님이 그들의 아버지가 되실 것으로 바라기는 하지만, 그들이 참으로 믿는 자가 아닌 한 그들은 사생자들이요, 하나님이 그들의 아버지가 되어 주시지 않고 그들을 마귀의 문에다 두신다. "너희가 다 믿음으로 말미암아…하나님의 아들이 되었으니." 믿음은 우리가 적자로 인정받게 만든다. 그것이 우리에게 아들의 자격을 부여하고 상속받을 권리를 준다.

그러니 믿음을 얻기 위하여 우리가 얼마나 애써야 하겠는가! 믿음 없이는 우리가 죄의 종이요 자녀가 아니다. 믿음없이는 우리는 영적으로 사생자이다. 이 "사생자"란 말은 불명예스러운 말이다. 이런 사생자는 사람들이 치욕스럽게 바라본다. 우리는 그들을 태생이 비천한 사람이라고 부른다. 비단옷이나 밍크옷 같은 고급옷을 입고 교만하게 행동하는 사람이라도 본래 그대로의 상태로서는 사생자일 수밖에 없다. 하나님은 그들을 조소와 멸시의 눈으로 바라보신다. 그들은 타락한 사람이요, 땅에 속한 아들이며, 옛뱀의 씨앗이다. 마귀가 그들과 같은 무장을 한 옷을 입고 있는 것을 볼 수 있다.

이 "사생자"란 말은 또한 불운과 고통을 끌어들인다. 사생자는 합법적으로 상속을 받을 수 없다. 재산은 합법적인 상속자에게만 간다. 우리가 하나님의 자녀가 되기 전에는 천국에 대한 아무런 권리도 없는데 믿음말고는 하나님의 자녀가 되는 길이 없다. "너희가 다 믿음으로 말미암아…하나님의 아들이 되었으니."

여기서 두 가지를 검토해야 하겠다.

(1) 믿음이 무엇인가.
(2) 왜 믿음이 우리를 자녀로 만드는가.

(1) 믿음이 무엇인가.

믿음이 우리에게 아들 자격을 부여한다면 믿음이 무엇인가 하는 것에 관심이 끌린다. 두 가지의 믿음이 있다.

① 보다 이완된 일반적인 믿음. 우리가 성경에 나타난 모든 진리를 믿어도 이것이 우리에게 아들되는 특권을 주는 믿음은 아니다. 마귀도 사도신경에 나오는 모든 항목들을 믿는다. 약에 관해서 사실대로의 지식을 가지고 있다거나 그 탁월한 효능을 믿는다고 해서 아픈 사람이 치료를 받게 되는 것은 아니다. 어떤 사람들은 그것을 치켜 올리고 있지만 이 일반적인 믿음으로는 구원받지 못한다. 사람들이 이 믿음을 가지고 있으면서도 하나님을 사랑하지 않을 수 있다. 그는 마치 죄인이 순회 판사가 심리(審理)하러 오면 그를 생각하기조차 싫어할 것이라고 믿는 것처럼, 하나님이 산 자와 죽은 자를 심판하러 오셔서 그를 미워하실 것이라는 것을 믿을 수도 있다. 일반적인 믿음에 머무

르지 않도록 주의하라. 이런 믿음을 가졌다면 마귀보다 나을 것이 없을 수도 있다.

②특별한 믿음이 있는데, 그것은 우리가 그리스도에 대해서 듣는 내용을 믿을 뿐만 아니라 그를 의지하고 영접하며, 이 구원의 제단 뿔을 잡고 거기에 머물러 살겠다고 결심하는 것이다. 몸에는 음식물을 창자 속으로 빨아들여서 활력소로 만드는 흡수혈관이 있다. 그와 같이 믿음은 그리스도를 마음 속으로 빨아들여서 그분을 생활에 적용하는 것이어야 한다. 이것이 양자삼게 만드는 믿음이다. 이것에 의해서 우리가 하나님의 자녀가 되고 이 믿음이 있으면 그것은 죽은 자의 입에다 넣는 약같은 것이 아니고 탁월한 효능을 발휘한다. 이 믿음은 의무를 강요한다. 이 믿음은 사랑으로써 역사한다(갈 5:6).

(2) 그러나 왜 믿음이 우리를 자녀로 만드는가?

왜 다른 은혜들, 예컨대 회개라든가 사랑이라든가 하는 것들은 그렇게 하지 못하는가? 그 답은 하나님이 믿음으로 지정하셨고 믿음에게 우리를 하나님의 자녀로 만드는 이 일을 맡기셨기 때문이다. 하나님의 제도가 믿음에게 그 가치와 효력을 부여한다. 동전이 통용되도록 만드는 것은 왕의 도장이다. 만일 그가 그의 도장을 놋쇠나 가죽에다 찍으면 그것은 은화와 마찬가지로 통용이 될 것이다. 위대하신 하나님이 믿음에 권위를 주시고 그의 제도의 도장을 찍으셨으며 우리를 자녀로 만드는데 그것이 통용되게 만드시고 그것에게 모든 은혜보다 뛰어난 특권을 주셨다.

다시 말하지만 믿음은 그것이 절대적으로 중요한 원칙이기 때문에 그것이 우리를 자녀로 만든다. "의인은 그 믿음으로 말미암아 살리라"(합 2:4). 모든 하나님의 자녀는 살게 된다. 그들 중 아무도 죽지 않는다. 그런데 믿음 때문에 우리가 산다. 심장이 몸에서 생명의 원천인 것처럼 믿음은 영혼에 있어서 생명의 원천이다.

믿음은 또한 그것이 연합시키는 은혜이기 때문에 우리를 하나님의 자녀로 만든다. 그것은 우리를 그리스도에 접합시킨다. 다른 은혜들은 이것을 할 수 없다. 믿음으로 우리가 그리스도와 하나가 되며 그래서 우리가 하나님의 혈족이 된다. 본래의 아들에게 연합됨으로써 우리는 양자가 된다. 혈연관계가 믿음에 의해서 생기는 것이다. 하나님은 그리스도의 아버지시다. 믿음은 우리를 그리스도의 형제가 되게 만들고(히 2:11) 따라서 하나님은 우리의 아버지가 되신다.

4. 하나님의 자녀가 된 자의 아홉 가지 표

네번째로 특별히 검토하여야 할 것은 하나님의 자녀의 표가 무엇인가 하는 것이다. 이 문제는 우리가 누구의 자녀인지 알고자 하는 흥미를 일으킨다. 모든 인류는 두 가지 종류, 즉 하나님의 자녀 아니면 마귀의 자녀로 나누어진다고 어거스틴은 말하였다.

(1) 하늘의 자녀된 첫번째 표는 **마음의 부드러움이다.** "네가 듣고 마음이 연하여…"(대하 34:27). 어린아이같은 마음은 부드러운 마음이다. 전에는 부싯돌 같이 단단하던 사람이 자녀가 되면 연한 마음이 된다. 부드러운 마음은 하나님 앞에서는 녹는 촛밀과 같다. 하나님이 어떤 도장이든지 그 위에 찍으실 수가 있다. 이 마음의 부드러움은 세 가지 길로 나타난다.

① 부드러운 마음은 죄를 몹시 슬퍼한다. 자녀는 그의 아버지를 화나시게 했을 때는 운다. 그리스도께서 베드로를 돌아보시자 베드로는 자기 죄가 기억나서 어린아이처럼 울어 그의 부드러운 마음을 보여주었다. 알렉산드리아의 클레멘트는 닭 우는 소리를 들을 때마다 울었다고 말하였다. 그리고 어떤 학식있는 저술가는 우리에게 말하기를 많이 울면 그의 축복받은 얼굴에 축복의 수로(水路)가 생긴 것같이 보인다고 하였다. 아주 작은 티끌이라도 눈에 눈물이 나게 만든다. 아주 작은 죄라도 심령이 가책받게 만든다. 다윗의 마음은 그가 사울왕의 옷자락을 베었을 때도 가책을 느꼈다. 그의 머리를 베었더라면 어찌 될 뻔 하였는가?

② 부드러운 마음은 긍휼로 녹는다. 하나님이 고난의 천둥을 치셔도 눈물의 비가 은혜로운 눈에서 떨어진다. 사람의 마음은 하나님의 긍휼의 햇살 아래 있을 때 가장 잘 녹는다. 다윗의 마음이 하나님의 호의에 어떻게 녹았는가를 보라. "주 여호와여 나는 누구오며 내 집은 무엇이관대 나로 이에 이르게 하셨나이까"(삼하 7 : 18). 그의 마음은 봄눈 녹듯 녹았던 것이다. 그와 같이 하나님의 자녀들은 이렇게 말할 것이다. "주님, 제가 무엇입니까? 죄를 섞어 반죽한 진흙덩어리가 아닙니까? 그런데 값없이 주시는 은혜의 찬란한 빛이 제게도 비칩니까? 제가 무엇입니까? 제가 피투성이가 되어 누웠을 때 당신께서 제게 동정을 베푸시고 긍휼의 황금날개를 펴셨습니다." 영혼이 하나님의 선하심에 정복되어 눈물이 떨어지고 하나님에 대한 사랑이 불타오른다. 긍휼은 영혼을 녹이는 효과가 있다.

③ 부드러운 마음은 하나님이 두려운 줄 알고 떤다. "내 육체가 주를 두려워함으로 떨며"(시 119 : 120). "내가 이곳과 그 거민을 가리켜 말한 것을 네가 듣고 마음이 연하여 하나님 앞 곧 내 앞에서 겸비하여 옷을 찢고 통곡하였으므로 나도 네 말을 들었노라"(대하 34 : 27). 아버지가 화를 내시면 자녀들은 떤다. 목회자가 죄에 대한 하나님의 경고와 위협을 통고하면 부드러운 영혼은 떨리는 자세로 꿇어 앉는다. 마음이 이와 같이 될 때 하나님은 기뻐하신다. "나의 말을 인하여 떠는 자 그 사람은 내가 권고(돌보아 줌)하려니와"(사 66 : 2). 악어와 같은 악인은 두려움 없게 지음을 받았다(욥 41 : 33). 그는 하나님의 약속을 믿지 않을 뿐만 아니라 하나님의 위협의 두려움도 믿지 않는다. 죄에 대하여 심판이 있을 것이라고 경고해도 그는 창을 던짐을 우습게 여긴다(욥 41 : 29). 그는 하나님이 무지하시든지 보지 못하시거나 혹은 무기력해서 벌 주시지 못한다고 생각한다. 주님 앞에서는 산들이 진동하며 작은 산들이 녹고 그로 인하여 세계와 그 가운데 거하는 자들이 솟아오른다(나 1 : 5). 그러나 죄인들의 마음은 그 바위들보다도 더 완고하다. 느부갓네살왕 같은 굳은 죄인은 짐승의 마음을 가진 것이다(단 4 : 16). 자녀다운 마음은 부드러운 마음이다. 돌은 제거

된다.

(2) 자녀된 두번째 표는 **하나님에 동화되는 것이다.** "이는 자기를 창조하신 자의 형상을 좇아 자식에까지 새롭게 하심을 받는 자니라"(골 3 : 10). 자녀는 아버지를 닮는다. 하나님의 자녀는 그들의 하늘에 계신 아버지를 닮아간다. 그들은 바로 하나님의 형상과 인상을 지닌다. 악인도 그들이 하나님의 자녀라고 말할지도 모르나 닮은 점이 너무도 없다. 유대인들은 그들이 아브라함의 자손이라고 자랑하였으나 그들이 아브라함을 닮지 않았기 때문에 그리스도께서는 다음과 같은 말씀으로 반박하셨다. "지금 하나님께 들은 진리를 너희에게 말한 사람인 나를 죽이려 하는도다. 아브라함은 이렇게 하지 아니하였느니라"(요 8 : 40). "너희들이 아브라함의 자손이라 하면서도 나를 죽이려 하는구나! 아브라함은 무죄한 자를 죽이려 하지 않았다. 너희들은 아브라함보다는 사단을 더 닮았다." "너희는 너희 아비 마귀에게서 났으니"(44절). 그와 같이 교만하고 세상적이고 악한 사람들은 "지옥에 계신 우리 아버지여"라고 말해야 할 것이다. 하나님을 우리 아버지라고 부르면서 마귀를 우리의 모본으로 삼는 것은 하나님을 모독하는 것이다. 하나님의 자녀들은 하나님의 온유하시고 거룩하심을 닮는다. 그들은 하나님의 산 모습이다. 도장은 종이 위에 자기의 모양을 그대로 찍어내듯이 하나님은 그의 자녀들 위에 그의 아름다우심을 그대로 찍어내신다.

(3) 하나님의 자녀의 세번째 표는 그들이 **하나님의 성령을 모시는 것이다.** 그분을 양자의 영이라고 부른다. "양자의 영을 받았으므로 아바 아버지라 부르짖느니라"(롬 8 : 15).
우리가 양자의 영을 받아서 양자의 상태가 된 것을 어떻게 알 수 있는가?
하나님의 성령은 자녀가 되는 자들에게 삼중으로 일하신다.
① **거듭나게 하시는 일.** 성령이 양자로 삼는 사람은 누구든지 그를

거듭나게 하신다. 하나님의 자녀는 성령으로 태어난다고 말씀하셨다. "사람이 물과 성령으로 나지 아니하면 하나님 나라에 들어갈 수 없느니라"(요 3:5). 우리가 새로운 아들이나 딸이라는 이름으로 세례를 받기 전에 성령으로 태어나야 한다. 우리는 창조에 의해서가 아니라 새롭게 하심에 의해서 하나님의 자녀가 되었으며 첫 출생에 의해서가 아니라 새 출생에 의해 하나님의 자녀가 되었다. 질료인(質料因, Material Cause:Aristotle 의 운동의 4원인의 하나)으로서는 말씀에 의해서(약 1:18), 그리고 동인(動因, Efficient Cause)으로서는 성령에 의해서 이루어지는 이 새 출생은 다름아닌 본질의 변화인데(롬 12:2) 그것이 비록 완전한 변화는 못된다 하더라도 온전한 변화가 된다(살전 5:23). 이 마음의 변화는 구원만큼이나 필요한 것이다.

우리가 이 성령의 거듭나게 하여주심을 받은 줄 어떻게 아는가?

두 가지 방법이 있다 : 아픔에 의해서, 소산(所產)에 의해서.

아픔에 의해서. 새 출생에 앞서서 영적인 아픔이 있는데 영혼에 상처를 입을 수도 있고 신음과 부르짖음이 있으며 마음 속에서 육과 영의 투쟁이 있다. "저희가 이 말을 듣고 마음에 찔려"(행 2:37). 아기가 태어날 때에는 날카로운 통증이 있는데 새 출생에 있어서도 마찬가지이다. 새 출생의 아픔이 다소간의 정도의 차이가 있는 것은 인정한다. 모두에게 낮아지는 고통이 똑같을 수는 없지만 하여간 모두에게 고통은 있고, 모두가 그 마음을 치는 율법의 망치를 느끼지만 어떤 사람은 그 망치로 다른 사람에 비해 더 많은 상처를 입는다. 하나님의 성령은 양자의 영(롬 8:15)이시기 전에 속박하는 영이시다. 새 출생에 대해서 니고데모 만큼이나 무지한 사람들에게 도대체 무슨 말을 해야 하겠는가? "사람이 늙으면 어떻게 날 수 있삽나이까?"(요 3:4) 새 출생은 믿는 자에게는 '위대한 비밀'이지만 믿지 않는 사람에게는 비웃음거리밖에 안된다. 어떤 사람은 그들이 전혀 영적인 괴로움을 겪지 않은 것을 하나님께 감사한다. 그들은 언제나 마음이 태평이다. 이것은 하나님이 가장 큰 저주를 위하여 베푸시는 것이다. 그것은 그들이 하나님의 자녀가 아니라는 표이다. 은혜의 자녀는 언제나 아픔과 함께 태어난다.

소산에 의해서. 새 출생은 그 소산으로 알 수 있는데 그것은 두 가지가 있다.

민감성. 갓 태어난 아기는 살짝만 건드려도 예민하게 느낀다. 성령이 여러분을 거듭나게 하시면, 죄가 솟아 오르든지 죄 지을 마음이 생기면 첫번에 그것을 알아채게 되는데, 그것은 이전에는 여러분이 알지 못하던 것이다. 바울은 그의 지체 속에 한 다른 법이 있다고 부르짖었다(롬 7 : 23). 거듭난 성도는 죄를 뿌리부터 알아본다.

신중성. 성령으로 거듭난 사람은 은혜를 간직하기 위하여 조심한다. 그는 말씀을 지키려고 애쓴다(벧전 2 : 1). 그는 그의 영적 생활을 위태롭게 하는 것들을 두려워 한다(요일 5 : 18). 그는 믿음 가운데 살지만 그의 나그네로 있을 때를 두려움으로 지낸다(벧전 1 : 17).

이것이 성령께서 그의 자녀로 만드시는 자들 안에서 역사하시는 첫번째 일, 즉 거듭나게 하시는 일이다.

② 하나님의 성령은 마음 속에서 **간구하게 하시는 일**을 행하신다. 양자의 영은 간구의 영이시다. "양자의 영을 받았으므로 아바 아버지라 부르짖느니라"(롬 8 : 15). 아기가 자궁 속에 있을 동안에는 울지 못한다. 사람들이 그들의 본래의 상태의 자궁 속에 있을 때에는 그들은 효과있는 기도를 하지 못하지만 그들이 성령으로 거듭나면 그때에야 "아바 아버지"라고 부르짖게 된다. 기도는 다른 것이 아니라 하나님 아버지의 가슴 속에서 그 영혼이 숨쉬는 것이다. 그것은 하나님과의 달콤하고도 친근한 교제이다. 성령이 마음 속에 들어오시자마자 그분은 마음을 기도하는 상태로 조정해 놓으신다. 바울이 회심하자마자 곧 뒤따라 나오는 말씀은 "저가 기도하는 중이다"라는 말씀이다(행 9 : 11). 루터의 생활에 관한 기록을 읽어보면 그가 기도할 때는 하나님께 드리는 기도답게 경건하면서 또한 그의 친구에게 이야기하듯 솔직하였다고 한다. 유세비우스가 콘스탄틴 황제에 대해서 기록하기를 그는 매일 궁전 안의 어떤 은밀한 장소에 들어가 문을 닫고 무릎을 꿇고 혼자말로 경건한 기도를 드렸다고 한다. 하나님의 성령이 감정의 음

율을 맞추어 주시면 우리는 기도로 가락을 연주한다. 조롱삼아 "성령에 따라 기도한다"고 함부로 말하는 것은 성령님을 모독하는 것이다. 하나님의 자녀의 마음 속에서 그들이 기도하도록 도와주시는 것이 하나님의 성령의 주된 일이다. "너희가 아들인고로 하나님이 그 아들의 영을 우리 마음 가운데 보내사 아바 아버지라 부르게 하셨느니라"(갈 4 : 6).

그러나 많은 하나님의 자녀들이 기도로 자신의 생각을 표현할 수 있는 능력이 없다. 그러면 어떻게 성령께서 그들의 연약함을 도우시는가?

비록 그들이 모두 기도에 성령의 은사를 받은 것은 아니어도 그들을 위해서 탄식하시는 성령이 계신다(롬 8 : 26). 은사는 기도의 장식품이지 기도의 생명은 아니다. 시체에다 보석으로 장식할 수도 있다. 성령님은 유창하게 기도하는 것은 원치 않으시지만 간절히 기도하고자 하는 열심은 주시고 그러한 기도가 가장 효과있는 것이다. 성령께서 하나님의 자녀들의 마음에 지어주시는 기도는 다음의 세 가지의 자격요건을 갖추고 있다.

하나님의 자녀들의 기도는 **믿는** 기도이다. 기도는 열쇠이다. 믿음은 그것을 돌리는 손이다. 믿음은 기도의 화살에 방향을 잡는 깃털이 되어 은혜의 보좌에 꽉 꽂히도록 해준다. "너희가 기도할 때에 무엇이든지 믿고 구하는 것은 다 받으리라 하시니라"(마 21 : 22). 그래서 제롬은 말하기를 내가 믿지 못하는 것은 기도할 생각을 하지 아니하기 때문이라고 하였다. 기도하면서 믿지 않는 것은 마치 하나님이 우리 기도를 듣지 않으시거나 받아들이시지 않을 것으로 생각하는 것과 같은 일종의 하나님께 대한 조롱이다.

믿음이 기도로 활기를 띨 수 있는데 우리가 하나님 앞에 보일 때에는 우리는 반드시 우리 손이 그리스도를 잡고 있어야 한다. "사무엘이 젖 먹는 어린 양을 취하여 온전히 번제를 여호와께 드리고 이스라엘을 위하여 여호와께 부르짖으매 여호와께서 응답하셨더라"(삼상 7 : 9). 이 젖 먹는 어린 양이 그리스도를 예표한다. 우리가 기도로 하나님께 나아갈 때에는 우리는 꼭 어린 양 그리스도를 모시고 가야 한다. 주전 5세기의 아테네 정치가인 데미스토클은 그의 손에 왕자를 데리고 들어가서 화가 난 왕을 누그러뜨렸다고 한다. 하나님의 자녀는 그의 믿음의 손에 그리스도를 나타낸다.

성령이 지어주신 하나님의 자녀들의 기도는 **뜨거운** 기도이다. "양자의 영을 받았으므로 아바 아버지라 부르짖느니라"(롬 8 : 15). "아버지"라고 부르는 것에는 믿음이 함축되어 있고, "부르짖느니라"는 것에는 뜨거움이 포함되어 있다. 향은 피운 불 위에 놓았다(레 16 : 12). 향은 기도의 예표이고 피운 불은 기도의 뜨거움을 나타낸다. "엘리야는 우리와 성정이 같은 사람이로되 저가 비 오지 않기를 간절히 기도한즉 삼년 육개월 동안 땅에 비가 아니오고"(약 5 : 17). 헬라어 원문은 "그가 기도 중에 기도를 하였다"고 하였는데 그것은 그가 격렬하게 기도한 것을 말한다. 기도 중에 마음이 감동의 열로 끓어 올라야 한다. 기도는 말할 수 없는 탄식으로 비유된다(롬 8 : 26). 그것은 출산의 아픔을 겪는 여인에도 비유할 수 있다. 우리가 궁휼의 산고(產苦)를 겪을 때 아픔을 맛보아야 한다. 그와 같은 기도를 하나님이 친히 명하셨다(사 45 : 10, 11).

하나님의 자녀들의 기도는 **마음을 정결케 하는** 기도이다. 그 기도는 죄를 몰아낸다. 많은 사람이 죄에 대항하여 기도하는데 죄는 기도를 못하게 방해한다. 하나님의 자녀들은 죄에 대항하여 기도할 뿐만 아니라 죄를 없애주시기를 간청하는 기도를 한다.

③ 하나님의 성령은 마음에 **증거하시는 일**을 하신다. 하나님의 자녀들은 성령의 감동을 받을 뿐만 아니라 증거를 받는다. "성령이 친히 우리 영으로 더불어 우리가 하나님의 자녀인 것을 증거하시나니"(롬 8 : 16). 하나님의 자녀가 받는 증거에는 세 가지가 있다ㅡ말씀의 증거, 양심의 증거, 성령의 증거, 그 중 말씀이 주된 증거이다. 적절한 말씀으로 증거를 받은 사람은 하나님의 자녀이다. 양심은 버금가는 증거이지만 이것으로 여러분은 상당한 거룩의 자격을 갖춘 것을 알 수 있다. 성령이 결론적인 증거를 주시며, 그로써 여러분은 확실한

하나님의 자녀의 증거를 갖게 된다. 성령은 양심의 증거와 연결된다. "성령이 친히 우리 영으로 더불어 우리가 하나님의 자녀인 것을 증거하시나니." 성령은 양심에 성경의 기록을 조사하여 천국의 증거를 찾도록 가르치신다. 또한 양심이 약속 중에 우리 이름이 기록된 것을 파악하도록 도와주신다. 성령은 우리의 영으로 더불어 증거하신다.

그러나 성령의 증거라고 착각하고 있는지 어떻게 아는가?

하나님의 성령은 메아리가 소리의 응답인 것처럼 언제나 말씀에 따라 증거하신다. 광신자들이 성령에 대해서 많이 말하지만 그들은 말씀을 떠났다. 말씀없는 또는 말씀에 어긋나는 영감은 사기이다. 하나님의 성령으로 말씀이 쓰여졌다(벧후 1 : 21). 그런데 성령이 말씀에 따르지 않은 증거를 하신다면 성령 자신이 나뉘어지시는 셈이다. 그렇게 되면 말씀 중에 한 가지 진리를 증거하시고 사람의 양심에는 다른 진리를 증거하시는 모순된 영이 되고 만다.

(4) 하나님의 자녀의 네번째 표는 **하나님을 위한 열심**이다. 그들은 하나님의 날, 그의 진리, 그의 영광을 위해서 열심을 낸다. 하나님에게서 태어난 사람은 하나님이 모욕당하시는 것을 참지 못한다. 모세는 자신에 대한 비난에 대해서는 조용히 참았지만 하나님의 불명예에 대해서는 뜨겁게 달아올랐다. 이스라엘 백성이 어리석게도 금송아지 사건을 일으켰을 때 그는 십계명 돌판을 깨뜨렸다. 사도 바울은 아덴 사람들이 우상숭배에 빠져 있는 것을 보고는 그 마음에 분이 일어났다고 하였다(행 17 : 16). 헬라말로는 그의 마음이 "격분하였다", 또는 그 말이 나타내는 것과 같이 열심으로 발작을 일으켰다는 뜻이다. 그는 억누를 수가 없어 그들의 죄에 대해서 열심의 불을 쏟아 부었던 것이다. 우리가 게으른 말에 꾸중하듯이 죄스러운 침묵도 배척하여야 한다. 이런 의미에서 우리가 "벙어리 마귀"에 사로잡히는 것은 위험하다. 다윗은 "주의 집을 위하는 열성이 나를 삼키고"라고 말하였다(시 69 : 9). 한 때는 열성이 그들을 삼켰던 많은 그리스도인들이 지금은 그들이 그들의 열성을 집어 먹어버렸다. 그들은 미지근해지고 엉

거주춤한 사람이 되어간다. 그들 위에 부는 출세 바람이 그들의 열을 식혀 놓은 것이다. 나는 하나님의 영광이 침해 당하는데 참을 수 있는 사람이 하나님의 자녀의 마음을 가졌다고는 도저히 믿을 수가 없다. 순진한 아이가 그의 아버지가 비난받는 것을 듣고도 참을 수 있겠는가? 우리가 하나님의 노여움에는 잠잠해야 하지만 그가 모욕받으시는 것을 보고는 잠잠해서는 안된다. 마음에 거룩한 불이 붙으면 그것이 입술을 터치고 나오게 마련이다. 거룩함으로 조절된 열심은 희고도 피빛, 붉은색을 띠는데 이것이 영혼에 가장 좋은 얼굴빛을 제공한다.

하나님의 영광이 비난받고 빛이 가리워질 때는 다른 사람보다도 목회자들은 참고 침묵하지 않도록 하자. 열심없는 목회자는 "맛을 잃은 소금"과 같다. 열심있는 사람은 하나님이 당하시는 상처를 자기들이 당하는 것과 같이 여긴다. 크리소스톰은 하나님께 대한 죄를 꾸짖기를 마치 자신이 무슨 개인적인 부당한 일을 당한 것같이 꾸짖었다고 한다. 목회자들은 두려움으로 당황하거나 아첨에 유혹되지 않도록 하자. 하나님은 결코 목회자들의 못난 얼굴을 아름답게 보이게 하는 잘못된 거울이 되게 만드시지 않으셨다. 이 열심의 불이 없으면 그들은 다른 불을 받을 위험이 있는데 그것은 심지어는 겁쟁이들을 던져 넣는 "불못"(계 21 : 8)이 될 수도 있다.

(5) 하나님의 자녀로서 하나님으로부터 태어난 사람은 **세상 사람들보다 더 고상하고 거룩하다.** 그들은 "위엣 것"을 생각한다(골 3 : 2). "대저 하나님께로서 난 자마다 세상을 이기느니라"(요일 5 : 4). 하나님의 자녀들은 보다 높은 영역에서 산다. 그들의 숭고함과 천국을 생각하는 마음 때문에 그들을 독수리에 비유한다(사 40 : 31). 그들의 영혼은 높이 피하여 있다. 그리스도께서 그들의 마음에 계시고(골 1 : 27) 세상은 그들의 발 아래에 있다(계 12 : 1). 세상 사람들은 깊은 진흙탕 속에서 뒹굴고 있다. 그들은 흙의 아들들로서 독수리가 아니라 땅벌레들이다. 성도들은 영이 틀리다. 그들은 하나님에게서 태어나서

아이가 아버지와 함께 걷듯이 하나님과 함께 걷는다. "노아는 의인이요 당세에 완전한 자라 그가 하나님과 동행하였으며"(창 6 : 9). 하나님의 자녀들은 그들의 대화 가운데 그들의 높은 가계를 나타내 보인다(빌 3 : 20).

(6) 양자된 또 다른 표는 다른 **하나님의 자녀들에 대한 사랑이다.** 하나님의 자녀들은 몸의 지체들이 여러 신경과 인대(靭帶)로 서로 엮어져 있듯이 사랑의 끈으로 서로 엮어져 있다. 우리가 하나님에게서 태어났으면 "형제를 사랑"(벧전 2 : 17)한다. 사람을 사랑하면 그 모습도 사랑한다. 하나님의 자녀들은 하나님의 살아있는 모습들인데, 우리가 하나님에게서 태어났으면 하나님의 초상화를 그들의 영혼에 그리고 있는 사람들을 사랑하게 된다. 우리가 하나님에게서 태어났으면 우리는 성도들을 그들의 연약함에도 불구하고 사랑한다. 자녀들은 비록 그들 중에 본성적으로 불완전하거나 사팔뜨기이거나 곱사등이가 있어도 서로 사랑한다. 우리는 찌끼가 섞였어도 금광석을 좋아한다. 아무리 훌륭한 성도라도 흠은 있게 마련이다. 하나님의 자녀들의 흠에 대한 성경의 예는 많다. 이 세상에서의 성도는 흉터가 있는 아름다운 얼굴과 같다. 우리가 하나님에게서 태어났으면 하나님의 자녀들이 가난해도 그들을 사랑한다. 우리는 비록 우리 하나님 아버지의 모습을 담은 사진이 더할 나위없이 초라한 액자에 끼어 있어도 그것을 보기를 좋아한다. 우리는 가난한 사람 속의 부요하신 그리스도를 보기를 좋아한다.

그리고 우리가 지극히 높으신 분의 자녀라면 우리는 하나님의 자녀들에 대한 사랑을 다음과 같이 나타내 보이게 된다 :

① 다른 사람들 앞에서 그들의 인격을 존중해 준다. 하나님에게서 태어난 사람은 "여호와를 두려워하는 자를 존대"(시 15 : 4)한다. 성도들은 하나님이 지극히 사랑하시는 존재들이다. 그들은 하나님의 보석들이다(말 3 : 17). 그들은 참으로 왕의 혈통을 가진 자들이요 그러므로 하나님의 양자로 택함 받은 사람은 다른 사람들보다 높이 평가된다.

② 우리는 하나님의 자녀들의 모임을 다른 것보다 존중함으로써 우리의 사랑을 보여준다. 자녀들은 모이고 어울리기를 좋아한다. 성도들의 교제는 귀한 것이다. 그리스도의 비둘기들은 무리지어 한데 모인다. 유유상종(類類相從)이란 말이 있다. "나는 주를 경외하는 모든 자와 주의 법도를 지키는 자의 동무라"(시 119 : 63). 우리는 "아브라함이 일어나 그 땅 거민 헷 족속을 향하여 몸을 굽히고"(창 23 : 7)라는 기록을 읽는다. 이와 같이 하나님의 자녀들은 누구에게나 예의를 지키기를 좋아하지만 같은 상속을 받는 동료상속자에게는 특히 평온한 만족감을 주려고 애쓴다.

이것을 보고 많은 사람들이 그와 같은 양자가 되기를 원할 수도 있다. 하나님에게서 태어난 자들을 미워하는 사람은 하나님의 자녀가 아닌 것이 분명하다. 그들은 그들의 중상적인 비난으로 그리스도의 비둘기들의 은빛 날개를 더럽히고 검게 만든다. 그들은 성도들의 모임에 대해서 참지 못한다. 독수리들이 달콤한 냄새를 싫어하여 작은 새들을 죽여버리듯이 악인들은 믿는 자 가까이에 가는 것을 싫어한다. 그들은 은혜의 귀한 향기 속에 머물지를 못한다. 그들은 이 향기로운 냄새를 미워한다. 그것이 그들의 여인의 씨를 미워하는 독사의 새끼들인 표이다.

(7) 하나님의 자녀들의 일곱번째 표는 **하나님 앞에 있기를 기뻐하는 것이다.** 자식들은 그들의 아버지의 앞에 있기를 좋아한다. 왕이 있는 곳에는 궁전이 있다. 하나님이 계신 곳에는 천국이 있다. 하나님은 특별한 방법으로 그의 말씀 가운데 나타나신다. 말씀들은 그가 계시는 방주이다. 그리고 우리가 하나님의 자녀라면 우리는 거룩한 사명을 감당하기를 좋아한다. 말씀을 지킴으로써 우리는 하나님께로 가까이 나아간다. 이로써 하나님 앞에 나아가는 것이다. 기도 중에 우리는 하나님과 은밀한 협의를 한다. 말씀 중에 우리가 하늘로부터 하나님이 우리에게 말씀하시는 것을 듣는데 하나님의 자녀가 그의 아버지의 음성을 들을 때 얼마나 기쁘겠는가! 성례를 통하여 하나님은 그

의 자녀들에게 "그의 입술의 입맞춤"으로 입맞추어 주신다. 그는 그의 얼굴의 미소를 그들에게 주시고 그의 사랑의 옥새(玉璽)를 주신다. 아, "하나님께 가까이 함이 내게 복이라"(시 73 : 28). 그분 앞에 있는 것은 너무나 좋다. 하나님의 진실된 자녀마다 "주의 궁정에서 한 날이 다른 곳에서 천 날보다 낫다"고 말한다(시 84 : 10). 말씀을 가볍게 여기는 자들은 하나님의 자녀들이 아니다. 왜냐하면 그들은 그분 앞에 있기를 좋아하지 않기 때문이다. 그들은 성전보다 술집을 더 사랑한다. "가인이 여호와 앞을 떠나" 나갔다고 하였는데(창 4 : 16) 그것은 그가 하나님의 시야에서 사라질 수가 있었다는 말씀이 아니라(시 139 : 7) 그 뜻은 가인이 주님께서 그 백성들에게 그의 존재하심을 나타내는 표를 주시는 하나님의 교회에서 나갔다는 뜻이다.

(8) 여덟번째 표는 우리의 하늘에 계시는 **아버지의 뜻에 따르는 것이다.** 자녀들의 마음은 메아리가 소리에 응답하듯이 하나님의 부르심에 응답한다. 그것은 태양에 따라서 열리고 닫히는 어떤 꽃의 움직임과 같다. 그래서 그 마음은 하나님께는 열리고 유혹에는 닫힌다. "여호와여 말씀하옵소서 주의 종이 듣겠나이다"(삼상 3 : 9). 이것이 새로 태어난 성도의 좌우명이다. 하나님께서 그 자녀들에게 밀실에서 기도하라, 죄를 극복하라, 예수의 이름을 위하여 고통을 참으라 등을 명하시면 그들은 열심히 그 말씀들에 순종한다. 그들은 그들의 아버지의 부르심에 그들의 생애를 맡긴다.

(9) 하나님의 자녀가 된 마지막 표는 **다른 사람을 하나님의 자녀로 만들려고 애쓴다.** 은혜의 거룩한 씨는 번식된다(갈 4 : 19 ; 몬 10). 왕의 씨가 된 사람은 다른 사람이 친족이 되기를 열망한다. 여러분이 하나님의 양자가 되었는가? 그러면 여러분은 우선 여러분의 자녀를 지극히 높으신 분의 자녀로 만들려고 힘을 다해 노력할 것이다.

그리스도인들이 어떻게 그 자녀를 키울 것인가.

경건한 부모가 그 자녀를 천국의 혈족으로 키우기 위하여 노력하여야 할 두 가지 이유가 있다.

　① 양심에 따라. 선한 부모는 그들이 자녀에게 끼친 해독을 안다. 부모가 자녀에게 죄로 인한 재앙을 옮겨 주었으며 그래서 양심상 그는 다소간이라도 보상을 하려고 노력을 하는 것이다. 옛 율법에 의하면 다른 사람을 때려서 다치게 한 사람은 그가 낫도록 돌보아야 하고 그의 치료비를 지불해야 한다. 부모는 그들의 자녀의 영혼에 원죄로 인한 상처를 주었고 따라서 훈계와 기도와 눈물로써 그 상처가 낫도록 힘써야 하는 것이다.

　② 하나님을 영화롭게 하고자 하는 불타는 열심 때문에. 우리를 양자로 삼아주시는 하나님의 사랑을 맛 본 사람은 자신을 자기가 할 수 있는 한, 모든 영광을 하나님께 돌리도록 되어있는 사람으로 간주한다. 그에게 하나님을 모르는 자녀나 친지가 있으면 그는 기꺼이 그들의 마음에 은혜를 끼치는 일을 도모하려고 할 것이다. 많은 무리가 그리스도 앞으로 거듭나게 돕는 것은 그리스도께 영광을 돌리는 일이다.

　다른 사람을 하나님의 가족으로 인도하는 일에 관심이 없는 사람은 하나님의 자녀와는 거리가 멀다. 부리는 사람의 영혼보다도 그들을 부려먹는 일에 더 마음을 쓰는 주인은 비난받아 마땅하다. 자녀에게 무관심한 부모도 비난받아 마땅하다. 그들은 자녀에게 지식의 근본을 심어주지 않고 공부만 하라고 괴롭힌다. 그들은 자녀가 거짓말이나 헛맹세를 하도록 내버려 두면서 축복을 구하는 것은 가르치지 않아 성경책은 읽지 않고 좋지 않은 책이나 읽게 버려둔다.

　어떤 사람은 우리 어린이들에게 신앙문답을 하며 가르치는 것은 무의미하다고 말한다.

　하나님의 명령을 충실히 따르는 것이 무의미한가? "오늘날 내가 네게 명하는 이 말씀을 너는 마음에 새기고 네 자녀에게 부지런히 가르치며"(신 6:6, 7). "마땅히 행할 길을 아이에게 가르치라 그리하면 늙어도 그것을 떠나지 아니하리라"(잠 22:6). "또 아비들아 너희 자녀를 노엽게 하지 말고 오직 주의 교양과 훈계로 양육하라"(엡 6 : 4). 이 성경의 삼겹줄은 쉽게 끊어지지 않는다.

구약의 성도들은 끊임없이 그들의 자녀에게 거룩한 지식의 근원을 접목시켜 주었었다. "내가 그로 그 자식과 권속에게 명하여 여호와의 도를 지켜 의와 공도를 행하게 하려고 그를 택하였나니 이는 나 여호와가 아브라함에게 대하여 말한 일을 이루려 함이니라"(창 18 : 19). "내 아들 솔로몬아 너는 네 아비의 하나님을 알고 온전한 마음과 기쁜 뜻으로 섬길지어다"(대상 28 : 9). 아브라함과 다윗이 하나님의 말씀을 따른 것이 무의미한가! 자라나는 죄의 독초를 제거하기 위해 거룩한 가르침이 스며들도록 만드는 일이 얼마나 필요한 일인가! 농부가 어린 묘목을 심으면 그것이 구부러지지 않도록 버팀목을 세워준다. 어린이들은 어린 묘목이다. 그들의 부모가 가르치는 하나님의 계명들은 그들 곁에 버팀목을 세워주는 것과 같아서 잘못과 세속으로 구부러지지 않도록 지켜준다. 어릴 때보다 그 자녀에게 참 지식을 뿌려주고 주입하기에 적당한 시기가 어디 있는가? 이때야말로 그들에게 가슴을 내어주어 순전하고 신령한 말씀의 젖을 빨게 할 적기이다(벧전 2 : 2).

어떤 사람들은 우리 아이들에게 하나님에 관한 지식을 가르치는 것은 효과가 없다고 반대하는 사람도 있을 것이다. 아이들은 영적인 일에는 관심이 없을 뿐만 아니라 우리가 가르치는 것을 듣지도 않는다는 것이다. 나는 대답한다.

우리는 성경에서 어린 시절에 잘 가르침으로 인해서 거룩을 배운 아이들에 관한 기사들을 읽는다. 디모데의 어머니와 외조모는 그가 요람에 누웠을 때부터 성경을 가르쳤다. "또 네가 어려서부터 성경을 알았나니"(딤후 3 : 15). 디모데는 젖을 빨듯이 신앙심을 빨아 먹은 것이다. 우리는 어린 아이들이 그리스도께 "호산나"를 외치며 주님을 찬미한 것에 대한 기사를 읽는다(마 21 : 15). 그리고 두로의 아이들이 바울에게 사랑을 보여주고 그가 바닷가까지 가는데 도운 것은 그들 안에 선한 일의 씨가 심겨져 있었던 것이 틀림없다(행 21 : 5). 사도 바울은 배를 탈 때 어린 성도들의 전송을 받았던 것이다.

그리고 또, 우리의 권면과 지도가 지금은 아이들에게 먹혀 들어가지 않을지라도 나중에 효과를 낼 수도 있다는 것을 생각하라. 땅에 뿌려놓은 씨가 지금 당장 솟아나 자라지 않는 것같아도 때가 되면 자라나 열매를 맺는다. 나무를 심은 사람은 많은 해가 지나도록 그것이 다 자라는 것은 보지 못한다. 우리가 지금 당장 이익을 거둘 수 없다고 우리 아이들을 가르치지 말아야 한다면, 아이들은 세례에 대한 의식이 없기 때문에, 가르치지 말아야 한다는 것과 똑같은 이유로 우리는 우리 아이들에게 세례를 주지 말아야 한다. 아니, 똑같은 이유로 목사들은 설교를 하지 말아야 한다. 왜냐하면 당장은 많은 듣는 사람이 유익을 얻지 못하는 경우도 있기 때문이다.

또, 우리의 권면과 훈계가 우리 아이들에게 설득력이 없어도 우리는 우리의 마음을 전달해야 한다. 양심을 쏟아부어 넣으면 위안을 얻을 수 있다. 우리는 우리의 실천과 그 결실은 따로 떼놓아야 한다. 우리는 일할 의무가 있을 뿐이고 성공여부는 하나님께 달렸다.

이 모든 것을 깊이 생각해 볼 때 부모들은 그들의 자녀에게 성경을 열심히 가르쳐야 하겠다. 하나님의 가족으로 양자가 된 사람은 그들의 자녀가 자기들의 자녀이기보다 더 하나님의 자녀가 되도록 애쓴다. 그들은 자녀 속에 그리스도의 인격이 형성될 때까지 해산하는 수고를 감수한다. 참된 성도는 다른 사람을 하나님께로 꾸준히 이끄는 자석이다. 이러한 양자의 표를 가졌다는 말을 듣는 것으로 만족해 하자.

5. 우리를 자녀로 삼으신 하나님의 사랑

다섯번째로 특별히 살펴 보아야 할 것은 우리를 자녀로 삼으신 하나님의 사랑이다. "보라 아버지께서 어떠한 사랑을 우리에게 주사 하나님의 자녀라 일컬음을 얻게 하셨는고"(요일 3:1). 하나님은 우리를 창조하셔서 그 권능을 보이시더니 우리를 자녀로 삼으심으로 사랑을 보이셨다. 플라톤은 신이 자기를 짐승으로 만들지 않고 인간으로 만드셔서 감사한다고 했는데, 그렇다면 하나님의 자녀가 된 사람들은 무어라고 하나님의 사랑을 찬미해야 될 것인가! 사도 요한은 "보라"라는 말로 시작하고 있다. 우리를 자녀로 삼으신 하나님의 사랑을 더 잘 보기 위해서 세 가지를 깊이 생각하자.

(1) 우리는 추하게 일그러졌다. "내가 네 곁으로 지나갈 때에 네가 피투성이가 되어…내가 네 곁으로 지나며 보니 네 때가 사랑스러운 때라"(겔 16 : 6, 8). 모르드개는 에스더가 사랑스러웠으므로 양녀로 삼았지만 하나님은 우리가 피투성이일 때에 우리를 양자로 삼으셨다. 그는 우리가 낙원에서 무죄의 겉옷을 입고 거룩의 보석 목걸이를 걸고 희고 혈색 좋을 때가 아니라 우리가 피투성이가 되고 문둥이의 반점이 우리 몸에 나타날 때 우리를 양자로 삼으셨다. 우리가 가장 싫은 모양을 할 때가 하나님이 사랑을 베푸시는 때였다.

(2) 우리가 자녀가 될 만한 자격이 없었던 것과 마찬가지로 우리는 그것을 간구하지도 않았었다. 이 땅 위에 있는 어느 누구도 다른 사람이 싫다는데도 그의 상속자가 되라고 강요하지는 않을 것이다. 만일 왕이 거지를 양자로 삼아 왕위를 물려주고자 할 때 그 거지가 왕의 호의를 거절하고 말하기를 "나는 차라리 이대로가 좋습니다. 나는 여전히 거지로 있겠습니다"라고 한다면, 왕은 그것을 그의 호의에 대한 심한 모욕이라고 생각하고 그의 뜻에 반해서 양자를 삼으려고 하지 않을 것이다. 그와 똑같은 것이 우리의 경우이었다. 우리는 자녀가 되는 것을 기꺼이 원하지도 않았다. 우리는 여전히 거지꼴이나 하고 있었지만 하나님은 그의 무한하신 궁휼과 관용으로 우리를 자녀로 삼아 주셨을 뿐만 아니라 우리가 그 제의를 기꺼이 받아들이도록 만드셨다(시 110 : 3). "보라 아버지께서 어떠한 사랑을 우리에게 주사"라고 하는 말씀 중의 사랑이 바로 이것이다!

(3) 우리가 원수되었을 때에 하나님이 우리를 그의 자녀로 삼으신

것은 놀라운 사랑이다. 만일 사람이 다른 사람을 그의 땅의 상속자로 삼아야 한다면 그는 그의 가까운 친족 중에서 양자를 택할 것이다. 아무도 원수를 양자로 삼지는 않을 것이다. 그러나 하나님은 우리가 원수되었을 때 우리를 자녀로 삼으셨고, 우리가 왕관의 배신자가 되었을 때 그 면류관의 상속자가 되게 하셨으니, 이 얼마나 놀랍고 놀라운 사랑이신가! "보라…어떠한 사랑을…" 할 때의 사랑이 바로 이것이다! 우리는 하나님의 친족이 아니었다. 우리는 죄로 말미암아 하나님의 혈통으로서의 자격을 상실하였다. 우리는 우리가 할 수 있는 데까지 하나님께 해악과 심술을 부렸고, 그의 형상을 일그러뜨렸으며, 그의 율법을 어기고 그의 긍휼을 짓밟아 그를 노하게 하였는데, 그는 우리를 양자로 삼으셨다. 이 얼마나 엄청난 사랑인가! 그러한 사랑은 천사들에게도 보여주신 일이 없다. 천사들은 더 고상한 품성을 가졌고 하나님이 우리에게서보다 더 잘 섬김을 받기를 기대하심직 한데도, 그들이 타락했을 때 하나님이 이 양자가 되는 특권을 그들에게 허락하신 일이 없다. 그는 그들을 자녀로 삼으시기는커녕 옥에 가두어 버리셨다(유 6). 그들은 다만 진노의 상속자만 된 것이다(롬 2 : 5).

이러므로 하나님께로 가까이 나아가게 된 모든 사람들은 하나님의 사랑을 계속하여 찬미하자. 바울되기 전의 사울과 같이 하나님에 대해서 적의의 거친 숨을 내뿜으며 마음에 수비대를 두고 완강하게 버티어도 하나님은 친절로 우리의 완악함을 정복하시고 용서해 주실 뿐만 아니라 양자로 삼기까지 하신다. 그 신기하심과 그 긍휼하심 중 어느 것이 더 큰지 말하기 어렵다. 이것이 이토록 놀라운 사랑이기 때문에 우리가 탐구해 볼만한 것이고 영원토록 경외하며 앙모할 만한 것이다. 그 깊이는 하늘의 어떤 천사도 잴 수 없는 것이다. 우리를 자녀로 삼으시는 하나님의 사랑은 어떠한 사랑인가?

풍성한 사랑이다. 우리를 먹이시는 것도 하나님의 사랑이지만 우리를 양자로 삼으시는 것은 풍성한 사랑이다. 전자는 우리에게 빵조각을 주시는 사랑이지만 후자는 우리를 면류관의 상속자로 삼으시는 풍성한 사랑이다.

그것은 구별하시는 사랑이다. 하나님이 수많은 사람을 그냥 지나치시고는 호의에 찬 손길을 당신에게 내미셨다! 대부분의 사람을 지옥의 연료로 잘라 버리시고 진노의 그릇으로 만드셨는데 당신에게는 이렇게 말씀하신다. "너는 나의 아들이다." 여기에 긍휼의 거울이 있고 사랑의 극치가 있다! 누가, 아, 누가 이 뜨거운 불을 받고서 그 마음이 하나님에 대한 사랑으로 불타지 않을 수 있겠는가?

6. 하나님의 자녀의 영예

여섯번째로 특별히 살펴보아야 할 것은 하나님의 자녀의 영예와 명성이다. 이것을 설명하기 위하여 두 가지 것을 관찰하자.

(1) 하나님이 그들을 **귀하게** 여기신다.
(2) 그는 그들을 **영예로운** 사람들로 여기신다.

(1) 하나님은 그들을 **귀하게 여기신다**. "내가 너를 보배롭고 존귀하게 여기고"(사 43:4). 아버지는 그의 아이를 그의 재산보다 중히 여긴다. 야곱이 베냐민을 얼마나 애지중지하였는가! "아비의 생명과 아이의 생명이 서로 결탁되었거늘"(창 44:30). 하나님은 그의 자녀들을 귀하게 평가하신다. 악인을 하나님은 대수롭지 않게 보신다. 그들은 비루한 사람들이다. "네 무덤을 예비하리니 이는 네가 비루함이니라"(나 1:14). 그러므로 악인은 겨(시 1:4)와 찌끼(시 119:119)로 비유된다. 악인은 그가 살아 있을 동안에도 별 쓸모가 없고 그가 죽어도 손실이 없다. 겨가 좀 날아 간다고 해서 아까워 할 필요는 없다. 그러나 하나님의 자녀는 하나님이 귀하게 보신다. 그들은 그의 보석들이다(말 3:17). 악인은 단지 땅에서 거치적거리는 나무토막들에 불과하다. 그러나 하나님의 자녀들은 영원토록 하나님의 뜻이 담긴 보석상자에 넣어두는 보석들이다. 하나님의 자녀들은 하나님이 대단히 귀하게 여기시고 아끼시며 특별한 섭리의 눈꺼풀로 덮으시는 눈동

자이다(슥 2 : 8). 주님은 그 자녀의 모든 것을 귀하게 보신다.

그들의 **이름**이 귀하다. 악인은 그들의 이름을 저주거리로 버려 두신다(사 65 : 15). 하나님의 자녀의 이름은 오래 기억에 남게 만드신다(사 60 : 15). 그들의 이름이 그렇게도 귀하기 때문에 하나님은 그것을 생명책에 기록하시고 그리스도께서 그것을 가슴에 안고 다니신다. 그들의 이름이 얼마나 귀하면 하나님 자신의 이름을 그 위에 기록할까! "이기는 자는…하나님의 이름과…새 예루살렘의 이름과 나의 새 이름을 그이 위에 기록하리라"(계 3 : 12).

그들의 **기도**가 귀하다. "바위 틈 낭떠러지 은밀한 곳에 있는 나의 비둘기야…나로 네 소리를 듣게 하라 네 소리는 부드럽고 네 얼굴은 아름답구나"(아 2 : 14). 모든 하나님의 자녀는 이 비둘기이다. 기도는 비둘기 소리이며 이 소리는 듣기 좋은 소리이다. 하나님의 자녀들의 기도는 하나님께 음악처럼 달콤하다. 악인의 기도는 개가 짖는 것과 같다(호 7 : 14). 성도의 기도는 새의 노래소리와 같다. 하나님의 성령의 손가락이 그들의 심금을 건드리면 그들은 하나님께 가락을 연주한다. "그들의 번제와 희생은 나의 단에서 기꺼이 받게 되리니"(사 56 :

그들의 **눈물**이 귀하다. 그것들은 그들의 눈에서 진주처럼 떨어진다. "내가 네 기도를 들었고 네 눈물을 보았노라"(사 38 : 5). 하나님의 자녀들의 눈물은 귀한 기름같이 하나님의 병에 떨어진다. "나의 눈물을 주의 병에 담으소서"(시 56 : 8). 상한 심령에서 나오는 눈물은 하늘의 왕을 위한 기쁨이다.

그들의 **피**가 귀하다. "성도의 죽는 것을 여호와께서 귀중히 보시는도다"(시 116 : 15). 이것은 하나님께서 엄중하게 심사하시는 피이다. 아달랴는 왕의 아들들의 피를 흘렸다(왕하 11 : 1). 성도는 지극히 높으신 분의 자녀이기 때문에 그들의 피를 흘리면 비싼 댓가를 치러야 한다. "저희가 성도들과 선지자들의 피를 흘렸으므로 저희로 피를 마시게 하신 것이 합당하니이다"(계 16 : 6).

(2) 하나님은 그 자녀들을 **영예로운 사람들**로 여기신다. "내가 너를

보배롭고 존귀하게 여기고"(사 43 : 4). 하나님은 그들을 존귀하게 여기신다. 그는 그들을 면류관, 왕관이라고 부르신다(사 62 : 3). 그는 그들을 그의 영광이라고 부르신다(사 46 : 13).

하나님이 그들을 영예롭게 만드신다. 왕이 영의정, 좌의정, 우의정 등을 임명하듯이 하나님이 그의 자녀들을 존귀하게 세우신다. 그는 그들을 고상한 사람, 유명한 사람으로 만드신다. 다윗은 왕의 사위가 되는 것을 작지않은 명예라고 생각하였다. "내가 누구며…무엇이관대 내가 왕의 사위가 되리이까"(삼상 18 : 18).
높으신 하나님의 자녀가 되고 천국의 왕족이 되는 것은 이 얼마나 무한한 영예인가 ! 성도들은 옛적부터 내려오는 가족의 일원이 된다. 그들은 "옛적부터 항상 계신 이"의 자손이 되는 것이다(단 7 : 9). 그것은 하늘로부터 내려오는 가장 좋은 가문이다. 여기서는 가장 어린 자녀도 상속자가 되며 모든 것을 상속받는 그리스도와 공동 상속자가 된다(히 1 : 2; 롬 8 : 17). 하나님의 자녀들을 적극적으로, 그리고 비교적으로 깊이 생각하여 보자.

적극적으로 : 그들은 존귀한 칭호를 가진다. 그들은 "왕들"(계 1 : 6), "땅에 있는 존귀한 자"(시 16 : 3), "귀히 쓰는 그릇"(딤후 2 : 21)이라고 불리운다.

그들은 그들의 방패모양의 가문(家紋)을 가진다. 여러분들은 성도들의 가문 또는 문장(紋章)을 볼 수 있을 것이다. 성경에는 그들의 문장이 나타나 있다. 때로는 그들의 용기를 나타내기 위하여 사자 모양으로 나타내기도 한다(잠 28 : 1). 때로는 그들의 숭고함을 나타내기 위하여 독수리 모양으로 나타내기도 한다. 그들은 항상 믿음과 사랑의 두 날개로 하늘 높이 난다. "오직 여호와를 앙망하는 자는 새 힘을 얻으리니 독수리의 날개치며 올라감 같을 것이요"(사 40 : 31). 때로는 그들의 온유함과 순전함을 나타내기 위하여 비둘기 모양으로 나타내기도 한다(아 2 : 14). 이것들은 하나님의 자녀가 왕족으로서의 명성을 가진 자임을 보여준다.

하나님의 자녀들의 영예를 비교적으로 생각해 보자. 이 비교는 두 가지로 해 볼 수 있다. 하나님의 자녀들을 아담과 비교해 보고 또 천사들과 비교해 보자.

하나님의 자녀들을 순결한 상태에 있어서 아담과 비교하여 보라. 아담은 영예로운 사람이었다. 그는 이 세상의 유일한 군주였다. 모든 피조물들이 그들의 복종의 표시로 그에게 머리를 숙였었다. 그는 기쁨의 낙원인 에덴 동산에서 살았다. 그는 땅의 모든 만족으로 면류관을 삼아 쓰고 있었다. 아니, 더 나아가서 아담은 하나님의 살아있는 초상화였다. 그는 하나님 자신의 형상으로 지어졌다. 그러나 양자로서 하나님의 자녀가 된 사람의 가장 비천한 상태라도 그가 순결의 겉옷을 입었기 때문에 아담의 상태보다도 훨씬 탁월하고 존귀하다. 왜냐하면 아담의 상태는 그것이 비록 영예로운 상태이었으나 그것은 변하기 쉬운 것이었고 또한 금새 잃었다. 아담은 밝은 별이었으나 떨어지는 별이었다. 그러나 하나님의 자녀는 양자가 됨으로써 변할 수 없는 상태가 된다. 아담은 죄를 짓지 않을 수 있는 상태, 넘어지지 않을 가능성을 가졌었으나, 믿는 자는 죄를 지을 수 없는 상태, 멸망이 불가능한 상태에 있다. 한 번 양자가 되면 영원히 양자이다. 그것은 마치 이삭이 야곱에게 축복을 다 주어버렸을 때의 한 말과 같다. "그를 위하여 축복하였은즉 그가 정녕 복을 받을 것이니라"(창 27 : 33). 그러므로 모든 하나님의 자녀에게 우리는 이렇게 말할 수 있을 것이다. 그들은 양자가 되었으니 아담이 모든 그의 왕으로서의 영예와 위엄을 가졌을 때보다 지금 그들이 더 영광스러운 상태에 있다.

이제 하늘만큼 높이 올라가 하나님의 자녀들과 영광스럽고 복된 천사들과 비교하여 보자. 하나님의 자녀들은 천사들과 동등하고 어느 의미에서는 그들보다 위에 있다. 그러므로 그들은 영예로운 사람들임에 틀림없다.

하나님의 자녀들은 천사들과 동등하다. 이것은 어떤 천사들 자신이 알려준 것이다. 여기에 보면 사도 요한과 그 천사가 동등하다. 그 천사가 요한에게 "너와 같이 된 종이니"라고 말하였다.

양자로서 하나님의 자녀가 된 자는 어떤 의미에서는 천사들보다 위에 있는데 두 가지 점에서 그렇다.

　천사들은 하나님의 자녀들의 종들이다(히 1:14). 그들이 비록 영광스러운 영들이라도 그들은 섬기는 영들이다. 천사들은 성도들의 머슴이다. 우리는 성경에서 천사들은 하나님의 자녀들을 시중드는 예를 볼 수가 있다. 우리는 아브라함, 모세, 다니엘, 동정녀 마리아 등을 호위하는 천사들에 관한 기사를 읽는다. 천사들이 하나님의 자녀들을 그들이 살아 있을 동안에만 섬기는 것이 아니라 그들이 죽을 때도 역시 섬기는 것을 볼 수 있다. 나사로는 천사들이 하나님의 낙원으로 그를 호위하여 데려 갔다. 천사들은 성도들이 살았을 때나 죽었을 때나 그들의 시종인데 이것을 더 확실히 말할 수 있는 것은 성경에는 하나님의 자녀들이 천사들의 시종이라는 말씀이 전혀 없기 때문이다.

　하나님의 자녀들은 천사들 위에 있는데 왜냐하면 그리스도께서 그들의 품성을 고상하게 하셨고 천사들보다 더 존귀하게 하셨기 때문이다. "이는 실로 천사들을 붙들어 주려하심이 아니요"(히 2:16). 하나님이 우리를 그리스도와 연합하심으로 우리를 천사들보다 더 그에게 가깝게 만드셨다. 하나님의 자녀들은 그리스도의 지체들이다(엡 5:30). 이것은 결코 천사들에 대해서는 말씀하신 적이 없다. 그와 본질이 틀리는 자가 어떻게 그리스도의 지체가 될 수 있는가? 참으로 비유적으로 그리스도를 천사들의 머리라고 부를 경우는 있어도 그들이 그에게 순복한다고 하였기 때문에 그것은 부적절한 표현이다(벧전 3:22). 그리스도께서 믿는 자의 머리가 되시는 것처럼 그가 천사들의 머리도 되어 그들과 가깝고 좋은 연결이 되어 있다는 말씀은 성경 어디에서도 찾아볼 수 없다. 이런 관점에서 나는 하나님의 자녀가 천사들보다도 더 우월하고 영예롭다는 것을 분명히 주장할 수가 있다. 비록 창조시에는 그들이 천사들보다 조금 아래 있었으나 양자가 되고 그리스도와 신비한 연합을 함으로써 그들은 천사들 위에 있게 되었다.

　이것은 하나님의 자녀들이 비방과 가난 속에 있어도 얼마나 큰 위로가 되는가! 우리는 영예로운 사람이다. 우리는 천사들보다도 위에 있다. 가난하게 된 양반들이 때때로 그들의 가계와 고상한 혈통을 자랑하듯이 세상에서 가난한 그리스도인들이라도 그들이 양자되었기 때문에 그들은 하나님의 가족임을 자랑할 수 있다. 그들의 핏줄에는 참으로 왕통의 피가 흐르고 있다. 그들은 천사들보다도 더 으시댈 만한 아름다운 문장(紋章)을 가지고 있다.

7. 하나님의 자녀의 열 두 가지 높은 특권

일곱번째로 특별히 설명하여야 할 것은 하나님의 자녀의 영광스러운 특권들을 보여주는 것인데 지금 말하고자 하는 것들은 악인에게는 없는 것이다. 그것이 "자녀의 떡"(마 15 : 26)이다. 낙원의 열매는 화염검으로 지키고 있다. 그와 같이 이 달고 마음을 황홀케 하는 특권들은 깨끗지 못한 육체적인 사람이 그것을 만지지 못하도록 화염검으로 지키고 있다. 하나님의 자녀에게 속한 열 두 가지 진기한 특권들을 살펴보자.

(1) 그들에게 부으시는 하나님의 사랑. 우리가 자녀라면 하나님은 부드러운 사랑과 애정을 우리에게 가득 부으실 것이다. 아버지는 그 자녀를 불쌍히 여긴다. "아비가 자식을 불쌍히 여김같이 여호와께서 자기를 경외하는 자를 불쌍히 여기시나니"(시 103 : 13). 아, 하나님의 그 자녀에 대한 동정심이 얼마나 애틋한가! "에브라임은 나의 사랑하는 아들 기뻐하는 자식이 아니냐…그를 위하여 내 마음이 측은한즉 내가 반드시 그를 긍휼히 여기리라"(렘 31 : 20). 자녀된 그들에 대하여 하나님의 긍휼이 불붙는다(호 11 : 8). 빛이 태양에서 나오듯이 긍휼과 동정이 우리 하늘에 계시는 아버지로부터 자연스럽게 흘러 나온다.

어떤 사람은 하나님은 노하시기도 하고 괴로운 사실들을 기록하시기도 하지 않았느냐고 반문할 수도 있을 것이다. 이것이 어떻게 사랑과 양립할 수 있는가?

하나님의 사랑과 그 자녀를 향한 노하심은 서로 모순되는 것이 아니라 같은 것의 다른 면을 보여주는 것이다. 그것들은 양립할 수 있다. 그는 사랑으로 노하시는 것이다. "무릇 내가 사랑하는 자를 책망하여 징계하노니"(계 3 : 19). 계명이 있는 만큼 괴로움도 필요하다. 건강을 유지하기 위해서는 사탕이나 콜라보다 쓴 약이 필요할 수도 있을 것이다. 하나님은 우리를 양자로 삼으시는 꼭같은 사랑으로 괴로움도 주신다. 하나님은 노하셔야 할 때 노하시지 않는 것이 가장 노하신 것이다. 그의 손은 가장 가벼울 때가 가장 무겁다(호 14 : 4). 징계는 아들됨을 증명하는 한 방법이다. "너희가 참음은 징계를 받기 위함이라 하나님이 아들과 같이 너희를 대우하시나니"(히 12 : 7).

아, 어떤 사람은 "하나님은 확실히 나를 사랑하시지 않는다. 그가 그토록 쓰라린 고통 중에서도 나를 돌보시지 않으니 나는 그의 자녀가 아니다"라고 말한다. 어째서 그런가! 때때로 채찍질 하시는 것은 우리가 자녀된 표이다. 하나님께는 죄 없는 아들은 한 분 있지만 매 없는 아들은 없다. 하나님은 그의 자녀들을 십자가의 학교에 보내어 거기서 제일 좋은 것을 배우게 하신다. 하나님은 성경말씀 가운데 이렇게 말씀하신다—자녀들아, 교만하지 말아라. 세상을 사랑하지 말아라. 지혜롭게 행하라(엡 5 : 15). 그러나 우리는 듣는 귀가 둔하다. 아니, 아예 들으려고 하지를 않는다. "네가 평안할 때에 내가 네게 말하였으나 네 말이 나는 듣지 아니하리라 하였나니"(렘 22 : 21). 그래서 하나님은 내가 그를 고쳐놓지 못할 것이면 그 자식을 잃겠다고 말씀하신다. 그리고는 그를 구하기 위하여 사랑으로 매질을 하시는 것이다. 아리스토텔레스는 말하기를 새 중에 가시 가운데 사는 새가 더 예쁘게 노래한다고 하였다. 하나님의 자녀는 하나님이 가시로 그들의 길을 막아 담을 쌓으실 때에 그들의 마음에서 가장 아름다운 가락을 만든다(호 2 : 6). 고난은 정제하는 것이다. "도가니는 은을, 풀무는 금을 연단하거니와 여호와는 마음을 연단하시느니라"(잠 17 : 3). 심한 시련은 금같은 그리스도인을 만들어 낸다. 고난은 정결케 만든다. "많은 사람이 연단을 받아 스스로 정결케 하며 희게 할 것이나"(단 12 : 10). 우리는 하나님이 우리를 파괴하시려고 한다고 생각하지만 그는 다만 우리를 희게 하시는 것 뿐이다. 어떤 새는 천둥이 치지 않으면 알을 까지 않은 것이 있다 한다. 그리스도인들은 고난당할 때가 최상의 상태이다. 하나님은 그 자녀들이 고난으로 인하여 마침내 그를 찬미하도록 만드신다. 죄가 닫아버린 눈을 고난이 열어준다. 므낫세는 쇠사슬에 매였을 그제야 여호와께서 하나님이신 줄을 알았다(대하 33 : 13). 고난은 천국행을 도와준다. 솔로몬 성전의 돌들은 먼저 자르고 난 후 건물로 지어졌다. "산 돌"이라고 부르는 성도들은 모퉁이 돌처럼 먼저 고난으로 쪼개어지고 새겨져 천국의 집에 적합하게 되어져야 한다(골 1 : 12). 그런데도 하나님의 아버지로서의 매질에 사랑이 없다는 말인가?

그러나 다른 반대가 있을 수 있다. 때로는 하나님의 자녀들이 저버림의 검은 구름 아래 있을 수가 있는데 이것은 사랑과는 거리가 먼 것이 아닌가?

저버림에 관해서는 이것이 하나님의 자녀들에게 일어날 수 있는 가장 슬픈 상태라는 것을 말하지 않을 수 없다. 해가 지면 이슬이 맺힌다. 하나님의 얼굴에 햇빛이 사라지면 성도들의 눈에서 눈물의 이슬이 맺힌다. 칼빈의 말을 빌리면 저버림으로써 하나님은 천국으로부터 지옥의 비를 내리시는 것이다. "전능자의 살이 내 몸에 박히매 나의 영이 그 독을 마셨나니"(욥 6 : 4). 하나님이 저버리시는 것은 마음을 상하게 하는 독 화살이다. 저버림은 저주받은 자들이 당할 고뇌를 맛보는 것이다. 하나님은 "내가 넘치는 진노로 내 얼굴을 네게서 잠시 가리웠으나"(사 54 : 8)라고 말씀하셨다. 이제 나는 성 버나드의 주석을 인용하겠다. "주님, 주님이 잠시 얼굴을 가리우신 것은 참으로 큰 진노입니다. 당신의 얼굴을 가리우시는 것보다 제게 더 쓴 것이 무엇이 있겠습니까?" 성경에는 하나님은 빛이시요 또한 불이시라 하였다. 버리움 받은 영은 불은 느끼지만 빛은 보지 못한다. 그러나 양자가 된 여러분은 이 모든 것으로부터 사랑을 이끌어 낸다. 그리스 신화에 보면 헤르클레스의 곤봉은 감람나무로 만들었다 한다. 감람나무는 평화의 상징이다. 그와 같이 저버림으로 영혼을 때리시는 하나님의 곤봉은 감람나무로 된 것이다. 거기에는 평화와 긍휼이 들어있다. 나는 하나님의 자녀들이 저버림의 구름 속에서 그들의 아버지의 사랑을 볼 수 있도록 영적인 무지개를 제시하고자 한다.
 그래서 나는 대답한다.
 ① 하나님이 저버리실 때에는 그 자녀들 속에 위로의 씨를 남겨두신다. "이는 하나님의 씨가 그의 속에 거함이요"(요일 3:9). 이 하나님의 씨는 위로의 씨이다. 비록 저버림 가운데 있는 하나님의 자녀는 성령의 인치심은 없지만 그들은 성령의 기름부으심은 받았다(요일 2:27). 비록 그들에게 태양은 없지만 그들의 마음에는 새벽별이 있다. 겨울에는 나무들이 잎사귀와 열매가 떨어지고 없지만 뿌리에는 즙액이 그대로 있듯이 저버림의 겨울에도 마음의 뿌리에는 은혜의 즙액이 있다. 태양이 구름으로 가리워지면 빛은 땅에 도달하지 못하지만 여전히 그 영향력은 미치듯이 하나님의 사랑하시는 양자된 자가 그 얼굴의 빛을 보지 못하여도 그 은혜의 영향력은 여전히 그들에게 미친다.
 저버릴 때에 무슨 은혜가 나타나는가? 그 대답은 다음과 같다.
 하나님의 사랑을 높이 존중하게 된다. 만일 하나님이 저버림받은 영에게 네가 무엇을 원하느냐 나라의 절반이라도 주겠노라 라고 말씀하신다면 그는 "주님, 제가 성전에서 늘 뵙던 것처럼 주님을 뵙기를 원하고 주님의 사랑의 황금 빛줄기를 보기 원합니다"라고 말할 것이다. 저버림받은 영혼은 이 사랑과 비교할 때 다른 모든 것을 경시한다. 그에게 만족을 줄 수 있는 것은 정원도 과수원도 가장 맛있는 그 무엇도 아니다. 그것들은 슬픈 마음에 들리는 음악과 같다. 그는 압살롬이 왕의 얼굴을 보기를 원하는 것같이 하나님의 사랑을 보기 원할 뿐이다.
 주님을 찾지 못해 슬퍼한다. 의의 태양이 사라질 때가 그에게는 가장 슬픈 날이다. 하나님의 자녀는 하나님 없는 것보다 차라리 세상의 타격이 더 견디기 낫다. 그는 심지어는 눈물로 녹아지는데 저버림의 구름은 영적인 비를 만든다. 그런데 하나님에 대한 사랑이 아니고야 어디서 이런 울음이 나오겠는가?
 하나님을 볼 수만 있다면 기꺼이 어떠한 어려움도 참는다. 하나님의 자녀는 구레네 시몬이 진 십자가처럼 주님이 지실 십자가라면 그 십자가를 지고서 만족해 할 것이다. 그리스도와 함께라면 그는 기꺼이 죽을 수도 있을 것이다.

②하나님은 그의 양자된 자들에게서 그의 얼굴을 숨기실 때에는 긍휼을 베푸실 계획을 갖고 계신다.

첫째, 그것은 은혜를 시험하시기 위한 것으로, 저버리실 때에 시험하시는 은혜가 두 가지가 있는데 믿음과 사랑이 그것이다.

믿음 : 우리의 판단과 느낌에 거슬려도 믿을 때, 경험이 없어도 약속을 믿을 수 있을 때, 하나님의 입의 입맞춤을 받지 않았어도 그의 입의 말씀에 충실할 수 있을 때, 이것이 참 믿음이다. 여기에 금강석 같은 빛남이 있다.

사랑 : 하나님이 우리에게 미소를 지으실 때에는 그를 사랑하는 것은 어렵지 않다. 물을 부을수록 더 뜨겁게 끓어오르는 생석회와 같이, 그가 노하여 우리를 멀리하실수록 더욱 그를 사랑하는 것, 이것이 참 사랑이다. 이 사랑은 저버림의 물이 억제할 수 없는 것처럼 "죽음 같이 강한" 것이다(아 8 : 6).

둘째, 그것은 은혜의 실천을 위한 것이다. 우리는 모두 위로받기를 원한다. 그런데 만약 우리에게 선택권이 주어진다면 우리는 언제나 비스가(Pisgah) 산꼭대기에 올라가 가나안 땅을 바라만 보고 앉아 있을 것이다. 우리는 하나님이 그의 팔에 우리를 안고 계시지 않으면 우리를 사랑하실 수 없는 것처럼 시련과 고뇌와 저버림받는 것을 아주 싫어한다. 영적인 기쁨의 무릎에 오래 누워 있으면서 잠에 떨어지지 않는 것은 어렵다. 햇빛이 너무 많이 비춰면 우리의 은혜는 가뭄을 일으킨다. 때때로 하나님이 우리 마음에 위로를 내리시면 우리는 주의력을 낮추기 시작한다. 그것은 마치 음악가가 돈을 받기 전에는 우리에게 많은 좋은 가르침을 주는 곡을 연주하다가 우리가 레슨비를 지불하면 즉시 가버리는 것과 같다. 우리는 더 이상 그의 연주를 들을 수 없다. 기쁨과 확신이 오기 전에는 아, 얼마나 아름다운 기도와 회개의 음악을 연주하였는가! 그러나 하나님이 그의 성령의 위로를 던져 주시면 우리는 우리의 임무를 떠나거나 우리 악기의 줄을 늦추어 게으름을 더해 간다. 우리가 돈을 받으면 하나님은 음악을 받으셔야 한다. 은혜는 위로보다 낫다. 라헬이 더 아름다웠으나 레아가 아들을 더 많이 낳았다. 위로는 보기에는 아름다우나 은혜는 많이 낳는 태이다. 이제 은혜를 실천하고 그것을 더 힘차고 활기있게 하는 유일한 길은 때때로 어두움 가운데 걷고 빛을 보지 못하는 것이다(사 50 : 10). 믿음은 저버림의 밤에 가장 밝게 빛나는 별이다. "내가 말하기를 내가 주의 목전에서 쫓겨났을지라도 다시 주의 성전을 바라보겠다 하였나이다"(욘 2 : 4). 은혜는 그와 같은 때에 대부분 가장 강력하게 역사하는 법이다.

③ 하나님은 외관상으로는 그의 자녀들을 흔들기도 하시지만 그리스도와의 연합을 흔드시는 것은 아니다.

예수 그리스도께서 "나의 아버지, 나의 아버지"라고 부르짖으실 때도 그러했다. 그와 그의 아버지 사이에 있는 연합이 끊어진 것은 아니고 단지 겉보기에 그랬을 뿐이다. 죄가 사이에 끼어 하나님의 사랑이 어두워지고 빛을 잃은 것같이 보여도 여전히 그는 아버지시다. 태양이 구름에 가려질 수는 있어도 궁창에서 떠나간 적은 없다. 하나님이 저버리셨을 때 그의 약속들은 말하자면 격리되어 있는 것이다. 우리는 그 약속으로부터 그 전처럼 위로를 받지 않지만 믿는 자의 자격은 여전히 율법에 보장되어 있는 것이다.

④ 하나님이 그 자녀로부터 얼굴을 숨기실 때에도 그의 마음은 그를 향하고 있다.

요셉이 그의 형들에게 거칠게 말하고 그가 그들을 정탐으로 여기고 있다고 믿게 만들 때에도 여전히 그의 마음은 그들을 향하였고 그가 그전에 가졌던 것과 같은 사랑으로 가득하였다. 그는 정을 억제하지 못하여 밖으로 나가 울었다. 그와 같이 하나님이 심지어 그의 자녀에게 낯선 사람 같이 보일 때에도 그들에 대한 사랑으로 가득하시다. 모세의 어머니가 그를 갈대상자에 넣어 강물에 띄워 놓고 좀 떨어져 있었어도 여전히 그녀의 눈은 그를 향하고 있었다. 그리고 그 아기가 울 때 그 엄마도 같이 울었다. 그와 같이 하나님이 그 자녀들을 버리신 것처럼 떠나가셔도 여전히 그는 그들에 대한 동정과 사랑으로 가득하시다. 하나님이 그의 얼굴 모습을 바꾸실 수는 있으나 그의 언약은 깨뜨리지 않으신다. 하나님이 저버리시는 것과 부자관계를 끊어버리시는 것은 별개의 문제이다. "에브라임이여 내가 어찌 너를 놓겠느냐"(호 11 : 8). 한 아버지가 그의 아들과 의절하려고 마음먹고 막상 행동에 옮기려 하니 동정심으로 마음이 녹기 시작하고 가엾게 여겨 그가 탕자이지만 여전히 나의 자식이니 내가 상속관계를 끊어버리지 않겠다고 혼자서 생각하였다. 그처럼 하나님이 "내가 어찌 너를 놓겠느냐"고 말씀하신 것이다. 비록 에브라임은 배반한 아들이지만 여전히 내 아들이니 나는 그의 상속권을 박탈하지 않겠다는 것이다. 하나님의 생각은 그의 얼굴을 수건으로 가리셨을 때에도 사랑으로 가득하시다. 주님은 그의 자녀를 향한 그의 섭리는 바꾸실 수 있어도 그의 처분결정은 바꾸시지 않는다. 그는 원수의 모습을 하실 수는 있어도 마음은 아버지의 마음이다.

그러므로 믿는 사람은 이렇게 말할 수 있을 것이다. "나는 양자가 되었다. 아버지께서 내게 무엇을 하셔도, 지팡이를 드시든지 막대기를 드시든지 이 모두는 오직 한 가지, 그것은 나를 사랑하시기 때문이다."

(2) 하나님은 그들의 결점을 참으신다. 두번째 양자된 자의 특권은 이것이다. 우리가 자녀이기 때문에 하나님은 많은 결점을 참으실 것이다. 아버지는 그의 사랑하는 자녀에 대하여 많이 참는다. "또 사람이 자기를 섬기는 아들을 아낌같이 내가 그들을 아끼리니"(말 3 : 17). 우리는 자주 성령을 근심하시게 하고 그 친절하심을 악용한다. 그러나 하나님은 그의 자녀의 허물을 많이 간과하신다. "여호와는 야곱의 허물을 보지 아니하시며"(민 23 : 21). 그의 사랑이 그를 눈멀게 만든 것은 아니다. 그는 그 백성의 죄를 보시되 보복의 눈으로 보시는 것이 아니라 불쌍히 여기시는 눈으로 보신다. 그는 의사가 그의 환자의 질병을 보듯이 그 자녀들의 죄를 보신다. 그는 야곱을 파멸시키지 않으시려고 그의 허물을 보지 않으셨다. 하나님은 막대기를 사용하실 때는 있으나(삼하 7 : 14) 전갈을 사용치는 않으신다. 아, 우리가 자녀이

기 때문에 하나님이 우리의 잘못을 간과하려고 하신 때가 얼마나 많은가! 하나님은 그의 자녀들의 선은 주목하면서도 결점은 간과하신다. 하나님은 우리와는 사뭇 반대로 행하신다. 우리는 자주 다른 사람의 악은 주목하면서도 선은 보고도 못본 체한다. 우리의 눈은 다이아몬드의 흠은 얼른 발견하면서도 그 반짝이는 것에는 눈감아 버린다. 그러나 하나님은 그 자녀들의 선을 알아 주신다. 하나님은 그들의 믿음을 보시고 그들의 실패를 눈감아 주신다(벧전 3 : 6). 사라가 아브라함에게 순종하여 그를 주라고 불렀을 때 성령께서는 그녀가 하나님의 약속을 믿지 못하고 웃는 것은 언급하시지 않고 그녀의 선, 즉 그녀의 남편에게 순종한 것은 알아주셨다. "사라가 아브라함을 주라 칭하여 복종한 것같이"(벧전 3 : 6). 하나님은 그 자녀들의 상처자국과 결점흔적들을 그의 손가락으로 가리워 주신다. 하나님이 얼마나 많이 그의 초태생 이스라엘의 잘못을 눈감아 주셨는가! 이스라엘은 자주 그를 불평으로 화나시게 했다(신 1 : 27). 그러나 하나님은 그들의 불평을 궁휼로 응답하셨다. 그는 아버지가 그의 아들을 아낌같이 그들을 아끼셨다.

(3) **하나님은 그들의 불완전한 봉사를 받으신다.** 세번째 특권은 이것이다. 우리가 자녀이기 때문에 하나님은 우리의 불완전한 봉사를 받으신다. 부모는 그 자녀의 것은 무엇이든지 좋게 받아 들인다. 하나님은 행할 뜻만 있어도 받으신다(고후 8 : 12). 때때로 우리는 어설픈 기도를 드리기도 하지만 우리가 자녀이기 때문에 하나님은 우리의 뜻을 헤아리셔서 우리의 기도를 감사에 넘치는 선물로 받으신다. 아버지는 그 자녀가 혀가 잘 돌지 않는 소리나 더듬거리는 소리로 말하여도 자녀들의 말하는 것을 듣기를 좋아한다. "나는 제비같이, 학같이 지저귀며"(사 38 : 14). 선한 히스기야가 자기의 기도소리를 지저귀는 것으로 간주했는데 그 기도소리가 들으신 바 된 것이다(5절). 겸손한 마음으로부터 나오는 한숨과 탄식소리는 향내와 같이 위로 올라간다. "나의 탄식이 주의 앞에 감추이지 아니하나이다"(시 38 : 9).

위선자들이 보여주던 번쩍거리는 것들은 모두 증발해 버리고 아무 것도 남지 않는데 하나님의 자녀가 성실하게 행한 자그마한 것은 하나님께서 받으시고 면류관을 씌워 주신다. 아버지는 그의 아들의 편지가 얼룩이 지고 철자법이 틀리고 말이 맞지 않아도 그 편지를 기뻐한다. 아, 우리가 행하는 거룩한 일에 얼마나 얼룩이 많은가! 때로는 얼마나 말도 되지 않는 일을 하는가! 그러나 상한 심령으로 행할 때 그것을 주님이 받으신다. 비록 하는 일에 약점이 있어도 기꺼이 하고자 하는 마음이 있으면 주님은 기꺼이 받으신다. 하나님은 "내 자녀이니 더 잘 하게 될거야"라고 말씀하신다.

(4) 하나님은 그들을 위하여 필요한 것을 준비하신다. 우리가 하나님의 자녀이기 때문에 하나님은 우리를 위하여 필요한 것을 준비하신다. 아버지는 그 자녀들을 돌볼 것이다. 그는 그들에게 용돈을 주고 그들 몫을 저축하여 둔다(고후 12:14). 우리의 하늘에 계신 아버지도 그렇게 하신다.

그는 우리의 쓸 돈을 주신다. "나의 남으로부터 지금까지 나를 기르신 하나님"(창 48:15). 그가 날마다 돌보시지 않는다면 우리의 일용할 양식이 어디서 나오겠는가? 비록 우리는 불신앙 때문에 때로는 그의 선하심을 의심하여 "하나님이 식탁을 준비하실 수 있겠는가?" 하고 의문을 표시하기도 하지만 하나님은 그의 자녀들을 굶어 죽게 놓아 두시지는 않는다. 그리스도께서 하나님의 그 자녀에 대한 아버지로서의 돌보심을 입증하시기 위해서 주장하신 말씀을 보라. "공중의 새를 보라 심지도 않고 거두지도 않고 창고에 모아 들이지도 아니하되 너희 천부께서 기르시나니"(마 6:26). 그의 새를 먹이는 자가 그의 자녀를 먹이지 않겠는가? "백합화를 생각하여 보아라 실을 만들지 않고 짜지도 아니하느니라…들풀도 하나님이 이렇게 입히시거든 하물며…"(눅 12:27, 28). 하나님이 백합화는 입히시면서 그의 양들은 입히시지 않겠는가? "저가 너희를 권고하심(돌보심)이니라"(벧전 5:7). 그의 마음이 사랑으로 가득차 있기 때문에 그의 머리는 우리를 위한 염려로 가득차 있다. 이것이 불신앙의 벌레를 죽이는 약이다.

하나님이 그의 자녀에게 나그네 길에 쓸 여비를 주시듯이 또한 그는 한 몫을 그들을 위하여 저축하신다. "너희 아버지께서 그 나라를 너희에게 주시기를 기뻐하시느니라"(눅 12 : 32). 우리 아버지께서 돈주머니를 가지시고 이 땅에서 우리가 쓸 비용을 주시며 또한 우리가 죽어 배를 타고 영원한 해안에 도착하면 우리 하늘의 아버지는 우리에게 변하지 않고 망하지 않는 왕국을 주신다. 보라, 이것이 이루 다 셈할 수 없는 우리의 몫이다.

(5) 하나님은 그들을 위하여 위험을 막아 주신다. 우리가 하나님의 자녀이기 때문에 하나님은 우리에게 닥치는 위험을 막아 주신다. 아버지는 그의 자녀가 다치지 않도록 보호한다. 하나님은 그 자녀들을 악 ―현세의 악, 영적인 악―으로부터 지키시 위하여 늘 파수꾼을 세워 두신다.

① 하나님은 현세적 악으로부터 간막이 쳐 막으신다.

살다 보면 만나기 쉬운 재난과 우발적 사고가 많이 있다. 하나님은 자비롭게 그것들을 막아 주신다. 그는 그 자녀들을 위하여 파수꾼과 감시자를 두신다. "나의 방패는 마음이 정직한 자를 구원하시는 하나님께 있도다"(시 7 : 10). "이스라엘을 지키시는 자는 졸지도 아니하고 주무시지도 아니하시리로다"(시 121 : 4). 섭리자의 눈은 항상 깨어 있다. 하나님은 그 자녀들 위에 천사들을 번갈아 보내신다(시 91 : 11). 믿는 자는 그를 지키는 자로 호위병 천사를 데리고 있다. 우리는 성경에서 하나님의 날개들에 관한 글을 읽는다. 그의 자비의 가슴이 그 자녀들을 먹이듯이 그의 능력의 날개들이 그들을 덮는다. 얼마나 기적적으로 하나님이 그 초태생 이스라엘을 보호하셨던가! 그는 때로는 그의 날개들로 그들을 덮기도 하시고 때로는 그들을 나르기도 하신다. "내가 어떻게 독수리 날개로 너희를 업어 내게로 인도하였음을 너희가 보았느니라"(출 19 : 4). 이것은 하나님의 섭리적인 돌보심의 상징이다. 독수리는 하늘 위에서는 아무 새도 그 새끼를 해칠까 두려워 하지 않고 다만 아래서 오는 화살만 두려워 한다. 그래서 그는 그들을 그의 날개 위에 태우고 나르는데 그렇게 되면 화살은 그의 어린 것들을 맞히기 전에 날개를 먼저 맞히게 되는 것이다. 그와 같이 하나님은 그 자녀들을 섭리의 날개 위에 싣고 나르시는데 이 날개는 후려칠 자가 없고 어떤 화살도 그것을 해할 수 없다.

② 하나님은 그의 자녀들로부터 영적인 악도 막아 주신다.

"화가 네게 미치지 못하며"(시 91 : 10). 하나님은 아무 고난도 네게 미치지 못한다고 말씀하시지 않고 아무 화, 즉 악도 미치지 못한다고 하셨다.

그러나 어떤 사람은 때로는 이런 의미에서의 악이 잘 믿는 자에게도 미치기도 한다고 말할지도 모르겠다. 그들은 죄로 자신들을 더럽히기도 하지 않느냐는 것이다. 나는 대답한다.

그 악은 죽음에 이르는 것은 아니다. 수은은 그 자체는 위험한 것이지만 연고제를 발라 완화시키면 그 독성이 죽어 버리듯이 죄 그 자체는 치명적인 것이지만 회개로 완화가 되고 신성한 연고제인 그리스도의 피를 섞으면 그 유독한 저주의 성질이 제거된다.

(6) 하나님은 그들에게 율법의 큰 것을 보여 주신다. 우리가 자녀이기 때문에 하나님은 우리에게 그의 율법의 크고 놀라운 것을 보여 주신다. "천지의 주재이신 아버지여 이것을 지혜롭고 슬기 있는 자들에게는 숨기시고 어린아이들에게는 나타내심을 감사하나이다"(마 11 : 25). 아버지는 그의 자녀를 가르친다. 자녀는 그의 아버지에게 가서 "아버지, 모르는 것 좀 가르쳐 주셔요"라고 말한다. 그와 같이 다윗은 하나님께로 가서 말하였다. "주는 나의 하나님이시니 나를 가르쳐 주의 뜻을 행케 하소서"(시 143 : 10). 주님은 이렇게 말씀하셨다. "나는 네게 유익하도록 가르치고 너를 마땅히 행할 길로 인도하는 너의 하나님 여호와라"(사 48 : 17). 하나님의 자녀들은 구원에 필요한 모든 것을 가르침 받는 은혜를 받았다. 그들은 육적인 눈에는 가리워져 있는 놀라운 신비들을 본다. 엘리사는 그의 종은 보지 못한 불말과 불병거를 보았다(왕하 6 : 17). 양자가 된 사람은 세상에 의해 눈이 먼

사람들이 분간할 수 없는 자신의 죄들, 사단의 덫들, 그리고 그리스도의 아름다움을 본다. 다윗이 노인보다 더 명철하다는 것은 어째서 그런가?(시 119 : 100). 그는 그를 가르칠 아버지가 계셨다. 하나님이 그의 선생이셨다. "하나님이여 나를 어려서부터 교훈하셨으므로"(시 71 : 17). 많은 하나님의 자녀들이 무지와 우둔함을 불평한다. 이것을 기억하라—당신의 하나님 아버지가 당신의 가정교사이다. 그는 당신을 모든 진리로 인도하시기 위하여 그의 성령을 보내주시기로 약속하셨다(요 16 : 13). 그리고 하나님은 지식을 넣어 주실 뿐만 아니라 뜻을 움직여 주신다. 그는 우리가 행해야 할 것을 가르치실 뿐만 아니라 우리가 그것을 할 수 있도록 해주신다. "또 내 신을 너희 속에 두어 너희로 내 율례를 행하게 하리니"(겔 36 : 27). 말씀의 별이 우리를 그리스도에게로 인도하고 성령의 자석이 끌어주시니 이 얼마나 영광스러운 특권인가!

 (7) **하나님은 그들에게 기도의 담대함을 주신다.** 우리가 하나님의 자녀라는 사실이 우리에게 기도의 담대함을 준다. 자녀라면 그의 아버지에게 확신을 가지고 나아가며 그의 마음에서 안될거라는 생각은 찾아볼 수가 없다. "하물며 너희 천부께서 구하는 자에게 성령을 주지 않겠느냐"(눅 11 : 13). 아버지가 가진 모든 것은 그의 자녀를 위한 것이다. 그가 돈을 번다면 그의 자녀말고 누구를 위하여 쓰겠는가? 만일 우리가 죄 용서함을 위하여, 마음이 깨어지기 위하여 하나님께로 온다면 하나님은 그의 자녀를 거절하실 수 없다. 그가 그의 자녀들을 빼놓고 누구를 위하여 그의 긍휼을 비축해 두시겠는가?
 그리고 하나님의 자녀들에게 기도에 있어서 거룩한 담대함을 줄 수 있는 것은 이것이다. 즉 하나님이 아버지의 관계에 있을 뿐만 아니라 아버지로서의 성품을 가지셨다는 것을 생각할 때 담대할 수가 있는 것이다. 어떤 부모들은 무뚝뚝하고 찌푸린 성격을 가진 사람들도 있지만 하나님은 "자비의 아버지"시다(고후 1 : 3). 그는 세상의 모든 동정심보다 더 큰 동정심을 가지셨다. 기도 중에 우리는 하나님을 "자비의 아버지"시요, "은혜의 보좌" 위에 앉아 계시는 분이라는 생각을 하면서 바라보아야 한다. 우리가 어떤 상태에 있더라도 우리는 이 하늘의 아버지께 달려가야 한다.

우리가 죄 중에 있더라도. 마치 아픈 아이가 그 아버지에게 "내 머리야 내 머리야"라고 말하듯이 아버지께 말씀드려야 한다(왕하 4 : 19). 그는 몸이 좋지 않은 것을 발견하자마자 그의 아버지에게 구하여 달라고 달려간다. 죄를 지은 경우에도 마찬가지로 하나님께로 달려가야 한다. "아 내 마음, 내 마음! 아, 이 죽은 마음을 아버지여 소생시켜 주옵소서. 이 굳은 마음을 아버지여 부드럽게 하여 주옵소서. 아버지여, 내 마음, 내 마음을!"

우리가 시험 중에 있을지라도. 아이는 다른 사람이 자기를 치면 그의 아버지에게로 달려가서 일러 바친다. 그와 같이 마귀가 우리를 그의 시험으로 때리면 우리는 우리 아버지에게로 달려가자. "아버지, 사단이 그의 맹렬한 화살로 습격하고 다치게 합니다. 그는 저의 평화를 다치게 할 뿐만 아니라 아버지의 영광도 상하게 하려고 합니다. 아버지, 시험하는 자를 제거하여 주세요. 아버지의 자식이 이 '붉은 용'에게 괴로움을 당하고 있습니다. 아버지여, 아버지의 발 아래 사단을 바스러뜨려 주시지 않으시렵니까?" 이 얼마나 멋진 특권인가! 무슨 짐이든지 우리 영에 실리면 우리는 우리 아버지에게로 가서 그의 가슴에 우리의 모든 걱정과 슬픔을 풀어 놓을 수가 있다!

(8) **하나님은 그들을 자유의 상태로 이끄신다.** 우리가 자녀이기 때문에 우리는 자유의 상태에 있다. 글라우디오 루시아는 그의 자유를 보장하는 로마 시민권을 많은 돈을 들여 얻었다(행 22 : 28). 아들이 된다는 것은 자유롭게 된다는 것을 말한다. 하나님의 자녀들이 도덕률로부터 자유롭게 된다는 것은 도덕률 폐기론의 의미로서 이해할 것이 아니다. 도덕률 폐기론적 자유는 반항자의 억지자유 같은 것이다. 자녀가 부모에 대한 의무로부터 자유롭게 되어야 한다는 말을 들어본 적이 있는가? 그러나 하나님의 자녀들이 가지는 자유는 거룩한 자유

이다. 그들은 "죄의 법"으로부터 자유롭게 되는 것이다(롬 8 : 2).

중생하지 못한 사람이 노예의 상태에 있다는 것은 슬픈 불행이다. 그는 죄의 폭정 아래에 있다. 저스틴 마터는 사람이 그 자신의 격정에 굴복하는 것이 세상에서 가장 심한 노예상태라고 말하곤 하였다. 악인은 노예가 젓는 옛날의 갤리선에서 노를 젓는 바로 그 노예이다. 그의 마음을 들여다 보면 그를 지배하는 정욕의 군대가 있다. 그는 죄가 시키는 대로 해야 한다. 노예는 강탈하는 폭군을 섬긴다. 그가 광산을 파라고 명하든지 채석장에서 돌을 자르라고 하든지 노를 저으라고 명하면 그대로 해야 한다. 그와 같이 악인은 마귀에게 충동질 받은 부패한 품성이 그에게 명하는 대로 해야만 한다. 만일 죄가 그에게 술취하라고 명하든지, 음란한 행동을 하라고 하면 그는 마치 나귀가 마부의 명령대로 움직이듯이 죄의 명령대로 움직인다. 죄는 처음에는 그를 노예로 만들고 나중에는 저주를 한다.

그러나 하나님의 자녀들은 비록 죄의 내적 본질로부터는 자유롭지 못하지만 죄의 법으로부터는 자유롭다. 모든 죄의 명령들은 효력을 잃고 무효화된 법률과 같아서, 죄가 비록 하나님의 자녀 속에 살아도 세력을 떨치지는 못한다. "죄가 너희를 주관치 못하리니"(롬 6 : 14). 죄는 하나님의 자녀들에 대해서 강제적인 힘을 갖고 있지 않다. 자녀의 마음에는 부패를 견제하는 은혜의 원리가 있는 것이다. 비록 죄가 제거되지는 않았을지라도 그것이 억제를 당하고 있으며, 비록 죄를 막아낼 수는 없어도 죄를 억제할 수는 있다는 것이 믿는 자에게 위로가 된다. 하나님의 성도들은 육을 십자가에 못박았다고 말한다(갈 5 : 24). 십자가형은 질질 끄는 죽음이다. 먼저 한 지체가 죽고 다음에 다른 지체가 죽는다. 모든 하나님의 자녀들은 죄를 십자가에 못 박았다. 노인들의 갈비뼈는 때때로 떨어져 나간다. 비록 죄가 완전히 죽지는 않았어도 그것은 날마다 죽는다. 이것이 하나님의 자녀들의 복된 자유인데 그들은 죄의 법으로부터 자유를 누리는 것이다. 그들은 하나님의 성령에 의하여 인도함 받는다(롬 8 : 14). 이 성령님은 그들을 순종 가운데서 자유롭고 기쁘게 만드신다. "주의 영이 계신 곳에는 자유함이 있느니라"(고후 3 : 17).

(9) 하나님은 그들을 약속에 명시된 상속자로 만드신다. 우리가 자녀이기 때문에 우리는 모든 약속에 분명히 나타나 있는 대로 상속자들이다. 그 약속들은 보배로운 것이라고 하셨다. 약속들은 보석상자이다. 그것들은 복음의 젖으로 꽉 차있는 젖가슴이다. 약속들은 다양성이 풍부하여 그리스도인들의 현재의 상태에 다 맞다. 그가 용서의 은혜를 원하는가? 용서를 담고 있는 약속이 있다(렘 31 : 34). 그가 성결의 은혜를 원하는가? 고치는 약속이 있다(호 14 : 4). 확신의 은혜를 원하는가? 힘의 약속이 있다(사 41 : 10). 그리고 이 약속들이 자녀들의 떡이다(마 16 : 26). 성도들은 "약속을 기업으로 받는 자"라고 부른다(히 6 : 17). 약속 안에 그리스도와 천국이 있는데 성경 중의 약속에는 양자된 사람이 "이것은 네 것이다"라고 법적인 주장을 할 수 없는 약속은 전혀 없다. 옛 가족에 여전히 머물러 있는 사람들은 이 약속들과는 아무 상관이 없다. 다른 사람의 뜻이나 재고목록을 읽어볼 수는 있듯이 이 약속들을 읽어볼 수는 있으나 거기에 대해서 아무런 권리도 없다. 약속들은 울타리를 치고 닫아놓은 꽃밭과 같아서 낯선 사람들은 꽃을 딸 수가 없고 가족 자녀들만 딸 권리가 있다. 이스마엘은 여종에게서 태어난 아들이었다. 그에게는 가족으로서의 권리가 없었다. 사라가 언젠가 아브라함에게 "이 여종과 그 아들을 내어쫓으라"고 말하였다(창 21 : 10). 그와 같이 믿지 않는 자는 양자가 아니므로 가족의 일원이 될 수 없고 심판날에 하나님께서 "이 여종의 아들을 철저한 흑암 속으로 던져 버려라"고 말씀하실텐데 거기서 울며 이를 갊이 있을 것이다.

(10) 하나님은 그들에게 그의 복을 주신다. 우리가 자녀이기 때문에 우리는 우리 아버지의 복을 받을 것이다. "그들은 여호와께 복 받은 자손이라"(사 61 : 9). 우리는 이삭이 그 아들 야곱에게 축복한 말씀을 읽는다. "하나님은 하늘의 이슬과 땅의 기름짐이며 풍성한 곡식과 포도주로 네게 주시기를 원하노라"(창 27 : 28). 이것은 단지 야곱만을

위한 기도가 아니라 그와 그의 후손에게 임할 행복과 축복의 예언인 것이다. 그와 같이 양자된 자녀마다 그의 하늘의 아버지의 축복을 받는다. 하나님께서 가지신 모든 복에 스며들게 하신 특별한 복이 있다. "여호와께서 자기 백성에게 평강의 복을 주시리로다"(시 29 : 11 ; 출 23 : 25). 하나님이 그들에게 평강을 주실 뿐만 아니라 그들은 그것을 다른 축복과 함께 받는다. 악인은 그들의 즐기는 것을 하나님 없이 가지지만 양자된 사람은 그 좋은 것을 하나님의 사랑과 함께 가진다. 악인은 그것들을 섭리에 의해서 가지지만 성도들은 약속에 의해서 가진다. 이삭은 줄 축복이 하나밖에 없었다. "내 아버지여 아버지의 빌 복이 이 하나 뿐이리이까"(창 27 : 38). 그러나 하나님은 그 자녀들에게 주실 복을 많이 가지고 계신다. 그는 그들의 영혼에, 육체에, 이름에, 재산에, 자손에게 복을 내리신다. 그는 그들에게 윗샘과 아랫샘으로 복을 주신다. 그는 그들에게 복을 더하여 주시되 그의 복을 뒤집지는 아니하신다. 이삭이 야곱에 관하여 말하기를 "그를 위하여 축복하였은즉 그가 정녕 복을 받을 것이니라"(창 27 : 33)라고 한 것처럼 하나님이 그의 자녀들에게 복을 내리시면 그들이 복을 받게 되어있다.

(11) 하나님이 모든 일을 그들의 유익을 위해서 행하신다. 우리가 하나님의 자녀이면 일어나는 모든 일은 우리에게 유익하게 된다. "하나님을 사랑하는 자 곧 그 뜻대로 부르심을 입은 자들에게는 모든 것이 합력하여 선을 이루느니라"(롬 8 : 28). 좋은 일도 그렇고 나쁜 일도 그렇다.

① 좋은 일도 하나님의 자녀들을 위하여 선으로 작용한다.

긍휼들도 그들에게 선을 이룬다. 하나님의 긍휼은 그들을 부드럽게 한다. 다윗의 마음은 하나님의 긍휼에 녹아졌다. "나는 누구오며 내 집은 무엇이관대 나로 이에 이르게 하셨나이까"(삼하 7 : 18), "비천한 집안에서 태어난 나, 목자의 지팡이나 잡고 있던 내가 지금은 왕홀을 잡다니! 아니, 당신은 당신의 종의 집에 놀라운 때가 올 것을 말씀하셨습니다. 당신은 저의 후손이 왕좌에 앉고 찬양받으실 구세주가 내

왕통, 내 족속 중에 오실 것을 약속하셨습니다. 오, 주 하나님이여 이 것이 사람이 하는 일이겠습니까!" 이 말은 어떤 사람이 긍휼을 받을 자격이 없는 자에게 이와 같은 친절을 베풀겠습니까 하는 말이다. 이 선한 사람의 마음이 하나님의 긍휼에 어떻게 녹아지고 부드러워졌는 가를 보라! 부싯돌 같은 마음도 하나님의 부드러운 모루 위에서는 곧 깨어지고 만다.

긍휼은 하나님의 자녀들이 더 많은 열매를 맺게 한다. 토지는 그 위에 비용을 더 많이 들이면 더 수확이 많다. 하나님이 그의 자녀들에게 건강을 주시면 그들은 그것을 그리스도를 위하여 쓰고 또 쓰임을 받는다. 그가 그들에게 재산을 주시면 그들은 그들의 재물로 주님을 영화롭게 한다. 가난한 자들의 등과 배는 그들이 자선의 귀한 씨를 뿌릴 밭이다. 하나님의 자녀는 그의 재산으로 그의 마음을 하나님께 더 꽉 묶을 황금고리를 만들고 그를 천국으로 더 높이 올려다 줄 받침대를 만든다.

예배의식들도 하나님의 자녀들에게 선을 이룬다. 설교말씀이 그들에게 선을 이루는데, 그것은 생명의 향기이고 발 앞을 비추는 등불이며 그들의 마음을 씻는 대야이다. 설교말씀은 건강의 도구이며 구원의 수레이다. 그것은 접붙여 주고 변화시켜 주는 말씀이며, 기름부음으로 그들의 눈이 빛을 바라보게 해 주는 말씀이다. 말씀의 설교는 그리스도께서 자신을 성도들 앞에 나타내어 보여 주시는 창문이다. 성소의 황금파이프는 생명의 물을 날라다 준다. 악인에게는 설교말씀이 악으로 작용하는데 비록 생명의 말씀일지라도 죽음의 냄새가 된다. 꼭같은 원인이 다른 결과, 아니 정반대의 결과를 가져올 수도 있다. 태양은 얼음은 녹이지만 진흙은 굳게 한다. 중생하지 못하고 세속적인 사람에게는 말씀이 그를 겸손하게 만드는 것이 아니라 오히려 완악하게 만든다. 최고의 설교가이신 예수 그리스도는 어떤 사람에게는 걸림돌이 되셨다. 유대인들은 그의 달콤한 입에서 죽음을 빨아들이켰다. 젖가슴이 누구를 죽인다는 것은 슬픈 일이다. 악인은 하나님의 자녀들이 구원의 젖을 빨아 살찌는 예배의식의 젖가슴에서 독을 빨아 마신다.
　성례도 하나님의 자녀들에게 선을 이룬다. 설교말씀에서 성도들은 그리스도의 음성을 듣고, 성례에서 그들은 그의 입맞춤을 받는다. 성찬식은 성도들에게는 기름진 음식을 차려놓은 잔치이다. 그것은 치료하고 인쳐주시는 의식이다. 이 떡쟁반, 나아가 성찬잔에는 시들어가는 영을 소생시키시는 피흘리신 구세주의 살과 피가 담긴다. 성례는 하나님의 자녀들의 마음 가운데 영광스러운 효과를 가져온다. 그것은 그들의 애정을 자극하고 그들의 믿음을 강하게 하며 그들의 죄를 죽이고 그들의 소망을 소생시키며 그들의 기쁨을 증가시킨다. 그것은 천국을 미리 맛보게 하는 것이다.
　② 나쁜 일도 하나님의 자녀들에게는 선으로 작용한다.
　"정직한 자에게는 흑암 중에 빛이 일어나나니"(시 112 : 4). 가난도 하나님의 자녀들에게는 선으로 작용한다. 그것은 그들의 정욕을 굶겨 죽인다. 그것은 그들의 은혜를 증가시킨다. "하나님이 세상에 대하여는 가난한 자를 택하사 믿음에 부요하게 하시고"(약 2 : 5). 가난은 기도하게 하는 경향이 있다. 하나님이 그들의 자녀들의 날개 끝을 가난으로 잘라 치시면 그들은 재빨리 은혜의 보좌로 날라간다.
　질병도 그들에게는 선으로 작용한다. 그들은 죽을 몸을 소모품으로 쓴다. "겉사람은 후패하나 우리의 속은 날로 새롭도다"(고후 4 : 16). 로마의 두 월계수가 하나는 마를 때 다른 쪽이 무성하게 되는 것과 같다. 육체가 시들 때 그리스도인의 영혼은 번성하게 된다. 얼마나 자주 우리는 쇠약해진 몸에서 생생한 믿음을 보게 되는가! 히스기야는 그의 보좌 위에 앉았을 때보다도 병상에 누웠을 때가 더 믿음이 나았다. 그가 병상에 누웠을 때 자신을 겸손하게 낮추고 울었다. 그러나 그가 보좌 위에 올라 앉게 되자 그의 교만심이 자라나게 되었다(사 39 : 2). 하나님의 자녀들은 질병으로 영이 회생된다. 이런 의미에서 "연약한 가운데서 강하게 되기도 하며"(히 11 : 34)라고 하신 것이다.
　꾸중도 하나님의 자녀들에게 선을 이룬다. 그것은 그들의 은혜와 그들의 영광을 증가시킨다.

악평도 그들의 은혜를 증가시킨다. 농부는 그의 토지를 파헤침으로써 흙을 기름지고 비옥하게 만든다. 하나님은 악인이 그의 백성에게 비방과 중상으로 거름을 주게 허락하여 그들의 마음이 은혜가 자랄 수 있는 비옥한 토지가 되게 하신다.

비난은 그들의 영광을 더해 준다. 성도들의 명성을 부당하게 빼앗는 사람은 그 면류관이 더 빛나도록 보태어 주는 것이다. 태양은 가리워졌다가 나오면 더 밝게 빛난다. 하나님의 자녀가 비난으로 가리워질수록 천국에서는 더 밝게 빛나게 된다.

박해도 하나님의 자녀에게는 선을 이룬다. 경건한 사람은 그레고리 나찌 안젠이 말한 식물에 비유할 수 있다. 그것은 짓밟으면 살아나고 자르면 자라난다. 성도들의 열심과 사랑은 고통을 받으면 뜨겁게 부풀어 오른다. 그들의 기쁨이 피어난다. 초대 그리스도인들은 그들이 석방되는 것보다는 박해를 받는 것을 더 기뻐하였다고 터툴리안은 말하였다.

죽음도 하나님의 자녀에게는 선을 이룬다. 그것은 선지자 엘리야에게 회리바람이 불어 그의 겉옷을 날려버렸어도 그것이 그를 천국으로 데려간 것과 같다. 그와 같이 죽음은 하나님의 자녀에게는 사납게 몰아치는 회리바람과 같아서 육신은 영혼을 둘러싸고 있는 겉옷에 불과할진대 그 바람이 그의 겉옷 육신을 날려버려도 그 영혼을 하나님께로 데려가는 것이다. 이것이 하나님의 아들들의 영광스러운 특권이다. 그들에게 일어나는 모든 것이 그들에게 선을 이룬다. 크리소스톰이 말한 것과 같이 하나님의 자녀들은 천국에 이르면 그들이 당한 모든 십자가의 섭리 때문에 하나님을 찬미하게 될 것이다.

(12) 하나님이 그들을 멸망으로부터 지키실 것이다. 마지막으로 우리가 하나님의 자녀이면 우리는 결코 종국적으로 멸망을 당하지 않을 것이다(요 5 : 24; 10 : 28). 양자가 된 사람은 저주의 세력에서 벗어났다. "그리스도 예수 안에 있는 자에게는 결코 정죄함이 없나니"(롬 8 : 1). 아버지가 그 자신의 아들을 저주하겠는가? 하나님은 그 자녀

에게서 결코 상속권을 박탈하시지 않는다. 세상 아버지들은 어떤 잘못이 있으면 상속권을 박탈하시기도 한다. 르우벤은 근친상간 때문에 그의 장자 대권을 상실하였다(창 49:4). 부모들이 그들의 자녀에게서 상속권을 빼앗는 이유가 무엇인가? 틀림없이 이것이다. 즉 그들이 개선될 여지가 없기 때문이다. 그들은 상속권을 갖기에 적합하게 그들을 만들 수가 없다. 그러나 우리가 나쁠 때는 우리 하늘에 계신 아버지는 우리를 어떻게 낫게 만드실지를 아신다. 그는 우리를 상속받기에 적합하도록 만드실 수가 있다. "우리로 하여금 빛 가운데서 성도의 기업의 부분을 얻기에 합당하게 하신 아버지께 감사하게 하시기를 원하노라"(골 1:12). 그러므로 우리를 더 낫게 하시고 상속받기에 알맞도록 하실 권세가 있으신 분이시니 우리에게서 종국적으로는 상속권을 결코 빼앗지 않으실 것은 틀림이 없다.

이것이 너무나 좋은 특권이고 그리스도인의 생활의 위로가 여기에 있기 때문에 나는 하나님의 자녀는 종국적으로는 결코 망할 수 없다는 주장으로 이를 마감하고자 한다. 지옥과 저주의 상속은 끊어졌다. 하나님의 자녀가 아무리 잘해도 지옥에 갈 죄가 없어지는 것은 아니지만 그리스도께서는 법정에서 우리의 용서를 비시는 친구가 되신다. 그러므로 죄를 저주할 힘은 제거되는데 그것을 논증하겠다.

하나님의 자녀들은 종국적으로는 멸망할 수 없는데 그것은 하나님의 의가 그들의 죄값을 다 갚으시기 때문이다. 그리스도의 피는 그것을 믿는 모든 자를 위한 공로가 될 뿐만 아니라 또한 모두를 갚을 만한 효력이 있는 댓가가 된다. 이것이 하나님의 피(행 20:28)이기 때문에 하나님의 공의는 충분히 충족되었고 이 피가 마음에 흘러 들어간 사람이나 이 피를 바른 사람이 저주를 받을 여지는 없다. 예수 그리스도는 우리의 대부(代父)가 되셨다. 그는 모든 하나님의 자녀들을 보증하려고 나섰다. 그는 공의(公義)에게 "그들을 참으소서 내가 그 모두를 갚으리이다"라고 말씀하셨기 때문에 믿는 자는 진노를 당할 까닭이 없다. 하나님은 보증자와 빚진 자 둘에게 이중으로 빚을 갚으라고 말씀하시지는 않는다(롬 3:24~26). 하나님은 자비하셔서 그 자녀를 용서하실 뿐만 아니라 또한 의로우시기 때문에 우리 죄를 사하여 주신다(요일 1 : 9). 하나님이 보증자에 의해서 만족하시고, 죄인을 용서하여 주시는 그의 공정하시고도 의로우신 행동을 보여준다.

 하나님의 자녀들에게 저주의 판결이 통할 수 없는 것은 그들이 하나님의 자녀일 뿐만 아니라 또한 그리스도의 신부이기도 하기 때문이다(갈 4 : 10). 그리스도와 성도 사이는 혼인으로 연합되어 있다. 모든 하나님의 자녀는 그리스도의 한 부분이다. 그는 그리스도와 신비적으로 연합되어 있는 것이다. 그런데 그리스도의 지체가 멸망할 수 있는가? 그리스도가 멸망하실 수 없듯이 하나님의 자녀들도 멸망할 수가 없다. 예수 그리스도는 신랑되시며 아울러 심판자가 되시는데 그가 그 자신의 신부에게 저주하시겠는가?

 하나님의 자녀마다 모습이 그리스도를 닮아간다. 그는 같은 성령, 같은 판단, 같은 뜻을 가지게 된다. 그는 그리스도의 살아있는 초상화이다. 그리스도께서 성도들의 이름들을 그의 가슴에 간직하시는 것처럼 그들은 그의 형상을 그들의 마음에 지닌다(갈 4 : 19). 그리스도께서 그 자신의 형상이 파괴되는 것을 참으시겠는가? 데오도시우스는 그의 동상을 일그러뜨리는 자들을 반역자로 여겼다. 그리스도는 믿는 자들의 안에 있는 그의 형상이 일그러지거나 찢기도록 놓아두시지 않을 것이다. 그는 그 자신의 초상화가 불타는 것을 차마 보시지 못할 것이다. 바다에는 악취를 풍기는 썩은 고기만 버리는 것이 아니라 쓸만한 물건도 던져 버리게 되지만 하나님의 보석들은 하나도 지옥의 무서운 바다로 던져지지 않는다.

 만일 하나님의 자녀들이 궁극적인 멸망을 당할 수도 있다면 죄의 용서는 특권이 될 수는 없다. 성경은 "허물의 사함을 얻고 그 죄의 가리움을 받은 자는 복이 있도다"라고 말씀하신다(시 32 : 1). 그러나 상속권 약속 위에 마지막으로 저주의 선언이 선고된다면 죄 용서받는 것이 무슨 복이 되겠는가? 만일 어떤 사람이 사면받은 후에 유죄판결이 다시 내려진다면 왕의 사면이 좋다는 것이 무엇인가?

 만일 하나님의 자녀도 종국적으로 상속권을 빼앗길 수 있다면 우리에게 영광스러운 상급을 말씀하신 성경은 성취될 수 없다. "진실로 의인에게 갚음이 있고"(시 58 : 11). 하나님의 계명은 약속이 있음으로 좋은 것이다. 그는 의무와 보상을 한데 묶어 놓으셨다. 몸에서 정맥은 더러운 피를 운반하고 동맥은 깨끗한 피를 나르듯이 말씀의 한쪽에는 의무가 실려 있고 다른 쪽에는 보상이 실려있다. 그런데 하나님의 양자된 자가 궁극적으로 실패할 수 있다면 의인에 대한 갚음이 무엇이란 말인가? 그리고 모세가 경솔하게 상주심을 바라보았단 말인가?(히 11 : 26). 그렇다면 결과적으로 절망으로 향한 문도 열려 있었다는 말이 된다.

지금까지 나타난 모든 것을 미루어 볼 때 하나님의 자녀는 상속권을 빼앗기거나 하나님의 저버림을 받을 수 없다. 그들이 행복을 잃을 수도 있다면 그리스도도 그의 구하시는 것을 잃을 수도 있고 헛되이 죽으셨을 수도 있다.

이로써 우리는 하나님의 자녀들의 영광스러운 특권들을 살펴 보았다. 이 얼마나 신앙생활에 대한 큰 격려가 되는가! 어떻게 이것을 보고도 믿는 자가 돌아서도록 미혹될 수가 있는가! 세상이 하나님의 자녀들과 우열을 다투겠는가? 세상이 이와 같은 특권을 줄 수 있는가? 사울이 말한 것처럼 세상이 우리에게 각기 밭과 포도원을 주며 우리로 천부장, 백부장을 삼겠는가?(삼상 22 : 7) 세상이 하나님이 그 자녀들에게 하신 것처럼 우리를 위하여 해 줄 수 있겠는가? 그것이 죄 용서함이나 영원한 생명을 줄 수 있는가? "에브라임의 끝물 포도가 아비에셀의 맏물 포도보다 낫지 아니하냐?"(삿 8 : 2) 믿음을 얻어야 하지 않겠는가? 죄에 우리가 사랑할 만한 것이 무엇이 있는가? 죄의 일은 고되기만 한 일이요 그 삯은 사망일 뿐이다. 죄에서 양자된 자의 특권보다 더 나은 것을 찾을 수 있다는 사람은 억지를 부리고 있으며 마귀의 꾀임에 귀를 빼앗기고 있는 것이다.

20
하나님의 자녀된 그리스도인들에게 주는 권면

세상을 향하여 자기들은 하나님의 자녀가 아니라고 공언하는 사람들에 대한 고발장은 그들은 모두 신성을 더럽히는 사람들이라고 규정한다. 이들은 저주를 그들의 이마에 써붙이고 다니는 자들이다.

믿음생활을 조롱하는 자들. 이들을 하나님의 자녀라고 부르는 자체가 신성모독이다. 참된 자녀라면 그의 아버지의 초상화를 보고 비웃겠는가?

이성을 술에 빠뜨리고 양심이 무감각해진 술에 빠진 사람들. 이들은 소돔과 같이 자기들의 죄를 드러내고 있다. 이들은 하나님의 자녀일 수는 있으나 "저주의 자식"들이다(벧후 2 : 14).

두 가지 권면.

1. 우리가 하나님의 자녀인 것을 스스로 증명하자.
2. 하나님의 자녀답게 스스로 처신하자.

1. 우리가 하나님의 자녀인 것을 스스로 증명하자.

우리가 하나님의 자녀인 것을 스스로가 증명하자. 많은 잘못되고 비성경적인 증거들이 있다.

어떤 사람은 말하기를 근엄해 보이는 성직자가 신앙심 깊어 보이는데 이런 사람들이 실수를 할 수 있겠느냐고 한다. 볼 수 있는 사람이 장님이냐는 것이다.

사람에 따라서는 외형적 몸가짐과 처신만을 볼 수도 있다. 그것이 공정하다면 그들은 당신을 너그럽게 잘 판단하고 있는지도 모른다. 그러나 하나님과 양심은 무어라고 말씀하는가? 이들이 당신의 면책 선서자인가? 당신은 과연 하나님의 계획 속의 성도인가? 세상은 칭찬하는데 양심은 고발한다면 가련한 일이다.

아, 그러나 어떤 사람은 "나는 내가 하나님의 자녀이기를 희망한다. 나는 나의 하늘에 계시는 아버지를 사랑한다"라고 말한다.

당신이 왜 하나님을 사랑하는가? 아마 하나님이 당신에게 곡식과 포도주를 주시기 때문인지도 모른다. 이것은 돈에만 움직이는 사랑이요 하나님보다 당신 자신을 더 사랑하는 사랑이다. 당신이 손에 건초를 한 묶음 쥐고 가면 양을 온 들판으로 끌고 다닐 수 있다. 그러나 그 건초를 던져 버리면 더 이상 그 양은 당신을 따라오지 않을 것이다. 이와 같이 사팔눈을 가진 위선자들은 단지 여물 때문에 하나님을 사랑한다. 이것이 사라지면 그의 애정 또한 사라지고 만다.

그러나 이 헛되고 잘못된 양자의 증거를 떠나서 건전한 증거를 요청하자. 양자의 으뜸되는 증거는 성결이다. 아, 그리스도인들이여, 여러분의 영혼이 성결한 일로 채워져 있는가 살펴보라! 여러분의 이해력이 더 나은 것을 분별하기 위하여 성별되었는가? 여러분의 의지가 천국에 적합한 대상물을 포용하기 위하여 성별되었는가? 하나님이 사랑하시는 것을 사랑하고 하나님이 미워하시는 것을 미워하는가? 여러분은 헌신한 사람인가? 이것이 하나님의 자녀를 입증한다. 하나님은 그의 형상과 표제를 가진 사람을 결코 거절치 않으신다.

2. 하나님의 자녀된 자답게 스스로 처신하자

하나님의 자녀된 자답게 스스로 처신하고, 높으신 하나님의 자녀답게 스스로 행동하자.

(1) **순종**으로. "순종하는 자식처럼"(벧전 1:14). 만일 낯선 사람이 아이에게 어떤 일을 하라고 명령하면 그 아이는 그것을 중요시하지 않는다. 그러나 그의 아버지가 명령하면 그는 즉시 순종한다. 사랑으로 하나님께 순종하라. 기꺼이 그에게 순종하라. 모든 계명에 순종하라. 그가 당신의 가슴 속의 죄를 떠나라고 명하시면 그것을 떠나서 아주 싫어하라. "내가 레갑 족속 사람들 앞에 포도주가 가득한 사발과 잔을 놓고 마시라 권하매 그들이 가로되 우리는 포도주를 마시지 아니하겠노라 레갑의 아들 우리선조 요나답이 우리에게 명하여 이르기를 너희와 너희 자손은 영영히 포도주를 마시지 말며"(렘 35:5, 6). 그와 같이 사단과 당신 자신의 마음이 유혹하여 죄를 짓도록 당신 앞에 포도주 잔을 놓으면 마시기를 거절하라. "내 하늘의 아버지께서 내게 마시지 말라고 명하셨느니라"라고 말하라. 위선자들은 자기들의 명성과 이익에 맞는 것은 순종하지만 그렇지 않은 것은 구실을 대서 피하려고 한다. 에서는 사슴고기를 잡아 가져오라는 아버지의 명령에는 순종하였는데 그것은 아마 그가 사냥을 좋아했기 때문이었을 것같다. 그러나 더 중요한 일, 즉 그의 아내를 선택하는 일에 있어서는 순종하기를 거절하였다.

(2) **겸손**에 있어서도 하나님의 자녀답게 스스로 처신하자. "다 서로 겸손으로 허리를 동이라"(벧전 5:5). 그것이 어울리는 옷이다. 하나님의 자녀들은 매일 아침 하나님의 말씀 거울에 그의 얼굴을 비춰보고 그의 죄스러운 얼룩들을 바라보게 하자. 이것이 그로 하여금 하루종일 겸손하게 행하게 만들 것이다. 하나님은 그의 자녀들이 교만하게 자라는 것을 참고 보시지 못한다. 그는 그가 베드로에게 하셨던 것처럼 그들이 죄에 떨어지는 것을 허용하셔서 그들의 영예의 깃털 장식이 떨어지게 하시고 더 낮은 땅으로 내려가는 것을 배우게 하신다.

(3) **절제**에 있어서도 하나님의 자녀답게 행하자. "우리는 낮에 속하였으니 근신하여"(살전 5:8). 하나님의 자녀들은 다른 사람들처럼

행하여서는 안된다. 하나님의 자녀들은 절제하여야 한다.

(4) 말에 있어서도. 분별없는 말은 하지 말고, 꿀사나운 말도 하지 말아야 한다. "너희 말을 항상 은혜 가운데서 소금으로 고루게 함같이 하라"(골 4 : 6). 은혜는 우리의 말을 고루게 하고 향기롭게 만드는 소금이다. 우리의 말은 충실하고 무게가 있어야 하며, 경박하지 않아야 한다. 하나님의 자녀들은 낙원의 말을 하여야 한다. 많은 사람들이 하나님의 자녀인체 하지만 그들의 말에 들통이 나고 만다. 그들의 입술은 떨어뜨리는 꿀통이 아니라 집안의 모든 더러운 것이 걸려 나오는 싱크대와 같다.

하나님의 자녀들은 그들의 **의견**에 있어서도 절제해야 한다. 온건한 사람이 가질 수 있는 의견만 가져야 한다. 성 바질이 말한 것처럼 영적인 도취나 격앙 따위들은 잘못된 것이다. 그리스도께서 이 땅 위에 다시 와보신다면 많은 환자들을 보실 것이다. 우리 사이에는 치료를 필요로 하는 영적으로 미친 사람들이 많다.

하나님의 자녀들은 **옷차림**에 있어서도 절제하여야 한다. "너희 단장은 머리를 꾸미고 금을 차고 아름다운 옷을 입는 외모로 하지 말고 오직 마음에 숨은 사람을 온유하고 안정한 심령의 썩지 아니할 것으로 하라"(벧전 3 : 3~4). 하나님의 자녀들은 세속을 따르지 말아야 한다(롬 12 : 2). 다른 사람들이 하는 것처럼 모든 유행을 다 따라가는 것은 하나님의 자녀들이 할 일이 아니다. 다 벗은 젖가슴은 텅빈 마음을 들여다 볼 수 있는 유리 아니고, 무엇이란 말인가? 얼굴에 괴상한 칠을 해 놓은 것은 마귀의 마음을 엿볼 수 있는 것이 아니고 무엇이란 말인가? 하나님은 이 괴상한 칠을 죽음의 푸른 색깔로 바꾸어 놓으실지도 모른다. 절제하라.

(5) **근면**에 있어서도 하나님의 자녀답게 스스로 처신하자. 우리는 우리의 직업에 부지런하여야 한다. 신앙생활을 한다고 그것이 게으름에 대한 정당한 이유를 인쳐주는 것은 아니다. 제롬은 그의 친구에게

항상 고용된 일을 잘 하라고 충고하였다. "엿새 동안은 힘써 내 모든 일을 행할 것이나." 하나님은 모든 자녀들이 열심히 일하도록 해 두셨다. 그들은 수고도 아니하고 길쌈도 아니하는 백합화 같아서는 안된다. 참으로 천국은 쉬는 곳이다. "저희 수고를 그치고 쉬리니"(계 14 : 13). 거기서는 성도들은 모든 일하는 연장들을 옆으로 치워 놓고 수금과 비파를 잡지만 우리가 이곳에 있는 동안에는 직업을 가지고 열심히 일해야 한다. 하나님은 우리의 근면에 복을 주시지 게으름에 복주시지 않는다.

(6) **통이 큼과 대담함**에 있어서도 하나님의 자녀답게 스스로 처신하자. 성도들은 고귀한 태생이다. 그들은 참된 왕족이요 하나님에게서 태어난 자들이다. 그들은 비열하거나 치사한 일을 해서는 안된다. 그들은 사람의 낯을 두려워해서는 안된다. 용감한 정신을 가진 느헤미야가 "나 같은 자가 어찌 도망하며"(느 6 : 11)라고 말했듯이 하나님의 자녀들은 "내 임무를 행하는 것을 두려워 하겠는가, 내가 불명예스럽게 사람들의 정욕과 기분을 따르며 나 자신을 팔아먹겠는가"라고 말해야 한다. 지극히 높으신 분의 자녀들은 그들의 고상한 출생을 더럽히거나 불명예롭게 하는 것은 아무것도 하지 말아야 한다. 왕의 아들은 자기 신분보다 낮은 일을 하는 것을 수치로 여긴다.

(7) **신성함**에 있어서도 하나님의 자녀답게 스스로 처신하자(벧전 1 : 16). 거룩은 아름다움의 왕관이다. 이 점에 있어서 하늘에 계신 우리 아버지를 닮아가자. 방탕한 자녀는 그 아버지의 치욕이다. 스스로가 하나님의 자녀라고 고백하는 자들의 단정치 못한 행동들보다 더 하늘에 계신 우리 아버지께 체면손실을 갖다 드리는 것은 없다. 다른 사람들이 뭐라고 말하겠는가? 이들이 지극히 높으신 분의 자녀들이란 말인가? 하나님이 그들의 아버지란 말인가? "하나님의 이름이 너희로 인하여 이방인 중에서 모독을 받는도다"(롬 2 : 24). 아, 하늘에 계신 우리 아버지께 체면손상을 드리는 일은 아무것도 하지 말자.

(8) **즐거움**에 있어서도 하나님의 자녀답게 스스로 처신하자. 요나답이 암논에게 이렇게 말했다. "왕자여 어찌하여 나날이 이렇게 파리하여 가느뇨"(삼하 13：4). 어찌하여 하나님의 자녀들이 그렇게 수심에 잠겨 걷는가? 그들은 하늘의 상속자가 아닌가? 아마 그들은 세상에서 어려운 일을 만났을른지 모른다. 그러나 그들에게 왕의 씨이며 하나님의 가족임을 기억하게 하라. 어떤 사람이 낯선 땅에 와서 박절한 대우를 받더라도 그가 그의 본국에서 큰 재산을 상속받을 아들이요 상속자이면 즐거워 할 수 있는 것처럼 하나님의 자녀들도 이것으로 스스로를 위로해야 한다. 비록 그들이 지금은 낯선 나라에 있지만 그들은 위에 있는 예루살렘에 들어갈 자격이 있고, 비록 지금은 죄가 그들에게 걸려 있고 질병의 잔재가 남아 있지만 머지않아 그것들은 다 제거될 것이다. 죽을 때 그들은 이 독사를 떨쳐 버릴 것이다.

(9) 그리고 마지막으로, **거룩한 소망과 기대**에 있어서 하나님의 자녀답게 스스로 처신하자. 자녀들은 늘 집으로 돌아가고 싶어한다. "과연 우리가 여기 있어 탄식하며 하늘로부터 오는 우리 처소로 덧입기를 간절히 사모하노니"(고후 5：2). 우리 아버지 집에는 양식이 풍족하다. 얼마나 우리 집이 그리운지! 죽음이 하나님의 자녀를 그의 아버지의 집에 데려다 준다. 그래서 사도 바울은 떠나기를 갈망하였었다. 믿음으로 우리가 우리 영혼을 우리 아버지 손에 맡길 수 있을 때 그것은 편안한 죽음이 된다. "아버지여 내 영혼을 아버지 손에 부탁하나이다"(눅 23：46).

21
핍박에 관하여

"의를 위하여 핍박을 받은 자는 복이 있나니 천국이 저희 것임이라"(마 5:10).

우리는 이제 팔복 중 마지막 복에 도달하였다. "의를 위하여 핍박을 받은 자는 복이 있나…." 우리 주 그리스도께서는 우리에게 비용을 계산하라고 하신다. "너희 중에 누가 망대를 세우고자 할진대 자기의 가진 것이 준공하기까지에 족할는지 먼저 앉아 그 비용을 예산하지 아니하겠느냐"(눅 14:28). 신앙생활에는 회개의 눈물과 핍박의 피의 비용이 든다. 그러나 우리는 여기서 역경의 날에도 약하여지지 않도록 우리를 지켜주는 큰 격려를 보게 된다. 현재에도 복을 받고 장래에는 면류관을 쓰게 된다는 것이 바로 그것이다.

이 말씀은 두 일반적인 부분으로 나누어진다.

1. 이 땅 위에서의 믿음깊은 사람들의 상태 : "핍박을 받음"
2. 이 땅 위에서의 생애 뒤에 오는 보상 : "천국이 저희 것임이라"

(1) **핍박에 관한 고찰**. 나는 주로 앞의 부분을 언급하고 나중 것은 응용면에서만 간략하게 살펴보겠다.

고찰컨대, 참된 신앙생활에는 대개 핍박이 따른다. "우리가 하나님

나라에 들어가려면 많은 환난을 겪어야 할 것이라"(행 14：22). "이에 유대인들이 경건한 귀부인들과 그 성내 유력자들을 선동하여 바울과 바나바를 핍박케 하여 그 지경에서 쫓아내니"(행 13：50). 루터는 그리스도인이란 말에서 바로 그런 뜻을 풀어내기를 "그리스도인들은 그 말이 의미하는 바와 같이 그리스도처럼 십자가에 못박힌 자들"이라고 하였다. 그리스도께서는 우리로부터 저주를 제거하시기 위하여 죽으셨지 우리로부터 십자가를 제거하기 위한 것이 아니다. 건물에 사용하기 위해 잘라내어진 돌은 먼저 반듯하게 하기 위하여 다듬고 끌과 망치질을 당하여야 한다. 잘 믿는 사람을 "산 돌"이라고 부른다(벧전 2：5). 그래서 그들은 하늘의 건물에 적합하게 되기 위해서 핍박자들의 손에 의해 잘라지고 윤이 나게 되어야 한다. 성도들에게는 시련에 대한 예외규정이 없다. 비록 그들이 더할 수 없을 만큼 온유하고 자비롭고 마음이 청결하다 해도 그들의 경건이 고통으로부터 그들을 보호해 주지는 않는다. 그들은 그들의 수금을 버드나무에 걸어놓고 십자가를 져야한다. 천국으로 가는 길은 가시와 피의 길을 통과해야 한다. 그 길은 성령의 위로를 생각하면 장미꽃으로 가득한 길이지만 핍박을 생각하면 가시로 가득한 길이다. 이스라엘 백성들이 젖과 꿀이 흐르는 가나안 땅에 도착하기 전에 그들은 독사가 들끓는 광야와 홍해를 통과해야 했다. 그와 같이 하나님의 자녀들은 거룩한 땅으로 가는 도중에 맹렬한 독사떼와 핍박의 홍해를 만나야 한다. 암브로스는 "거기에는 아벨은 없고 가인만 있다"고 말하였다. 사도 바울은 에베소에서 맹수들과 싸웠다(고전 15：32). 이런 것들을 볼 때 우리가 그리스도를 따르려면 칼과 채찍을 당해야 한다. 십자가를 여러분의 신조 속에 넣으라. 여기에 덧붙여 우리가 알아야 할 몇 가지 것이 있다.

  1. 핍박의 뜻이 무엇인가？
  2. 핍박의 종류.
  3. 핍박은 왜 있어야 하는가？
  4. 주된 핍박은 그리스도의 사역자들에 대하여 일어난다.

5. 사람을 복되게 하는 핍박은 무엇인가?

1. 핍박의 뜻이 무엇인가?

핍박은 무엇을 의미하는가? 헬라말로 핍박한다는 말은 "성가시게 굴고 못살게 굴다"라는 뜻과 때로는 "다른 사람을 고소하다", "법정에서 규탄하다", "죽을 때까지 끈질기게 괴롭히다"는 뜻 등등을 나타낸다. 핍박자는 "찌르는 가시"(겔 28 : 24)이다. 그러므로 교회를 "가시나무 가운데 백합화"(아 2 : 2)로 설명한다.

2. 핍박의 종류

핍박의 종류에는 어떤 것이 있는가? 두 가지 종류의 핍박이 있는데 손으로 하는 핍박과 혀로 하는 핍박이 그것이다.

(1) **손으로** 하는 핍박. "너희 조상들은 선지자 중에 누구를 핍박지 아니하였느냐"(행 7 : 52). "우리가 종일 주를 위하여 죽임을 당케 되며"(롬 8 : 36 ; 갈 4 : 29). 이것을 나는 피흘린 핍박이라고 부르는데 하나님의 사람들이 불과 칼로 핍박을 받은 것이다. 우리는 네로, 도미시안, 트라얀 등등의 로마황제 때의 10대 박해와 16세기의 30년 전쟁 당시의 영국의 매리 여왕의 박해에 대해서 읽은 바가 있다. 이런 때에 많은 사람들이 박해자의 채찍으로 죽음의 핍박을 받았었다. 하나님의 교회에는 언제나 아브라함이 이삭을 바칠 때의 수양과 같이 가시덤불에 묶여있는 희생양이 있다.

(2) **혀로** 하는 핍박.
① **욕설.** 이것을 핍박으로 생각하는 사람이나 마음에 두는 사람이 거의 없지만 본문 11절에서는 그것을 핍박이라고 부르고 있다. "너희를 욕하고 핍박하고." 이것이 혀로 하는 핍박이다.

"그 말은…뽑힌 칼이로다"(시 55 : 21). 사람은 그 몸을 죽이는 것과 마찬가지로 그의 이름을 가지고도 죽일 수 있다. 아름다운 이름이 보배로운 기름보다 낫다고 하였다(전 7 : 1). 아름다운 양심과 아름다운 이름은 많은 금강석을 박은 금가락지와 같다. 그래서 다른 사람의 이름을 치는 것을 우리 주님이 핍박이라고 부르셨다. 초대교회 그리스도인들은 말로 하는 핍박을 잘 견디어 내었다. "또 어떤 이들은 희롱과 채찍질 뿐 아니라 결박과 옥에 갇히는 시험도 받았으며"(히 11 : 36). 다윗은 "취한 무리가 나를 가져 노래하나이다"라고 하였다. 그들은 성문에 앉아서 그를 조롱하였다(시 69 : 12). 얼마나 자주 악인들이 하나님의 자녀들에게 비난하는 풍자말을 던지는가. "이것들이 거룩한 무리라고!" 그들은 그들이 하고 있는 일이 무엇인지 거의 생각지도 않는다. 그들은 지금 가인의 일을 하고 있는 것이다. 그들은 핍박을 하고 있는 것이다.

② **중상모략**. 본문 11절 하반절에는 이렇게 기록되어 있다. "거짓으로 너희를 거스려 모든 악한 말을 할 때에는." 중상모략은 혀로 하는 박해이다. 사도 바울도 그의 교리에 대해 중상모략을 당하였다. 그가 이렇게 설교하였다고 기록되어 있다. "또는 그러면 선을 이루기 위하여 악을 행하자 하지 않겠느냐 어떤 이들이 이렇게 비방하여 우리가 이런 말을 한다고 하니"(롬 3 : 8). 또한 귀신을 쫓아내신 그리스도도 귀신들렸다고 뒤집어 쓰셨다(요 8 : 48). 초대교회 그리스도인들은 그들의 아이들을 죽이고 근친상간을 한다고 잘못 고발당하기도 하였다. "불의한 증인이 일어나서 내가 알지 못하는 일로 내게 힐문하며"(시 35 : 11).

핍박자가 되지 않도록 주의하자. 어떤 사람은 생각하기를 불이나 칼로 하는 핍박 말고는 다른 핍박이 없다고 한다. 아니다. 혀로 하는 핍박도 있다. 오늘날 마귀적인 화학작용으로 금을 거름으로 만드는 것같이 하나님의 성도들의 귀한 이름을 비난과 치욕거리로 만들어 버리는 이와 같은 핍박자들이 많이 있다. 금화를 깎아먹다가 벌받은 사람들이 많았다. 하나님의 백성의 이름들의 무게를 가볍게 만들기 위하여 그것을 깎아먹은 사람들은 얼마나 쓴 벌을 받겠는가!

3. 핍박의 이유

핍박은 왜 있어야 하는가? 두 가지 이유로 답변하겠다.

(1) 하나님의 뜻과 계획이 있으시기 때문이다.

하나님의 뜻 : "우리로 이것을 당하게 세우신 줄을 너희가 친히 알리라"(살전 3 : 3). 누구든지 괴로움을 가져오는 자는 하나님이 그것을 보내신 것이다. 하나님이 시므이에게 저주하라고 명하셨다. 시므이의 말은 화살이었고 그것을 쏜 분은 하나님이셨다.

하나님의 계획 : 하나님은 그의 자녀들의 핍박에 대해서 두 가지 계획을 가지고 계신다.

① 연단. "많은 사람이 연단을 받아"(단 12 : 10). 핍박은 신실성에 대한 시금석이다. 그것은 위선자와 참된 성도를 가리어 낸다. 건전치 못한 마음은 번영할 때에는 좋은 척하다가 핍박이 오면 떨어져 나가 버린다(마 13 : 20, 21). 위선자들은 폭풍우 치는 날씨 속에서는 항해할 수가 없다. 그들은 감람산까지는 따라가지만 갈보리산까지는 따라가지 않는다. 그들은 축축한 목재같아서 핍박의 뜨거운 태양 아래서는 오그라들고 만다. 어려움이 발생하면 위선자들은 모세 쪽을 택하지 않고 데마 쪽을 택한다. 그들은 그리스도보다 은 삼십을 더 좋아한다. 하나님은 세상에서 사람을 찾기 위하여 핍박을 보내신다. 고난의 시간이야말로 체로 치는 시간이다. "그가 나를 단련하신 후에는 내가 정금같이 나오리라"(욥 23 : 10). 욥은 용광로를 통과한 믿음을 가졌다. 하나님으로부터 태어나서 바르게 자라난 그리스도인은 그가 무엇을 잃어버려도 그의 순전을 굳게 지킬 것이다(욥 2 : 3). 그리스도의 참된 제자는 물 위로라도 그를 따라갈 것이다.

② 청결. 하나님은 그의 자녀들이 그의 거룩함에 참여토록 하시기 위하여 풀무불 속에 들어가는 것을 허용하신다(히 12 : 10). 십자가는

하제(下劑) 약이다. 그것은 교만, 참지 못함, 세상 사랑 등을 싹 쓸어 낸다. 하나님은 그의 백성에게서 얼룩을 뽑아내고 하얗게 만드시기 위해서 핏물로 그들을 씻으신다. "내가 비록 검으나 아름다우니"(아 1 : 5). 타는 듯이 뜨거운 핍박은 신부의 피부를 검게 만들지만 그의 영혼을 아름답게 만든다. 악인과 참 믿음을 가진 자에게 고난이 어떻게 다르게 작용하는가 보라. 고난은 악인을 더 나쁘게 만들고 믿는 자를 더 좋게 만든다. 썩은 옷감을 가지고 문지르고 비비면 그것은 마모되고 찢어지지만 금속판을 문질러 윤내면 그것은 더 밝게 빛난다. 고난이 악인 위에 덮치면 그들은 하나님에 대해 짜증내고 참지 못하여 자신을 찢어버리지만 이것으로 참 믿는 자를 문질러 윤내면 그들은 더 밝게 빛나게 된다.

(2) 교회의 원수들이 주는 핍박도 있다. 이 독수리들은 하나님의 거북이들을 잡아 먹는다. 교회에게는 두 종류의 원수들이 있다.

① 공개적인 원수. 악인은 참 믿음을 가진 자를 미워한다. 여자의 후손과 뱀의 후손 사이에는 적대관계가 있다(창 3 : 15). 자연에서도 포도나무와 월계수 사이, 코끼리와 큰 뱀 사이는 서로 상극이고, 독수리가 달콤한 냄새에는 적개심을 가지는 것처럼 악인에게는 하나님의 사람에 대한 적개심이 있다. 악인은 참 신자의 은혜의 아름다운 향내를 미워한다. 성도에게도 약한 부분이 있는 것은 사실이다. 그러나 악인은 이것 때문에 그들을 미워하는 것이 아니라 그들의 거룩함 때문에 미워하며, 이 미움 때문에 공개적인 폭력이 일어나는 것이다. 도둑은 빛을 미워하기 때문에 그것을 꺼버린다.

② 감추어진 원수. 그들은 우정을 가장하지만 남몰래 참 신자를 핍박한다. 그런 사람은 위선자이고 이단자이다. 사도 바울은 그들을 거짓형제라고 불렀다(고후 11 : 26). 교회는 그 자신의 아들들이 교회를 괴롭혔다고 불만을 털어 놓았다(아 1 : 6). 그것은 교회의 가슴에서 자라나 믿음과 동정을 가장하던 이 거짓 친구들이 교회를 괴롭힌다는 말이다. 교회의 원수가 집안 식구일 수도 있는 것이다. 이러한 사람

들은 알 수 있는 가장자들이지만 믿음의 은밀한 대적자들은 더 나쁘다. 종기는 신체의 일부분 같이 보이지만 참으로 몸의 원수이다. 그것은 모양을 흉하게 만들고 몸을 위험하게 한다. 그리스도의 색깔을 걸치고 있으면서 그리스도와 싸우는 자가 가장 사악하고 비열한 사람이다.

4. 사역자들에 대한 핍박

네번째로 알아야 할 사실은 주된 핍박은 사역자들에 대하여 일어난다는 것이다. 우리 주 그리스도께서는 그가 사명을 주어 말씀을 전파하도록 보내시는 사도들에게 직접 이런 말씀으로 시작하셨다. "나를 인하여 너희를 욕하고 핍박하고 거짓으로 너희를 거스려 모든 악한 말을 할 때에는 너희에게 복이 있나니"(11절). "너희 전에 있던 선지자들을 이같이 핍박하였느니라"(12절하). "형제들아 주의 이름으로 말한 선지자들로 고난과 오래 참음의 본을 삼으라"(약 5 : 10). 누구든지 사역자가 되자마자 순교자의 고통의 일부분을 맛보기 시작한다. 그리스도의 사역자들은 그의 택하신 그릇들이다. 그런데 가장 좋은 금그릇과 은그릇은 불을 통과하여야 하듯이 하나님의 택하신 그릇들은 종종 핍박의 불을 통과한다. 언제나 콘스탄틴 황제 때와 같이 좋을 수만은 없다. 그는 사역자들을 존중한 황제이었다. 그는 니케아회의 때 소집된 감독들이 와서 간청할 때까지 자리에 앉지 않았다. 만일 그가 성직자들에게서 약점이 보이면 그의 자줏빛 황제복으로 그것을 덮어버리겠다고 말했을 것이다. 사역자는 언제나 그러한 왕의 은택의 후광을 찾아서는 안된다. 그들은 경고소리를 기다리고 있어야 한다. 유명한 설교가인 베드로는 어떻게 그물을 배 오른편에 던지는가를 알았고 한 번 설교에 삼천 명이 회개하기도 하였다. 그러나 그의 신령한 교리나 그의 성결한 생활에도 불구하고 그 역시 핍박으로부터는 예외가 될 수는 없었다. "젊어서는 네가 스스로 띠 띠고 원하는 곳으로 다녔거니와 늙어서는 네 팔을 벌리리니 남이 네게 띠 띠우고 원치 아니하는 곳으로 데려가리라"(요 21 : 18). 그것은 그가 그리스도를 위하여 당할 죽음을 넌지시 말씀하신 것이다. 역사가 유세비우스는 말하기를 그는 사슬에 묶였고 나중에 예루살렘에서 거꾸로 십자가에 못박혔다고 한다. 거룩한 사람인 사도 바울은 용기로는 강철같이 강하였고 열심으로 불타올랐으나 그가 사역의 길에 들어서자마자 결박과 환난이 그를 기다리고 있었다(행 9 : 16 ; 20 : 23). 그의 삶은 고난으로 점철되었었다. "관제와 같이 벌써 내가 부음이 되고"(딤후 4 : 6). 그는 희생 제물로 포도주나 피를 쏟아 부어드리는 관제를 언급하고 있는데 이로써 그가 어떠한 죽음으로써 하나님께 영광을 돌릴 것인가를 암시하고 있다. 즉 그는 불에 타 희생될 것이 아니라 목이 잘라져서 그의 피를 쏟아 부을 것이라는 것이다. 하나님의 사역자들이 뜨겁고 격렬한 핍박을 받는 것은 이상한 것으로 보이지 않았고, 스데반은 "너희 조상들은 선지자 중에 누구를 핍박하지 않았느냐"고 질문을 던지기도 하였다(행 7 : 52). 안디옥 교회의 감독이었던 익나시우스는 들짐승에게 찢기었다. 3세기 카르타고 감독이었던 키프리안, 2세기 서머나 교회의 감독이었던 폴리갑도 순교를 당하였다. 역사가 유세비우스의 말에 의하면 3세기말의 로마 황제 막시무스는 그의 부하들에게 점령하면 그 통치자와 교회의 사역자들만 죽이라고 명했다고 한다.

핍박의 폭풍우가 주로 사역자들에게 덮치는 이유는 무엇인가?

(1) 그들도 다른 사람과 마찬가지로 부패할 수가 있기 때문에 너무 많이 썩은 것이 드러나 제거당하게 되지 않도록 미리 하나님은 사단의 사자들을 풀어 놓아 그들을 괴롭히고 핍박하도록 하시는 것이다.

하나님은 그들의 겨를 타작해 떨쳐버리기 위해서는 도리깨질이 필요하다는 것을 아신다. 하나님께서 그들에게 퍼부으시는 불은 태워버리시기 위한 것이 아니라 그들을 정제하시기 위한 것이다.

(2) 사역자들은 그리스도의 기를 가지고 다니는 기수들이다. 그들은 주의 군대의 선봉장들이기 때문에 가장 사격의 표적이 되기 쉽다.

"이들은 내가 복음을 변명하기 위하여 세우심을 받은줄 알고 사랑하나"(빌 1 : 16). 여기의 "세우심을 받았다"는 헬라말은 군인이 전쟁터에서 최전선에 서서 귓가로 모든 화살이 지나가는 상태인 것을 암시하기 위해서 쓰는 말이다. 사역자가 하는 일은 사람들의 죄에 대해서 설교하는 것인데 죄는 그들이 바른 눈같이 아끼는 것이니 설교를 견딜 수가 없다. 각 사람의 죄는 그가 사랑과 복종을 바치는 그의 왕이다. 빌라도가 "그러면 너희가 유대인의 왕이라 하는 이는 내가 어떻게 하랴"(막 15 : 12)고 물었다. 사람들은 그들의 왕인 죄가 십자가에 못박히는 것을 견디지 못한다. 한 사람이 그의 친구들과 만나 정욕을 나눌 때, 이 두 옛 친구들을 떼 놓는 일이 사역자들의 하는 일이니 그렇게 많은 반대를 만나는 것도 무리가 아니다. 바울이 다이아나 신전에서 설교할 때에 온 도시가 소란을 피웠다. 우리는 사람들에게 쾌락과 이익을 가져다 주는 죄의 다이아나에 대해서 설교한다. 이것이 소란을 일으키는 것이다.

(3) 사단의 악 때문이다. 그리스도의 사역자들은 그의 왕국을 파괴하려고 하기 때문에 이 옛뱀은 그의 모든 독을 그들에게 뿜어댄다. 우리가 마귀의 머리를 짓밟으면 그는 우리의 뒤꿈치를 깨문다. 마귀는 사람들의 마음에 여러 요새와 수비대를 배치하는데 곧 교만과 무지와 불신앙이다. 이제 사역자들의 무기들은 이 견고한 진을 때려 부순다(고후 10 : 4). 그래서 사단은 이 사역에 대항하기 위하여 그의 군대, 곧 모든 지옥의 군대를 동원한다. 사단의 왕국은 어두움의 왕국이고(행 26 : 18; 계 16 : 10) 하나님의 사역자들은 세상의 빛이라고 불리운다(마 5 : 14). 그들은 어두움 가운데 앉은 자들에게 빛을 비추려고 한다. 이것이 사단을 격분시키는 것이다. 그러므로 그는 그 빛을 어둡게 하고 별들을 끌어내려 그의 어두움의 왕국이 이기도록 하려고 애를 쓴다. 마귀는 사자라고 부른다(벧전 5 : 8). 사람의 영혼들은 이 사자의 먹이이다. 사역자가 하는 일은 이 먹이를 이 사자로부터 뺏어내는 것이다. 그러니 얼마나 그가 그들에 대하여 노하겠으며 그들을 파

괴하려고 애쓰겠는가!

① 그것은 얼마나 목회사역이 힘든 일인가 하는 것을 보여준다. 그 것은 위엄으로 가득차 있지만 또한 위험으로 가득차 있기도 하다. 말로 하는 핍박은 기대할 수 있는 것 중에서 가장 부드러운 핍박이다. 루터는 말하기를 신실한 설교자가 시련과 반대를 만나지 않는다는 것은 불가능하다고 하였다.

② 그것은 인간의 타락 이래의 사람들의 본성의 부패를 보여준다. 그들이 바로 그들 자신의 적이다. 그들은 그들에게 가장 선을 행하려고 하는 자들을 핍박한다. 목회사역이 하고자 하는 일이 사람들의 영혼을 구하려고 하는 일 말고 무엇인가? 불에 타다 남은 자 같은 그들을 불에서 끄집어 내려고 하는 것이 아닌가? 그러나 그들은 이러한 일에 대해 화를 내고 있다. 우리는 우리를 구역질나게 하는 약을 주어도 내과의사를 미워하지는 않는다. 그것이 우리를 낫게 하기 때문이다. 우리는 우리 살을 칼로 도리는 외과의사를 미워하지 않는다. 그것이 치료하기 위한 것이기 때문이다. 그런데 왜 우리는 사역자와 다투는가? 그들이 하는 일이 우리를 천국으로 인도하는 일이 아니고 무엇이란 말인가? "우리가 그리스도를 대신하여 사신이 되어…"(고후 5:20). 사역자들이 하는 일이 여러분과 하나님 사이에 화평을 만들려고 하는 것인데도 선을 악으로 갚는 이것은 타락한 본성이 저지르는 어리석은 짓이다. 주전 4세기의 헬라 철학자 아리스토세누스는 그의 화초에다 포도주와 꿀과 향료를 섞은 물을 주어 그것들이 더 향기롭게 될 뿐만 아니라 더 싱싱하게 되도록 하였다고 한다. 우리도 우리들의 사역자들에게 그와 같이 하여야 할 것이다. 그들에게 마실 것과 꿀을 주라. 그들이 더 활발하게 그들의 일을 할 수 있도록 격려하라. 그러나 이렇게 하는 대신 우리는 그들에게 마실 것이라고는 쓸개즙과 식초를 주고 있을 뿐이다. 우리는 그들을 미워하고 핍박한다. 대부분의 사람들이 그들의 사역자를 마치 이스라엘 백성이 모세를 대하듯 취급한다. 모세는 그들을 위하여 기도하였고 그들을 위하여 기적을 행하였지만 그들은 끊임없이 그와 다투었고 때로는 그의 목숨을

빼앗으려고 하기까지 하였다.

③ 세상이 사역자들에게 맹폭하게 대적한다면 하나님을 경외하는 여러분은 그들을 위해서 많이 기도해야 할 필요가 있다. "종말로 형제들아 너희는 우리를 위하여 기도하기를 주의 말씀이 너희 가운데서와 같이 달음질하여 영광스럽게 되고 또한 우리를 무리하고 악한 사람들에게서 건지옵소서 하라"(살후 3:1, 2). 성도들은 사역자들을 위하여 기도하되, 하나님이 그들에게 뱀같은 지혜를 주시고, 무분별하여 스스로의 약점을 드러내어 위험에 빠지지 말게 하시며, 사자처럼 용감하여 두려움으로 진리를 배반치 않도록 해 달라고 기도하여야 한다.

5. 핍박을 당하는 사람들이 받는 복

다음으로 설명할 것은 고통스러운 핍박이 그것을 당하는 사람을 복받게 만든다는 것이다.

(1) 먼저 우리를 복받게 만들지 않는 고통은 무엇인가를 설명하겠다.

① 우리가 십자가를 자신에게로 끌면서도 순교를 생각하지 않는 고통이 그것이다. 그와 같은 고통에는 위로가 거의 없다. 어거스틴은 그 당시에 이집에서 저집으로 배회하던 써컴셀리온(Circumcellions)이라고 하는 한 광신자의 무리에 대해서 말한적이 있는데, 그들은 순교까지 각오한 열심에서가 아니고 그저 욕망 때문에 그들 자신을 고통 속으로 몰고 갔다고 한다. 이러한 것은 사울왕이 그 자신의 칼에 엎드러져 죽은 것처럼 그들 자신의 죽음에 대한 액세서리에 불과하다. 우리는 우리 자신의 생명을 보존하기 위하여 합법적인 모든 방법을 강구하여야 한다. 예수 그리스도도 때가 되기까지는 고통을 받지 않으셨다. 우리 자신을 고통 속으로 던져 넣으라고 우리에게 명하는 것이 하나의 시험이 아닌가 의심하여 보라. 사람들이 성급하고 경솔하게 자신

들을 곤란 속으로 몰아 넣는 것은 자기 스스로가 만든 십자가이지 하나님이 그들에게 지워주신 것이 아니다.

② 우리 자신의 잘못 때문에 **고통을 받을 때**는 순교로 생각해서는 안된다. "너희 중에 누구든지 살인이나 도적질이나 악행이나 남의 일을 간섭하는 자로 고난을 받지 말려니와"(벧전 4 : 15). "우리는 우리의 행한 일에 상당한 보응을 받는 것이니 이에 당연하거니와"(눅 23 : 41). 나는 십자가에 달렸던 강도가 순교의 고난을 당한 것이라고 생각하는 키프로스 사람의 마음(Cyprian's mind)은 아니다. 천만에! 그는 악을 행한 자이었기 때문에 고통을 받은 것이다. 다만 그리스도께서 그를 불쌍히 여겨 그를 구원하신 것 뿐이다. 그는 성도가 되어 죽었지만 순교자는 아니다. 사람들이 자신들의 깨끗지 못함이나 범법행위 등으로 인하여 치안판사의 손에 의하여 고통을 받을 때는 그것은 핍박이 아니고 형집행일 뿐이다. 그들은 순교자로 죽는 것이 아니라 범인으로서 죽는 것이다. 그들은 악을 행했기 때문에 악을 당하는 것이다.

③ 고통을 당하되 **사악한 관계 때문에**, 즉 무리의 우두머리가 되기 위해서 또는 파멸을 유지하기 위해서 고통을 당할 때는 그러한 고통은 사람들을 복되게 만들지 않는다. 사도 바울은 사람이 제 몸을 불사르게 내어 줄지라도 사랑의 동기에서가 아니면 지옥으로 간다고 하였다(고전 13 : 3). 야망있는 사람은 명성을 얻기 위해서 자신의 목숨까지도 희생할 수가 있다. 이것들은 마귀의 순교이다.

(2) 우리를 복 받게 만들고 순교자의 면류관을 쓰게 만드는 고난의 핍박은 어떤 것인가.

① **선한 이유 때문에** 우리가 고난을 받을 때. 그렇게 본문에 기록되어 있다. "의를 위하여 핍박을 받은 자는 복이 있나니." 이것이 순교자를 만드는 선한 이유이다. 우리가 진리를 위하여 고통을 당하며 신앙을 위한 싸움을 지지할 때 이것이 의를 위하여 고난을 받는 것이다. "이스라엘의 소망을 인하여 내가 이 쇠사슬에 매인바 되었노라"(행 28 : 20).

② **우리가 선한 양심을 가지고 고난을 받을 때.** 사람은 선한 이유 때문에 고난을 받아도 양심은 나쁠 수가 있다. 그가 의를 위하여 고난을 받아도 그 자신은 불의할 수가 있는 것이다. 사도 바울은 바른 이유와 마찬가지로 깨끗한 양심을 가졌다. "오늘날까지 내가 범사에 양심을 따라 하나님을 섬겼노라"(행 23 : 1). 바울은 그가 죽는 날까지 선한 양심을 지켰다. 그것이 성도들로 하여금 마치 그들이 면류관을 향하여 가듯이 기쁘게 화형장으로 가도록 만든 것이다. 그러한 양심에는 아무런 흠이 없는 점에 주의하라. 바다로 항해하려고 하는 배는 전혀 물이 새지 않도록 준비하여야 한다. 그리스도인들이 핍박의 바다로 항해하려고 할 때에는 그들의 양심에 죄가 새어 들어가지 못하도록 주의하여야 한다. 비록 하나님 때문이라 하더라도 나쁜 양심을 가지고 고난을 받으면 두 가지의 지옥을 맛보게 되는데 핍박의 지옥과 저주의 지옥이 그것이다.

③ **우리가 선한 부르심을 받았을 때에.** "또 너희가 나를 인하여 총독들과 임금들 앞에 끌려 가리니…"(마 10 : 18). 만일 하나님이 그 섭리대로 문을 여시면 핍박의 때에 도망할 수도 있지 않느냐고 자신의 안전에 대해서 상의할 수 있는 것은 물을 필요도 없다(마 10 : 23). 그러나 그가 왕 앞에 끌려가서 그가 고난을 받든지 진리가 고난을 받든지 둘 중의 하나인 경우가 생기면 이것이야말로 분명히 고난을 위하여 부르심을 받은 것이며 이것은 순교로 간주되는 것이다.

④ **우리가 당하는 고난의 선한 결과,** 즉 우리가 하나님께 영광을 돌리게 되든지, 진리를 확실하게 인치게 되든지, 그리스도에 대한 우리의 사랑을 보이게 되는 등의 결과를 가져올 때. "또 너희가 나를 인하여 총독들과 임금들 앞에 끌려 가리니"(마 10 : 18). 초대교회 그리스도인들은 불보다 사랑으로 더 불타 올랐다. 우리가 우리의 고난 가운데서 하나님을 바라보고 그의 면류관이 번성하기를 바란다면 비록 우리가 재 가운데 앉았어도 이것은 영광의 화환을 가져다 주는 고난이다.

⑤ **우리가 그리스도인으로 고난을 받을 때.** "만일 그리스도인으로 고

난을 받은즉 부끄러워 말고 도리어 그 이름으로 하나님께 영광을 돌리라"(벧전 4 : 16). 그리스도인으로 고난을 받는 것은 그리스도인이 된 정신으로 고난을 받는 것을 말하는데, 그것은 다음과 같은 경우이다.

⑥ 우리가 **인내로써 고난을 받을 때.** "형제들아 주의 이름으로 말한 선지자들로 고난과 오래 참음의 본을 삼으라"(약 5 : 10). 그리스도인이면 푸념하지 말고 "내 아버지께서 내게 주신 순교의 잔을 내가 마시지 않으랴"라고 말해야 한다. 그리스도인의 고난에는 그와 같은 온유한 정신이 있어야 하기 때문에 그가 당한 핍박이 더 큰지 그의 인내가 더 큰지 말하기가 어렵게 된다. 욥이 모든 것을 잃어버렸을 때도 그는 그의 순전함의 흉갑과 인내의 방패를 놓치지 않았다. 인내없는 순교자란 어울리지 않는 말이다.

그리스도인으로 고난을 당한다는 것은 우리가 **용기를 가지고** 고난을 받을 때이다. 용기는 그리스도인을 증명하는 갑옷이다. 그것은 그를 강철같이 강하게 하고 활기있게 한다. 다니엘의 세 친구 소년, 아니 세 챔피온들은 용감한 영웅적 정신을 가졌었다. 그들은 왕에게 "우리는 당신의 신들을 섬기면 안됩니다"라고 말하지 않고 "우리는 섬기지 않겠습니다"라고 말하였다(단 3 : 18). 느부갓네살의 음악도 그의 풀무불도 그들의 결심을 바꾸어 놓지 못하였다. 터툴리안은 그의 굽힐 줄 모르는 용기 때문에 금강석같이 단단한 사람이라고 불리웠다. 거룩한 용기는 우리가 떳떳한 얼굴을 가지도록 하여주어 십자가를 부끄러워하지 않게 해준다. 우리가 온유하면서도 진리에 대해서는 단호할 때 이것이 그리스도인으로 고난을 받게 하는 것이다. 불은 불면 불수록 더 활활 잘탄다. 용기있는 정신을 가진 그리스도인들도 그와 같다. 그가 더 많은 반대를 받을수록 더 열심을 내고 용기가 더 불타게 된다. 루터는 멜랑톤에게 이렇게 썼다. "하나님으로 말미암아 시작한 것이 아니면 버리자. 만일 그것이 하나님 때문이고 그것이 확증된다면 왜 그것을 끝까지 지키지 않는가?" 얼마나 용기있는 정신인가.

그리스도인으로서 고난을 당한다는 것은 **즐겁게 고난을 당한다는**

것이다. 인내는 십자가를 참는 것이고, 즐거움은 십자가를 지고 가는 것이다. 그리스도께서는 우리를 위하여 기꺼이 고난을 받으셨다. 그의 죽으심은 낙헌제였다. 그는 그 피의 잔을 마시기를 갈망하셨다. 우리가 그리스도를 위하여 받는 고난에 대해서도 그와 같아야 한다. 기쁨으로 하는 것은 순교를 향내나게 하고 그것을 하나님 앞에 향기로운 희생제물이 되게 만든다. 모세는 기꺼이 고난을 받았다. "믿음으로 모세는 장성하여 바로의 공주의 아들이라 칭함을 거절하고 도리어 하나님의 백성과 함께 고난 받기를 잠시 죄악의 낙을 누리는 것보다 더 좋아하고"(히 11 : 24, 25). 여기에서 "장성하여"라는 말을 주목하라. 그것은 어린애같은 행동이 아니었다. 그것은 그가 어려서 한 행동이 아니고 사리가 분명한 나이가 되어 한 것이었다. "고난받기를 …더 좋아하고"라는 말씀을 보면 고난은 그의 임무가 아니고 그가 스스로 선택한 것이었다. 십자가는 강요되는 것이라기 보다는 기꺼이 받아들여지는 것이다. 우리가 자발적으로 받아들이게 될 때에 이것이 그리스도인으로 고난을 받는 것이다. 우리는 기꺼이 아니, 즐겁게 십자가를 지고 간다. "사도들은 그 이름을 위하여 능욕받는 일에 합당한 자로 여기심을 기뻐하면서 공회 앞을 떠나니라"(행 5 : 41). 원어에 더 충실하게 강조하자면 "그들은 그리스도의 이름을 위하여 능욕을 받을 만큼 영예를 받게 된 것을 기뻐하였다"라고 할 수 있을 것이다. 터툴리안은 말하기를 "초대교회 그리스도인들은 그들이 풀려날 때보다도 고난을 받고 있을 때 더 큰 위로를 받았다"고 하였다. 하나님께서 그리스도인을 진리의 증인으로 영예롭게 하실 때에는 그것이 참으로 큰 은택이기 때문에 그리스도인이 고난 가운데서도 즐거워하는 것은 너무나 당연하다. 사도 바울의 몸에 있었던 그리스도의 흔적은 영광의 흔적이었다. 성도들은 그들의 고난을 장식물로 여겼다. 익나시우스의 사슬은 그의 보석고리였다. 어느 왕이 승리로 유명해졌다해도 순교자들이 그들의 고난으로 유명해진 것만큼 유명해질 수는 결코 없었다.

우리가 고난을 받으면서도 **기도할 때** 우리는 그리스도인으로 고난을 받는 것이다. "너희를 저주하는 자를 위하여 축복하며 너희를 모욕하는 자를 위하여 기도하라"(눅 6 : 28).

우리가 우리를 핍박하는 자들을 위해 **기도해야 할 이유가** 두 가지 있다.

우리의 기도가 그들을 회심시키는 수단이 될 수가 있기 때문이다. 스데반은 그를 핍박하는 자들을 위하여 기도하였다. "주여 이 죄를 저들에게 돌리지 마옵소서"(행 7 : 60). 그리고 이 기도가 그들 중의 몇몇을 회심시키는 결과를 가져왔다. 어거스틴은 말하기를 하나님의 교회가 바울의 사역으로 거두어들인 열매에 이르기까지 모두 스데반의 기도에 은혜를 입었다고 하였다.

우리가 우리를 핍박하는 자들을 위하여 기도하여야 할 다른 이유는 비록 그들의 뜻과는 어긋나지만 그들은 우리에게 좋은 일을 하고 있기 때문이다. 그들은 우리의 상급을 늘려준다. 우리에게 퍼붓는 비난마다 우리의 영광을 더해 준다. 우리에게 가하는 해악마다 우리의 면류관을 더 무겁게 만들어준다. 그레고리 나지안젠이 어떤 연설에서 말한 것처럼 스데반에게 던진 돌은 그를 부요하게 하고 하늘나라에서 그를 더 밝게 빛나도록 만든 보석이었다. 이로써 나는 우리를 복받게 만들고 우리로 하여금 순교자의 면류관을 쓰게 만드는 고난이 어떤 것인가를 설명하였다.

6. 핍박으로부터 배우는 교훈

(1) 그것은 기독교의 본질이 무엇인가를 보여주는데 즉 **신성함은 고난과 함께 있다는 것이다.** 참 성도는 그리스도를 그의 마음에 모시고 십자가를 그의 어깨에 메고 간다. "무릇 그리스도 예수 안에서 경건하게 살고자 하는 자는 핍박을 받으리라"(딤후 3 : 12). 그리스도와 그의 십자가는 결코 떼놓을 수가 없다. 그리스도인이 두 개의 천국, 하나는 여기서 다른 하나는 이 다음에 가지려 하는 것은 너무 욕심이 많다. 땅 위에서의 그리스도의 왕국은 십자가의 왕국이다. 믿음의 방

패, 소망의 투구, 인내의 흉갑 등등의 말씀들은 우리가 고난과 부딪쳐야 한다는 의미를 포함하는 것이 아니고 무엇인가? "곤고"라는 것은 교회에 붙인 제목 중의 하나이다(사 54:11). 핍박은 그리스도께서 그의 백성들에게 물려주신 유산이다. "세상에서는 너희가 환난을 당하나 담대하라"(요 16:33). 그리스도의 신부는 가시밭 가운데의 백합화이다. 그리스도의 양들은 그들의 황금 양털을 잃을 것으로 예상하고 있어야 한다. 이것은 육신이 듣기를 좋아하지 않는 것이다. 그러므로 그리스도는 핍박을 "십자가"라고 부르셨다(마 16:24). 그것은 혈과 육에게 거스리는 것인데 우리 모두 그것을 짓눌러 버리려고 한다. "주께서 이스라엘 나라를 회복하심이 이 때니이까?"(행 1:6). 그러나 제자들은 통치하기 전에 고난이 있음을 암시하고 있다. "참으면 또한 함께 왕노릇 할 것이요"(딤후 2:12). 썩을 육신이 그 목을 그리스도의 멍에 아래에 매는 것이 얼마나 싫겠으며, 자신을 십자가에 억지로 잡아 매는 것이 얼마나 싫겠는가! 그러나 믿음생활에는 고난에 대한 예외규정이 없다. 두 개의 천국을 가지려는 것은 그리스도보다 더 많이 가지려는 것이다. 우리의 머리되신 분이 가시면류관을 쓰셨는데 우리가 장미면류관을 쓰려고 생각하는가? "너희를 시험하려고 오는 불시험을 이상한 일 당하는 것같이 이상히 여기지 말고" (벧전 4:12). 우리는 하나님의 정금들이니 불 속으로 던지우는 것은 이상한 일이 아니다. 누가 에라스무스를 그렸는데 절반은 천국 안에 있고 절반은 천국 밖에 있는 그림이었다. 그것이 그리스도인의 이생을 나타낸 것이라고 생각된다. 그의 내면의 위안을 생각하면 그는 절반 천국 안에 있고 그의 바깥 핍박을 생각하면 그는 절반 천국 밖에 있는 것이다.

(2) "핍박을 받은 자는 복이 있다"고 하셨으니 **핍박은 하나님의 진노의 표나 저주의 열매들이 아님을 알아야 한다.** 주 안에서 죽는 자들은 복이 있다고 하셨는데 주를 위하여 죽는 자들이 복이 없겠는가? 우리는 고난받는 사람들을 하나님으로부터 미움을 받거나 버리움 받은

자로 판단하기가 아주 쉽다. "네가 만일 하나님의 아들이어든 자기를 구원하고 십자가에서 내려 오라"(마 27 : 40). 유대인들은 그것을 의문시 하였다. 그들은 그리스도께서 십자가에 달리신 것을 보고 그가 하나님의 아들이심을 믿기 어려워 했다. 그가 하나님의 아들이시라면 하나님께서 그가 비난받고 버리움 받도록 내버려 두셨을까? 토인들이 바울의 손에 독사가 매달린 것을 보자 그가 큰 죄인이라고 생각하였다. "진실로 이 사람은 살인한 자로다"(행 28 : 4). 이와 같이 우리가 하나님의 백성이 고난당하고 핍박의 독사가 그들에게 매달리는 것을 보면 이들이 다른 사람보다 더 큰 죄인이어서 하나님께서 그들을 사랑하시지 않는다고 말하기 쉽다. 이것은 판단력 부족이다. "핍박을 받은 자는 복이 있도다." 핍박은 하나님의 사랑의 보증이요 영예의 기장이다(히 12 : 7). 가장 극심한 시련에는 가장 좋은 위로가 있다. 하나님께서 그의 밀을 까부르시는 것은 그것을 더 알곡으로 만드시기 위한 것이다.

7. 두 가지의 날카로운 꾸중

(1) 좋은 그리스도인으로 생각되면서도 그리스도를 위한 핍박을 참지 못하는 사람은 꾸중을 듣는다. 그들의 관심은 십자가를 지는데 있는 것이 아니라 십자가를 피하는데 있다. "말씀을 인하여 환난이나 핍박이 일어나는 때에는 곧 넘어지는 자요"(마 13 : 21). 그리스도가 구주시라고 말하면서도 그를 위하여 아무 고통도 받지 않으려는 거짓 신앙고백자가 많다. 이들은 진주와 같이 귀하게 보이다가도 망치로 때리면 깨어지는 수정에 비유할 수 있다. 많은 사람들이 그리스도 앞에 종려가지와 겉옷을 펴며 "호산나"를 외치다가도 칼이나 막대기가 나타나면 슬그머니 달아나 버린다. 제네바에서 칼빈의 후계자가 된 베자는 프랑스의 앙리 14세 왕에게 개신교를 믿으라고 역설하였으나 왕은 그에게 말하기를 그는 너무 깊이 들어가지는 않겠다고 하였다. 그래야 폭풍이 일어나면 해변으로 얼른 되돌아 올 수 있기 때문이라는 것이

다. 우리 가운데도 핍박이 다가오면 모세를 택하기보다는 데마를 택하고(딤후 4 : 9) 그들의 양심을 깨끗하게 지키기보다는 그들의 피부를 온전히 지키는 방도를 궁리하는 사람이 더러 있을까 두렵다. 에라스무스는 루터의 교리를 높이 찬양하였으나 황제가 모든 루터의 주장을 좋아하는 사람들을 위협하자 그는 어울리지 않게 그것을 버렸다. 위선자들은 십자가를 자기보다는 일찌감치 그들의 세례를 단념할 것이다. 우리가 진정 우리자신이 그리스도인임을 보이려면 베드로와 같이 그리스도를 만나기 위해서 우리 자신을 물에 던져야 한다. 고통받기를 거절하는 사람에게는 아래의 슬픈 성구를 읽게 하라. "누구든지 사람 앞에서 나를 부인하면 나도 하늘에 계신 내 아버지 앞에서 저를 부인하리라"(마 10 : 33).

(2) 성도들에게 대항하고 핍박하는 자들은 꾸중을 듣는다. 그들의 죄가 얼마나 큰가! 그들은 성령을 거스리는 것이다. "너희가 항상 성령을 거스려 너희 조상과 같이 너희도 하는도다 너희 조상들은 선지자 중에 누구를 핍박지 아니하였느냐"(행 7 : 51, 52). 핍박자들은 하늘에 계신 그리스도를 모욕하는 것이다. 그들은 그의 보배들을 티끌 가운데 짓밟고 그의 눈동자를 건드리며 그의 옆구리를 찌른다. "사울아 사울아 네가 어찌하여 나를 핍박하느냐"(행 9 : 4). 발등이 밟히면 머리가 소리를 지른다. 죄가 큰 만큼 벌도 거기에 비례하여 크다. "저희가 성도들과 선지자들의 피를 흘렸으므로 저희로 피를 마시게 하신 것이 합당하니이다"(계 16 : 6).

그리스도께서 이 싸움에서 죽은 자의 원한을 갚아주시지 않겠는가? 핍박자의 말로는 어떠한가? 주후 303년에 그리스도인들에게 마지막으로 큰 박해를 가한 로마황제 디오클레시안은 기독교 교회와 사원은 싹쓸어 없애고 그들의 성경은 불태워버리라고 선언하였다. 그는 그리스도인들이 어떠한 공직을 가지는 것도 허용하지 않았다. 그는 어떤 그리스도인들을 산채로 끓는 납물에 던져 넣었다. 다른 사람들은 손과 입술을 잘라버렸는데 눈만은 남겨 두어서 그들 자신의 재난의 참혹상을 보도록 하였다. 이 사람의 말로가 어떻게 되었는가? 그는 미쳐버려 스스로 독약을 마셨다. 16세기초의 신성로마 제국의 찰스 5세 황제의 명장 펠릭스는 아우그스부르그에서 저녁을 먹으며 맹세하기를 루터교도들의 피가 말의 배에까지 튀어 오르도록 짓밟겠다고 하였다. 그날밤에 그의 목구멍에 피가 솟구쳐 올라 그는 숨이 막혀 죽었다. 하나님의 손이 어떻게 눈에 뜨이게 핍박자를 징계하여 그들이 그들의 죄를 그 벌에서 읽을 수 있게 하시는가를 말하는 것은 쉬운 일이다.

그리스도인들은 스스로가 미리 고난에 대한 생각을 가지고 있어야 한다. 그리스도인들이 고난에 대해서 미리 생각하고 고려에 넣고 있도록 권면하자.

이와 같이 미리 생각해 두는 것은 우리에게 아무런 해를 끼칠 수 없고 우리에게 많은 유익을 끼칠 수 있다.

① 고난을 미리 생각해 두는 것은 그리스도인들이 매우 진지해지도록 만든다. 마음은 경박하고 공허하기가 쉽다. 핍박을 당할 것을 생각하면 마음을 굳세게 할 수가 있다. 왜 내가 이토록 경솔한가? 이것이 핍박에 대처하기에 알맞은 자세인가? 그리스도인들은 그들의 영적인 생각을 높이 쌓아 올리면 진지하게 된다. 그들은 신앙생활을 할 때 어떤 희생이 필요한가 하는 것을 생각하게 되고 또 어떤 희생이 올 수 있는가도 생각한다. 그들의 죄를 위해서는 피 흘리는 희생이 필요하고 그들의 신앙생활을 위해서는 피를 흘릴 수도 있다.

② 핍박을 미리 생각하는 것은 우리 기쁨을 알맞게 절제하여 지나치게 거기에 빠지지 않게 한다. 얼마나 자주 경고의 종소리가 울리는가? 얼마나 자주 구름이 빗방울을 떨어뜨리는가? 이것을 생각하면 우리 마음은 피조물에 대한 무절제한 사랑을 삼가하게 된다. 우리 주님은 대 연회석상에서 갑자기 그의 죽음에 대해 언급하셨다. "저가 힘을 다하여 내 몸에 향유를 부어 내 장사를 미리 준비하였느니라" (막 14:8). 그러므로 이러한 상황의 변화를 미리 생각하는 것은 지나친 쾌락주의에 대한 탁월한 교정수단이 된다.

③ 고난을 미리 생각해 두면 막상 그 고난이 닥쳐 왔을 때 그것을 훨씬 가볍게 느끼도록 해준다. 해악이 갑자기 닥치면 슬픔도 더해진다. 이것이 복음서에서 나오는 그의 주인의 의도는 생각하지도 않고 중얼거린 어리석은 자에게 닥친 나쁜 소식에 해당한다. "어리석은 자여 오늘 밤에 네 영혼을 도로 찾으리니"(눅 12 : 20). 이것이 바벨론이 당한 재난을 더욱 악화시킨 것이다. "하루 동안에 그 재앙들이 이르리니"(계 18 : 8). 그것은 적그리스도가 하루만에 망할 것을 의미하는 것이 아니라 갑자기 멸망할 것을 말한다. 폭풍우가 알지 못하는 사이에 불어 닥치는데 그는 그것을 생각지도 않을 것이다. 고난을 미리 생각해 두면 그것이 왔을 때 그것을 완화시켜 주고 고난의 모서리들을 잘라내어 준다. 그러므로 그리스도께서는 시련의 충격을 가볍게 하시려고 그의 제자들에게 고난에 대해 미리 주의를 주어 예기치 않은 고난이 되지 않도록 하셨다(요 16 : 33 ; 행 1 : 7).

④ 핍박을 미리 생각하면 우리가 우리의 갑옷을 미리 준비할 생각을 갖게 된다. 시련이 닥쳐 왔을 때 모든 것을 찾으려고 하는 것은 사려깊지 못한 행동일 뿐만 아니라 위험하기도 하다. 그것은 마치 군인이 적이 나타났을 때 무기를 구하려고 하는 것과 같다. 시저는 한 병사가 막 싸우러 나가려고 할 때 칼을 가는 것을 보고 그의 직위를 해고시켜 버렸다. 핍박에 대해서 생각하는 사람은 그것에 대비하는 자세를 취한다. 그는 믿음의 방패와 성령의 검을 준비하여 뜻밖에 깜짝 놀라는 일을 당하는 일이 없도록 한다.

핍박에 미리 대비하자. 현명한 사공은 고요할 때 폭풍우를 대비한다. 하나님만이 얼마나 속히 핍박이 올 것인가를 아신다. 핍박의 먹구름을 보라.

8. 그리스도인들은 고난에 대비하여 스스로를 무장하여야 한다.

어떻게 고난에 대비할까? 세 가지를 하라.

1. 고난받을 자격을 바로 갖춘 사람이 되라.
2. 고난 감수를 방해하는 것을 피하라.
3. 고난 감수를 도와주는 모든 것을 증진시키라.

(1) 고난받을 자격을 바로 갖추도록 노력하라.

고난받을 자격을 바로 갖춘 사람이 되도록 노력하라. 의로운 사람이 되라. 의를 위하여 고난을 받을 사람은 자신이 의로워야 한다. 나는 복음적인 의를 말한다.

특별히 다음과 같은 사람을 나는 의롭다고 부른다 :

① **성결에 따라 숨쉬는 사람이다**(시 119 : 5). 비록 죄는 그의 마음에 달라붙을 지언정 그는 죄에 달라붙지 않는다. 비록 죄와는 얽혀 있더라도(alliance) 마음으로 허락한 것(allowance)은 아니다. "도리어 미워하는 그것을 함이라"(롬 7 : 15).

사단은 선한 사람을 심하게 유혹하여 그의 마음이 가장 이끌리는 그것을 미워하도록 한다(시 119 : 128)

② 의로운 사람은 **하나님의 은혜를 그의 중심으로 삼는 사람이다.** 하나님의 영광은 모든 사람의 영혼의 구원보다도 더 가치가 있는 것이다. 하나님의 백성이 된 사람은 하나님의 영광을 열렬하게 바라기 때문에 그가 잃는 것은 상관하지 않아 하나님만 영광받으시게 한다. 그는 자신의 명성, 재산, 가까운 사람보다도 하나님의 영광을 더 좋아한다. 7세기의 아일랜드의 복된 순교자 킬리아스는 "내가 세상의 금을 다 쓸 수 있으면 나는 그것을 내 가까운 사람과 함께 살기 위하여 유용하게 쓰겠지만 예수 그리스도는 이 모든 귀한 것들보다도 내게 더 귀하시다"고 말하였다.

③ 의로운 사람은 보배로운 **선한 양심에 최고의 가치를 부여하는 사람이다.** 선한 양심은 성도에게는 가장 즐기는 것이고 그의 음악이며 그의 낙원이어서 그는 그의 양심을 침해 받는 것이 그 무엇보다도 위험하다는 것을 안다. 아일랜드 사람은 전쟁무기인 신월도(新月刀)를 가지고 있으면 그들의 신월도를 다치는 것보다는 차라리 그들의 팔이

강타당하는 쪽을 택한다고 한다. 이것에다 나는 선한 양심을 비유하고 싶다. 선한 사람은 그의 양심이 다치는 것보다 차라리 자기 몸이나 재산이 다치는 편을 더 좋아한다. 그는 그의 양심의 순결을 더럽히는 것보다 차라리 죽는 쪽을 택한다. 이와 같은 사람을 복음적으로 의롭다고 하며 만일 하나님께서 고난받도록 부르신다면 그가 바로 이에 적합한 사람이다.

(2) 고난감수를 방해하는 것들을 피하라.

① **세상 사랑.** 하나님은 우리가 세상을 쓰는 것을 허락하셨다(딤전 6 : 7, 8). 그러나 그것을 사랑하지 않도록 주의하라. 세상 사랑에 빠져 있는 사람은 십자가를 사랑하지 않는다. "데마는 이 세상을 사랑하여 나를 버리고 데살로니가로 갔고"(딤후 4 : 10). 그는 바울과 동행하는 것만 버린 것이 아니라 그의 교리까지 버렸다. 세상을 사랑하는 것이 우리의 열심을 질식시켜 버린다. 세상과 결혼한 사람은 은 삼십에 그리스도와 좋은 주인을 팔아먹게 된다. 세상을 헐거운 옷이 되게 하여 기꺼이 버릴 수 있도록 해두자. 사람이 그리스도를 위하여 죽을 수 있기 전에 그는 세상에 대하여 죽어야 한다. 바울은 세상에 대하여 십자가에 못 박혔다(갈 6 : 14). 우리가 먼저 세상에 대한 애착이 죽어 있으면 그리스도를 위해 죽는 것은 쉬운 일이다.

② **육적인 두려움.** 두 가지의 두려움이 있다.

자녀로서의 두려움. 이것은 하나님을 화나시게 할까봐 두려워하는 것이다. 그가 이처럼 두려워할 때 그는 고집부리지 않는데 이것은 좋은 두려움이다. 언제나 주님을 두려워하는 사람은 복된 사람이다. 만일 베드로가 그의 마음이 실수할까봐 더 두려워 했다면 그는 "주 예수님, 저는 당신을 저버릴까 두렵습니다. 주님, 저를 강하게 하여 주세요"라고 말하였을 것이고, 의심할 바 없이 그리스도께서는 그가 떨어지지 않도록 지켜주셨을 것이다.

겁장이의 두려움. 이것은 사람이 죄보다 위험을 더 두려워하는 것이고, 오히려 그가 선하게 될까봐 두려워하는 것이며, 이 두려움은 고난을 받는 것과는 원수이다. 하나님은 두려워하는 자는 전쟁에도 나가지 말아야 한다고 선언하셨다(신 20:8). 두려워하는 자는 그리스도의 싸움터에서 싸우기에 적합하지 않다. 두려움에 사로잡힌 사람은 무엇이 최선이냐를 따지지 않고 무엇이 가장 안전한가를 따진다. 그가 그의 재산을 구하려면 그의 양심이 올무에 걸리게 될 것이다. "사람을 두려워하면 올무에 걸리게 되거니와"(잠 29:25). 두려움 때문에 베드로가 그리스도를 부인하게 되었고 아브라함은 애매한 말로 얼버무리게 되었으며 다윗은 어쩔 수 없이 자신이 미친척하게 되었다. 두려움은 사람이 바르지 않은 길을 택하게 하고 양심보다는 차라리 맹종을 고려하게 만든다. 두려움은 죄는 조그맣게 나타나도록 하고 고통은 크게 보이도록 한다. 두려워하는 사람은 곱배기로 본다. 그는 그의 투시법에 의하여 십자가를 실제보다 두 배나 큰 것으로 바라본다. 두려움은 정신이 누추한 것이라고 주장한다. 그것은 사람을 가장 천하고 무가치한 것으로 희생시켜 버린다. 두려워하는 사람은 그의 양심에 반대의 표를 던진다. 두려움은 사람을 약화시킨다. 그것은 삼손이 끊은 삼줄같이 약하게 만든다. 두려움은 용기를 녹여 버린다. "이 땅 백성이 다 너희 앞에 간담이 녹나니"(수 2:9). 그리고 사람이 힘이 빠져버리면 그는 그리스도의 십자가를 지기에 아주 부적합하다. 두려움은 배교의 근원이다. 두려움은 신앙을 버리고 취소하게 한다. 두려움은 적보다 더 우리를 상하게 한다. 그것은 성 밖의 적이라기보다는 안에서 위태롭게 하는 배신자이다. 그것은 바깥으로부터 오는 고난이라기 보다는 사람을 망쳐놓는 내부의 배신적인 두려움이다. 두려워하는 사람에게는 도망가는 자세보다 더 숙달된 자세가 없다. 아! 이것을 주의하라. 이런 두려움을 두려워하라. "몸을 죽이고 그 후에는 능히 더 못하는 자들을 두려워하지 말라."(눅 12:4). 핍박자들은 어차피 얼마 안있어 죽을 몸을 죽이는 일 외에는 아무것도 할 수 없다. 두려움은 지옥에 들어갈 자들 맨 앞에 놓여 있다(계 21:8). 우리 마음에 하나님을 경외하는 마음을 갖자. 하나님에 대한 경외는 다른 모든 천한 두려움을 몰아낸다.

③ 경박한 정신이 되지 않도록 주의하자. 경박한 정신을 가진 사람은 말 한 마디만 해도 아무데로나 돌아버린다. 그를 밀랍같이 주무를 수가 있다. 그는 너무 줏대가 없어서 아무데로나 원하는데로 이끌 수가 있다. "공교하고 아첨하는 말로 순진한 자들의 마음을 미혹하느니라"(롬 16:18). 경박한 그리스도인들은 아무것으로나 두들겨 만들 수가 있다. 그는 아무 물감으로나 염색할 수 있는 양털과 같다. 그는 사람의 숨길로 아무쪽으로나 불어버릴 수 있는 약한 갈대와 같다. 하루는 그를 설득하여 좋은 주의를 따르게 하고 그 다음날은 그것을 버리게 할 수 있다. 그는 상수리 나무로 만들어진 것이 아니라 버드나무로 만들어졌다. 그는 아무쪽으로나 구부릴 수가 있다. 아! 경박한 정신의 소유자가 되지 않도록 주의하라! 자신을 함부로 다루도록 하는 것은 순진한 것이 아니고 어리석은 것이다. 좋은 그리스도인은 옮길 수 없는 시온산과 같다(시 125:1). 주전 3세기의 로마 총독이요 장군으로서, 부패하지 아니한 사람으로 유명한 파브리키우스란 사람에 대해서는 그가 올바르게 행하지 못하도록 돌려놓는 것보다는 차라리 태양의 궤도를 수정하는 것이 더 쉽다는 말이 있는데, 좋은 그리스도인은 이 사람과 같다. 좋은 그리스도인은 그의 결단이 확고해야 한다. 만약 그가 고정불변이지 못하면 그는 타락한 별이 되고 말 것이다.

④ 육의 소리를 듣지 않도록 주의하자. 사도 바울은 혈육과 의논하지 않았다고 하였다(갈 1:16). 육은 나쁜 조언을 해 줄 것이다. 첫번째 왕인 사울은 육과 상의하였는데 나중에 그는 마귀와 상의하였다. 그는 엔돌의 신접한 여인에게로 갔다. 아! 육은 그리스도의 십자가가 무겁다고 말한다! 그리스도의 멍에에는 찢고 피흘리게 만드는 못이 있다고 말한다. 귀머거리처럼 육의 매력적인 소리에 당신의 귀를 막아버리라.

(3) 고난감수를 도와주는 것을 증진하라. 여러분이 고난을 감수하도록 도와주는 것을 증진시키라.

① 고난 받는 것을 익히라. "네가 그리스도 예수의 좋은 군사로 나와 함께 고난을 받을지니"(딤후 2:3).

야곱은 돌로 베개를 삼았다(창 28:18). "사람이 젊었을 때에 멍에를 메는 것이 좋으니"(애 3:27). 가벼운 십자가를 져버릇하면 더 무거운 것도 질 수 있게 된다. 비난을 인내로 견디는 것을 배우면 쇠사슬도 견딜 수 있게 된다. 사도 바울은 날마다 죽는다고 하였다. 그는 작은 고난부터 시작하여 순교자가 되기까지 점차 배워 나갔다. 죄에 있어서도 마찬가지로 악인들이 점차 배워서 죄의 전문가가 되는 것이다. 처음에 그는 작은 죄부터 범하기 시작하여 점점 더 큰 죄를 짓게 되고 나중에는 습관적인 죄에 이르게 되어 죄에 대해서 뻔뻔스럽게 되고 마침내는 죄로 영광을 삼게 된다(빌 3:19). 고난에 있어서도 마찬가지다. 처음에는 그리스도인들이 십자가와 치욕과 감옥의 한쪽 토막만 잡고 있다가 나중에는 스스로 십자가를 지고 가게 된다.

아, 육신에 푹 빠져 있는 사람들은 고난으로부터 얼마나 먼가. "상아상에 누우며 침상에서 기지개 켜며…"(암 6:4). 이것은 고난받기에는 적합하지 않은 자세이다. 군인이 연병장에서 무기로 훈련을 받아야 할 때에 침상에서 기지개나 켜고 있다면 형편없는 전과를 올릴 것이다. 제롬은 말하기를 그리스도인이 옷에 향수 뿌리는것에, 머리를 꾸미는 것에, 다이아몬드 닦는 것에 관심을 가지다가 고난이 닥쳐와 천국으로 가는 길이 온통 젖어서 그들이 참고 발을 거기에 딛고 서지 못할 지경이라면 그런 사람들에게 무슨 말을 하겠느냐고 하였다. 대부분의 사람들이 너무나 나약하다. 그들은 자신들을 너무 곱게 부드럽게 다룬다. 터툴리안은 그런 사람들을 비단 그리스도인이라고 불렀는데 그렇게 육신을 응석받이로 다루는 사람은 십자가의 학교에 적합하지 않다. 벗은 가슴과 벗겨 내린 어깨는 그리스도의 십자가를 지기에는 너무 부드럽고 연하다. 여러분 자신을 강해지도록 단련하라. 여러분의 베개를 너무 편안하게 만들지 말라.

② 그리스도의 지식에 숙련을 잘 받으라. 사람은 결코 자기가 모르는 사람을 위해서 죽을 수 없다. "이를 인하여 내가 또 이 고난을 받되

부끄러워하지 아니함은 나의 의뢰한 자를 내가 알고 또한 나의 의지한 것을 그 날까지 저가 능히 지키실 줄을 확신함이라"(딤후 1 : 12). 장님은 늘 두려워한다. 소경 그리스도인은 십자가를 두려워한다. 자신을 지식으로 풍성케 하라. 그리스도의 덕성들, 하시는 일들, 특권들 등을 알라. 그리스도의 귀하심을 보라. "믿는 너희에게는 보배이나"(벧전 2 : 7). 그의 이름이 귀하다. 그것은 붓는 기름과 같다. 그의 피가 귀하다. 그것은 붓는 향유와 같다. 그의 사랑이 귀하다. 그것은 붓는 포도주와 같다. 예수 그리스도는 온갖 즐거움과 기쁨으로 이루어져 있으시다. 그는 그 자신이 우리에게 바람직한 것의 전부이시다. 그는 눈에 빛이시고, 혀에 꿀이시고, 마음에 기쁨이시다. 다만 그리스도에 대한 지식을 얻기만 하면 그를 위한 모든 것에 우리도 동참할 수가 있다. 불 가운데 있을지라도 그를 끌어안을 수 있다. 무지한 사람은 결코 순교자가 될 수 없다. 그는 제단을 마련할 수는 있으나 결코 모르는 하나님을 위하여 죽지는 않을 것이다.

③ 하나님의 모든 진리를 중히 여기라. 금을 깍고 남은 부스러기도 귀하다. 진리의 가장 가는 빛살도 영광스럽다. "진리를 사고서 팔지 말며"(잠 23 : 23). 진리는 믿음의 대상이고(살후 2 : 13), 중생의 씨앗이며(약 1 : 18), 기쁨의 샘이다(고전 13 : 6). 진리는 구원으로 우리에게 관씌워 준다(딤전 2 : 4). 우리가 진리로 인하여 고난을 받을지라도 그 무엇보다도 그것을 중히 여기라. 진리를 생명보다 더 중하게 여기지 않는 사람은 결코 진리를 위하여 자기 목숨을 내어 놓지 않을 것이다. 복된 순교자들은 그들의 피로 진리를 인쳤었다. 하나님이 가장 귀하게 여기시는 것이 둘이 있는데 그의 영광과 그의 진리이다. 16세기에 "영국 교회를 위한 변증"이란 책으로 유명한 살리스베리의 감독 쥬웰은 "나는 내 감독직을 부인할 수 있고 내 이름과 명성을 부인할 수 있지만 그리스도의 진리는 부인할 수 없다"고 하였다.

④ 선한 양심을 간직하라. 만일 어떤 죄라도 영혼에 남겨둔 것이 있으면 고난받기에는 부적당하다. 어깨에 종기가 난 사람은 무거운 짐을 지고 갈 수가 없다. 양심의 죄는 종기와 같다. 이것을 가진 사람은

그리스도의 십자가를 결코 질 수가 없다. 배가 튼튼하고 장비를 잘 갖추었으면 물 위로 항해를 할 수가 있지만 구멍이 많고 물이 새면 물 속으로 가라앉고 만다. 만일 양심이 배가 새는 것같이 죄로 가득하다면 그것은 핍박의 피바다로 항해할 수가 없다. 집의 기둥이 썩었으면 그 집은 폭풍에 견디지 못한다. 만일 사람의 마음이 썩었으면 그는 결코 환난의 폭풍을 견디지 못한다. 화형 기둥의 불에서 지옥불로 가는 것같이 느낄텐데 어떻게 죄있는 사람이 그 고난을 견디어 낼 수 있겠는가! 양심을 깨끗하게 가지자. "깨끗한 양심에 믿음의 비밀을 가진 자라야 할지니"(딤전 3:9). 선한 양심은 맹렬한 시험 가운데서도 살아남을 수 있다. 이것이 순교자의 불길을 장미의 꽃밭으로 만든 것이다. 선한 양심은 철벽(鐵壁)과 같다. 악어는 창을 던짐을 우습게 여긴다고 하였다(욥 41:29). 감옥에 갇혔어도 선한 양심은 새가 되어 이 새장 안에서도 노래를 부를 수가 있다. 어거스틴은 그것을 선한 양심의 낙원이라 불렀다.

⑤ **성경과 친숙하게 되어야 한다**(시 119:50). 성경을 묵상하여 잘 소화하면 고난받을 자격이 있는 사람이 된다. 성경은 그리스도인의 수호자요 그의 탄약고이며 성채이다. 그것은 일천 방패를 매달아 놓은 다윗의 망대에 비유할 수 있다. 이 성경의 가슴에서 거룩한 힘이 영혼으로 흘러 들어온다. "그리스도의 말씀이 너희 속에 풍성히 거하여"(골 3:16). 제롬은 성경을 자주 자주 연구하여 그의 가슴을 그리스도의 도서관으로 만든 사람이 있다고 말하였다. 복된 성경은 그것이 위로의 벌꿀집인 것과 마찬가지로 또한 힘을 위한 무기고가 된다. 먼저 순교자의 마음이 성경을 읽음으로 불타오르게 되고(24:32) 다음으로는 그의 몸이 불타오르기에 적합하게 된다.

성경은 그리스도인을 시험과 핍박 양쪽에 대하여 무장시킨다.

시험에 대하여 : 그리스도 자신이 마귀에게 시험을 받으실 때에 무장하시기 위하여 성경으로 달려가셨다. 세번씩이나 그는 "기록되었으되"라는 그의 말씀으로 그 옛뱀을 다치게 하셨다. 제롬은 말하기를 사도 바울은 그가 말씀으로 무장하지 않았으면 그렇게 많은 시험을

통과하지 못하였을 것이라고 하였다. 그리스도인들이여, 시험을 당하는가? 성경으로 가서 골리앗 같은 시험의 얼굴에 날려 보낼 돌멩이를 거기서 얻으라. 교만에 빠지게 시험받는가? "하나님이 교만한 자를 대적"하신다는 성경을 읽으라(벧전 5:5). 정욕으로 시험을 받는가? 야고보서 1:15을 읽으라. "욕심이 잉태한즉 죄를 낳고 죄가 장성한즉 사망을 낳느니라."

핍박에 대하여 : 육신이 주춤거리면 성경이 원기를 북돋우어 준다. 그것은 우리 위에 갑옷을 입히고 우리 속에 용기를 불어 넣어준다. "네가 장차 받을 고난을 두려워 말라 볼지어다 마귀가 장차 너희 가운데서 몇 사람을 옥에 던져 시험을 받게 하리니 너희가 십일 동안 환난을 받으리라 네가 죽도록 충성하라 그리하면 내가 생명의 면류관을 네게 주리라"(계 2:10). 아, 그리스도인이여 나는 고난이 두렵지 않다고 말하라. "네가 장차 받을 고난을 두려워 말라." 그러나 왜 내가 고난을 받아야 하는가? 나는 하나님을 사랑하는데 이것으로 충분하지 않는가? 그렇다. 그러나 하나님은 여러분의 사랑을 시험해 보시려 한다. 그래서 여러분은 시험을 받을 수도 있다는 것이다. 하나님의 금은 제련소에서 가장 잘 제련된 것이다. 그러나 이 핍박이 그렇게도 긴가? 아니다. 그것은 다만 십일간일 뿐이다. 그것은 얼마간은 지속될 수 있겠지만(lasting) 그러나 영영 지속될 것은 아니다(not everlasting). 십일쯤이야 영원에다 비교하면 무엇이란 말인가? 그러나 내가 고난을 받으면 나아지는 것이 무엇인가? 거기서 무엇이 나오는가? "내가 생명의 면류관을 네게 주리라." 비록 여러분의 몸은 희생을 당할지라도 여러분의 영혼은 면류관을 쓰게 된다. 그러나 나는 시련이 닥쳐오면 견딜 수 없을 정도로 약한데! "내 은혜가 네게 족하도다"(고후 12:9). 약한 그리스도인을 전능하신 손으로 밑에서 받쳐 주신다.

⑥ **마음이 고통을 받아들이는 구조가 되도록 하라.**

그것이 무엇이냐고 묻는다면 대답은 이렇다. 자기를 부인하는 극기의 구조이다. "아무든지 나를 따라 오려거든 자기를 부인하고 자기 십자가를 지고 나를 좇을 것이니라"(마 16 : 24). 자기를 부인하는 것이 믿음생활의 기초이며, 만일 이 기초가 잘 놓여지지 않으면 전체의 건물이 무너진다. 만일 우리 영혼에게 우리 자신을 부인하지 못한 어떤 정욕이 있으면 결국에는 그것이 추문이나 배교로 변할 것이다. 자기 부정은 신앙생활 전체를 꿰뚫고 지나가야 하는 명줄이다. 자기를 부인하는 그리스도인이라야 고난을 받아들이는 그리스도인이다. "자기를 부인하고 자기 십자가를 지고…"

이것을 좀더 설명하기 위해서 두 가지 것을 검토하도록 하겠다.

첫째, **부인**이라는 말이 무슨 의미인가? 부인이라는 말은 "옆으로 치워버린다", "벗어버린다", "자신을 없애버린다" 등의 뜻이다. 베자(Beza)는 그것을 "자신을 포기한다"는 말이라고 하였다.

둘째, **자기**라는 말은 무슨 뜻인가? 자기는 네 가지 면으로 생각할 수 있다. 세상적인 자기, 친족관계에 있어서의 자기, 자연적인 자기, 육적인 자기.

우리는 **세상적인 자기**를 부인해야 한다. 그것은 우리의 재산을 말한다. "보소서 우리가 모든 것을 버리고 주를 좇았사오니"(마 19 : 27). 가장 귀한 진주를 얻으려면 오빌의 황금을 포기해야 한다. 고결한 마르케스 드 비코라는 사람은 세상의 모든 금과 은을 그리스도와 한 시간 교제하는 정도의 가치있는 것으로 평가한 사람들에게 마저 그들의 돈과 함께 망하라고 말하였다.

우리는 **친족관계에 있어서의 자기**도 부인하여야 한다. 그것은, 하나님이 부르시면 가장 사랑하는 친족도 버려야 한다는 것을 말한다. 예컨대 우리의 가장 가까운 혈족인 아버지와 어머니가 우리 길을 막고 서서 우리가 의무를 행하고자 하는데 방해하려고 하면 우리는 그들을 건너 뛰어넘든지 밟고 지나가든지 해야 한다. "무릇 내게 오는 자가 자기 부모와 처자와 형제와 자매와 및 자기 목숨까지 미워하지 아니하면 능히 나의 제자가 되지 못하고"(눅 14 : 26). 친족이 그리스도보다 더 비중이 커서는 안된다.

우리는 **자연적인 자기**도 부인하여야 한다. 우리는 우리가 재가 된다

할지라도 기꺼이 희생을 감수하여 그리스도의 면류관이 번창하도록 해야 한다. "그들은 죽기까지 자기 생명을 아끼지 아니하였도다"(계 12:11). 예수 그리스도가 그들 자신의 심장의 피보다 그들에게 더 귀하게 여겨졌던 것이다.

우리는 **육적인** 자기도 부인하여야 한다. 이것이 "자기를 부인하고"라고 하는 성경말씀의 가장 중요한 뜻으로 나는 본다. 우리는 육적인 안락을 부인하여야 한다. 육신은 안락을 추구하여 부르짖는다. 그것은 그 목을 그리스도의 멍에 아래 놓는 것이든지 자체를 십자가 위에 잡아 매는 것을 지독히 싫어한다. 육신은 사자가 밖에 있다고 부르짖는다(잠 22:13). 우리는 자기 안락을 부인하여야 한다. 게으름의 보드라운 베개에 기대고 있는 자는 십자가를 지기 힘들다. "네가 그리스도 예수의 좋은 군사로 나와 함께 고난을 받을지니"(딤후 2:3). 우리는 땀과 피로 천국에 가는 길을 힘껏 닦아야 한다. 시저의 군인들도 배고픔과 추위를 참으며 싸웠다.

우리는 **자기 고집**을 부인하여야 한다. 사람마다 원래 높은 자기 고집이 있다. 그런 사람은 영적인 교만으로 취하여 있는데 교만한 사람은 고난받기에 적합하지 않다. 그는 자기는 고난받기에는 너무 아까운 사람이라고 스스로 생각한다. 이렇게 고상한 가문에, 이렇게 높은 재능에, 세상에서 이렇게 명성과 신용을 얻고 있는데 내가 고난을 받아야 하다니? 교만한 사람은 십자가를 경멸한다. 아! 자기 고집을 부인하라! 그리스도께서는 어떻게 고난받으러 오셨는가? "자기를 낮추시고 죽기까지 복종하셨으니"(빌 2:8). 교만의 깃털장식이 떨어지게 하라.

우리는 **자신감**을 부인하여야 한다. 베드로의 자신감이 그를 망쳤다. "다 주를 버릴지라도 나는 언제든지 버리지 않겠나이다, 내가 주와 함께 죽을지언정 주를 부인하지 않겠나이다"(마 26:33, 35). 이 사람이 얼마나 자신의 힘을 주제넘게 추측했는가. 마치 그는 그 밖의 모든 사도들보다 자기가 더 은혜를 많이 받은듯 착각했다. 그가 그리스도를 부인한 것은 자신을 부인하지 못했기 때문인 것이다. 아, 여러분 자신의 힘을 부인하라! 삼손의 힘은 그의 머리털에 있었다. 그리스도인의 힘은 그리스도에게 있다. 자신을 믿는 사람은 자신이 책임을 지게 될 것이다. 자신의 힘만 믿고 나선 사람은 자신의 부끄러움에 입을 막을 것이다.

우리는 **자신의 지혜**를 부인하여야 한다. 우리는 "육체의 지혜"에 대한 성경을 읽는다(고후 1:12). 자신의 지혜는 육적인 심려이다. 육체는 고난을 피하는 것이 지혜라고 한다. 죄에 대항하는 선언을 하지 않는 것이 지혜라고 한다. 십자가를 피하기 위한 교묘한 방법을 알아내는 것이 지혜라고 한다. 육체의 지혜는 육체를 아끼는 것이다. 참으로 그리스도인들은 조심하여야 한다. 뱀처럼 지혜로운 눈이 비둘기처럼 순결한 머리에 있어야 한다. 지혜와 순결이 같이 있어야 하고 그것이 떨어지면 위험하다. 의무를 피하도록 가르치는 꾀는 저주를 받아야 한다. 이 지혜는 위로부터 온 것이 아니라 마귀적이다(약 3:15). 그것은 옛 뱀에게서 배운 것이다. 이 지혜는 결국에는 어리석은 것으로 드러날 것이다. 그것은 자기 금을 건지기 위해서 자신의 몸을 배 밖 물 속으로 던지는 사람과 같다.

우리는 **자신의 의지**도 부인하여야 한다. 그레고리 교황은 의지를 모든 영혼의 기능의 총사령관이라고 불렀다. 참으로 죄 없을 때 아담은 마음이 정직하고 순종하는 의지를 가졌었다. 그 의지는 잘 조율된 악기와 같았다. 그것은 하나님의 뜻에 잘 어울리는 소리를 내었는데 지금 우리는 의지가 부패하였고 센 파도와 같이 우리를 거칠게 악으로 몰아간다. 우리의 의지는 선을 행할 마음이 내키지 않을 뿐 아니라 대적하기도 한다. "너희가 항상 성령을 거스려…"(행 7:51). 의지보다도 더 큰 적이 없다. 그것은 하나님을 훼방하기도 한다(벧후 2:10). 의지는 죄를 사랑하고 십자가를 미워한다. 그래서 언제나 우리가 하나님을 위하여 고난을 받을 때는 우리 자신의 의지를 꺾어야 한다. 의지를 십자가에 못박아 버려야 한다. 그리스도인은 내 뜻대로 마시옵고 당신의 뜻대로 하옵소서라고 말해야 한다.

우리는 **자기 추리**를 부인하여야 한다. 육신 쪽은 고난에 대해서 따지고 다툰다. "어찌하여 이것을 마음에 의논하느냐"(막 2 : 8). 이렇게 따지고 들면 우리 마음 가운데 다음과 같은 생각이 들기 시작한다.

핍박은 쓰라린 것이라는 생각. 아 그러나 그것은 축복이다! "시험을 참는 자는 복이 있도다"(약 1 : 12). 십자가는 무겁다. 그러나 십자가가 매울수록 면류관은 더 빛나게 된다.

재산과 친족과 떨어지는 것은 슬픈 일이라는 생각. 그러나 그리스도는 모든 것을 합한 것보다 더 낫다. 그는 힘을 돋우어 주는 만나이시고, 위로하는 포도주이시며, 면류관을 씌워 주는 구원이시다.

그러나 자유스러운 것이 좋다는 생각. 그러나 이 속박은 우리가 더 커질 수 있는 길을 열어준다. "곤란 중에 나를 너그럽게 하셨사오니…"(시 4 : 1). 발이 족쇄에 묶이면 마음은 아름답게 넓어지고 커지게 된다.

그러므로 우리는 마음 가운데 고난에 저항하는 생각을 일으키기 쉬운 자기 추리를 억제하여야 한다.

이 마음의 자기 부인의 구조를 만들기란 참으로 어렵다. 이것은 오른쪽 눈을 빼내는 것과 같다. 어떤 사람은 말하기를 자신을 극복하는 것에 비하면 다른 사람이나 마귀를 극복하는 것은 아무것도 아니라고 하였다. 자신을 정복하는 사람은 가장 튼튼한 성채를 정복하는 사람보다도 더 강하다. 자신은 우상인데, 이 우상을 희생시켜 자기 추구를 자기부정으로 바꾸는 것은 얼마나 어려운 일인가! 그러나 그것이 비록 어렵더라도 그것은 고난을 감수하는데 필수적인 것이다. 그리스도인은 그가 십자가를 질 수 있기 전에 먼저 자신을 내려 놓아야 한다.

아! 그러면 극히 작은 일에 있어서도 자기 자신을 부인할 수 없는 사람, 음식이나 의복에 있어서도 육신의 소망을 부인해 버리는 대신에 육체의 응석을 받아 주는 사람은 고난과는 얼마나 먼가! 십자가를 잡는 대신 자기들의 술잔을 잡다니! 육신을 멋대로 하게 하는 것이 자기 부인인가! 자신을 부인할 수 없는 사람은 고난이 닥쳐오면 그리스도를 부인할 것은 틀림없는 일이다. 아, 그리스도인들이여, 그리스도의 십자가를 지고 갈 수 있기를 원한다면 여러분 자신을 부인하기 시작하라.

그리스도를 위하여 무엇이든 부인하면 여러분은 그리스도 안에서 다시 찾게 된다는 것을 깊이 생각하라. "또 내 이름을 위하여 집이나 형제나 자매나 부모나 자식이나 전토를 버린 자마다 여러 배를 받고 또 영생을 상속하리라"(마 19 : 29). 이것이야말로 아주 유리한 매매계약이다. 백 개 중에 열 개를 덤으로 받아도 이득이 많지 않은가, 아니, 하나를 주고 백개 이상 받는다면 얼마나 유리한 홍정인가?

그러므로 사실은 여러분이 그리스도를 위하여 자신을 부인하는 것은 마땅한 것이다. 예수 그리스도께서 여러분을 위하여 자신을 부인하시지 않았던가? 그는 그의 기쁨을 부인하셨다. 그는 그의 아버지의 집을 떠나셨다. 그는 그의 영예를 부인하셨다. 그는 부끄러움을 참으셨다(히 12 : 2). 그는 그의 생명을 부인하셨다. 그는 십자가의 제단 위에 희생제물로서 자신의 피를 쏟으셨다(골 1 : 20). 그리스도께서 여러분을 위하여 자신을 부인하셨는데 여러분도 그를 위하여 여러분 자신을 부인하지 않겠는가?

자기 부인은 철저한 그리스도인의 가장 높은 표이다. 위선자들도 많은 지식을 소유할 수 있고 큰 소리로 신앙고백을 할 수 있지만, 참 마음을 가진 성도만이 그리스도를 위하여 자신을 부인할 수가 있다. 나는 어떤 거룩한 사람이 한 번은 사단에게 시험을 받는 이야기를 읽은 적이 있다. 그에게 사단은 말하기를 "왜 너는 이 모든 고통을 받고 있느냐? 너는 깨어 지키고 있고 금식도 하며 죄를 삼가하고 있구나. 하지만 이 사람아 네가 나보다 나은 것이 무엇인가? 네가 술주정뱅이가 아니고 간음자가 아니라고? 나도 그렇다. 네가 깨어 지키느냐? 내 말 들어봐. 나는 절대로 자지 않는다. 네가 금식하느냐? 나는 결코 먹지 않는다. 네가 나보다 낫게 하는 것이 무엇이냐?" 그 선한 사람이 대답하기를 "사단아, 내 말을 들어봐라. 나는 기도한다. 나는 주님을 섬긴다. 아니, 무엇보다도 나는 나 자신을 부인한다." 그러니까 사단이 말하기를 "그렇구나. 나는 나 자신을 높이는데 너는 그래서 나보다 나은 점이 있구나"하고 사라져 버렸다는 것이다. 자기 부인은 신실성을 시험하는 가장 좋은 시금석이다. 이것 때문에 여러분은 위선자보다 낫다.

자기 부인은 우리 앞에도 다른 사람들이 행한 것이다. 모세는 자기를 부인한 사람이었다. 그는 애굽 궁정의 명예와 이득을 부인하였다(히 11 : 24~26). 아브라함은 하나님의 부르심에 자기 고향을 부인하였다(히 11 : 8). 4세기의 시리아 이레투사의 감독이었던 마르쿠스는 로마의 율리안 황제의 치하에 있었는데 그는 믿음을 위해서 큰 고통을 견디어 내었다. 그가 우상의 전각을 다시 짓는데 아주 작은 돈이라도 희사하면 풀려날 수 있었지만 비록 그 사소한 돈이 자기의 목숨을 구해줄 수 있었는데도 그는 그렇게 하지 않았다. 여기에서 자기를 부인한 성도의 한 모습을 볼 수 있다.

만일 여러분이 그리스도를 위하여 세상을 부인하지 않으면 세상이 여러분을 부인하게 될 때가 불원간에 온다. 지금은 세상이 여러분에게서 만족을 빼앗는다고 할지 몰라도 그렇지 않으면 머지않아 세상이 여러분에게 있을 곳을 빼앗아 버릴 것이다. 그 안에서 숨쉬는 것이 더 고통스러워질 때가 온다. 여러분은 아무것도 가진 것이 없게 될 것이다. 더구나 더 나쁜 것은 세상이 여러분을 부인할 뿐만 아니라 그리스도께서 여러분을 부인하실 것이란 것이다.

"누구든지 사람 앞에서 나를 부인하면 나도 하늘에 계신 내 아버지 앞에서 저를 부인하리라"(마 10 : 33).

⑦ **고난을 참게 하는 은혜들을 받으라.** 특별히 세 가지 은혜가 중요하다. 믿음, 사랑, 인내.

첫번째 **고난을 참게 하는 은혜는 믿음이다.**

"모든 것 위에 믿음의 방패를 가지고"(엡 6 : 16). 믿음을 가장하는 것과 믿음을 사용하는 것은 별개의 것이다. 위선자들은 믿음을 겉옷으로 걸치지만 믿음으로 고난을 당하는 사람은 믿음을 방패로 삼는다. 방패는 위험할 때 쓸모가 있어 그것은 머리를 보호해주고 생명을 지켜준다. 그 방패가 믿음이다. 믿음은 용광로를 통과하는 것같은 은혜이다. "너희 믿음의 시련이 불로 연단하여도 없어질 금보다 더 귀하여 예수 그리스도의 나타나실 때에 칭찬과 영광과 존귀를 얻게 하려 함이라"(벧전 1 : 7). 믿음은 헤라클레스의 곤봉과 같아서 모든 대적되는 것을 쳐서 쓰러뜨린다. 믿음으로 우리는 마귀를 막는다(벧전 5 : 9). 믿음으로 피를 흘리기까지 저항한다(히 11 : 34). 믿음은 승리하게 하는 은혜이다. 믿는 자는 비록 자신이 재가 될지라도 그리스도의 면류관을 풍성하게 한다. 믿지않는 자는 르우벤과 같다. "물의 끓음 같았은즉 너는 탁월치 못하리니"(창 49 : 4). 믿는 자는 비록 활 쏘는 자가 그에게 화살을 쏘아대어도 그의 활이 건강한 요셉과 같다(창 49 : 22, 23). 믿는 자는 고난의 물에 던져도 그는 물 위로 그리스도를 따를 수 있고 가라앉지 않는다. 그를 불에 던지면 그의 열심이 오히려 그 불꽃보다 더 뜨겁게 불탄다. 그를 감옥에 넣으면 오히려 성령에 더 충만하게 된다. 바울과 실라는 감옥 속에서도 찬송을 불렀다. "네가 사자와 독사를 밟으며"(시 91 : 13). 쇠줄로 얽어 만든 갑옷 같은 믿음을 입은 그리스도인들은 사자같이 맹렬하고 독사같이 쏘는 핍박이라도 짓밟을 수가 있다. 믿음을 얻으라.

그러나 어떻게 믿음이 꿰뚫을 수 없는 갑옷같이 될 수 있는가?

여섯 가지 길이 있다.

믿음은 영혼을 그리스도께 연합시켜 주고 이 찬미받으실 머리되신 분이 각 지체에게 성령을 보내주신다. "내게 능력 주시는 자 안에서 내가 모든 것을 할 수 있느니라"(빌 4 : 13). 믿음은 주님으로부터 오는 모든 것을 의지하는 은혜이다. 우리가 물을 원할 때는 우물에 가서 퍼오고, 금을 원하면 금광으로 가듯이 믿음을 행하고 고난을 참으려면 그리스도에게로 가서 영혼 속으로 그의 힘을 가져온다. 이와 같이 믿음은 놀라운 일을 하는 은혜이다.

믿음은 마음 가운데 세상을 경멸하도록 역사한다. 믿음은 세상의 참 모습을 보게 한다(전 2 : 11). 믿음은 세상이 그 모든 보석들을 다 빼 놓고 잠옷을 입고 있는 모습을 보여 준다. 믿음은 세상이 이지러지고 있는 모습이 나타나도록 해준다. 믿는 자는 천문학자보다 세상이

이지러지는 것을 더 잘 볼 수 있다. 믿음은 영혼이 천하보다 더 귀한 것임을 보여준다. 그것은 그리스도와 그의 영광을 보게 해준다. 그것은 천국을 기대하게 해 준다. 항해자가 캄캄한 밤에 마스트 꼭대기에 올라가서 "내가 별을 보았다"고 고함지르듯이 믿음은 감각과 이성 위의 천국으로 올라가 광명한 새벽별이신 그리스도를 바라보는데 그의 비길 데 없는 탁월하신 모습을 한번 바라본 영혼은 세상에서 십자가를 기꺼이 받아들인다. 그리스도인은 이렇게 말한다. "아, 내가 예수 그리스도와 함께 즐길터인데 이 모든 세상 것들을 잃는 고통이야 참지 않으랴!"

믿음은 약속의 말씀에서 힘을 얻는다. 믿음은 약속을 의지하고 산다. 물에서 물고기를 끄집어 내면 그것은 죽는다. 믿음을 약속 밖으로 끄집어 내면 그것은 살 수가 없다. 약속은 위안의 젖가슴이다. 아기가 젖가슴을 빨아 먹음으로 힘을 얻듯이 믿음은 약속의 젖가슴을 빨아 먹음으로 힘을 얻는다. 수비대가 포위되어 거의 적군에게 항복할 지경이 되었을 때 그것을 구하기 위하여 후원군을 보낸다. 그와 같이 믿음이 약하여지기 시작하고 싸우는 날에 거의 쓰러질 지경이 되면 주의 약속들이 그 세력들을 소집하여 모두 믿음을 구하기 위하여 나서게 되는데 이로써 믿음은 불같은 시험을 견딜 수 있게 되는 것이다.

믿음은 영혼에게 고난의 올바른 뜻을 알게 해준다. 믿음은 고난의 참 모습을 그려준다. 고난이 무엇인가? 믿음은 말하기를 그것은 육체에 고통을 주는 것 뿐인데 육체는 어차피 얼마 안있어 자연의 섭리대로 티끌로 떨어져 버릴 것이 아니냐고 한다. 핍박은 기껏해야 내 목숨을 빼앗을 수 있을 뿐이다. 학질이나 열병으로도 그렇게 될 수 있다. 믿음은 영혼에게 고난의 바른 뜻을 알게 하고 그것들을 바로 잴 수 있게 해 주어서 그리스도인들이 그리스도의 발 앞에 그들의 생명까지도 드릴 수 있게 한다.

믿음은 하나님의 섭리들과 약속들을 조화시킨다. 사도 바울의 항해에서 볼 수 있는 것과 같이 하나님의 섭리는 때로는 약속을 거스르는 것처럼 보이기도 한다. 유라굴로라는 광풍이 일어났는데(행 27 : 14) 하나님은 그에게 그의 생명과 그와 함께 배를 탄 모든 사람의 생명을 그가 구할 것이라고 약속하셨다(24절). 그러므로 바람이 말할 수 없이 거스려 불었지만 바울은 결국은 그것이 그를 항구로 불어 줄 것을 믿었다. 그와 같이 감각이 말하기를 "이것은 약속과는 다른 섭리이구나. 고난이 닥쳐 왔으니 나는 망했구나"라고 하면 믿음은 말하기를 "모든 것이 합력하여 선을 이루느니라"(롬 8 : 28)고 한다. 이 섭리는 비록 피를 흘리게 될지라도 약속을 성취하고야 만다. 고생도 결국 내게 유익하도록 작용한다. 그것은 나의 썩은 것을 고치고 내 영혼을 구한다. 그래서 믿음은 바람과 조류가 함께 가도록 만들어 약속의 조류와 더불어 섭리의 바람은 그리스도인이 핍박을 이겨낼 수 있도록 해 준다.

믿음은 십자가에서 단 것을 뽑아낸다. 믿음은 영혼에게 하나님과 화목하게 된 것과 죄 용서함 받은 것과 그것을 위해 당하는 고난마다 얼마나 단 것인가를 보여준다. 꿀벌은 아주 쓴 풀에서 아주 단 꿀을 모은다. 쓴 약이 종종 지친 사람에게 힘을 준다. 그와 같이 가장 통렬한 시련을 겪은 믿음이 가장 달콤한 위안을 모은다. 믿음은 고난을 하나님의 사랑의 표로 여긴다. 고난은 날카로운 화살이지만 그것들은 사랑하시는 아버지의 손으로 쏘신 것이다. 믿음은 막대기의 끝에서 꿀을 맛볼 수 있다. 믿음은 고난에서 기쁨을 가져온다(요 16 : 20). 믿음은 사자의 배에서 꿀벌집을 얻어내고 십자가 아래서 보석을 찾아낸다. 이제 여러분은 어떻게 믿음이 꿰뚫을 수 없는 갑옷같은 것이 되는가를 알았을 것이다. "모든 것 위에 믿음의 방패를 가지고"(엡 6 : 16). 천국에 닻을 던진 믿는 자는 핍박의 물 속에 가라앉을 수가 없다.

두번째로 **고난을 참게 하는 은혜는 사랑이다.**

예수 그리스도에 대한 사랑으로 불타 오르는 마음을 가지라. 사랑은 능동적인 면과 수동적인 면을 아울러 가진 은혜이다.

사랑은 **능동적이다.** 그것은 강권의 법을 영혼에게 부여한다. "그리스도의 사랑이 우리를 강권하시는도다"(고후 5 : 14).

 사랑은 영혼이 날 수 있도록 해주는 날개이고 그것이 갈 수 있도록 해주는 힘이다. 주를 사랑하는 사람은 결코 자기가 그리스도를 위하여 충분히 사랑할 수 있다고 생각하지 않는다. 이 세상을 사랑하는 사람도 결코 그가 세상을 위하여 충분히 고생을 했다고는 생각하지 않는 것처럼 사랑이란 지칠 줄 모르는 것이다.

 사랑은 **수동적이다**. 그것은 고난을 참게 한다. 친구를 사랑하는 사람은 그를 위해서라면 설령 그가 잘못되는 한이 있더라도 무슨 고생이든지 참는다. 나라를 사랑하는 사람은 나라를 위해 목숨이라도 던진다. 사랑 때문에 우리의 사랑하시는 주님은 우리를 위하여 고난을 받으셨다. 펠리칸이라는 새는 그 어린 것들에 대한 사랑 때문에 그것들이 뱀에게 물리면 그것을 회복시키기 위해서 그 자신의 피를 먹인다고 한다. 그와 같이 우리가 옛 뱀에게 물리면 그리스도는 자신의 피를 우리에게 먹이심으로 우리를 회복시키실 것이다. 야곱은 라헬을 사랑하여 많은 수고를 하였다. "이 사랑은 많은 물이 꺼치지 못하겠고 홍수라도 엄몰하지 못하나니"(아 8 : 7). 그렇다. 아무리 핍박이 홍수같이 밀려와도 꺼치지 못한다. "사랑은 죽음같이 강하고"(아 8 : 6). 죽음은 많은 저항을 뚫고 길을 내어 다가온다. 그와 같이 사랑은 감옥과 초열지옥(焦熱地獄)을 뚫고 그리스도께로 향하는 길을 낸다.

 그러나 모두 그리스도를 사랑하는 척한다. 우리가 고난을 감수할 정도의 그리스도에 대한 사랑을 가지고 있는지 어떻게 아는가?

 그 답변은 다음과 같다.

 참된 사랑은 **친구로서의 사랑**인데 그것은 우리가 그리스도를 스스로 사랑할 때 진실되고 꾸밈이 없이 사랑하는 것이다. 돈에만 움직이는, 또는 창녀같은 사랑도 있는데 우리가 신성한 대상을 다른 것으로 바꾸어 사랑할 때이다. 진리의 여왕을 그 귀에 달린 보석만 쳐다보고 사랑할 수도 있는데 왜냐하면 그녀가 진급을 가져다 주기 때문이라는 것이다. 그리스도를 그 정금같은 머리 때문에 사랑할 수도 있는데(아 5 : 11) 그가 영광을 더해주기 때문이란 것이다. 그러나 참된 사랑은 우리가 그리스도를 그의 사랑스러우심 때문에 사랑하는 것, 즉 그 안에 빛나는 무한하고 비길 데 없는 아름다우심 때문에 사랑하는 것이다. 어거스틴은 "예수님은 예수님이시기 때문에 사랑한다"고 하였는데 그것은 예수님의 인격 그 자체를 사랑하는 것이다.

참된 사랑은 **갈망의 사랑**이다. 그것은 우리가 행복의 원천이신 그리스도와의 연합을 갈망하는 것이다. 사랑하면 연합되기를 갈망한다. 그리스도를 사랑하는 영혼은 죽음을 갈망하는데 그 까닭은 이 죽음이 그리스도와의 연합으로 이끌기 때문이다. 죽음은 한 쪽 매듭은 풀고 다른 쪽과는 매어주는 것이다.

참된 사랑은 **헌신하는 사랑**이다. 그것은 우리가 할 수 있는 한 세상에서 그리스도의 이름을 높이려고 애쓰는 것이다. 동방박사들이 예수님께 황금과 유향을 갖다 드린 것과 같이(마 2:11) 우리는 그에게 봉사의 조공을 가져다 드리고 우리가 몰락하는 한이 있어도 그가 높이 올라가시는 것을 기뻐한다. 요컨대, 천국에서 불붙여진 사랑은 우리로 하여금 우리 애정의 가장 두드러진 부분을 그리스도께 바치도록 만든다. "나는 향기로운 술 곧 석류즙으로 네게 마시웠겠고"(아 8:2). 만일 신부가 더 맛있고 향기로운 잔을 가졌으면 그리스도께서는 그것을 더 맛있게 마셔버리실 것이다. 참으로 우리가 그리스도를 사랑하는데는 끝이 있을 수 없다. 그런데 우리는 금은 지나치게 사랑하면서도 그리스도는 그렇게 사랑하지 않는다. 천사들도 그리스도를 흡족하게 사랑하지 않는다. 이제 사랑이 오를 만큼 끓어 오르면 그것이 고난을 감수할 수 있게 해준다. "사랑은 죽음 같이 강하고"(아 8:6). 순교자들은 먼저 사랑으로 불타고 다음으로 화형불에 불탔었다.

세번째로 **고난을 참게하는 은혜는 인내이다.**

인내는 고난을 위해 만들어지고 다듬어진 은혜이다. 인내는 하나님의 뜻에 기쁘게 복종하는 것이고, 그가 우리에게 지우시기를 기뻐하시는 짐은 어느 것을 지든지 만족해 하는 것이다. 인내는 그리스도인을 무적으로 만든다. 그것은 아무리 때려도 끄덕도 없는 모루와 같다. 우리는 인내없이는 사람이 되지 않는다. 격정은 사람다움을 잃게 만든다. 그것은 이성을 사용하지 못하게 만든다. 우리는 인내 없이는 고난을 감수하는 사람이 될 수 없다. 인내는 우리를 오래 참게 만든다(약 5:10). 계시록에 보면 표범과 비슷하고 그 발은 곰의 발 같은데 용이 그에게 그의 권세를 준 짐승이 나온다(계 13:2). 이 짐승은 적 그리스도의 세력으로 이해된다. 적그리스도는 그 간교함과 사나움 때 문에 표범으로 비유되고 그의 머리에는 참람된 이름들이 있었는데(1 절) 이것은 죄의 사람의 설명과 일치된다. "저는…하나님 성전에 앉 아 자기를 보여 하나님이라 하느니라"(살후 2:4). 그리고 용이 그에게 권세를 주었는데(2절) 용은 마귀이며, 권세는 성도들과 싸우게 하기 위해서 준 것이다(계 13:7).

자, 어떻게 성도들이 이 불같은 시험의 열을 견디어 낼 수 있겠는가? "성도들의 인내와 믿음이 여기에 있느니라"(10절). 인내가 고난을 이긴다. 인내가 없는 그리스도인은 무기가 없는 군인과 같다. 믿음은 마음이 가라앉는 것을 막아 준다. 인내는 마음이 불평을 하는 것을 막아 준다. 인내는 해를 입어도 화를 내지 않는다. 그것은 예민하지만 성미가 까다로운 것은 아니다. 인내는 고난의 결말을 바라본다. 이것이 표어이다. "하나님이 결말 또한 보증하신다." 파수꾼이 아침 동이 트기를 기다리듯이 인내하는 그리스도인들은 참으로 영광의 날이 동터올 때까지 기다린다. 믿음은 하나님이 오신다고 말하고, 인내는 그가 오실 때까지 기다리겠다고 말한다. 이것들이 그리스도인의 꿰뚫을 수 없는 갑옷같은, 고난을 참게 하는 은혜들이다.

⑧ **고난을 견디게 하는 약속들을 소중하게 간직하라.** 약속들은 믿음이 가라앉지 않게 해주는 공기주머니이며, 그리스도인들이 고난을 당할 때 먹고 살 젖줄이다. 그것들은 지팡이 끝의 꿀인데 이 약속들을 간직하자.

하나님은 **지도하시겠다**고 약속하셨는데, 즉 필요한 때에 지혜의 성령을 보내 주셔서 할 말을 가르쳐 주신다고 하셨다. "내가 너희의 모든 대적이 능히 대항하거나 변박할 수 없는 구재(口才)와 지혜를 너희에게 주리라"(눅 21:15). 고난에 대비해서 미리 연구할 필요는 없다.

하나님께서 우리 입에 대답할 말을 넣어 주실 것이다. 하나님을 인하여 고난을 받는 사람들은 이것을 보증으로 삼을 수 있다. 주님은 불현듯 입에 쏟을 말을 넣어 주셔서 원수들이 반대는 못하고 비난만 할 수밖에 없도록 해주실 것이다.

하나님은 **보호하시겠다**고 약속하셨다. "내가 너와 함께 있으매 아무 사람도 너를 대적하여 해롭게 할 자가 없을 것이니"(행 18 : 10). 바울은 전능자 자신이 위험으로부터 방패막이가 되어 주셨으니 얼마나 안전했겠는가! 또한 "너희 머리털 하나도 상치 아니하리라"(눅 21 : 18)고 하셨다. 핍박자는 사자이지만 사슬에 묶인 사자이다.

하나님은 그의 성도가 고난을 받을 때 특별히 나타나시겠다고 약속하셨다. "저희 환난 때에 내가 저와 함께 하여 저를 건지고 영화롭게 하리라"(시 91 : 15). 우리가 만약 감옥에 있을 때 찾아주는 친구가 있다면 참 좋을 것이다. 비록 우리가 있는 장소는 바뀌어도 우리를 지키시는 이는 바뀌지 않는다. "내가 저와 함께 하여." 하나님은 우리가 약하여질 때 우리의 머리와 마음을 잡아 주신다! 우리가 남보다 더 괴로움을 많이 겪으면 하나님이 우리와 더 같이 계셔 주실 것이다! 하나님의 명예는 귀한 것이다. 그의 자녀가 고난에 빠져도 그대로 거기에 내버려 두시는 것은 그의 명예에 맞지 않는 것이다. 그는 그들에게 활력을 불어넣어 주시고 지원해 주시기 위해서 그들 곁에 계신다. 그렇다. 새로운 어려움이 생길 때마다 "여섯 가지 환난에서"라도 우리를 구원하실 것이다(욥 5 : 19).

주님은 **구해주시겠다**고 약속하셨다. "내가 저와 함께하여 저를 건지고 영화롭게 하리라"(시 91 : 15). 하나님은 그의 백성이 고난으로부터 도망할 수 있도록 뒷문을 열어 두신다. "시험 당할 즈음에 또한 피할 길을 내사"(고전 10 : 13). 그와 같이 그는 베드로에게 행하셨다(행 12 : 7~10). 베드로의 기도는 하늘문을 열었고 하나님의 천사는 감옥을 열었다. 하나님은 올가미를 막으실 수도 있고 끊어버리실 수도 있다. "사망에서 피함이 주 여호와께로 말미암거니와"(시 68 : 20). 우리의 믿음을 강하게 해주실 수 있는 분은 우리의 족쇄도 끊어버리실 수가 있다. 주님은 때때로 원수들을 자신들이 놓은 올가미를 끊는 도구로 사용하시기도 한다(에 8:8).

하나님은 수난을 당할 때는 **위안을 주시겠다**고 약속하셨다. "너희 근심이 도리어 기쁨이 되리라"(요 16:20). 물이 변하여 포도주가 되었다. "주께서 바울 곁에 서서 이르시되 담대하라"(행 23:11). 핍박 때에는 하나님이 위안의 포도주를 끄집어 내신다. 강심제는 기진한 사람을 일으킨다. 종교개혁 당시의 유명한 루터교도로서 감옥에 갇혔던 빌립이란 사람은 그가 수난을 당할 때 하나님의 위안을 경험했다고 간증하였다. 스데반은 하늘이 열리는 것을 보았다(행 7:56). 16세기에 순교를 당한 글로버는 화형장에서 기쁨에 넘쳐 "그가 오신다, 그가 오신다"라고 부르짖었는데 위안자가 오신다는 뜻이었다.

하나님은 또 **보상해 주시겠다**고 약속하셨다. 하나님은 우리의 모든 고난을 넉넉히 보상해 주시되, 금생에 있어서도 백배나 갚아 주시고 오는 세상에서는 영원한 생명을 주실 것이다(마 19:29). 어거스틴은 이것을 가장 이득이 많은 고리대금이라고 불렀다. 그리스도를 위한 우리의 손실은 수지맞는 일이다. "나를 위하여 자기 목숨을 잃는 자는 얻으리라"(마 10:39).

⑨ **고난받은 자들의 예를 지켜보라.** 여러분의 눈 앞에 고난받은 자들의 예를 두고 보라. 모범된 행동들을 본따기 위해서 다른 사람들을 바라보라. "형제들아 주의 이름으로 말한 선지자들로 고난과 오래 참음의 본을 삼으라"(약 5:10). 모본은 교훈보다 우리에게 더 강한 영향력을 미친다. 교훈은 가르치지만 모본은 살아 움직이게 한다. 코끼리에게 포도와 뽕나무 오디의 즙을 보여주어서 더 잘 싸우게 만들듯이 성령께서는 우리에게 성도들과 수난당한 자들의 피를 보여주어 우리 안에 열심과 용기의 영을 부어넣어 주신다. 미가는 감옥에, 예레미야는 토굴 속에 갇혔고, 이사야는 톱에 켜져 죽었다. 초대교회 그리스도인들은 그들의 육체가 끓는 물에 들어가고 태워지고 사지가 찢어졌어도 금강석처럼 단단하여 정복당하지 않고 버티었었다. 그들의 열심과 인내가 그러하였기 때문에 그들을 핍박하던 자들은 놀라서, 성도

들은 오히려 견디는데 그들은 고문을 하면서도 진저리를 내었다.

1415년에 순교당한 보헤미아의 요한 후스는 불태우러 데리고 나갈 때 그의 머리에 붉은 마귀를 그린 종이관을 씌워 주자 그것을 보고는 말하기를 "내 주 예수 그리스도는 나를 위하여 가시 면류관을 쓰셨는데 아무리 수치스럽더라도 왜 내가 이 관을 쓰지 않으랴"라고 하였다. 서머나의 감독 폴리갑이 총독 앞에 끌려 나와 그리스도를 부인하고 황제에게 맹세하라는 명령을 받자 그는 대답하기를 "내가 86년간 그리스도를 섬길 동안 그는 한번도 나를 해롭게 하시지 않았는데 지금 내가 그를 부인하란 말인가?"라고 하였다. 1555년에 화형당한 복된 순교자 사운더는 말하기를 "그리스도의 십자가여 어서 오라, 내 주님은 더 쓴잔으로 시작하셨는데 나 어찌 그를 따르지 않으리오. 너 박해자여, 나는 안락한 침대에 누운 것처럼 불 가운데서도 결코 고통을 느끼지 않노라"고 하였다. 다른 수난자는 말하기를 "내 사슬의 울리는 소리는 내 귀에 아름다운 음악이다. 아, 선한 양심이 얼마나 큰 위로자가 되는고"라고 하였다. 다른 순교자는 화형말뚝에 입맞추면서 말하기를 "나는 내 생명을 잃는 것이 아니라 더 나은 것으로 바꿀 뿐이다. 석탄 대신에 나는 진주를 갖게 된다"고 하였다. 다른 사람이 사슬로 그를 묶자 말하기를 "이 혼례의 허리띠를 매어주신 하나님께 찬미를 드리자!"고 하였다. 이러한 고난받는 예들을 우리는 간직하여야 한다. 하나님은 여전히 동일한 하나님이시다. 그는 그의 마음에 똑같이 우리를 불쌍히 여기시는 사랑을 가지고 계시며, 그의 팔에 똑같이 우리를 도우시는 힘을 가지고 계신다.

이교도들도 그들이 고난을 받을 때 어떠한 용기를 보여 주는가를 생각하자. 율리우스 시저는 영웅적 정신을 가졌던 사람이었다. 그가 원로원에서 그에 대하여 반역이 있을 것이라는 예고를 받았을 때 그는 두려워하기 보다는 차라리 죽음을 택하겠다고 대답하였다. 어떤 사람은 그의 손을 불 위에 잡아 놓아 살이 타고 근육이 오그라들기 시작해도 불굴의 정신으로 그것을 견디어 내기도 하였다. 1세기의 로마 역사가인 퀸투스 쿠르티우스는 알렉산더 대왕의 장수의 한 사람인 용감한 대장 루시마쿠스가 사자에게 던져져서 사자가 그에게 으르렁거리며 덤벼들자 그의 팔을 셔츠로 감싸고는 그 팔을 사자의 입 속으로 집어 넣어 혀를 뽑아내 죽였다고 기록하고 있다. 자연도 이교도들에게 이런 용기와 담력을 심어주는데 하나님의 은혜야 그리스도인들에게 얼마나 더 부어주시겠는가! 사도 바울의 마음을 가지자.

"나의 달려갈 길과 주 예수께 받은 사명 곧 하나님의 은혜의 복음 증거하는 일을 마치려 함에는 나의 생명을 조금도 귀한 것으로 여기지 아니하노라"(행 20 : 24).

⑩ **아홉 가지 깊이 생각할 점**. 지혜로운 그리스도인은 깊이 생각한다.

첫째로, 우리가 **누구를 위해 고난을 받는가** 깊이 생각하자. 그것은 그리스도를 위한 것인데 이에 더 나은 친구가 있을 수 없다. 많은 사람들이 자신의 욕망 때문에 부끄러움과 죽음을 당한다. 어떤 사람은 술 취하는 욕망 때문에 망신을 당하고 반역하는 욕망 때문에 죽임을 당한다. 다른 사람들은 자신의 욕망을 위해서도 죽기까지 하는데 우리가 그리스도를 위하여 죽을 수 없다는 말인가? 사람들은 자신을 저주하는 욕망을 위해서도 고난을 받는데 우리를 구원하시는 그리스도를 위해서 우리가 고난을 받을 수 없다는 말인가? 아, 우리가 하나님께서 친히 싸우실 것을 굳게 믿으면 그는 우리가 그냥 패자가 되도록 버려 두시지 않는 것을 기억하라. 만일 우리가 하나님의 제단에 헛되이 불사르지만 않는다면(말 1 : 10) 결코 하나님을 위하여 자신을 희생하는 것이 헛된 불로 끝나버리지 않을 것은 분명하다.

둘째로, **핍박을 받는 것은 큰 명예이다**. 암브로우스는 그의 누이를 칭찬하는 말을 하면서 "나는 그에 대해서 이것 하나 말할 수 있는데, 그는 순교자이다"라고 하였다. 진리를 증거하기 위하여 선발된다는 것은 큰 영예이다. "사도들은 그 이름을 위하여 능욕받는 일에 합당한 자로 여기심을 기뻐하면서 공회 앞을 떠나니라"(행 5 : 41). "신앙옹호자"(Defender of the Faith)는 영국왕에게 전통적으로 붙여진 칭호이다. 순교자는 특별한 의미에서 "신앙 옹호자"이다. 왕들은 그들의 칼로 신앙을 옹호하였지만 순교자는 그들의 피로 옹호한다. 그레고리

나지안젠은 아다나시우스를 불러 진리의 성채라고 하였다. 하나님을 위하여 나타나는 것은 영예이다. 순교자는 그리스도를 따르는 자일 뿐만 아니라 그의 흔적을 가진 자이다. 로마 사람 중에는 전쟁을 영예롭게 한 용감한 전사의 가족으로 특별히 구별한 가족들이 있다. 하나님은 다름아닌 하나님을 위한 전투에서 싸워 이긴 사람들을 부르신다. 우리는 아브라함이 그의 훈련된 병사들, 즉 더 노련하고 용감한 사람들을 불렀다는 기록을 읽는다(창 14 : 14). 그리스도의 훈련된 군단의 한 사람이 된다는 것은 얼마나 명예스러운 일인가! 제자들은 일시적인 통치를 꿈꾸었다(행 1 : 6). 그리스도께서는 그들에게 "너희가…예루살렘과…땅끝까지 이르러 내 증인이 되리라"(행 1 : 8)고 말씀하셨다. 그들이 고난받음으로 그리스도의 신성과 고난받으심에 대한 진리의 증인이 되는 것은 제자들로서는 땅 위에서 일시적인 통치를 하는 것보다 더 큰 명예이었다. 피의 십자가가 자주빛 왕복보다 더 명예롭다. 핍박을 "불같은 시험"이라고 부른다(벧전 4 : 12).

하나님은 두 가지의 불을 가지고 계신데, 하나는 그의 정금을 넣으시는 불이요 다른 하나는 찌끼를 넣으시는 불이다. 그가 찌끼를 넣으시는 불이 지옥불이고 그의 정금을 넣으시는 불이 핍박의 불이다. 하나님은 그의 정금을 불 속에 집어넣어 영예롭게 하신다. "영광의 영 곧 하나님의 영이 너희 위에 계심이라"(벧전 4 : 14; 1 : 7). 핍박은 우리 등급의 계급장이고 우리 영광의 기장이다. 죽을 인생에게 하나님을 위하여 일어설 수 있는 것보다 더 명예로울 수 있는 것이 무엇이겠는가? 주 안에서 죽을 뿐만 아니라 주를 위하여 죽게 되나니! 익나시우스는 그의 족쇄를 영적 진주들이라고 불렀다. 사도 바울은 그의 쇠사슬에 매인 것을 황금사슬을 감은 것보다 더 자랑스럽게 여겼다 (행 28 : 20).

셋째로, 예수 그리스도께서 우리를 위하여 참으신 것을 깊이 생각하라. 칼빈은 말하기를 그리스도의 전생애는 고난의 연속이었다고 하였다. 그리스도인이여, 여러분의 고난이 무어란 말인가? 여러분이 가난한가? 그리스도도 그러하셨다. "여우도 굴이 있고 공중의 새도 거처가 있으되 오직 인자는 머리 둘 곳이 없다 하시더라"(마 8 : 20). 여러분이 원수에게 둘러 싸였는가? 그리스도도 그러하셨다. "과연 헤롯과 본디오 빌라도는 이방인과 이스라엘 백성과 합동하여 하나님의 기름부으신 거룩한 종 예수를 거스려"(행 4 : 27). 우리의 원수들도 신앙생활을 한다고 주장하는가? 주님의 원수들도 그러하였다. "대제사장들이 그 은을 거두며 가로되 이것은 피 값이라 성전고에 넣어 둠이 옳지 않다 하고"(마 27 : 6). 믿는 체하는 핍박자들이 얼마나 많은가! 여러분이 비난을 받는가? 그리스도도 그러하셨다. "그 앞에서 무릎을 꿇고 희롱하여 가로되 유대인의 왕이여 평안할지어다 하며"(마 27 : 29). 여러분이 중상모략을 받는가? 그리스도도 그러하셨다. "저가 귀신의 왕을 빙자하여 귀신을 쫓아낸다 하더라"(마 9 : 34). 여러분이 수치스러운 꼴을 당하였는가? 그리스도도 그러하셨다. "혹은 그에게 침을 뱉으며"(막 14 : 65). 여러분이 친구들에게 배신당하였는가? 그리스도도 그러하셨다. "유다야 네가 입맞춤으로 인자를 파느냐 하시니"(눅 22 : 48). 여러분의 재산을 몰수당하였는가? 그리고 악인이 그것을 가지려고 제비 뽑았는가? 그리스도도 그런 취급을 당하셨다. "그 옷을 제비 뽑아 나누고"(마 27 : 35).

우리가 부당하게 고난을 당하는가? 그리스도도 그러하셨다. 바로 그를 재판한 사람이 그의 무죄를 선언하였다. "빌라도가 대제사장들과 무리에게 이르되 내가 보니 이 사람에게 죄가 없도다 하니"(눅 23 : 4). 여러분을 야만스럽게 끌고 다니고 거칠게 고난으로 잡아 당기는가? 그리스도도 그러하셨다. "결박하여 끌고 가서 총독 빌라도에게 넘겨주니라"(마 27 : 2). 여러분이 죽음의 고난을 당하는가? 그리스도도 그러하셨다. "해골이라 하는 곳에 이르러 거기서 예수를 십자가에 못박고"(눅 23 : 33). 그들은 그에게 쓸개와 초를 마시라고 주었는데 하나는 괴로움을 완화해 주는 것이고 다른 것은 그의 죽음의 격렬한 통증을 줄여주는 것이다. 그리스도는 십자가에서 피를 흘리신 것뿐만 아니라 십자가의 저주도 받으셨다(갈 3 : 13). 그는 그의 영의 괴로움도 받으셨다. "내 마음이 심히 고민하여 죽게 되었으니"(마 26 :

38). 그리스도의 영은 하나님의 불쾌하심으로 인한 구름으로 덮이었다. 헬라 교회에서는 그리스도의 고난을 말할 때 "말로 할 수 없는 고난"이라고 불렀다. 이 모든 것을 주 예수께서 우리를 위하여 참으셨는데 우리는 그의 이름을 위하여 핍박을 견디지 못한다는 말인가? 성 익나시우스와 같이 말하자. "내 사랑 그리스도께서 십자가에서 죽으셨기 때문에 나는 기꺼이 그리스도를 위하여 죽겠다." 우리의 잔은 그리스도가 마신 잔에 비하면 아무것도 아니다. 그의 잔은 하나님의 진노가 섞였는데 그가 하나님의 진노를 우리를 위하여 참으셨다면 우리는 그에 대한 사람의 진노를 참는 것이 당연하다.

넷째로, 우리가 고난받음으로 그리스도와 복음에 가져오는 영예는 큰 것이다. 배고픔과 추위를 이기며 싸울 수 있으며 행군의 어려움을 견디어 내는 군대를 가졌다는 것은 시저에게 명예가 되었다. 그리스도를 위하여 모든 것을 버릴 수 있는 사람이 그리스도 아래 많이 기록되는 것은 그리스도에게 명예로운 일이다. 종들이 주인이 지급한 제복이 치욕으로 더럽혀지고 피로 물들었어도 단정히 입고 있다는 것은 그가 좋은 주인인 것을 나타낸다. 바울이 쇠사슬에 매임으로 복음이 금사슬을 매었다. 터툴리안은 그 당시의 성도들이 그들의 고난을 그들이 구원을 받은 것보다 더 기분좋게 받아 들였다고 하였다. 아, 불꽃 가운데서도 진리를 감히 포옹하다니 이 얼마나 진리에게 영광인가! 그리고 성도들의 고난이 복음을 장식하면 그들이 복음을 선전하는 것이 된다. 바질은 말하기를 초대교회 당시의 순교자들의 열심과 절개를 보고 많은 이교도들이 그리스도를 믿게 되었다고 한다. 교회는 피로 기초를 놓았고 피로 성장하였다. 피의 소나기가 교회를 열매 맺도록 만들었다. 바울이 묶인 것이 진리가 더 커지도록 만들었다(빌 1:13). 복음은 언제나 순교자들의 재 위에서 번성한다.

다섯째로, 우리가 세례를 받음으로 누구에게 고용되었는가를 깊이 생각하라. 우리는 급료의 선금을 받았다. 우리는 그리스도의 이익을 위하여 충실할 것과 그의 깃발 아래서 목숨을 바쳐 싸울 것을 엄숙히 선서하였다. 그리고 얼마나 자주 성찬식에서 예수 그리스도에 대하여 충절을 맹세하여 우리가 그의 신하가 되고 죽어도 떠나지 않겠다고 서원하였던가! 이제 충성을 요구하시는데 우리가 그의 이름을 위하여 핍박받기를 거절한다면 그리스도는 우리를 고발할 자료로서 우리의 세례를 들고 나오실 것이다. 그리스도는 "우리 구원의 대장"이라고 부른다(히 2:10). 우리는 이 대장 아래에 우리 자신의 이름을 등록하여 놓았다. 이제 두려움 때문에 우리가 우리의 군기를 버리고 도망하면 이것은 최고의 거짓 맹세죄가 될 뿐만 아니라 훗날 어떻게 그리스도의 얼굴을 뵐 수 있겠는가? 절대 불가침의 맹세를 지키지 못하면 벌받을 것은 절대 확실하다. 날아가는 저주의 두루마리가 내려앉는 곳이 망령되이 맹세하는 자의 집이 아니고 어디겠는가?(슥 5:1, 4).

여섯째로, **우리의 당하는 고난은 가볍다.** 이 얼마나 가벼운 환난인가!(고후 4:17). 그것은 혈과 육에게는 무거운 것이지만 믿음에게는 가벼운 것이다. 환난은 세 가지 관점에서 가벼운 것이다.

그것은 죄에 비하면 가볍다. 죄를 무겁게 느끼는 사람은 고난을 가볍게 느낀다. 죄가 바울로 하여금 "오호라 나는 곤고한 사람이로다"라고 부르짖게 만들었다(롬 7:24). 그는 그의 쇠사슬 때문이 아니라 그의 죄 때문에 부르짖었다. 큰 소리는 작은 소리를 삼킨다. 바다가 울부짖으면 강들은 조용해진다. 자기 죄를 깨닫고 그가 얼마나 하나님을 노엽게 했는가를 안 사람은 환난의 멍에가 오히려 가볍다고 생각할 것이다(미 7:9).

고난은 지옥에 비하면 가볍다. 지옥의 저주에 비하면 핍박이 무어란 말인가? 저주의 불에다 순교의 불을 비교할 수 있는가? 그것은 죽을 상처에 비교해 보면 찔린 가시를 뽑아내는 것에 불과하다. "누가 주의 노의 능력을 알며"(시 90:11). 사람이셨던 그리스도 자신도 그 노를 견딜 수 없을 정도였다.

고난은 영광에 비하면 가볍다. 영광의 무게가 핍박을 가볍게 만든다. 크리소스톰은 말하기를 이 세상의 모든 사람의 고뇌를 한 사람에게 지운다 해도 그 무게가 천국에서 한 시간 있는 것에 비할 수 없다고 하였다. 그러므로 핍박이 가벼우면 가벼운 태도를 나타내어야 한다. 불신앙으로 약하여지지도 말고 참지 못하여 안달하지도 말자.

일곱째로, 우리의 고난은 짧다. "잠간 고난을 받은 너희를 친히 온전케 하시며"(벧전 5 : 10). 헬라말로 잠간이란 말에는 조금이란 뜻도 있다. 우리의 고난은 끌어도 영원히 끌지는 않는다. 고난은 잔(cup) 으로 비유된다(애 4 : 21). 악인은 밑도 없는 진노의 바닷물을 마시게 된다. 그것은 결코 비울 수가 없다. 그러나 순교자에게는 하나님이 "이 잔이 지나가게 하라"고 말씀하실 것이다. "악인의 권세가 의인의 업에 미치지 못하리니"(시 125 : 3). 악인의 막대기가 거기에 있을 수는 있으나 머물지는 못한다. 그리스도께서 그는 그의 고난을 "때"라고 부르셨다(눅 22 : 53). 우리가 한 때를 참을 수 없겠는가? 핍박은 날카롭지만 짧다. 비록 그것이 찔러 고통을 주지만 그것은 달아날 날개를 가졌다. "슬픔과 탄식이 달아나리로다"(사 35 : 10). 성도들은 잠시후면 사면장을 받게 될 것이다. 그러면 더 이상 눈물이 없게 되고 고통이 없어진다. 고문대는 치워지고 그들은 그리스도의 가슴에 안기게 된다. 하나님의 백성이 언제나 쇠용광로 속에 있을 것이 아니고 기쁨의 해가 돌아온다. 홍수와 같은 핍박의 물은 속히 마를 것이다.

우리가 그리스도를 위하여 고난받는 동안 우리는 그리스도와 함께 고난을 받는 것이다. "고난도 함께 받아야 될 것이다"(롬 8 : 17). 예수 그리스도는 우리와 함께 고난의 한 부분을 담당하신다. 아, 그리스도인들은 "내가 도저히 견딜 수 없다"고 말하지만, 여러분은 그리스도와 함께 고난을 받는 것을 기억하여야 할 것이다. 그는 여러분이 고난받을 때 도와 주신다. 우리의 찬미받으실 구주께서 "내가 혼자 있는 것이 아니라 아버지께서 나와 함께 계시느니라"라고 말씀하신 것처럼(요 16 : 32) 믿는 자는 "내가 혼자 있는 것이 아니라 그리스도께서 나와 함께 계시느니라"라고 말할 수 있다. 그는 십자가의 가장 무거운 쪽을 지셨다. "내 은혜가 네게 족하도다"(고후 12 : 9). "그 영원하신 팔이 네 아래 있도다"(신 33 : 27). 그리스도께서 핍박의 멍에를 우리 위에 지우실 때에는 그는 그의 팔을 우리 아래에 받쳐 주실 것이다. 주 예수께서는 우리가 정복할 때에 면류관을 씌워 주실 뿐만 아니라 우리가 정복할 수 있도록 하여 주신다. 용이 믿는 자에 대항하여 싸울 때에는 그리스도께서 미가엘 천사로 하여금 믿는 자들을 위하여 마주 싸우게 하시고 이기도록 도와 주신다(단 12 : 1).

여덟번째로, **핍박받기를 거절하는 사람은 결코 고난받는 것으로부터 자유롭게 되지 못한다.**

내부적 고난 : 양심을 위하여 고난을 견디지 못하는 사람은 양심에 고난을 받을 것이다. 16세기 이탈리아의 유명한 법률가였던 프란시스 스피라는 두려움 때문에 그가 한 번 공언한 원칙을 공공연히 포기하고 난 후 마음 속에 큰 두려움이 생겨 해골처럼 수척하게 되었다. 그는 그의 영혼 속에 바로 지옥의 고통을 느꼈노라고 고백하였다. 화형 막대기를 두려워한 사람은 양심의 파산을 면치 못하였다.

외부적 고난 : 영국 에드워드 6세 때 열심있는 개신교 신자이다가 피의 메리 여왕 때에는 열심있는 가톨릭 교도가 된 펜들톤 박사는 그리스도를 위한 고난을 거절하였다가 얼마 오래지 않아 그의 집에 불이 나서 그 안에서 타 죽었다. 그리스도를 위하여 불타기를 꺼리는 사람은 나중에 그의 죄 때문에 불타게 된다.

영원한 고난 : "영원한 불의 형벌을 받음으로"(유 7). 현재의 고난들은 사람이 복 받는 것을 방해하지 못한다. "핍박을 받은 자는 복이 있나니." 우리들은 부유한 자가 복이 있다고 생각하지만 아니다. 핍박을 받은 자가 복이 있다. "시험을 참는 자는 복이 있도다"(약 1 : 12). "의를 위하여 고난을 받으면 복 있는 자니"(벧전 3 : 14).

아홉째로, **핍박은 우리가 복받는 것을 방해하지 못하는데, 나는 이것을 네 가지 논증으로 증명하겠다.**

하나님을 그들의 하나님으로 삼는 자는 복이 있다. "여호와를 자기 하나님으로 삼는 백성은 복이 있도다"(시 144 : 15). 그러나 핍박은 우리가 하나님을 우리 하나님으로 모시는 것을 방해하지 못한다. "우리가 섬기는 우리 하나님이 우리를 극렬히 타는 풀무 가운데서 능히 건져내시겠고"(단 3 : 17). 핍박을 받으면서도 그들은 "우리 하나님"이라고 말할 수 있었다. 그러므로 핍박은 우리가 복 받는 것을 방해할 수 없다.

하나님께서 사랑하시는 자는 복받은 자인데 핍박은 하나님의 사랑을 방해할 수 없다. "누가 우리를 그리스도의 사랑에서 끊으리요 환난이나 곤고나 핍박이나 기근이나 적신이나 위험이나 칼이랴"(롬 8 : 35). 금 세공업자는 그의 금이 그의 가방에 있을 때나 마찬가지로 그것이 불 속에 있을 때도 사랑한다. 하나님은 그의 자녀들을 번영할 때와 마찬가지로 역경 가운데 있을 때도 사랑하신다. "무릇 내가 사랑하는 자를 책망하여 징계하노니"(계 3 : 19). 하나님은 그의 자녀가 갇혔을 때 방문하신다. "그날 밤에 주께서 바울 곁에 서서 이르시되 담대하라"(행 23 : 11). 하나님은 그들의 고난을 경감시켜 주신다. "그리스도의 고난이 우리에게 넘친 것같이 우리의 위로도 그리스도로 말미암아 넘치는도다"(고후 1 : 5). 어머니가 아이에게 쓴 약을 주고는 뒤에 설탕을 주는 것처럼, 핍박은 쓴 약이지만 하나님은 그것을 완화하시기 위하여 그의 성령의 위로를 주신다. 핍박이 하나님의 사랑을 방해할 수 없다면 그것은 우리가 복받는 것을 방해할 수 없다.

그리스도께서 기도해 주시는 사람은 복받은 사람이다. 그런데 핍박받는 사람들을 위해서는 그리스도께서 기도해 주신다. "내게 주신 아버지의 이름으로 저희를 보전하사"(요 17 : 11). 이 기도는 모든 믿는 사람을 위한 것이지만 특별히 순교당할 것을 예언하신 그의 제자들을 위해 하신 것이다(요 16 : 2). 이제 핍박이 그리스도께서 우리를 위하여 기도하시는 것을 방해하지 못한다면 그것은 우리의 복을 방해하거나 차단할 수 없다.

죄를 깨끗이 함을 받은 사람은 복받은 사람이다. 그런데 핍박은 죄를 깨끗이 한다(사 27 : 9; 히 12 : 11). 핍박은 교만한 육을 침식하는 부식제이다. 그것은 우리를 까부르는 키요, 우리를 정제하는 불이다. 핍박은 하나님이 그의 자녀에게서 나쁜 기질을 훑어내려고 처방하시는 하제이다. 분명한 사실은 죄를 깨끗이 하는 것이 축복을 방해할 수 없다는 것이다.

22
큰 고난 뒤에는 영광스런 보상이 따른다. 천국이 저희 것임이요.

"큰 고난을 깊이 생각해보면 고난 뒤에는 영광스런 보상이 따른다."

"천국이 저희 것임이요."

성 바질은 말하기를 상 받을 소망은 매우 강력하고 감동적인 것이라고 하였다. 모세가 상 주심을 바라보았고(히 11 : 26) 그리스도 자신도 그러하셨다(히 12 : 2). 많은 사람들이 일시적인 상을 바라고 큰 일들을 한다. 어떤 사람은 그의 나라가 적국에 억압을 당하면 그의 나라를 위하여 목숨을 바쳐 싸워 명성과 영예를 얻는다. 사람들이 작은 일시적인 영예를 위해서도 그들의 목숨을 거는데 하물며 영광의 보상을 바라는 우리는 어떠해야 하겠는가? 크리소스톰은 말하기를 상인들은 바다의 작은 폭풍우는 배가 상품을 가득 싣고 귀항했을 때의 보수와 이득을 생각하여 개의치 않는다고 하였다. 그와 같이 그리스도인들은 그가 천국의 항구에 도달하였을 때의 받을 풍성한 보상을 생각하여 현재의 고난을 너무 염려하지 말아야 한다. "하늘에서 너희의 상이 큼이라"(마 5 : 12). 십자가는 우리가 타고 천국으로 올라갈 황금 사다리이다. 그리스도인은 그의 목숨을 잃을 수는 있어도 그의 상급은 잃지 않는다. 그는 그의 머리는 잃을 수 있어도 그의 면류관은 잃지 않는다. 만일 "냉수 한 그릇 주는 자"도 그의 상을 잃지 않는다면 따뜻한 피 한 모금을 주는 자는 더 말할 나위도 없다. 영광의 보상은 마라의 모든 물을 달게 할 수가 있다. 그것은 순교에 박차가 될 만하나.

(1) 우리가 고난당한 것을 가지고 이 상급을 받을 공로로 내세울 수는 없다. "내가 생명의 면류관을 네게 주리라"(계 2 : 10). 상급은 값없는 은혜가 남겨주는 유산이다. 아, 피 한 방울과 영광의 무게가 비교가 되는가? 그리스도 자신도 그의 하나님되심은 제외해 놓고 인간되심만 생각할 때는, 그 역시 피조물로 볼 수 있기 때문에 그가 당하신 고난을 공로로 내세우시지 않았다. 이제 피조물은 창조주에게 내세울 수 있는 공로가 없다. 그리스도의 고난은 그의 인간되심만 본다면 유한한 것이기 때문에 무한한 영광을 받을 만한 공로가 되지 못한다. 참으로 그가 하나님이시기 때문에 그의 고난은 가치가 있는 것이지 순수한 인간적 측면에서만 생각하면 그렇지 않다. 이것을 나는 교황주의자들에게 주장하는 것이다. 그리스도께서는 인간으로서도 천사보다 우월하시지만 인간으로서 공로를 내세우시지 않으셨는데 하물며 땅에 있는 인간들, 선지자들, 순교자들이 그가 당한 고난을 가지고 공로로 내세울 수 있는 것이 무엇이 있는가?

(2) 우리는 공로로는 아무 보상도 기대할 수 없고 다만 은혜로써 그것을 받게 된다. 그래서 성경에 "하늘에서 너희의 상이 큼이라"고 하셨다. 이 상급을 생각하면 그리스도인들은 활기를 띄게 된다. 그 면류관을 바라보게 되면 여러분은 까무러치도록 놀랄 것이다. 그 상급은 여러분의 공적보다 넘쳐 여러분의 생각을 훨씬 초월하는 것이다. 깊은 물을 힘들여 걸어 건너는 사람은 그의 눈을 그의 앞의 굳은 땅에 고정시키고 간다. 그리스도인들이 핍박의 깊은 물을 힘들여 건너갈 동안에는 약속의 땅에 그들의 믿음의 눈을 고정시켜야 한다. "하늘에서 너희의 상이 큼이라." 십자가를 참을성있게 지는 사람은 면류관을 의기양양하게 쓰게 될 것이다.

(3) 그리스도로 인하여 고난을 받은 성도들은 영광 중에 더 큰 지위

를 차지하게 될 것이다(마 19:28). 하나님은 가장 높은 자리, 곧 그의 보좌를 순교자들에게 주실 것이다. 영광 중에 가장 작은 자리를 차지한 사람, 예컨대 천국의 문지기라도 만족하게 가지게 되는 것은 사실이지만, 요셉이 그의 다른 형제들보다 베냐민에게 곱절이나 준 것처럼 하나님은 그를 위하여 고난받은 사람들에게 곱절의 영광을 주실 것이다. 하늘의 어떤 천체는 더 높이 있고 어떤 별들은 더 밝다. 하나님을 위하여 해를 받은 사람들은 천국의 지평선에서 더 밝게 빛날 것이다.

(4) 아, "갚아 주시는 상급"을 자주 바라보라. 페르시아의 모든 비단, 아라비아의 모든 향료, 오빌의 모든 황금을 다 합하여도 이 영광스런 상급에 비교할 수 없다. 이것을 생각할 때 어떻게 우리가 당하는 고난 중에 용기백배하게 되고 강철같이 강하여지지 않겠는가! 사람들이 바질을 유배시키겠다고 위협하였을 때 그는 그가 천국 아래에 있고 또한 천국 안에 있는 것으로 스스로 위안을 삼았다. 이 소망을 가졌기에 초대교회 당시 교회를 위하여 수난을 받은 사람들은 용기를 얻었었고, 그들의 손에 향을 가졌기에 그들의 목숨을 조금도 아끼고자 하지 않았으며, 그 향을 우상을 섬기는 제단에 조금이라도 뿌리느니 차라리 죽음을 택하였던 것이다. 이 천국에서의 영광스러운 상급은 그리스도와 더불어 다스리는 것이다. 우리가 고난을 받으면 또한 그와 함께 다스릴 것이다. 처음에는 그리스도를 위하여 수난을 받으나 나중에는 왕들이 된다. 이교도 로마 황제이었던 율리안도 전쟁터에서 죽은 모든 그의 전사들을 영예롭게 하였다. 그와 같이 주 예수께서도 하실 것이다. 성도들의 십자가 후에는 그들의 대관식이 따라 온다. "그들이 다스릴 것이다." 악인은 처음에는 다스리지만 나중에는 고통을 받게 된다. 그러나 믿음 깊은 사람은 처음에는 고난을 받으나 나중에는 다스리게 된다. 성도들은 행복하게 다스리게 될 것이다. 그것은 화평스럽고 영구적인 것이 될 것이다. 누가 피를 헤쳐 헤엄쳐 이 면류관을 얻으려고 하지 않겠는가? 누가 기쁘게 고난을 받으려고 하

지 않겠는가? 그리스도께서는 "기뻐하고 즐거워하라"고 말씀하셨다 (12절). 이 헬라어의 뜻은 "기뻐 뛰는 것"을 의미한다. 그리스도인들은 영광의 비중을 깊이 생각하면 기분이 한없이 올라가고 명랑해질 것이다.

(5) 여러분이 고난을 감당할 수 있기를 원하면 기도를 많이 해야 한다. 하나님께 열심과 큰 도량의 마음을 옷입혀 달라고 간구하라. "그리스도를 위하여 너희에게 은혜를 주신 것은 다만 그를 믿을 뿐 아니라 또한 그를 위하여 고난도 받게 하심이라"(빌 1 : 29). 고난받는 것은 하나님의 은사이다. 이 은사를 위하여 기도하라. 여러분 스스로가 그리스도를 위하여 생명과 자유를 내어 놓을 수 있는 것으로 생각하지 말라. 베드로는 자신을 너무 믿었다. "주를 위하여 내 목숨을 버리겠나이다"(요 13 : 37). 그러나 베드로의 힘은 그를 그르쳐 놓았다. 베드로에게는 상례적인 은혜는 있었으나 보충하여 주시는 은혜가 부족하였던 것이다. 그리스도인들은 천국으로부터 오는 신선한 바람이 필요하다. 여러분이 고난받는 동안 여러분의 기운을 돋우어 주실 성령님을 간구하라. 질그릇이 처음에는 약하고 휘기 쉽지만 불로 구우면 굳어지는 것처럼 성령의 불은 고난받는 사람을 단단하게 해준다. 하나님이 여러분을 모루와 같이 만들어 비할 수 없는 인내로 핍박자들의 망치질을 견딜 수 있게 해 주시도록 기도하라.

23
팔복강해 부록

"그의 계명들은 무거운 것이 아니로다"(요일 5:3).

여러분은 그리스도께서 요구하시는 것—심령의 가난, 마음 청결, 온유함, 자비함, 핍박 당할 때에 기뻐할 것 등—을 살펴 보았다. 이제 아무도 이 그리스도의 명령들에 대해서 주저하거나 난처해지지 않을 것을 믿지만, 강해를 마감하면서 독자들의 마음에서 추측과 편견들을 제거하기 위해서 이 멋진 기분을 누그러뜨려 주는 성경말씀, "그의 계명들은 무거운 것이 아니로다"라는 말씀을 설명하는 것이 좋을 것으로 생각하였다.

1. 주님의 계명들은 무거운 것이 아니다.

비방하는 세상은 믿음생활이 어렵고 지겨운 것이라고 반대를 한다. "이 일이 얼마나 번폐스러운고 하며 코웃음하고"(말 1:13). 그래서 우리에게 순종의 길로 초대하시고 용기를 주시는 주님께서는 믿음생활의 고운 색깔을 지적하고 우리에게 아름답고 즐거운 것을 보여 주시려고 이 말씀을 하셨다. "그의 계명들은 무거운 것이 아니로다." 이것은 믿음생활에 넣는 감미료라고 부를 만하고 육적인 세상이 하나님의 길에 깔아둔 거친 것을 제거하는데 도움이 될 만한 것이다.

이 말씀들을 뚜렷하게 하기 위하여 몇 가지를 생각하도록 하자.

(1) 여기서 "계명"이란 말씀의 뜻이 무엇인가?
이 계명이란 말씀은 복음적인 훈시로 믿음, 회개, 자기부인 등으로 나는 이해한다.

(2) "무거운 것이 아니로다"라는 말씀의 의미는 무엇인가?
헬라어의 뜻은 그것들이 지기에 지겹거나 무거운 것이 아님을 나타낸다. 이 말씀은 부정을 써서 강한 긍정을 나타내는 반의법이다. "그의 계명들은 무거운 것이 아니로다"라는 말씀은 계명들이 쉽고 감미롭고 탁월하다는 말씀이다.

그러므로 하나님께서 우리에게 온유하라, 긍휼히 여기라, 마음을 청결히 하라고 요청하실 때에는 하나님의 계명들은 하나도 무거운 것이 아니라는 것을 깨달아야 한다. 이 계명들은 무거운 것이 아니다. "내 짐은 가볍고"(마 11 : 30). 여기에서 "짐"이라는 헬라어는 바로 "배의 바닥짐"을 나타내는데 배는 바닥짐을 싣고 있어도 아무런 무게나 압력을 받지 않는 것처럼 빠르고 쉽게 파도를 헤치고 미끌어져 나아간다. 그리스도의 계명들은 배의 바닥짐과 같아서 유익할지언정 성가신 것이 아니다. 모든 그의 교훈은 감미롭고 힘들지 않는 것이기 때문에 "즐거운 길"이라고 불렀다(잠 3 : 17).

이것을 예증하고 자세히 설명하자면 두 가지를 생각해야 한다.
① 왜 그리스도께서 그의 백성들에게 계명들을 주셨는가.
거기에는 두 가지 이유가 있다.

첫째, 그리스도 편에서 보면, 그것은 **그의 위엄과 지위**에 **적합한 것**이다. 그는 지극히 높으신 주님이시다. "만왕의 왕"이라는 이름이 그의 허벅지와 옷에 쓰여져 있다(계 19 : 16). 그런데 왕이 그의 신하들에게 법을 지정하지 않겠는가? 법과 규칙을 규정하는 것은 왕의 권리 중의 하나이요, 왕관의 꽃들이다. 그가 제정한 법 없이 왕이 무어란 말인가? 그런데 이 왕들이 치리하도록 해 주시는 그리스도께서

(잠 8 : 15) 세상을 다스릴 그의 칙령을 내어 놓지 않으실 것인가?
 둘째, 성도들 편에서 보면, 하나님의 백성들에게는 그들의 제멋대로 굴어 지나치기 쉬운 마음들을 잡아 매고 **견제하기 위한 율법이 있는 것이 좋다.** 포도나무는 그 사치스러운 가지들을 전지하지 않고 묶어 주지 않으면 얼마나 멀리 뻗어 나가겠는가? 마음은 그 가지를 칠 고난이나 마음을 묶을 그리스도의 율법이 없으면 죄 가운데로 달려가 거칠어지기가 아주 쉽다. 그리스도의 계율은 "멍에"라고 부른다(마 11 : 30). 멍에는 유용한 것이다. 그것은 소들이 뿔뿔이 흩어져 도망가는 것을 막아준다. 그와 같이 멍에같은 그리스도의 계율은 믿는 사람이 죄 가운데로 뿔뿔이 흩어져 들어가는 것을 막아준다. 우리가 어디로 도망가려고 하든지, 어떠한 저주받을 의견이나 행동으로 뛰어 들어가려고 하든지 그리스도의 법이 우리를 견제하고 삼가하게 해주지 않겠는가? 하나님은 그 율례로 인하여도 찬미받으실 분이다! 우리의 부패에 멍에를 씌우는 멍에는 고마운 멍에이다. 우리는 이 멍에가 아니었더면 지옥으로 달려갈 뻔하였다. 그리스도의 법은 하나님의 백성이 말씀의 목장에 머물도록 지켜주는 영적인 울타리이다. 이 울타리를 부수고 뿔뿔이 흩어진 사람들은 지금 마귀의 유치장 안에 갇혀 있다. 그래서 우리는 성도들에게 왕의 법이 얼마나 필요한 것인가를 알았다.
 ②내가 두번째로 논증하고자 하는 것은 그리스도의 계명들은 무거운 것이 아니라는 사실이다.
 나는 그것들은 중생하지 못한 사람에게는 무거운 것이라는 점은 시인한다. 죄를 위하여 애통하고 마음을 청결하게 하고 의를 위하여 핍박을 받는 등등의 말씀은 딱딱한 말씀이고 혈과 육에게는 무거운 것이다. 그러므로 그리스도의 계명들은 띠와 줄에 비유되는데 그 까닭은 육적인 사람들이 그것들을 그렇게 보기 때문이다. 하나님의 계명들은 사람들이 지나치지 않도록 억제해 주고 그들이 좋은 행동을 하도록 묶어 준다. 그러므로 그들은 이 결박들을 미워하고 죄를 끊어버리는 대신에 "우리가 그 맨 것을 끊고 그 결박을 벗어 버리자"(시 2 :

3)고 말한다. 육적인 사람은 길들여지지 않은 어린 암소와 같아서 멍에를 참지 못하고 차고 날뛰며, 또한 그물에 걸린 영양과도 같다(사 51：20). 그래서 자연상태의 사람에게는 그리스도의 계명은 무거운 것이다.

아니, 하나님의 자녀도 그가 부분적으로 중생을 하여 여전히 부패가 성하면 그리스도의 법이 진절머리나게 보인다. 육체는 기도할 수 없고 고난받을 수 없다고 부르짖는다. "지체의 법"은 그리스도의 법을 거스린다. 단지 영만이 육체를 이기고 육체가 그리스도의 법에 굽히도록 만든다. 중생한 영혼은 그가 중생한 한, 하나님의 계명을 무거운 것으로 여기지 않는다. 그것들은 짐이 아니요 기쁨이 된다.

2. 하나님의 계명이 무겁지 않다는 것을 보이기 위한 여덟 가지 특별한 점.

우리가 먼저 이 여덟 가지 특별한 점을 적극적으로 생각해 본다면 하나님의 계명들은 무겁지 않다.

(1) 그리스도인은 하나님의 계명들에 동의했기 때문에 무겁지 않다. "율법의 선한 것을 시인하노니"(롬 7：16). 동의한 것을 하는 것은 쉽다. 처녀가 동의하면 그 짝은 즐거이 결혼을 이룰 수가 있다. 믿음깊은 사람은 그의 판단으로 그리스도의 법을 시인하고 자의로 그것들에 동의한다. 그러므로 그것들은 무겁지 않다. 악인은 강압에 의해서, 양심의 두려움 때문에 의무를 행한다. 그는 노예선에 묶인 노예와 같다. 그는 그가 원하든 원치않든 일해야 한다. 그는 강제에 의해서 밧줄을 당기고 노를 젓는다. 그러나 신앙인은 그의 왕의 법이 공평하고 합리적인 것을 알고 진심으로 동의한 자유로운 신하와 같다. 그와 같이 은혜로운 마음은 하늘의 계명이 아름답고 공평한 것을 보고 기꺼이 동의하는데 이 동의 때문에 그것들이 무겁지 않은 것이다.

(2) 그것들은 그리스도의 계명이기 때문에 무겁지 않다. "나의 명에

를 메고 내게 배우라"(마 11 : 29). 복음적 계명은 폭군의 법이 아니고 구세주의 법이다. 남편의 명은 아내에게 무거운 것이 아니다. 그녀는 기꺼이 그것에 순종하고자 한다. 그리스도의 계명이라는 사실은 순종하도록 부추기기에 충분하다. 베드로가 의미는 다르지만 "주여 만일 주시어든 나를 명하사 물 위로 오라 하소서"(마 14 : 28)라고 말한 것처럼 은혜로운 영혼은 "나에게 죄를 애통해 하라, 청결한 마음으로 호흡하라 등등 이것들을 명하신 이가 주(主)시라면 기쁘게 순종하겠습니다. 당신의 계명은 무거운 것이 아닙니다"라고 말한다. 병사는 그의 장군의 명령을 받으면 용감하게 공격을 개시한다.

(3) 그리스도인들은 **사랑의 원리에 따라 순종하기 때문에** 하나님의 계명이 무거운 것이 아니다. 그래서 성경에는 섬기는 것과 하나님 사랑을 함께 두고 있다. "또 나 여호와에게 연합하여 섬기며 나 여호와의 이름을 사랑하며…"(사 56 : 6). 사랑하는 사람에게는 무거운 것이 아무것도 없다. 사랑은 짐을 가볍게 해주고 순종에 날개를 달아준다. 하나님을 사랑하는 마음은 아무것도 지겨운 것이 없고 다만 자기의 동작이 우둔하고 느린 것만이 안타까울 뿐이다. 사랑은 죄를 무겁게, 그리고 그리스도의 짐을 가볍게 만든다.

(4) 그리스도인은 **성령님의 도우심으로 임무를 수행하는데 성령님은 모든 임무를 쉽게 만들어 주신다.** "이와 같이 성령도 우리의 연약함을 도우시나니"(롬 8 : 26). 성령님은 우리 안에 소원을 두고 행하게 하신다(빌 2 : 13). 하나님께서 그가 명하신 것을 행할 수 있도록 해 주실 때는 그의 계명은 무거운 것이 아니다. 둘이서 짐을 나르면 쉽다. 하나님의 성령이 우리가 임무를 행하고 짐을 지는 것을 도와 주신다. 그는 우리와 함께 멍에를 지신 것처럼 이끌어 주신다. 글 잘 쓰는 사람이 아이들의 손을 이끌어 글의 뼈대 잡는 것을 도와 주면 아이가 글을 쓰는 것이 어렵지 않다. 자석이 쇠를 잡아 끌면 쇠가 움직이는 것이 어렵지 않다. 신령한 자석이신 하나님의 성령이 마음을 이끌고 감동

시켜 주시면 순종하는 것은 어렵지 않다. 새에게 날개가 있으면 날 수 있다. 비록 영혼 그 자체는 선을 행할 수 없어도 요한계시록 12 : 14에 나오는 여인처럼 날개를, 곧 믿음의 날개와 성령의 날개를 주면 재빨리 순종으로 날아 갈 수가 있다. "때에 주의 신이 나를 들어 데리고…"(겔 11 : 1). 성령이 들어 올려 주시면 기도 중에도 마음은 천국으로 올라간다. 풍차의 날개는 스스로는 움직일 수 없어도 바람이 불면 돌아간다. 성령의 강한 바람이 영혼에 불면 애정의 돛은 빠르게 임무를 찾아 움직여 간다.

(5) 모든 그리스도의 계명들은 유익한 것이고, 무거운 것이 아니다.
"이스라엘아 네 하나님 여호와께서 네게 요구하시는 것이 무엇이냐 곧 네 하나님 여호와를 경외하여 그 모든 도를 행하고 그를 사랑하며 마음을 다하고 성품을 다하여 네 하나님 여호와를 섬기고 내가 오늘날 네 행복을 위하여 네게 명하는 여호와의 명령과 규례를 지킬 것이 아니냐"(신 10 : 12, 13). 그리스도의 계명들은 그들의 입에 고기를 가져다 주는 것이니 확실히 그것은 무겁지 않다. 계명마다 구원이 따라 다닌다. 그리스도의 법에 순종하는 것은 우리의 의무라기 보다는 특권이다. 모든 그리스도의 계명들은 축복에 초점을 맞추고 있다. 약 그 자체는 아주 기분좋은 것은 아니지만 그것이 건강하게 해 주기 때문에 아무도 그것을 거절하지 않는다. 하나님의 계명들은 육체적으로는 진절머리나는 것이지만 우리를 거룩하고 행복하게 해주는 탁월한 기능을 가졌기 때문에 그것이 무거운 것으로 생각되지 않는다. 견습공은 어려운 봉사를 해도 만족해 한다. 왜냐하면 그것이 자기를 독립시켜 주는 길이기 때문이다. 학자가 기꺼이 기술과 과학의 뒤얽힌 어려움과 씨름하는 이유는 그것이 그를 고상하게 하고 그에게 진척을 가져다 주는데 기여하기 때문이다. 얼마나 기쁘게 믿는 자가 그리스도의 사랑을 나타낸 율법에 순종하는가! 면류관을 얻도록 인도해 주는 고난은 무거운 것이 아니다. 이것이 바울로 하여금 "내가 그리스도를 위하여 약한 것들과 능욕과 궁핍과 핍박과 곤란을 기뻐하노니"

(고후 12 : 10)라고 말하게 만든 것이다.

(6) 그리스도의 계명 아래 있는 것은 **명예스러운 일이다.** 그러므로 그것은 무거운 것이 아니다. 그리스도의 계율들은 우리에게 짐지우는 것이 아니라 우리를 아름답게 꾸며준다. 그리스도의 사역에 쓰임을 받는 것은 영예이다. 가이사를 태우고 가는 사공은 얼마나 즐겁게 노를 저었겠는가! 명예는 계율을 쉽게 만든다. 황금 면류관은 그 자체는 무겁다. 그러나 면류관이 가져다 주는 명예가 그것을 가볍게 만들고 쓰기 편하게 만든다. 나는 그리스도의 모든 계명들에 대해서 솔로몬이 지혜롭게 말한 것과 같이 말할 수도 있겠다. "그가 아름다운 관을 네 머리에 두겠고 영화로운 면류관을 네게 주리라 하였느니라"(잠 4 : 9). 그것은 재판정에서 명예를 가져다 줄 것이다. 그리스도의 명예의 영예가 심판자리를 쉽게 하고 바람직하게 해 줄 것이다.

(7) 그리스도의 계명들은 **기쁨을 가져 오기 때문에** 그것들은 무겁지 않다. 키케로는 기쁨과 즐거움을 날라다 주는 것을 꼭 짐이라고 불러야 할지 의문이라고 하였다. 마차 바퀴에 기름을 치면 그것은 빨리 달린다. 하나님이 기쁨의 기름을 부으시면 영혼이 그의 계명의 길에서 얼마나 빨리 달리겠는가! 기쁨은 임무를 행할 때 힘을 보태어 준다. 주님의 기쁨이 우리의 힘이며, 힘은 더 주고 근심은 덜어간다. 하나님이 때때로 위로를 떨어뜨려 주시는데 그러면 그리스도인은 그의 멍에를 지고 달려갈 수가 있다.

(8) 복음적 계명은 **한도가 있기 때문에** 그것은 무겁지 않다. 그리스도께서 언제나 그의 계명을 우리 위에 지워 주시는 것이 아니다. 그리스도께서는 오래지 않아 우리 목에서 멍에를 거두시고 우리 머리에 면류관을 씌워주실 것이다. 우리가 우리의 죄로부터만 자유롭게 되는 것이 아니라 우리의 의무로부터도 자유롭게 될 때가 다가오고 있다. 기도와 금식은 육체에게는 지겨운 것이다. 천국에서는 기도나 회개를

할 필요가 없다. 거기서 의무는 그치게 된다. 참으로 천국에서는 성도들이 하나님을 사랑하게 되지만 사랑은 짐이 아니다. 하나님이 그의 아름다우심을 비춰 주시어 그 아름다움을 사랑하게 되는 것은 무거운 것이 아니다. 천국에서는 성도들이 하나님을 찬미하게 되지만 그들의 찬미는 기쁨으로 가득차 더 이상 의무가 아니고 그들에 대한 보상의 하나가 된다. 하나님께 찬미하는 곳은 천사들에게도 천국이다. 그러므로 이것이 그리스도의 계명을 무겁지 않게 하는 것이고 잠시 후면 의무들은 더 이상 없게 된다. 성도들은 계명 아래 있게 되는 것이 아니라 주님의 포옹을 받고 살게 된다. 잠시 동안만 기다리라. 그러면 여러분의 갑옷을 벗고 고된 행군을 그치게 될 것이다. 이로써 우리는 그리스도의 계명들 자체를 깊이 생각해 보면 그것들이 무겁지 않다는 것을 보았다.

3. 그리스도의 계명과 다른 것들과의 비교.

그리스도의 계명들을 다른 것과 비교하여 생각하여 보면 우리는 그것들이 무거운 것이 아니라는 것을 알게 될 것이다. 복음적 계명들과 다른 네 가지와 비교해 보자.

(1) 도덕률의 엄격함과 비교.
(2) 죄의 명령과 비교.
(3) 저주받은 자의 고통과 비교.
(4) 천국의 영광과 비교.

(1) **도덕률**. 복음에 들어있는 그리스도의 계명들을 도덕률의 엄격함과 비교해 보면 무거운 것이 아니다.
도덕률은 우리도 우리의 조상들도 감당할 수 없었던 짐이다. "무릇 율법 행위에 속한 자들은 저주 아래 있나니"(갈 3 : 10). 어떤 그리스도인이라도 이 엄격한 것을 다 이룬다는 것은 불가능한 일이다. 복음의 황금률은 비교적 쉽다. 그 이유는 다음과 같다.

① 복음에서는 하나님의 계명을 지키고자 하는 갈망이 있으면 그것은 받아들여진다. "할 마음만 있으면 있는대로 받으실 터이요"(고후 8 : 12; 느 1 : 11). 비록 사람이 더 할 수 없을 만큼 도덕률을 충족할 선한 마음을 가졌어도 그것은 받아들여지지 않는다. 그는 실제 행동으로 순종을 보여야 하기 때문이다(갈 3 : 12). 그러나 복음에서는 하고자 하는 마음만 있어도 하나님은 면류관을 씌워 주신다. 만일 그리스도인이 겸손하게 "주님, 저는 당신께 순종하기를 갈망합니다. 제가 더 거룩해지기 원합니다"(사 26 : 8)라고 말하면 이 사랑에서 우러나온 갈망은 받아들여진다.

② 복음에서는 보증인이 재판정에서 용납된다. 율법은 보증인을 용납하지 않는다. 그것은 당사자의 순종을 요구한다. 그러나 이제 하나님이 우리를 기뻐하셔서 우리 자신이 할 수 없는 것은 대리인에 의해서도 할 수 있도록 하셨다. 그리스도는 "더 좋은 언약의 보증"이시라고 하였다(히 7 : 22). 우리는 똑바로 걸을 수가 없다. 우리는 비틀거리고 모든 면에서 모자람을 보인다. 그러나 하나님은 우리의 보증을 인정하시는데 그리스도께서 모든 의를 이루셨기 때문에(마 3 : 15) 그것은 마치 우리 자신 개개인이 모든 율법을 이룬 것같이 되었다.

③ 율법은 명령하고 위협만 하지 이행할 수 있는 힘을 주지는 않는다. 그것은 애굽 사람들과 같이 벽돌을 완벽하게 만들라고 하면서도 짚을 주지 않는다. 그러나 이제 하나님은 그의 계명과 함께 힘을 주신다. 복음적 계율은 약속들로 이행하기 좋게 되었다. 하나님은 "마음을 새롭게 하라"(겔 18 : 31)고 명하신다. 그러면 영혼은 "주님, 마음을 새롭게 하라구요? 차라리 세상을 새롭게 하는 편이 쉽겠습니다"라고 말할 것이다. 그러나 에스겔 36 : 26을 보라. "새 마음을 너희에게 주시리"라고 말씀하셨다. 하나님은 우리 자신을 깨끗케 하라고 명하신다. "너희는 스스로 씻으며 스스로 깨끗게 하여"(사 1 : 16). "주님, 제 자신을 깨끗케 할 힘이 제게 어디 있습니까?" "누가 깨끗한 것을 더러운 것 가운데서 낼 수 있으리이까?"(욥 14 : 4). 그런데 계

율이 약속으로 바뀌는 것을 보라. "너희 모든 더러운 것에서와 모든 우상을 섬김에서 너희를 정결케 할 것이며"(겔 36 : 25). 아기가 갈 수가 없을 때 아버지가 손을 잡아 이끌어 주면 그 아기가 가는 것은 어렵지 않게 된다. 우리가 갈 수 없을 때 하나님은 우리의 손을 붙잡고 걸음을 가르치고 팔로 안아주신다(호 11 : 3).

④ 복음에서는 마음만 바르면 하나님께서는 우리의 약한 것을 눈감아 주신다. 율법은 완벽한 순종을 요구한다. 표적에 털끝 만큼이라도 빗나가면 죽음이 있을 뿐이다. 그 똑같은 엄격함이 우리에게 계속 적용된다면 비참할 것이다. 어거스틴은 말하기를 하나님께서 그의 의의 저울로 다신다면 가장 거룩한 사람에게도 화가 미칠 것이라고 하였다. 우리가 아무리 잘한다 해도 그것을 금과 같이 불에 넣으면 찌끼가 나오는 것을 발견할 것이다. 우리의 거룩에 얼마나 많은 찌끼가 있는가! 그러나 복음에서는 하나님은 앞뒤가 맞지 않는 것은 참지 못하시지만 실패한 것은 눈감아 주실 수 있다. 그와 같이 복음에 나오는 그리스도의 계명들은 도덕률의 엄격함에 비하면 무거운 것이 아니다.

(2) **죄의 명령들**. 그리스도의 계명들은 죄의 명령들과 비교해 보면 무거운 것이 아니다. 죄는 사람들에게 무거운 멍에를 씌워 놓는다. 죄는 그 무게를 보여주기 위해서 둥근 납 한 조각으로 비유하였다(슥 5 : 7). 죄의 명령들은 짐이 된다. 사람을 탐욕적이건 야망적이건 간에 어떤 정욕의 힘과 사나움 아래에 두어 보라. 얼마나 피곤하고 괴롭겠는가! 어떤 해가 그에게 닥쳐와도, 심지어는 그의 건강과 영혼에 위험이 와도 그는 그 정욕을 붙잡고 늘어질 것이다. "그들은 악을 행하기에 수고하거늘"(렘 9 : 5). 그러니 이 죄의 엄하고 냉혹한 죄의 명령들에 비하면 그리스도의 계율들은 쉽고 지킬 만한 것이 아니겠는가? 그래서 크리소스톰은 덕은 악보다 쉽다고 잘 말하였다. 절제는 술 취하는 것보다 덜 짐스럽다. 의를 행하는 것이 폭행보다 덜 수고스럽다. 악을 꾀하고 간사를 경영하는 것(미 2 : 1)이 감미롭고 부드러운 그리스도의 계율에 순종하는 것보다 더 어렵고 난처한 일이 많다. 그

래서 악인이 악을 저지르기 위해서 당하는 근심스런 고통과 어려움을 보이기 위해서 악인이 죄악을 "해산"한다고 말하였다(시 7 : 14). 안티오커스 에피파네스가 유대인 백성들을 박해하기 위해서 얼마나 지겹고 위험한 여행을 하였던가! 많은 사람이 다른 사람이 천국을 가기 위해서 수고하는 것보다 큰 괴로움을 안고 지옥으로 갔다.

(3) **저주받은 자의 고통들**. 그리스도의 계명들은 저주받은 자들의 무거운 고통들에 비하면 무거운 것이 아니다. 부자는 "내가 이 불꽃 가운데서 고민하나이다"(눅 16 : 24)라고 부르짖었다. 지옥불은 상상할 수 없을 정도로 고통스러운데 악인들은 견딜 수 없고 피하는 방법도 모른다. 저주받은 자들의 고통은 멍에로 비유되지만 다른 멍에들과는 다르다. 보통 멍에는 짐승의 목에다 끼는 것인데 지옥의 멍에는 죄인의 모든 부분에 씌운다. 그의 눈은 피의 비극밖에는 아무것도 바라볼 수가 없다. 그의 귀는 하나님을 모독한 영들의 신음과 비명 소리만 들을 수 있을 따름이다. 그는 그의 몸의 모든 지체와 영의 모든 기능들이 고통을 받을 뿐 아니라 이 괴로움은 격렬하고도 영구적이다. 저주받은 자들의 멍에는 절대로 거두어지지 않는다. 죄인들은 하나님의 계명의 금사슬은 끊어버릴 수 있었지만 그들이 받을 벌의 쇠사슬은 끊어버릴 수가 없다. 이 사슬을 줄로 쓸어버리는 것은 하늘을 저울로 달아볼 수 없는 것과 마찬가지로 불가능하다.

그러므로 지옥의 고통에 비교해 볼 때 복음적 계명들이 쉽지 않은가? 그리스도께서 무엇을 명하셨는가? 그는 여러분에게 회개하라고 명하셨다. 죄로 인하여 피를 흘리는 것보다 죄를 씻기 위해 우는 것이 더 낫지 않은가? 그리스도께서는 가족과 더불어 그리고 밀실에서 기도하라고 명하셨다. 고함지르는 것보다 기도하는 것이 낫지 아니한가? 그는 안식일을 거룩하게 하라고 명하셨다. 주 안에서 거룩한 휴식을 취하는 것이 휴식없이 영원히 지내게 되는 것보다 낫지 아니한가? 지옥은 쉼이 없는 곳이다. 거기에는 일 분도 한 시간도 고통의 중단이 없다. 나는 사람들의 양심에 호소한다. 그리스도의 계명이 하나님으로부터 버림받은 자들의 견딜 수 없는 고통에 비하면 할만하고 쉬운 것이 아닌가? 순종하는 것이 저주받는 것보다 낫지 않은가? 사랑의 줄이 어두움의 사슬보다 낫지 아니한가?

(4) **천국의 영광**. 복음적 계명들은 천국의 영광에 비하여 볼 때 무거운 것이 아니다. 봉사한 것과 그 보상이 너무나도 균형이 맞지 않는다. 모든 성도들의 신앙생활의 수고와 고통이 갚아 주시는 면류관에 비하면 그게 무어란 말인가? 영광의 무게가 의무를 가볍게 해준다.

여기서 신앙생활을 잘 하도록 용기를 북돋우어 주는 논거를 볼 수 있다. 이것이 얼마나 우리로 하여금 하나님의 길을 사랑하도록 만드는가!"그의 계명들은 무거운 것이 아니로다." 믿는 자들은 지금은 번잡하고 짐스러운 율법의 우뢰치는 저주나 그 의식들 아래 있지 않다. 하나님의 길은 공평하고 그의 율례들은 바람직한 것이다. 그는 우리가 위로받기 위해서 애통하라고 명하신다. 그는 그의 나라를 우리에게 주시기 위해서 심령이 가난한 사람이 되라고 명하신다. 하나님은 굳은 주인이 아니시다. "그의 계명들은 무거운 것이 아니로다." "아 그리스도인이여, 하나님을 기꺼이 섬기라"(시 119:3). 경건한 신앙생활의 기쁨과 영예와 상급을 생각하라. 하나님께 여러분의 봉사를 드리기를 아까워 하지 말라. 무엇이든지 그가 명령하시는 것은 마음으로 승복하라.

(5) **몇 가지 책망**. 이 오묘하고 부드러운 그리스도의 계명들에 순종하기를 거절하는 사람들은 책망을 받는다. "이스라엘이 나를 원치 아니하였도다"(시 81:11). 어거스틴과 같이 우리도 사람들의 대부분은 그리스도의 아름답고 쉬운 멍에에 복종하기 보다는 마귀의 멍에를 목에 거는 쪽을 택하는 것을 안타까워 한다. 하나님의 계명들은 무겁지 않고 그의 길은 즐거운 길이요 우리에게 완전한 자유를 주시는대도 사람들이 그리스도의 왕홀에 머리를 숙이지 않고 그의 법에 허리를 굽히지 않는 이유가 무엇인가?

틀림없이 그 원인은 사람들의 마음 속에 자연적으로 그리스도에 대항하는 선천적인 미움 때문일 것이다. 죄인들은 "하나님의 미워하시는 자"라고 부른다(롬 1 : 30). 죄는 하나님의 길을 싫어할 뿐만 아니라 미워하고, 불평은 불충성으로 흐른다. "그 백성이 저를 미워하여 사자를 뒤로 보내어 가로되 우리는 이 사람이 우리의 왕 됨을 원치 아니하노이다 하였더라"(눅 19 : 14).

이 그리스도에 대한 선천적인 미움에다가 마귀는 반감과 증오의 불길에 바람을 불어 넣으려고 애쓴다. 그는 가나안에 들어 갔던 정탐군들처럼 신앙생활에 대해 나쁜 보고로 쑤셔댄다. "그 탐지한 땅을 악평하여"(민 13 : 32). 사단은 비할 데 없이 사악하여 그가 때로는 우리를 하나님께 참소하듯이 하나님을 우리에게 참소하기도 하여, 말하기를 그는 굳은 주인이고 그의 계명들은 무거운 것이라고 한다. 여호와의 제사를 멸시한 엘리의 아들들과 같이 하는 것은 마귀의 계략이다(삼상 2 : 17). 만일 마음 속에 신앙생활에 대한 미움이나 편견이 있다면 그것은 원수가 그렇게 만든 것이다(마 13 : 28, 38). 마귀는 사람의 마음에 그리스도와 그의 길에 대해서 이중의 편견을 일으킨다.

① 신앙생활을 받아들이려는 사람이 많지 않다는 것.

그리스도의 길은 다만 좁은 길이요 쾌락과 허무의 길을 대로로 친다. 많은 사람들이 무지하게 결론짓는 것은 즉 대부분의 사람들이 가는 길이 가장 좋은 길일 것이라는 것이다. 나는 대답한다. 구원받을 사람이 많지 않은데 적은 사람만이 구원을 받는다고 해서 당신은 구원을 포기하겠는가? 사람들은 다른 것에 대해서는 그렇게 주장하지 않는다. "부유한 사람은 많지 않다. 그러므로 나는 부하게 되지 않겠다." 그렇게 생각하는가? 천만에, 더 부유하게 되려고 싸울 것이다. 여러분의 영혼에 대해서는 왜 그와 같이 지혜롭게 주장하지 않는가? 천국에 들어가는 사람은 적다. 그렇기 때문에 우리는 더욱 더 그 적은 수에 들어가려고 애써야 할 것이다.

"신앙생활을 받아들이는 사람이 적다. 그러므로 나도 받아들이지 않겠다." 이 얼마나 약한 주장인가! 더 탁월한 물건일수록 더 희귀한 법이다. 진주와 금강석은 많지 않다. 로마에는 원로원 회원이 많지 않았다. 신앙생활을 받아들이려는 사람이 적다는 것은 신앙생활의 길이 탁월하다는 것을 입증하는 것이기도 하다. 모든 사람이 다 고시에 합격할 수 있는 것이 아니다.

우리는 다수를 따라 악을 행하지 말도록 경고를 받고 있다(출 23 : 2). 대부분의 고기들은 마귀의 그물로 가고있다.

② 믿음의 길은 신앙을 고백한 사람들의 추문들에 의해 일그러지고 볼품없게 되었다는 것.

나는 대답한다. 나는 신앙생활의 빛이 사람들의 추문(醜聞)에 의해서 많이 흐려지고 더러워진 것은 인정한다. 지금은 추문의 시대이다. 많은 사람들이 신앙생활을 하는 척 하기만 하면 신앙심이 없는 사람에게도 모두 문이 열리는 것처럼 생각한다. 하나님의 이름이 이처럼 헛되게 불려진 때는 결코 없었다. 이것은 우리 주님께서 예언하신 것이다. "실족케 하는 일이 없을 수는 없으나"(마 18 : 7). 그러나 이 편견을 제거하기 위해서는 추문이 신앙생활 자체에서 온 것이 아니요 신앙생활을 잘못하기 때문이라는 것을 깊이 생각해야 한다. 신앙생활은 비록 그것이 더러 남용되는 경우는 있어도 나쁜 것이 아니다. 믿는다고 하는 어떤 사람들이 수치스런 짓을 한다고 해서 신앙생활을 좋아하지 않는다고 하는 것은 마치 종이 정직하지 못하기 때문에 그의 주인도 평판이 나쁘다고 말하는 것과 같다. 그리스도의 제복을 입은 몇몇 사람이 수치스럽다고 해서 그리스도의 영광이 줄어드는가? 신앙생활을 한다는 몇몇 사람이 나쁘다고 해서 신앙생활 자체가 나쁜가? 어떤 사람이 폭식을 한다고 해서 음식 자체가 나쁜가? 몇몇 이웃사람들이 정숙하지 못하다고 해서 여인이 정숙을 싫어해야 하는가? 맑은 정신으로 이야기 좀 해 보자. "외모로 판단하지 말고 공의의 판단으로 판단하라"(요 7 : 24).

하나님은 때로는 일부러 수치스러운 일이 교회에서 일어나도록 허용하시기도 한다.

첫째, 위선자들을 바로 가려내기 위하여.

하나님을 자신의 목적을 위하여 섬기는 이 사팔눈의 헌신자들은 주님이 그들로 하여금 끔찍히도 타락한 행위에 빠지도록 내버려 두시어서 그들의 천박한 것을 세상에 공개하여 모든 사람이 그들은 잡색의 그리스도인들이며 위장한 마귀들이고, 가룟유다이며, 처음에는 간교한 위선자이다가 나중에는 눈에 띄는 배신자가 되는 것을 볼 수 있도록 하신다.

둘째, 추문은 하나님을 모독하는 사람을 바로와 같이 강팍하게 하기 위한 것이다.

하나님께 좋은 말 한 마디도 안하는 어떤 절망적인 죄인들은 신앙생활에 깊이 들어가려고는 하지 않고 그것으로 자신을 감싸서 이용하려고 한다. 그래서 하나님은 추문이 사람들에게 목이 부러질 정도로 위험천만한 것이 되게 하시고 죄에 더 깊이 빠지게 만드신다. 영원히 찬미받으실 예수 그리스도는 어떤 사람에게는 "거치는 반석"(롬 9 : 33)이 되신다. 어떤 사람에게는 치료약이 되는 그의 피는 어떤 사람에게는 독약이 된다. 만일 신앙생활의 아름다움이 그들을 달래지 못하면 추문은 그것을 만들어 내는 사람을 지옥으로 거꾸로 처박아 넣을 것이다.

셋째, 교회 안의 추문들은 잘 믿는 사람에게 주의를 주기 위한 것이다.

주님은 그의 백성이 떨면서 걷도록 하신다. "높은 마음을 품지 말고 도리어 두려워 하라"(롬 11 : 20). 큰 나무가 잘리워 넘어지면 "상한 갈대"는 부르르 떤다. 신앙을 고백한 사람들의 추문은 우리를 낙담시키기 위한 것이 아니라 우리에게 경고를 주기 위한 것이다. 더 조심하여 발걸음을 옮기자. 다른 사람의 추문은 성도들이 피하여야 할 위험표지이다. 그러므로 이 모든 것을 신앙생활에 대한 편견을 제거하기 위한 도움으로 삼자. 비록 사단이 잘못된 눈가림으로 복음이 추악한 것으로 보이게 하려고 애를 쓸지라도 그 안에는 여전히 아름다움과 영광이 있다. 하나님의 계명들은 무거운 것이 아니다.

모든 사람이 하나님의 길을 받아들이기를 충심으로 권한다. "그의 계명들은 무거운 것이 아니로다." 하나님은 우리의 죄짐을 벗겨 주시지 않으시고는 결코 다른 짐을 지워주시지 않는다. 그의 계명들은 우리의 특권이다. 우리의 의무를 행하는 길에는 기쁨이 있고(시 19 : 11), 그 종국은 천국이다.

-팔복해설 끝-

CHRISTIAN LITERATURE CRUSADE

기독교문서선교회는 청교도적 복음주의신학과 신앙을 선포하는 국제적, 초교파적, 비영리 문서선교기관입니다.

기독교문서선교회는 한국교회를 위한 교육, 전도, 교화에 힘쓰고 있습니다.

만일 당신이 예수 그리스도와 그리스도인의 생활에 대하여 알기를 원하시면 지체말고 서신연락을 주십시오. 주 안에서 기쁜 마음으로 도움을 드리겠습니다.

서울 서초구 방배동 983~2
Tel. 586-8761~3

기독교문서선교회

팔복해설

The Beatitudes : An exposition of Mattew 5:1-12

1990년 9월 24일 초판 발행
2021년 10월 20일 초판 4쇄 발행

지은이   토마스 왓슨
옮긴이   라 형 택

펴낸곳 사)기독교문서선교회
등록 제16~25호(1980. 1. 18)
주소 서울시 서초구 방배동 983-2
전화 02)586-8762-3(영업 부)
팩스 02)523-0131(본사) 031)-942-8763(영업부)
홈페이지 www.clcbook.com
이메일 clckor@gmail.com
온라인 국민은행 043-01-0379-646, 기업은행 073-000308-04-020
        예금주: 사)기독교문서선교회

ISBN 978-89-341-0339-4 (03230)

* 낙장·파본은 교환해 드립니다.